歷史文獻

第二十輯

上海圖書館歷史文獻研究所 編

上海古籍出版社

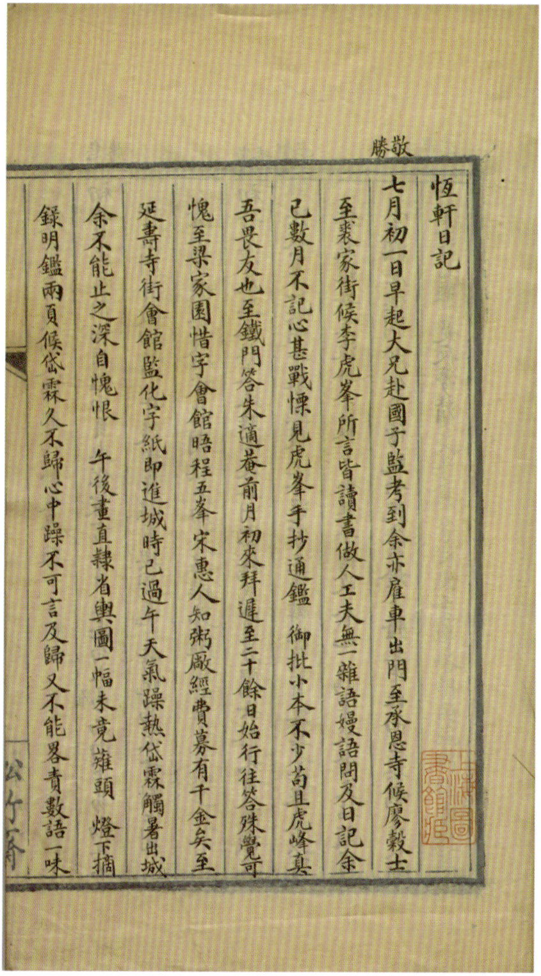
敬勝

恒軒日記

七月初一日早起大兄赴國子監考到余亦雇車出門至承恩寺候廖轂士至裘家街候李虎峯所言皆讀書做人工夫無一雜語嫚語問及日記余已數月不記心甚戰慄見虎峯手抄通鑑 御批小本不少苟且虎峰真吾畏友也至鐵門答朱適菴前月初來拜遲至二十餘日始行往答殊覺可愧至梁家園惜字會館晤程五峯宋惠人知粥廠經費募有千金矣至延壽寺街會館監化字紙即進城時已過午天氣躁熱岱霖觸暑出城余不能止之深自愧恨 午後畫直隸省輿圖一幅未竟薙頭 燈下摘錄明鑑兩頁候岱霖久不歸心中躁不可言及歸又不能畧責數語一味

松竹齋

上海圖書館藏

恒軒日記

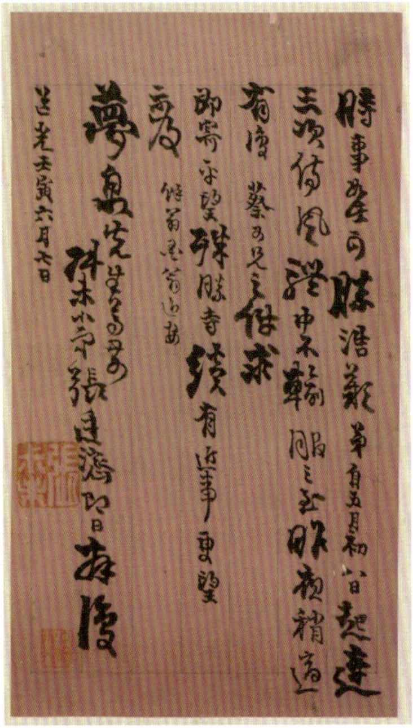

張廷濟致朱熊手札（一）

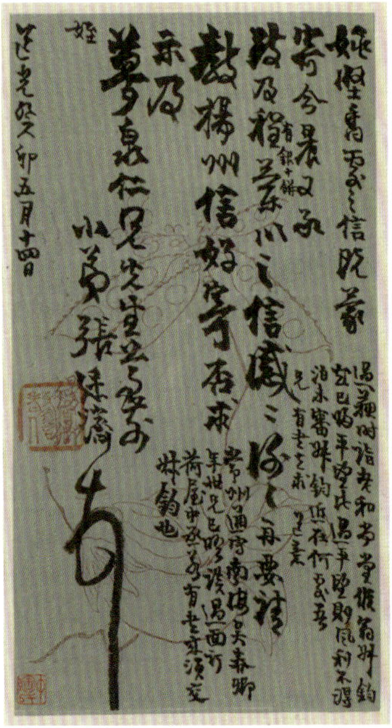

張廷濟致朱熊手札（二）

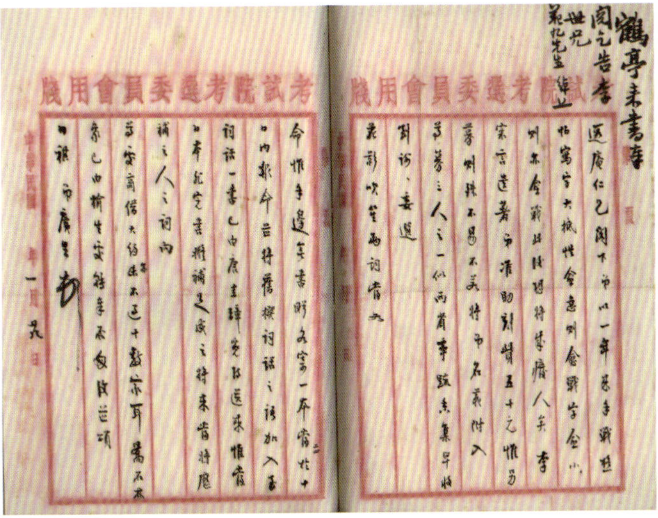
考試院考選委員會用牋

考試院考選委員會用牋

冒廣生致葉恭綽手札

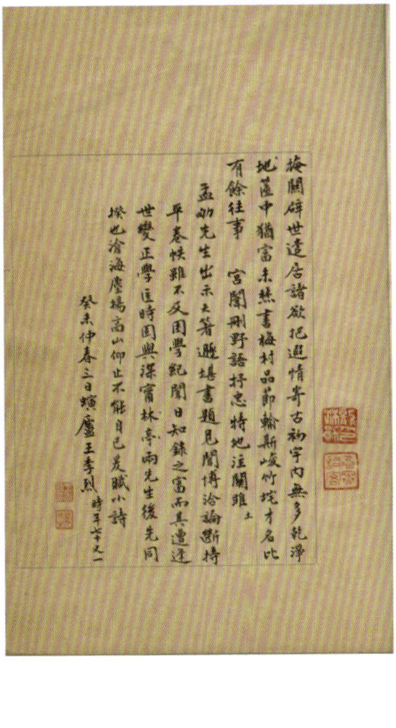
掩關辟世遠居諸欲把逃情寄古初宇內無多乾淨
地匳中猶富未焚書梅村品節輪斯峻竹垞才名比
有餘往事 宮闈刪野語抒忠特地注關雎上
孟劬先生出示大著遯堪書題見聞博洽論斷持
平褒𢙢雖不及困學紀聞日知錄之富而其遭逢
世變正學匡時固與深甯林亭兩先生後先同
揆也滄海塵揚高山仰止不能自已爰賦小詩
癸未仲春三日蟫廬王季烈 時年六十又一

《遯堪書題》王季烈題記

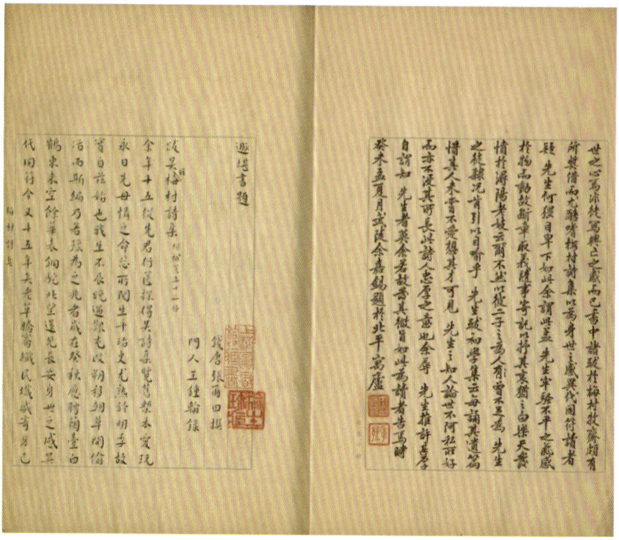

《遯堪書題》余嘉錫題記及卷首

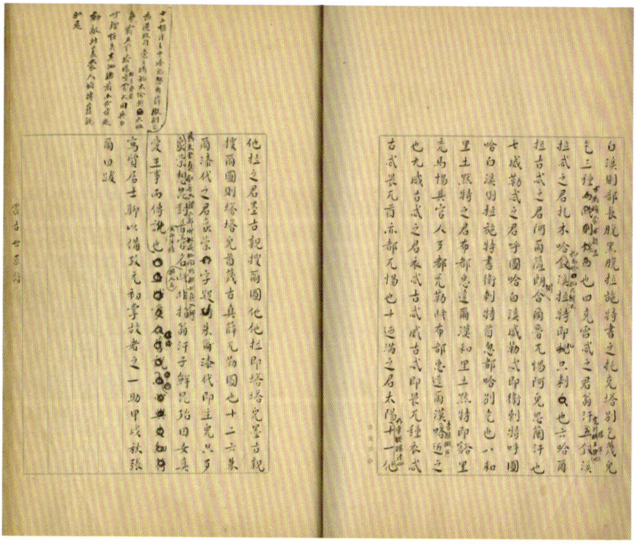

《遯堪書題》張爾田手校書影

目　録

松溪漁唱

□ 汪棣著　唐玲整理

汪棣(1720—1801),字韡懷,號對琴,一號碧溪。一生歷康、雍、乾、嘉四朝。祖籍歙縣,六世祖爲明後七子之一汪道昆之弟道貫,以讀書世其家。自祖父始寄籍儀徵,世居揚州。初爲廩生,入貲得國子監博士,久之,補刑部員外郎。出入頗多抉摘,總理部務劉統勳深賞其才。在部兩載餘,以父病乞歸,即不復出。工詩詞畫,尤樂與邗上名流、學者士大夫燕集觴詠。年八十二卒。王昶爲作墓誌,稱其"詞以王碧山、張玉田爲法,清虛雅淡,見重於詞家"。錢大昕爲作墓表,亦云"棣詩少宗王、韋,晚慕涪翁,詞在夢窗、白石之間"。①

今《全清詞》所收汪氏《春華閣詞》,係據乾隆三十年刻本整理。而其詞實不止此。近本師劉永翔先生見示《對琴全稿》電子掃描件,中有詞集《松溪漁唱》,録詞作六十一首,僅一首見於已刊《春華閣詞》。原件係抄本,爲其同學儀徵張家璩先生所藏,屬海内孤本,頗具文獻價值。玆謹據以整理,以補《全清詞》之闕。

大聖樂 浴佛日作。

水藴鸞音,氣蒸龍步,頓開金界。溯厥初園樹無憂,綵女並攀,胎育曾何妨礙。貫入太微青紅色,井泛溢、山川徵驗大。迷情衆,待緹幔玉桴,全掃塵壒。　須彌斂同一芥,自智慧、圓通原共派。幸法來方悟,經來始誦,先後傳流群戴。八十種生天然相,衹迦葉熙連河可代。蘭湯慣,墮青蓮,詎縈根蔕。

瑶臺聚八仙 題照。

巘隙涼颸,穿樹出,蕭騷一片秋容。散襟孤坐,卻得爽氣盈胸。黮滓全無天一色,荒垌忽見晚霞紅。更怡顔、淺深萬疊,光射杉峰。清溪數曲静繞,看芰荷浄盡,水界空濛。鷺立鷗眠各境,逸態還同。呼童偶與採藥,又何論、雲山第幾峰? 疏林外、戀半欹石瘦,小憩幽蹤。

壺中天 題程篛榭《寓居柘西圖》。

水邨一曲,正迷離曦景,幾重紅樹。中有縹緗書百卷,閒供蟲魚標注。野蝶過墻,寒流環屋,那復縈塵慮。雙扉常啓,不妨巾襪拋去。　釣侶還共園翁,欹斜隴上,散步時相遇。泉壑鄰家紛已往,尤是煙霞多處。堆几茨菱,盈筐蝦蛤,熟似湖堧裕。遠思沮溺,數椽須我同住。溪上喬、陸兩姓,而有十七園。

鳳凰臺上憶吹簫 吴暮橋囑題樊榭、半查兩徵士詩册。

溪宿林行,綿延不斷,百年歌詠如新。回憶處、風遺白社,頻共題襟。卻悵西泠一老,乘鶴背、前往蓬瀛。悲東馬,玲瓏館又,草滿閒庭。憎騰夢呼吟侣,向曲徑通幽,心跡雙清。曾傍近、華嚴閣下,彈指難尋。舊帙偶然拾取,鄉隱士、翫益情深。欣非是,坡老過眼煙雲。

玉漏遲 酬唐蘅崖觀察邀賞牡丹。

境幽塵不到。叢柯錯互,午陰遮帽。艷冶浮光,驚見孏墻南墺。種植難稽歲月,後花翁、鬢絲俱髦。歸萬里,繫情無負,繞階閒掃。　四座笑語方停，恰古調關雎，細傳琴操。片壑風輕，散步非同疏傲。休憶點蒼勝地，一卷石、依然夙好。春浩浩。仙葩令人樽倒。

木蘭花慢 送吴竹嶼舍人之關中。

怡然重握手，正相款、又歌驪。看草色遥青，霞光隱紫，一片長堤。關山半生自慣，卻炎天撲面暖塵吹。幾輩他鄉舊侶，迢迢訴與襟期。　須知。鬢已如絲。還復戀，曉行時。想太華穹高，先經少室，眺覽多奇。煙雲一鞭互繞，愛題名到處墨淋漓。杯底計程返轡，真成渭北相思。

徵招 送吴杉亭入都，由中翰候補郡丞。

小庭金粟緐新蕊，飆開莫留鷗侶。何地數杯寬，又新秋沉雨。河橋人乍遠，遠望煙波，漫天愁緒。聚散偏多，歲時旋改，共嗟遲暮。　紅藥映綸扉，迴翔地、舊有飄階麗句。甚夢繞江州，愛琵琶昵語。樂天心本曠，思謝朓、總同吟趣。休忘卻，六一堂邊，松陰晚步。

暗香 題陳素邨《閉户著書圖》。

數椽高屋。悄無言坐擁，獺魚書簏。客問新吟，一卷擎看積琛玉。階下玲瓏瘦石，紛屏障、闌干低曲。清晝永、欸乃紙傳，心自滌塵俗。　幽獨。勝空谷，遍細草喬柯，光潤如沐。胸藏似燭。寧復開窗攬蕉鹿。機事全空境静，參何限、雄飛雌伏。意淡遠、都付與，畫圖片幅。

踏莎行 琴史小影。

岫出雲涼，林含葉絢。迢迢眼净秋郊獻。披襟小步意誰投，金風墟外先盈面。　野菊輕拈,焦琴淺露。② 無言寫盡人幽靚。③ 楓香橘老夕陽時,何當石上同芳讌。

蘇幕遮　題松山家姪舜漁照。

夕煙横,斜日暮。鴉噪翽翽,遥擇郊垌樹。爽氣盈襟塵滓去。墜葉深紅,便是秋高處。　眼全空,心莫迕。欲結同群,低首難輕訴。逝水年華經幾度？曲磴平莎,兀自抛巾屨。

長亭怨　鉛山蔣心餘太史恩擢侍御,未補病歸,歌以餞别。

快重覩、鑾坡人至。久續龍門,豸冠將試。一棹飄然,滕王高閣惹鄉思。軟塵終日,寧得比、江程水？俄頃又揚帆,且暢飲、蕪城衿契。　猶記。望齋頭絳帳,立雪多傳經義。歌筵曩共,琵琶面、遥情空寄。算閒雲、出壑因風,碧天晚、仍歸林邃。料巘秀鵝湖,奚少養疴吟地。康山草堂曾演《四絃秋》一折,極賓主風雅之盛。

醜奴兒　題羅兩峰畫《鬼趣圖》。

中天日朗,何處潛藏精魅。卻偏寫雲陰姿態,滿紙離奇。類聚盈車,自分新故見參差。東南朝暮,吞餐不盡,仍復留遺。　伯有厲乎,若敖猶餒,千古妍詞。術殊廣、呵嗔驅使,又似靈知。摶兔埋鵝,豈嫌楓子事堪疑。聊同賓説,儂非阮氏,僻論空持。

瑣寒窗　題唐竹溪照。

短力閒抛,欹斜水石,斂襟無語。深黄嫩蕊,未遠籬東小墅。兩依依、听然笑生,晚香有意還憐汝。正賸蜂泠蝶,天高風爽,離人窗户。　横渚。紛魴鱮。卻不遽綸竿,漫登鱠俎。池蓮岸葦,極目蕭疏愁緒。那能同、佳色可參,落英一朵心自許。歎垂楊、縷縷秋絲,也綰鍾情侶。

梅子黄時雨 送李星渠侍御舟巡南漕復命。

丰采初瞻,卻揚子渡頭,旄鉞重至。愧已晚相逢,愈驚分袂。銜尾糧儲排巨艦,河橋整素貔貅隊。還依次。豸服使君,帆滿齊綴。窗霽。遥天無翳。看淮東幾曲,倉粟風遞。又報績江城,青驄靡替。稠疊鶯花兼入覽,獨今杯斝遲高會。斜陽麗。賦情俱縈煙水。

憶舊遊 夢中見廢園復,興感而成詠。

記園林繞徑,幾度春風,重見穠花。石罅傳空響,幸泉源不斷,點滴清嘉。畫樓乍起珠箔,塵霧浄無遮。看院外闌干,琴棋位置,罔判贏賒。　檐牙。散成綺,自絢爛層層,鋪滿雲霞。伴侣晨星少,笑還逢高會,霜鬢争誇。舊巢似有雙燕,談往溯年華。縱幻境循環,依然眼底成故家。

東風第一枝 秋雨庵竹溪老僧七十。

徑竹微鬆,階梅欲動,龕香又值初度。髪新健骨堪支,衲舊積年可數。團蒲掛壁,遍楚晉、關山塵土。卻載得、偈贊盈編,派衍大乘禪趣。　拓鹿苑、龐公早去。闢鷲岳、曹溪難遇。幾家寂静鐘魚,總付苦辛旦暮。烹茶鐺畔,那復記、交游簪屨。且共把、甲子重旬,證向梵王開悟。

高陽臺 梅查言、江橙里賦《寒煙》詞甚工,余亦勉填一闋。

落日初高,冷雲尚結,誰家氣罩寒空。斜繞平穿,喬柯脱葉玲瓏。荒園榾柮忙僮僕,到晨炊、爨底添紅。卻翕然、裊影霜檐,草上溟濛。　幾回一線天將暝,更燒痕麥壠,漁子蘆叢。散入層霄,消融不覺隨風。遥憐雪後哀笳迥,凍牙旗、土堠方烘。掩重門,硯冱吹燈,獨卧衰慵。

玉蝴蝶 春初赴椶亭博士湖舫大會,即送歸全椒,團欒老屋,同人並以得孫再祝之。

暢好一春歡讌,卻令二月,並坐雲陰。髮白朋儔,孤棹復繫寒潯。發叢英、總依老樹,藏倦翮、重毓雛禽。屢招尋。濁醪難别,苔異同岑。　煙沉。歲時游跡,播名湖海,何限題襟。國子先生,瘦羊風調早抽簪。水無波、剡川人逸,巒多翠、盤谷山深。羨從今。舊楹書史,獨卷閒心。

風入松 吴舊浦學博《觀海圖》。

紫瀾萬疊過巇陰。天遠最開襟。逃名何至荒寒境,離塵侶,空闊中尋。雲日常先到眼,鼉龍慣與酬吟。　晨星復聚仗投簪。偏又去林岑。勸君莫動乘桴興,好風花,且共論心。枯槁似余無覩,寰瀛直認蹄涔。

聲聲慢 秧針。

攢青脱穎,勁碧生鋩,層高鋪遍千畦。潤雨如膏,春氣融冶都齊。野塘早能繡出,散鴛鴦、並露端倪。梗正茁,那容停社日,水滿塍低。　始謂茆檐村婦,遜窗紗、刀尺閒理襦袿。犁月鋤煙,何減良夜深閨。森森稻芽挺立,即女紅、織紝堪稽。氈有刺,草蟲多、欲憩俱迷。張文昌詩"今朝社日停針線",范石湖詩"寧容安穩坐氈針"。

瑞龍吟 十二月,蘇長公誕日,臨汾王秋山囑羅兩峰寫舊圖像懸寓廬,同人群拜於下。馮雁門、梁午樓、王蘋浦、林鐵簫皆分體賦詩。徐瑾塘彈琴,江藥船製曲,程蕺園與余分長短詞調。頃刻十年,詞則杳不能記憶矣。復譜以述一時仰止之懷。

坡仙去。何事數百年遥,起人思慕。昌黎磨蝎身宫,已多侘傺,重教命遇。 溯歐語。須避此人頭地,鑒裁非遽。他時取道雷藤,端明舊值,臞仙復聚。 堪歎平生蹤跡,總歸春夢,機關村嫗。忘卻婦女焚書,驚佈全吐。才名政績,不負金蓮炬。空留得、湖邊風月,樓陰巾屨。慣率高陽侶。泛舟赤壁,盈襟逸趣。白浪迎香酯。還弄笛,南飛鶴歌初度。一庭俎豆,儼承遺緒。

玉 樓 春

庭陰寂寂堆黄葉,曾見䌰紅濃蕊結。一絲窈窕小迴腸,能綰閻浮千百劫。 簾櫳記得燈明滅。珍重無眠晨起別。縱嫌鶯語太丁寧,那忘蛩吟同哽咽。

鞓 紅

覆墻䌰緑。旁開綺户。石檻轉、花陰乍午。錦鞋半脱,砌叢凝露。猛不計、鞦韆架阻。 網小低篷,潛移鷺鷺。鬢影薄、妝同玉素。早拚遠信,霎時難遇。也懶問、紅鱗嶼浦。

憶舊遊 丙午,文德橋頭遇雉皋江八兄藥船,追敘辛巳冬日王秋山京寓同祀坡公二三事。朋舊匪歸地下,即滯遠方者久矣。

記飆騰白草,雪壓紅爐,酣飲天涯。躑躅空身世,賸飄蕭兩鬢,送盡年華。尚逢舊侶閒語,欄曲立殘霞。算各抱琴書,幾叢簪珮,半付蟲沙。 休嗟。思前哲,縱玉局仙姿,石鼓徒誇。瀑翫棲賢峽,卻迴翔殿閣,瘴海爲家。舊譔獨上歌拍,筵几助茶瓜。共弔古秦淮,還須一曲延琵去聲。琶。

河 傳

檐静。孤影。語聲微。纖指輕彈燭輝。錦函乍封時已違。開扉。冷鴻剛夜飛。 枕上夢魂應早至。前小試。何事還留滯。漏籤遥。香篆消。淚鐃。蚌窗紅日高。

繞佛閣 杭堇浦先生爲人作詩序,有曰:"維揚聲名文物,甲於江北諸郡。程太史香溪樹芳範於蓧園;馬員外嶰谷結清響於行庵。張員外漁川以沉鬱淡雅之才,收遺老而噓枯;汪博士對琴挾清懿淵懋之姿,合群英而談藝。江藩伯構浄香之園,闢梓花之宅;食客儷於原嘗,酒人方之河朔。洵藝圃之總持,而騷壇之盛軌也。"又曰:"陳對漚歸廣陵,馬氏與賢兄竹町闌入韓江雅集。程翰林午橋、張主事漁川、汪員外對琴、江藩伯鶴亭開設壇坫,争以得對漚兄弟爲勝。大江南北,工於斯事者,咸相依附,文章聲氣,何其盛也!"噫,朋儕文讌,奚足深譽。即同時之仿玉山堂者亦尚多,然回憶酒邊花下,皆有暇日閒情,荏苒於兹,余尤久歷,則豈獨吟客之聚散存亡爲可慨歎耶!

謾吟趣久。琴畫缺落,何事如舊。皤鬢孤叟。笑看歲歲、煙波負花柳。半生取友。空憶几閣,寥寂無耦。酬唱寧朽,紀群頓逸,關河悔奔走。 讌遇每成句,雲夢咸吞能八九。研史説經,牙籤儲二酉。似謝朓,驚人攀摘星斗。飲食豪前後。遍圃墅留賓,稽考齏臼。念蕪城、儁才淵藪。

臨江仙

獨作一生湖海客,徒抛簾閣芳年。世間相守是良緣。鴛鴦常水際,蝴蝶總花前。 細檢當時囊篋損,分明錦字瑶箋。枯荷那得舊澄鮮。空塘全失藕,别浦卻尋蓮。

品令

曉開簾檻。打鶯起、枝頭聲黯。絲亂那忌春蠶憾。玉釵暗卜,蛛罥郎歸欠。 人面尚從桃並艷。筭春風常占。不過閒夢相逢暫。夢期重減。圓鏡終成懺。

彩雲歸 青桂山房即高詠樓之北墅。歲乙酉,偶邀沈勵齋、杭堇圃、張嘯齋、杜補堂、閔玉井、沈沃田、沙白岸、陳對漚、張漁川、易松滋、張荔門、程筠榭諸吟客,觴詠於此。齒皆六十、七十以上,次亦不減四十。合爲一册,系以歲年,亦一時佳話也。

星垣聚耀映高賢。契雲霞、百世堪傳。從識韓御李如山斗,開廣讌、潞創温前。累詞賦、建安風骨,繼應劉誼聯。禊事美、畫圖彌勝,頑德耆年。　翩躚。燈盈白髮,復良宵、少長憑肩。庣籬徑迴,巘澗柯葉,暗赴瑶篇。那更辭、稽山洛水,暇考芳蹟遥天。傷情甚、孤向煙籠淡月鷗邊。

蘇幕遮 漲盈水榭,兩岸移居。戊申秋,見蕩滌秦淮景色,邂逅無心,卻非長橋風月。

檻屏連,臺榭映。一片笙歌,波廣空芳徑。巫峽秋風盟各證。絲漾垂楊,静向鍾山暝。　更誰消,孤客詠。别有溪橋,眼底驚相迎。綽約丰姿閒語稱。正少同行,定惱無回應。

淡 黄 柳

籬根浄葉。霜氣連朝烈。遠想疏林煙靄接。那處同眠共歇。歸晚蠻鴉屋頭貼。　壯游疊。迴腸百千結。馱鈴曉、認樓堞。少吴孃、艭唱摇寒月。每到關山,慢聲燈外,偏又歡情泣别。

浣 溪 沙

小艷疏香各一班。都羞老樹減容顔。惹他蠭蝶不能閒。　回想侍臣誇夢遇,千秋神女在人間。施朱著粉果宜删。

琵琶仙 世父默人公由安陸司馬運餉西川,紀程吟卷,命以駢語爲跋。憩鶴巢日,側閣梅紅,杯深述往,余暨小函姪各賦七言斷句,公又付小伶按譜歌之。追憶其時,皆不減古人風致云。

飆壓重簾,一燈耀、冷艷盆横庭角。閒共清興翛然,奚辭甕春濁。看解組、逍遥杖屨,儘消受、小鑾家樂。舊日齊安,名高第五,游屐原數。　況曾歷、鞭馬天梯,捫參井、蠶叢認山郭。頭白未除豪氣,可談餘横矟。思劍外、圖沿八陣,謁古祠、賦詠如昨。此日重譜新聲,老懷彌躍。公幼時先客池陽。

紅羅襖 憶山程見村落鞦韆。

屋角雙杆立,花外彩繩垂。卻素束衣裾,飄迎風起,朴除脂粉,遥貼雲回。　足稍駐、閒意旁窺。驅車亦自停催。節候敞園扉。湧士女、景象未全違。

壽 樓 春

思風喧南簷。墮殘花片片,階下輕拈。猛覺春光將去,唤開重簾。偏讓與、妝臺黏。見物情、依依無嫌。甚語仗書函,歡從夢寐,多别似孤鶼。　重回憶,愁懷添。賸塵昏寶鏡,蛛網雕奩。最怕幽窗高霤,曲欄圓蟾。頭大白、鬅髾兼。只自忙、琴絲經籤。溯林下遺徽,何嘗故人虚纖縑。

三 姝 媚

墻陰聞蟋蟀。乍涼颸來徐,訝爲山塢。勺水呼燈,向蘚盤低砌,側釵争覷。夜静酣眠,添絡緯、絲聲同數。迴隔年時,風景清閨,盡成離緒。　何限妝臺閒語。散幾架塵編,冷穿飢鼠。穎士疏狂,想舊依羸僕,慣隨煙浦。鄭婢能吟,④都不使、泥中逢怒。一自飄零衰獨,奚全爾汝。

高陽臺　詠松坪太史齋中鐵竹挂屏,次嘉定葉生白兄韻,同家瑶圃。

貼壁冰綃,攢空墨竹,何難春菊冬蓮。雅翫高齋,忽從鍛煉形全。幾回剪燭低窗下,訝筠心、裊裊餘煙。卻玲瓏、莫謂無聲,敲也鏗然。　數枝偶與規圓□。⑤看功增瘦勁,自覺幽娟。貞色高標,尤須鐵筆方傳。休嫌幅短無緐葉,出鑪中、片片光堅。儷能令、蕭悦嵇康,妙技同懸。昌黎《詠竹》詩:"高標凌秋嚴,貞色奪春媚。"蕭悦,唐人,善畫竹者,香山有詩稱之。

宴清都　家訒庵職方贈《漢銅印叢》一部。

禹蹟窮山水。龜龍獻、印當穿鑿曾誌。延開篆隸,因成璽節,物咸從始。縱横地與官分,課信守、森嚴百世。等次列、錫號增榮,銀青遂遜金紫。　人間私記多聞,駝螭非古,晶玉徒備。亞夫整肅,長卿跌宕,盡標劉氏。銅華滿紙璀璨,更勝得、會稽内史。羨仙郎、覆斗徵封,鋤園並試。

擷芳詞　梅溪體。

風花起。高樓倚。睡情攪亂流鶯始。梅先雪。簷方接。欲取斜簪,手撻紅頰。怯。怯。　湘簾底。簫聲美。昨宵密約花陰指。窗排鐍。青鸞絶。阿母嚴閑,早令燈滅。洩。洩。

一萼紅　秋帆畢公以庚辰修撰總制兩湖,科分、封疆較溧陽史相國後先適合。屬家容浦明經泐銘於黄鶴樓陰。余見銘辭,遂譜此闋。

大江流。忽檐牙漢水,天際敞飛樓。雄匝千峰,臨遥萬户,贔矚年月曾留。⑥兩輝映、層層憲府,駐節鉞、增煥日光浮。讌廣賓僚,文矜沉博,同表新猷。　堪歎關山豪俊,繼題襟幾輩,句遍雕鎪。樹障晴川,洲鋪芳草,何讓崔顥當頭。□今復、⑦鴻章紀盛,馭長風、仙蹟又重求。鶴去疑歸雲影,領會悠悠。

金蕉葉 竹山體。

檐陰徑仄,意沉沉、那時乍識。閒拈紅豆擲與,嫣然轉未測。　欻忽風光細憶。最驚心、砌英減色。兩情已自耐久,應同廢寢食。

渡江雲 正月廿一日感作。癸亥除日,隨先子泊舟富陽之長山瀧。辛巳,由北地抵家。時届上元,即趨迎先子於焦山。歸舫而燭餤深閨,筵開隔屋,猶見團欒歡慶之象。

晴窗殊快意,雨階雪徑,掃盡滁邱樊。歲華方改律,乍拂和風,春興起瑶尊。枯顔瘦骨,又歷遍、寒酷重温。從暗識、萬千紅紫,醖釀在深根。　聲吞。晨趨冷堠,夜艤荒江,悵無能椒酒,猶得仗、孤篷骨肉,匹馬家園。依然坐值辛盤會,悲白髮、獨撫兒孫。燈夕艷、徒堪自掩重門。

錦　纏　道

嫩碧苔階,膏雨幾番酥透。膽瓶紅、暗香争漏。紙鳶城上連朝有。妝鏡心閒,約伴新挑繡。　聽園林曉鶯,早啼春晝。整鞦韆、徑寬亭後。問眼前、何事非依舊,艷情回憶,盡遣人消受。

憶舊遊 喜遇鄭楓人觀察。

記窗閒細語,几寂孱吟,頻聚天街。省掖司綸誥,遂關河出守,甌越飄開。魁梧忽驚重晤,同訴故鄉懷。復地倚治緐,聲揚運漕,疊振鴻才。 佳哉。數襟抱,算三十年餘,絶異同儕。騁游尋賦句,向吹笙臺檻,放鶴亭階。壁鐫仄巘題蹟,寒冰玉屏排。卻把臂筵前,幾絲雪色堆舊腮。

換巢鸞鳳 題紀堂二兄《憶梅圖》,即用史梅溪韻。

鴻爽鶯嬌。閲窗寮歲月,屢聽河橋。露蘭馨掩麝,風篠響疑簫。青燈黄卷珮垂腰。此中趣令千樽可銷。梅花下,一返憶、晚霞猶照。叶。 樓悄。叶。心渺渺。叶。機事夙除,畦甕何妨抱。叶。舊澤堪存,雅懷難釋,箋詠池塘春草。叶。休謂孤山獨林妻,轉教官閣思根老。叶。門庭清,愧羊求、罕共昏曉。

湘月 美人風箏。

片雲穩託,問驂鸞玉貌,風送奚往。彩翮音清協律吕,一晌迴翔高曠。降認瓊霄,騰憑綺甸,手底兒童放。穹虚煙珮,散花偶墮塵網。 寒掩二月深閨,懷春士女,減郊坰游賞。際會風雲,卻剪取、婑媠妝臺情狀。紫繡裳飄,黄金盒去,魏博無聲響。纓裙恩重,似絲裊繫千丈。

祝英臺近 桐花鳳。

羽穠鮮,軀巧小,何意占釵側。號應桐蕤,全屏濁情食。世間縱有靈禽,聽呼就掌,那能與,温柔鄉暱。 共眠夕。訝看顛倒身垂,雕籠獨酣適。芳氣零藏,殷勤散輝翮。料因秉質虧香,重難偷贈,緊依傍、瓊閨妝飾。

摸魚兒 次楓人八兄采石磯登太白樓韻。

障林巒、數椽空閣。直吞雲破圓月。何年杯斝遺蹤在,鴻爪一痕餘雪。高詠發。踞片石、峨嵋罔隔仙庭列。潮平風歇。想放逐清狂,呼來寵異,釁總還天闕。　宜春後,流落江南數闋。樂工還憩羸骨。聲華千古明賢迴,纖徑僅存毫末。舟復葉。盼牛渚、翠螺峰外來瓊闕。波光曠絶。更得見楓帆,宮袍醉臥,歌到曉星没。

掃花游 楓人旅懷有作,同味燈次韻代柬。

牗烘短晷,繞竹赤梅黄,影窗疑繡。鬱悰莫剖。恰閒吟勝侶,慣驚叉手。猛想霜風,懔到西湖晚柳。髪蒼首。被妝鏡艷情,重遣人瘦。　經唄頻上口。豈夢破愁銷,不眠虚酒。鷲山悟後。獨能完囊昔,灑然巾袖。玉映清心,肯任東山出否。勿藏驟。正深秋、舊林凋候。

又 味燈以同集詩牌見嘲,並酬其意。

壓金線矣,歡組織年年,尚勤殘繡。玉須璞剖。斲非傳大匠,運斤傷手。滅跡餘生,類入枯松瘁柳。垢蓬首。那復記舊朋,盛肥丁瘦。⑧　閒事偏挂口。演暢敍遺蹤,讀難勝酒。每交揖後。輒分槃據几,聲輕移袖。幾度東陽,少讓前驅路否。卻忘驟。有催租、雨風深候。

又 曲沃裴安人即味燈先生之女,與其兄楓墀皆能詩,又譜柬味燈,並羨其歸寧時有過庭之樂。

詠成尺篋,羨白髪鹽官,静於閨繡。豆分瓜剖。儘雕蟲小技,每輸先手。果辨楂梨,更賦因風起柳。囊雷首。聽共識隱侯,全異清瘦。　棠蔭虞坂口。定釀秫愚氓,盼轅儲酒。紫薇句後。久龍池譽播,雲煙餘袖。此日林泉,可減禪吟趣否。北風驟。又承歡、絮初雪候。安邑酒家以善釀見知於使君,後亦叩送道旁。

又 自嘲。

舊逢掖士，縱珮緩紳舒，夜行衣繡。向聞橘剖。共藏身對弈，實爲高手。户有杯棬，罕用旁尋杞柳。兩端首。算夷惠並非，但同詩瘦。 猶記吴苑口。認阮籍疏狂，放情眠酒。灌畦歸後。卻愁縈笠屐，轉殊塵袖。僕怨朋籌，尚許蓬山到否。笑聲驟。鏡分明、貌顔衰候。

又 宿邵伯埭懷味燈。

悵逢日暮，未倚市門觀，刺空文繡。客襟姑剖。避聯吟勝侶，彈抛丸手。水嶼荒寒，幾度低垣欅柳。黯回首。看荻葦岸斜，鷺鷥同瘦。 燈亂叢埭口。卻霧壓青帘，甕排郫酒。薊門别後。復逼雪風饕，冰凝衫袖。往昔豪情，肯爲關河盡否。柝聲驟。想垂簾、譙方濃候。

石州慢 板橋鄭大令工蘭竹，並題句跋言皆灑脱可觀。猶憶晉陵劉圃三學士邀同袁簡齋、閔玉井、徐題客、程蕺園、筠榭諸吟侶，暨板橋與余讌於竹西河畔，而同舟者，今惟袁簡齋尚存。板橋之幼而困，壯而亨，除夕受知於邑宰家蓉洲先生者，人皆不知矣。辛亥冬，詢其故里，感填一解。

僻壤才多，隨手可遺，機製零錦。蓬門四顧茫茫，歲晚始逢題品。聯翩雁塔，平生不負詩書，琴堂觀化咸高枕。層疊寄家音，自箴規堪鋟。 豪稟。酒槍茶壁，鳳泊鸞飄，墨華常瀋。潦倒年時，卻怪顛狂殊甚。笑談纔共，賸有一老秦淮，鬖鬖白髮衣縈衽。悵獨過滏鄉，雪盈盈孤寢。

瑣寒窗 春草。張珊江大兄律句甚工，詞以加之。

遠眺郊原，離離碧色，直黏雲影。留餘野燒，又被東風吹醒。

際芳辰、裙腰乍齊,雕輪淺跡青袍引。悵亂紅晚點,襯茵狼藉,雨昏煙瞑。　暗省。豪情屏。自徑繞闢山,馬蹄漫騁。油痕蔥翠,儘是天涯佳境。卻衰年、園柳饒禽,池塘夢杳吟魂静。羨春來、鬬勝兒童,踏青鞵復整。

惜餘春慢《太函書屋圖》。先高伯祖伯玉先生著述廬也,裔孫肯堂久失復得,余已詩紀其事。《箕山園》卷子則仲淹公一脈所憩,阮亭先生所謂"前賢讀書處,五世尚名園。風雅持門户,弓裘到子孫"者。向藏世父箕臺公家,德水糧儲,久終於任。此卷直不知竄失之地,思之能勿感動耶？歌此俾燨、烜不忘。

嶂衍松聲,橋通溪影,一壑鄉園非遠。隆名往代,峻望當時,别室更排墳典。曾構幾點遺蹤,卜有林巒,遮開庭院。幸殘編尚在,孫曾分守,壁函蟫卷。　何年藉、片幅山齋,長縑野閣,曠逸胥成鸜硯。無從擿玉,又罕歸牛,胠篋料因堅羨。誰喻衰宗,半看緐累堆絲,墜疑懸線。覓鋤犁舊里,須認煙雲滄畎。《莊子》:"擿玉毀珠,小盜不起。"

折　桂　令

賣花聲、不斷長街。晨櫛奩收,晚浴窗開。簷葡香清,玫瑰色艷,茉莉光皚。　憑時换,都歸鬟堆。助娉婷,獨步庭階。閒語同儕。端正從看,舊日情懷。

臨江仙[⑨]題楓南師《邗江送别圖》。[⑩]

野岸一篙歸計遂,聲聲清吹風秋。杖藜巘壑好淹留。閒心觀稻秫,老淚灑松楸。　須刻林皋爭送别,[⑪]蓼紅蘋白增愁。遠天如沐碧雲流。雁翔煙外渚,人上酒家樓。

惜黄花 久不雨,重九獨陰。

欄停濕鷺。架穿乾蠹。免芭蕉,到秋宵、慣喧涼雨。雲黯自城頭,節應偏多趣。微點滴、不眠如素。 前賢堪慕。後賢又聚。此名場,百千年、遞成今古。濁酒共黄花,何限籬東步。賸我輩、更題詞賦。

惜黄花 和沈公邀老友剥蟹。

涼飆窗牖。清宵星斗。鍵雙扉,卻難忘、支笻籬友。不斷擘箋吟,那袖持螯手。溯往歲、愧留贏朽。 賓筵洵偶。摛辭未苟。物纖纖,譜晴川、蟹經細剖。獨笑擇尖團,轉似分妍醜。直到彼、醉鄉同口。

揚 州 慢

晚渡煙寒,篷停響寂,遥天一抹霞晴。驀漁歌乍起,妙不盡分明。早幾度、床欹小閣,吟微調爽,唱答聲聲。悔髫年、漫誤當前,奔走空程。 依山松檜,況蘿門、久鍵窮經。自地以辭傳,句緣蹟舊,似磬同笙。又得名賢清詠,圖重值、望鎮蕪城。羨風雲他日,已偕前哲心盟。前《箕山園》卷,國初諸老題序幾遍。

---

① 王昶:《刑部員外郎汪君墓誌銘》,《春融堂集》卷五六,清嘉慶十二年塾南書舍刻本;嘉慶《揚州府志》卷五一本傳,清嘉慶十五年刻本。

② "淺露",於詞律不合,似當作"露淺"。

③ "靚",似"倩"字之訛。

④ "鄭婢",原作"婢鄭",不詞,今乙。

⑤ 此句脱字,按詞律缺末字。

⑥ "贔屭",原作"屭贔",於律不協,今乙。

⑦ 此句脱字,按詞律缺首字。

⑧“盛肥”,原作“肥盛”,於律不協,於句不順,今乙。

⑨ 此首見已刊《春華閣詞》。

⑩“題楓南師《邗江送别圖》”,《春華閣詞》作“題楓南師《巘溪歸棹圖》寄姪小函”。

⑪“須”,《春華閣詞》作“片”。

(整理者單位:華東師範大學古籍研究所)

恒軒日記

吴大澂著　李軍整理

吴大澂(1835—1902)，原名大淳，後避同治帝諱改今名，字清卿，號恒軒、白雲山樵、愙齋等。江蘇吴縣(今蘇州)人。同治七年(1868)進士，散館授編修。歷官陜甘學政、河南河北道、太僕寺卿、太常寺卿、廣東巡撫、河東河道總督、湖南巡撫等職。早年師從陳奂、俞樾等學者，致力於《説文》之學。其篆書深受吉金文字的影響，生前即爲師友所推重。繪畫則遠法董、巨，近師王、惲，同時人中最推重杭州戴熙。顧廷龍《年譜敘例》稱吴氏畫"兼擅人物、花卉、翎毛，而以山水爲最工，蓋宗法王石谷、惲南田，於元明及清初諸名家亦復擷采英華，乳融腕底"，馮超然也認爲他的"畫法得北苑正鋒"。吴大澂在書畫創作上的成就，在其生前就已享有盛名。然而，由於中日甲午戰爭期間，吴氏主動請纓，帶湘中子弟出關迎敵，兵敗而歸，被世人所譏諷，晚清著名詩人黄遵憲的《度遼將軍歌》就是其中的代表作。對於吴大澂一生政治上的功過，近百年間仍存有爭議，但其在金石學及書畫方面的巨大貢獻，獲得一致肯定。吴大澂作爲晚清最爲重要的金石學家、古文字學家之一，著述甚豐，有《説文古籒補》、《愙齋集古録》、《字説》、《恒軒所見所藏吉金録》、《權衡度量實驗考》、《古玉圖考》等傳世，生平事跡詳見顧廷龍先生《吴愙齋先生年譜》。

吴大澂一生勤於著述,日記稿本留存不少,惜大多散失。目前可見,計有記咸豐末年避難之《吴清卿太史日記》,現存李則綱藏抄本一種,已刊入《中國近代史資料·太平天國》,稿本未見;《止敬室日記》稿本,記咸豐十一年(1861)辛酉避難上海時事,又名《辛酉日記》;《恒軒日記》稿本,記同治年間入都應試、回鄉辦賑、參幕西行等事;《奉使吉林日記》稿本,記光緒六年(1880)赴吉林,籌辦邊務事;《北征日記》稿本,記光緒八年(1882)赴吉林幫辦事;《皇華紀程》有稿本、鉛印本流傳,記光緒十二年(1886)赴吉林琿春勘界事。其中,《止敬室日記》民國間曾以《愙齋日記》之名載于《青鶴》雜誌,惜缺最後數日,尚不完全。

《恒軒日記》凡三册,爲現存吴氏日記中篇幅最大、時間最長者。第一册起自同治六年(1866)七月初一日,終于七年(1867)四月初一日;第二册起自同治八年(1868)五月初一日,終于九年(1869)正月廿一日;第三册存同治九年(1869)三月廿四日至八月初四日,六月間斷。其中,同治七年(1867)一年日記全缺,正是吴大澂考中進士期間,懷疑寫於别册,不知尚存天壤間否?

《恒軒日記》寫於松竹齋藍格稿紙上,書中提及吴氏於京師松竹齋買青格素紙,似即此也。《日記》第一册上有吴湖帆題簽"愙齋公手書丁卯、戊辰年日記一册","丁卯,公三十四歲,在京師;戊辰,公三十五歲","尚書公丁卯、戊辰年手書日記九月。翼燕寶藏。己未十一月裝整"。第二册吴氏題"愙齋公手書己巳年日記一册","己巳,公三十六歲;庚午,公三十七歲","尚書公己巳年手書日記,自五月起(缺八月一月),至十二月","庚午年正月日記,八月。翼燕寶藏。癸亥冬日裝"。第三册《恒軒日記》(今館藏另編一號)書前,有吴湖帆題"庚午,公三十七歲","手書日記四個月。己未十一月裝整。翼燕寶藏"。己未爲民國八年(1919),癸亥爲民國十二年(1923),可見三册并非同時重裝,似本來分散保存,至吴湖帆匯於一處。《恒軒日記》三册,稿本今藏上海圖書館,《吴愙齋先生年譜》雖曾摘録,但全文迄未刊布,兹據以整理,用饗同好。乙未立冬日,李軍識於吴門聲聞室。

恒軒日記

七月初一日,早起,大兄赴國子監考到。余亦雇車出門,至承恩寺候廖穀士,至裘家街候李虎峰,所言皆讀書做人工夫,無一雜語熳語,問及日記,余已數月不記,心甚戰慄。見虎峰手抄《通鑑御批》小本,不少苟且。虎峰真吾畏友也。至鐵門答朱適庵,前月初來拜,遲至二十餘日,始行往答,殊覺可愧。至梁家園惜字會館,晤程五峰、宋惠人,知粥廠經費募有千金矣。至延壽寺街會館監化字紙,即進城。時已過午,天氣躁熱,岱霖觸暑出城,余不能止之,深自愧恨。午後畫直隸省輿圖一幅,未竟。薙頭。燈下摘録《明鑑》兩頁。候岱霖又不歸,心中躁不可言。及歸,又不能略責數語,一味優柔,安可以爲人師耶。臥後夢雜。(敬勝)

初二日,上午摘録《明鑑》兩頁。與岱霖言立身、立志,向上難而向下易,勸其不可出門,有激切語。午後畫直隸省輿圖竟。傍晚寫篆書對二副。燈下閑曠,與頌田、掌絲圍棋二局。早睡,夢雜。(怠勝)

初三日,清晨汪慕杜丈來晤,言及各州縣饑民賣男鬻女,慘不可言,議設法收買之,俟明年麥熟後,遣令還家,並商辦恤嫠、育嬰等善舉。余以育嬰最難安置,流弊亦最多,不宜率爾收養也。鶴巢來會文,拈題得"富潤屋,德潤身",余至傍晚始脱稿,燈下謄至中比而止。與鶴巢夜話,更深始睡。是夜夢清。(敬勝)

初四日,鶴巢出城後,謄昨日文半頁。芍翁屬書塼塔胡同施粥經費總數單一紙,書竟已飯時矣。午後看《明鑑》十餘頁,摘録一

頁。子源來。燈下録《明鑑》兩頁,寫扇一方。臥後無夢。(怠勝)

初五日,清晨偕岱霖至篤正義學查課。未刻,至子煇處會文,題目爲"政以德,譬如北辰"。緝庭、士周、象涵、聘臣、子實昆仲均在焉,鶴巢未來。余以題涉天文,以同文館爲戲,每見熟友,心不能收斂,聞人戲謔,亦隨聲和之,殊非居敬之道,以後切戒切戒。傍晚時脱藁,未及録,出而歸。燈下謄文半篇。臥後無夢。(怠勝)

初六日,晨起,謄文半篇。劉叔濤年伯與張安圃同年來。午前爲叔濤年伯畫扇一柄。譚至申刻而去。寫信寄養閒丈。燈下寫信致小豁,寫家信。臥後無夢。(怠勝)

初七日,微雨,與大兄、誦芬同出城至緝庭處小憩,復偕鶴巢、緝庭至東興居,請叔濤年伯、安圃同年,均來。席散後,大兄、誦芬、緝庭往戲園觀劇。雨下如注,良久不止。余至緝庭處時,前門積水數尺矣。與菱舫譚久,緝庭歸,大兄亦來。少頃望雲至,數人譚至四鼓始睡,語多雜亂,心不可收矣。是夜多夢。(怠勝)

初八日,晨起,於緝庭架上抽書雜觀之。望雲招午飲,一譚竟日,肆口臧否人物,又多狂放語,群居時如此縱肆,止敬之謂何?慎言之謂何?傍晚與大兄同歸。燈下摘録《明鑑》數則。臥後夢雜。(怠勝)

初九日,爲石子源改文一篇,沈鳳墀來,屬題花卉條幅四幀。午後,看《通鑑》二十五頁,摘録三頁。薙頭。傍晚接退樓丈信,燈下作書復之。臥後夢清。(敬勝)

初十日,致吴苓薌書,賀入泮喜,並勗其專心舉業。補行昨日會課,題目"果能此道矣"三句。燈下始脱稿。謄至起比而止。夜臥夢雜。(怠勝)

十一日,晨起謄昨日文半篇,看《通鑑》二十頁。用心尚專。午後書粥廠募捐啓一扣。摘録《通鑑》兩頁半。燈下摘録《通鑑》兩頁。臥後夢雜。(敬勝)

十二日,至字煇處會課,拈題得"三年學"一章。與熟友相處,終日不能戒戲言,可恨也。傍晚時,謄至後比,榴仙兄來,同車歸。燈下摘録《通鑑》一頁。榴仙兄出談良久,即睡。是夜無夢。(怠勝)

十三日,清晨潘星齋丈來譚畫。吴引之表姨丈自天津來。看《通鑑》四十餘頁,摘録五頁。作《收養饑民賣女啓》,汪慕杜丈所屬也。傍晚澡浴,至平則門大街散步而歸。燈下摘録《通鑑》二頁。臥後夢多。(敬勝)

十四日,爲石子源改文一篇,看《明鑑》十餘頁,摘録兩頁。午後爲葉詠仙表叔寫楷書摺扇全面,畫扇兩柄(李海帆摺扇、吴子和團扇)。傍晚,吴濂甫從山西來。燈下閑曠。大雨傾盆。早睡,夢多。(怠勝)

十五日,清晨,摘録《通鑑》一頁半,出城至緝庭處,以柳門來信託覓房屋,與緝庭商之。至會館,晤子實、畬香、硯生。因賣字紙者未來,託畬香監化之。至大安南營答黄子奇同年(心蕖),至蘇綫胡同答吴引之表姊丈,不值。至白衣菴答徐皖生丈,答石子源。午刻進城。爲芍翁起信稿一封,摘録《通鑑》一頁。燈下曠。大雨傾盆,與頌田圍棋一局。早睡,夢清。(怠勝)

十六日,晨起,寫摺扇全面,士周招飲同興居,先至緝庭處譚良久,望雲亦來。午刻至同興居,席散後至西永盛答吴濂甫,不值。至琉璃廠雇車進城,雷聲隱隱矣,半途雨下如注。燈下起信稿二封。臥後夢清。(怠勝)

十七日,爲石子源閱文一篇,摘録《通鑑》半頁。與大兄同至子煇處,祝其年伯壽。旋至文昌館,張培三彙弔,諸同鄉均在。午後進城,摘録《通鑑》四頁半。薙頭。燈下摘録《通鑑》兩頁半。臥後無夢。(怠勝)

十八日,清晨起信稿四封,拈會文課題"凡事豫則立"。午後

動筆,至臨臥始脱稿。是夜夢清。(怠勝)

十九日,晨起謄昨日文一篇。午前爲芍翁繕信一封,午後繕信二封。看《通鑑》十頁,摘録三頁。燈下摘録兩頁,是夜無夢。(敬勝)

二十日,摘録《通鑑》二頁。至子煇處會課,題目"財散則民聚"。傍晚脱稿歸。燈下閒譚。臥後夢幻有欲。(怠勝)

二十一日,謄昨日文一篇,爲芍翁繕信五封。又起信稿一。宋偉度自山左來,問及捻匪情形,尚在東三府,李宫保兵尚在濟寧,一時未能剿洗也。看《明鑑》十餘頁,摘録一頁半。燈下摘録兩頁。是夜無夢。(敬勝)

二十二日,清晨爲石子源改文一篇。叔濤年伯來。芍翁招飲。午後與叔濤年伯圍棋一局,譚至薄暮而去。爲芍翁繕信一封,摘録《通鑑》一頁。燈下摘録一頁。臥後夢清。(怠勝)

二十三日,寫家稟一封,稟三叔一封。致韻初妹丈信,復璞臣信,復硯田叔岳信,致養閒丈書,並寄京報二十本,總封交芍翁,轉託徐君(日增)帶蘇。摘録《通鑑》一頁,燈下曠,與芍翁圍棋二局。是夜夢。(怠勝)

二十四日,摘録《通鑑》兩頁半。午後出城,至緝庭處,晤望雲、菱舫,旋至晉陞店答宋偉度,不值。至米市胡同謁鏡笙師,晤譚良久。答叔濤年伯,謁嘯盦師,謁伯寅師,不及進城矣。仍至關帝廟叔濤年伯處,與蓉舫、安圃譚至更深而睡,無夢。(怠勝)

二十五日,清晨,進城。爲季群改試帖二首,摘録《通鑑》四頁半。燈下摘録一頁半,臥後夢雜。(敬勝)

二十六日,摘録《通鑑》兩頁,詠《明史》小樂府二首,作會課文一篇,"修身則道立"兩句。傍晚脱稿,燈下謄文半篇。是夜夢清。(敬勝)

二十七日,清晨謄文半篇,上午摘録《通鑑》兩頁,咏《明史》小

樂府兩首。午後與岱霖、伯衡同至順天府買卷,申刻歸。摘録《通鑑》一頁,燈下摘録一頁。臥後無夢。(怠勝)

二十八日,復退樓丈書,摘録《通鑑》兩頁,咏《明史》小樂府四首。午後爲鏡笙師畫扇一柄,寫篆書一方。摘録《通鑑》一頁,燈下咏《明史》小樂府二首。臥後無夢。(敬勝)

二十九日,摘録《通鑑》兩頁,咏《明史》小樂府四首。午後寫扇一方,畫扇二柄。燈下與頌田圍棋二局,咏《明史》小樂府二首。(怠勝)

八月初一日,摘録《明鑑》兩頁,出城至緝庭處,晤望雲。午刻,至會館監化字紙。在子實處便飯。午後至子良丈處,不值。至松竹齋買對紙,仍至緝庭處,與望雲、菱舫作聯句數十副。夜深始睡,爲臭蟲所困,竟夕不能成寐,黎明即起。(怠勝)

初二日,清晨,進城後精神倦甚,假寐良久。看《通鑑》十餘頁,午後爲倪朗山題《橋霜店月圖》七律一首。蔣子良丈來。摘録《通鑑》兩頁,燈下曠。臥後無夢。(怠勝)

初三日,清晨摘録《明鑑》兩頁。穀士來晤。同年請平景蓀師於松筠庵,余與緝庭同往,座中方春伯(覲宸)、黄佩卿(瑞蘭)、胡雲楣(國棟)諸同年,皆初次見面。余蓋懶於酬應,雖同年亦甚疏耳。席散後,至緝庭處,子輝、印若亦來,薄暮進城。燈下曠。臥後無夢。(怠勝)

初四日,摘録《通鑑》四頁。午後寫同鄉接場請帖,封籤三十分。詠《明史》小樂府四首。燈下詠二首。臥後無夢。(敬勝)

初五日,清晨,與季群同至篤義學查課,未刻查畢。至順治門小市閒步,雇車而歸。與鶴巢譚半日,畫扇一柄。燈下與鶴巢譚至更深而睡。是夜夢清。(怠勝)

初六日,大兄收拾考具。聞主考已放賈中堂、單地山先生(懋謙)、汪嘯盦先生(元方),江蘇分房者四人,陳彝、薛斯來、錢桂森、曹煒,皆揚州府人也。沈叔枚來晤。午後,大兄及誦芬、伯衡、頌田、康候諸君同搬小寓。摘録《通鑑》三頁,爲芍翁寫信一封。燈下摘録《通鑑》一頁。夜臥夢清。(怠勝)

初七日,上午爲石子源改文一篇。下午致養閒丈書。致退樓丈書。燈下寫家信。臥後無夢。(怠勝)

初八日,黎明起,偕季群、鞠人同至貢院送考,至碩卿、子煇、仲韜、偉度各寓。午刻爲大兄及誦芬、梅生諸君接籃,點名,甚擠。未刻,同鄉熟人均已送進龍門。出城,至葉恒泰晤詠仙丈,至施家胡同晤趙静侯,爲黄梅仙託辦呈明附生事。至興隆店候倪朗山,託帶南信,不值。晤唐酉孫,託其轉交朗山。至松竹齋取青格素書一本,至緝庭處小憩進城。燈下摘録《通鑑》二頁。臥後夢幻。(怠勝)

初九日,爲芍翁寫信一封,摘録《通鑑》兩頁半,爲芍翁寫請假摺。詠《明史》小樂府九首,燈下詠二首。摘録《通鑑》一頁,爲芍翁寫信一封。臥後無夢。(敬勝)

初十日,摘録《通鑑》四頁。詠《明史》小樂府十三首。夜臥無夢。(敬勝)

十一日,黎明起,至貢院前小寓送考。至碩卿、子煇各寓,爲同鄉諸君接籃。申刻歸,摘録《通鑑》二頁。燈下詠《明史》小樂府二首。(怠勝)

十二日,爲芍翁寫信一封。摘録《明鑑》四頁,詠《明史》小樂府十一首。夜臥無夢。(敬勝)

十三日,畫扇七柄,寫條幅一條,爲芍翁寫信一封。夜無夢。(敬勝)

十四日,至貢院前送考,申刻歸。寫條幅一條。夜臥無夢。(怠勝)

十五日，出城答殷譜翁、楊甄翁兩學使者，至米市胡同景孫師、伯寅師處賀喜。至關帝廟，同劉年伯、張安圃至緝庭處，望雲亦來，復偕諸君子至望雲處午飯，譚論竟日。拈詩句作對，爲分曹射覆之戲，望雲并留夜飲，出牙牌行酒，令待月不來，庭院謖謖生風矣。遂與劉年伯、安圃同至關帝廟宿焉。（怠勝）

十六日，晨起爲安圃寫篆書紈扇一柄，訪鶴巢不值。晤李幹吾，至煤市街興隆店，恒遠店，至會館。午飯至琉璃廠各書坊，爲平翁購覓《三通》，至緝庭處閒譚。薄暮，與緝庭同至米市胡同天敍齋，安圃招飲，鶴巢、幹吾俱在焉。席散後，仍宿關帝廟劉年伯處。是夜無夢。（怠勝）

十七日，大雨。進城，閱岱霖、頌田文，閒曠半日。抄文敬公《老學庵讀書記》一頁。薙頭。夜曠，臥後無夢。（怠勝）

十八日，清晨，抄《老學庵讀書記》半頁，寫家信兩封。復沈瘦珊信一封。午後，至東江米巷買靴，至荷包巷買物，各件均拓石子源帶南也。至緝庭處，大兄、誦芬亦來，同宿焉。與菱舫夜話，至二鼓始歸。（怠勝）

十九日，至白衣庵晤石子源，至鐵門候朱適庵，座中有嚴六溪農部（玉森），亦揚州人之有志讀書者，與適庵最相契也。進城抄《老學庵讀書記》三頁，燈下静坐。臥後無夢。（怠勝）

二十日，望雲來晤，抄《老學庵筆記》三頁。摘録《通鑑》兩頁，詠《明史》小樂府七首。夜臥夢清。（怠勝）

二十一日，抄《老學庵筆記》三頁，叔濤年伯、鶴巢、蓉舫、安圃同來。申刻，同至四牌樓同福館小酌，養餘、岱霖、誦芬、伯衡、誦田、康侯同往，蓉舫先歸。席散回館，與叔濤年伯、鶴巢譚至三鼓始睡。是夜夢清。（怠勝）

二十二日，清晨，與叔濤年伯、鶴巢閒譚。客去後，寫條幅三條。燈下寫文卿信。是夜夢多。（怠勝）

二十三日,清晨,寫家稟一封,託張梅生帶至陳子惠處,賀其四世兄喜事。出城至虎峰處,不值。至子煇處爲同社諸君子接埸。申刻始散,至西河沿送張梅生。至會館,劉年伯、誦芬均至汪璇甫處,余至大栅欄買丸藥。仍回會館,璇甫招飲,緝庭亦來。席散後,與劉年伯同車至關帝廟宿焉。(怠勝)

二十四日,清晨,與安圃同至太倉館晤諸仲韜、童衡川,小坐片晌。至緝庭處,晤葉詠仙丈,至琉璃廠買書。進城,寫《老學庵筆記》一頁,仲韜來晤,畫扇一柄,寫篆對一副,傍晚與仲韜至平則門大街閒步,燈下寫梅先信,致退樓丈書。致茶仙書。臥後無夢。(怠勝)

二十五日,畫扇兩柄。抄《老學庵筆記》三頁。燈下寫家信兩封。復陸仁卿書。臥後夢清。(怠勝)

二十六日,清晨,與大兄同車出城,至緝庭處,不值。至望雲處,略坐片晌,至葉恒泰送詠先丈南歸。至燕賓齋,爲彭氏諸君子接埸,與叔濤年伯、鶴巢、畬香四人公請也。席散後,至關帝廟閒譚。傍晚,進城。燈下抄《老學庵筆記》半頁。早睡。是夜無夢。(怠勝)

二十七日,清晨,抄《老學庵筆記》半頁。出城,至龐竇笙丈處,賀其令妹出閣喜。至望雲處,賀續娶喜,即竇翁妹也。申刻,與印若同車進城,至穀士處,少坐片晌。至子煇處夜飯後歸。臥後無夢。(怠勝)

二十八日,抄《老學庵筆記》五頁半。看《通鑑輯覽》二十餘頁。夜臥無夢。(敬勝)

二十九日,看《通鑑輯覽》二十餘頁,摘録五頁。寫策卷二開。夜臥無夢。(敬勝)

三十日,清晨,畫扇一柄。緝庭來至,會館拜畬香四十壽。午後,在時業齋查閱所買三通,有無缺頁。頌田亦來,與頌田查至夜

飯時始竟。是夜,同宿會館。(敬勝)

九月初一日,午前與子和、頌田至琉璃廠閒步。午後監化字紙,至恒達店。晤慶霖、海帆、子和,邀至慶和園觀劇,大兄、頌田均往,傍晚同歸。(怠勝)

初二日,看《通鑑》二十餘頁,摘録四頁。寫策卷二開,夜臥夢欲。(怠勝)

初三日,寫策卷三開。午刻在家喫夢。下午看《通鑑》二十頁。夜臥夢多。

初四日,寫策卷半開,子實來。子良丈來。榴兄邀至富興樓小酌。大兄同往,席散後,同至慶和園觀劇。傍晚,進城。燈下看《通鑑》十餘頁。臥後夢清。(怠勝)

初五日,寫策卷一開,寫篆對兩副。與頌田同至篤正義學查課。申刻歸,汪玉森來。寫篆對三副。夜臥夢失。(怠勝)

初六日,寫策卷一開,子和、畬香及肯堂表母舅來晤,伊臣邀至富興樓小酌。席散,至廣和樓觀劇。傍晚,與大兄同至緝庭處。菱舫招飲亦興居,酒罷,仍至緝庭處宿焉。(怠勝)

初七日,與大兄、緝庭同至關帝廟劉年伯處。陳芝泉來,招飲宴賓樓,席散,至廣和樓觀劇。傍晚,與劉年伯、緝庭、蓉舫、安圃及大兄同至同興居喫夢,鶴巢亦來。是夜,宿關帝廟。大兄宿緝庭處。(怠勝)

初八日,與濤丈、安圃同至鶴巢館中,略坐片晌。同至八角琉璃井子良處,子實、硯生、康侯及大兄均在焉。至琉璃廠看紅録。午刻在會館畬香處飯,再至琉璃廠,聞三縣中一程秀(楞香先生之子)。傍晚至會館,聞戴子暉中。夜飯後至琉璃廠,候至二鼓而歸,與大兄同宿畬香處。(怠勝)

初九日,清晨,見題名録,知吾邑又中一蔣松生(名嘉棟),蘇府兩人而已。解元劉,直隸任邱人。南元吴紹正,安徽休寧人。與大兄同至望雲處,又至緝庭處少坐。濤丈、誦芬、蓉舫、安圃均來,旋進城,寫策卷兩開、條幅一條。(怠勝)

初十日,致退樓丈書。畫《塞上風雲圖》(伊臣託硯耕款),并爲伊臣畫《陌上花歸緩圖》。(敬勝)

十一日,復應敏翁信。復劉融齋先生書。致馮介安觀察書。寫家稟一函。(敬勝)

十二日,至養閒丈書,寫三叔稟。午刻與大兄出城,送汪璇甫、吴子和南歸。申刻進城。在順治門估衣鋪買衣。傍晚歸。(怠勝)

十三日,寫大卷二開,看《通鑑》二十餘頁,摘録兩頁。寫條幅一條,夜臥夢雜。(敬勝)

十四日,寫大卷二開,條幅二條。看《通鑑》二十餘頁。摘録兩頁。夜臥無夢。(敬勝)

十五日,寫大卷二開,册頁一開,畫扇一柄。看《通鑑》二十頁。夜臥無夢。(敬勝)

十六日,寫大卷二開,摘録《通鑑》四頁。爲芍翁刻圖章一方。看《通鑑》二十餘頁。夜臥夢清。(敬勝)

十七日,寫大卷一開,濤丈、安圃同來。濤丈譚至傍晚而去。望雲來晤,晚間身倦不舒,假寐片晌。(敬勝)

十八日,寫策卷一開,半爲芍翁寫楷書信一封。申刻至戴子煇處賀喜,不值。至老牆根候士周,旋至會館,三弟與柳門尚未來也。夜飯後,與緝庭同至望雲處,大兄及鶴巢、菱舫均在。是夜,鶴巢宿緝庭處。余與大兄宿望雲處。(怠勝)

十九日,至蔣松生處賀喜,不值。至緝庭處少坐片晌。進城至承恩寺,晤穀士,譚至午刻而歸。午後,寫策卷一開半,寫篆對一副。燈下看《通鑑》十餘頁。臥後夢清。(怠勝)

二十日，寫策卷一開半，爲芍翁録致丁雨生方伯信稿。因吾吴今秋穀賤，糙米每石不過一千六七百文，白米每石不及二千五百文，去年折價四千二百文，恐今年不能大減，則農民重困矣。芍翁與伯寅師、子良丈商作公函，請雨生方伯飭屬多收本色，並減折價，總以一石加耗三斗，與市價相仿，酌中定數，則本色、折色均無畸重之弊也。燈下看《通鑑》十餘頁。臥後夢清。（敬勝）

二十一日，寫策卷兩開半，摘《通鑑》三頁半。夜臥無夢。（敬勝）

二十二日，寫策卷兩開，看《通鑑》十餘頁，摘録四頁。燈下與芍翁圍棋棋一局。臥後夢雜。（敬勝）

二十三日，寫册卷兩開。宋珊室來。午後出城，弔汪玉森，晤芾邨、鶴巢、緝庭、碩卿，少坐片晌。至米市胡同候叔濤丈，不值。謁伯寅師。進城，候子煇、印若不值。至甘石橋賀陳聘臣中副車喜。送象涵南歸，子煇、印若均在傍晚歸。燈下起信稿一封。臥後無夢。（怠勝）

二十四日，寫策卷半開，寫致丁雨生方伯論漕務公信，至申刻始畢。致退樓丈書，燈下寫家信，臥後夢清。（敬勝）

二十五日，寫策卷兩開，午後與誦芬至四牌樓首飾鋪，出城至西河沿采華樓，買鍍金鈴鐲等件，送岱霖令郎薙頭禮也。至會館送珊室，行至琉璃廠集文齋，芍翁欲喚搨工至黄邨廟中，搨周山茨先生碑也。傍晚進城，與芍翁圍棋一局。燈下看《通鑑》十餘頁。（怠勝）

二十六日，寫策卷半開，畬香、劉年伯俱來。是日爲岱霖令郎湯餅會，席散後，與劉年伯圍棋二局。傍晚，摘録《通鑑》二頁。燈下芾邨送來玉森訃簽，寫三十餘條。臥後夢清。（怠勝）

二十七日，寫玉生訃簽四十餘條。寫策卷一開，午後至芾邨處，約其同至官菜園上街，鶴巢、緝庭、畬香、子實、味琴均在焉。余

亦寫訃簽二三十條。抵暮,仍與芾郇同進城,燈下寫玉森訃一分。臥後夢清。(怠勝)

二十八日,寫玉森訃兩分,徐皖生來。寫策卷半開。看《通鑑》十餘頁,摘録兩頁。夜臥無夢。(敬勝)

二十九日,寫策卷半開。潘文恭公太太九十冥誕,在龍泉寺誦經,余與大兄同往。午刻,進城。子煇招飲,席散而歸,已傍晚矣。看《通鑑》十餘頁。夜臥無夢。(怠勝)

十月初一日,雨,不克至會館化字紙。寫册卷兩頁,看《通鑑》二十餘頁。夜臥夢清。(怠勝)

初二日,寫策卷兩開,爲劉年伯刻圖章兩方。看《通鑑》二十餘頁。夜臥夢清。(怠勝)

初三日,寫策卷一開,作《陳餘張耳論》一篇,録《登瀛社稿序》。寫白摺一開半,燈下看《通鑑》。與芍翁、榴翁同步至後街,招岱霖歸,委曲勸導之。臥後夢清。(怠勝)

初四日,爲頌田改論一篇,作塔影文社課,題"百姓足,君孰與不足"。至戌刻繕竟,繳卷。看《有正味齋賦》十餘篇,爲頌田選讀本也。臥後夢失。(敬勝)

初五日,録長椿寺粥廠各帳目,寫策卷兩開。録《通鑑》二頁。燈下爲康侯改論一篇,看《有正味齋賦》。臥後夢清。(敬勝)

初六日,寫策卷半開。與大兄同至文昌館,玉森開弔。下午,至關帝廟劉年伯處,晤譚片晌而歸。燈下看《通鑑》十餘頁。臥後無夢。(怠勝)

初七日,寫策卷兩開。看《通鑑》十餘頁,摘録兩頁。夜臥夢清。(怠勝)

初八日,寫策卷兩開,畫扇二柄。圈《通鑑》摘本十餘頁。燈下摘録《通鑑》二頁。是夜夢雜。(怠勝)

初九日，寫策兩開，午後爲頌田改《白菊賦》一篇，燈下爲康侯改賦未竟。（怠勝）

初十日，清晨，爲康侯改賦。接緝庭字，知三弟與柳門昨晚到京，卸車葉恒泰，余與大兄同往晤譚竟日。晚聞叔梅招飲東興居，席散，仍留宿葉恒泰。

十一日，進城，至子煇處。午後到館，寫南信數封。大兄欲南歸，天氣驟寒，輪船不能出口，趕於十四日啓程。館中令三弟暫爲權課，俟文卿來京，再請芍翁延訂也。燈下作書復退樓主人。

十二日，作書復小豁，賀其捷喜，并復篆香一函。寫大卷半開。柳門來，大兄亦歸。芍翁爲大兄餞行，柳門譚至傍晚而去。子煇、印若招至同福館，爲大兄餞行。席散，余忽頭暈而吐，殆食醉蟹中寒耶。歸臥片晌仍起，與大兄話久始睡。

十三日，晨起，又覺畏寒作吐，擁被而臥，竟日不適。大兄於午前出城，明早在葉恒泰開車，余以小病，不能出送，殊悵悵也。是日，服薑桂湯兩次。

十四日，晨起則霍然矣。寫長椿寺粥廠募啓十一分，燈下始竟。

十五日，至子煇處會文，題目“棘子成曰”兩節。至戌刻繕竟而歸。

十六日，寫策要卷一開半，許仲韜、樸齋同來。樸齋從學於余，晤譚良久，爲頌田改文一篇。夜臥夢清。

十七日，寫大卷兩開，至石老娘胡同，答仲韜、樸齋，看《大學衍義》十頁。爲康侯改文一篇。夜臥夢清。

十八日，寫策卷半開，爲廣盦寫楷書信一封。午後，三弟、柳門同來，看柳門位置行李。讀《漢書・趙充國傳》，摘録《通鑑》二頁。夜臥夢清。（怠勝）

十九日，寫策卷一開，爲廣盦寫楷書信一封，爲退樓主人寫信

一封。夜臥夢失。(怠勝)

二十日,寫策卷四開,璞齋來講文。燈下看《通鑑》十餘頁。

二十一日,寫策卷兩開,圈《漢書·趙充國傳》一篇,爲頌田改文。

二十二日,圈《廣治平略·屯田》一篇,爲康侯改文。韻初來晤。邁皋丈、安圃、子暉、印若、子實先後來,客去已暮矣。芍翁接汪瓚甫信,知退樓丈有喪明之慼。作書慰之。

二十三日,爲璞齋改文。午後,與三弟至單牌樓買皮袍,抵暮而歸。燈下看《大學衍義》二十頁。

二十四日,與三弟同出城,至長椿寺候劉怡棠,爲棉衣事,不值。至永光寺西街,旋至椿樹胡同,晤繆心如丈。至恒遠店答韻初,至八角琉璃井賀迪甫續娶喜。傍晚始歸,至琉璃廠買書,燈下看《大學衍義》。

二十五日,至子暉處會文,題目"上好禮至矣如是"。二鼓始繳卷而歸。

二十六日,爲璞齋改文,并詩一首。爲頌田改文一篇。燈下始竟。

二十七日,與柳門同車出城,弔陳馨山同年。旋至長椿寺晤劉怡棠。午刻,進城。寫策卷半開,爲康侯改文一篇。燈下始竟。

二十八日,寫策卷一開,與三弟同至關帝廟濤丈處。

十一月初一日,出城,至會館,監化字紙。旋至煤市街恒遠店,晤韻初,譚之良久。候趙静侯。至楊梅竹斜街,買騷鼠帽,進城已薄暮矣。明日芍翁夫人五十正誕。是日收拾書房。

初二日,同鄉拜壽者絡繹而來,陪客竟日。余以左耳漲塞,頭暈不能久坐,夜飯時即睡。是夜,邁皋丈、鶴巢、硯生、緝庭均住城内。

初三日,清晨,鶴巢、硯生、緝庭均出城。惟邁皋丈譚至午後而去。寫策卷一開。

初四日,與三弟同車出城。至李鐵拐斜街,答徐晥生。包頭張胡同,候汪瘦梅。至米市胡同祝潘星齋太世叔六十壽,飯後至關帝廟邁皋丈處,譚至薄暮而歸。

初五日,寫策卷半開,子煇處會課。余以頭脹畏風不往。在館作文,附入課中。題目係"子曰文莫吾猶人也"兩章。夜飯後脱稿未繕。

初六日,謄昨日課文一篇,午刻始竟。寫策卷一開半,摘《通鑑輯覽》二頁。

初七日,中堂太太常誕,客來竟日。傍晚時與三弟、柳門、誦芬同至平則門大街閒步。夜飯後,與芍翁圍棋一局。

初八日,寫策卷二開,爲頌田改賦一篇。

初九日,寫策卷二開,爲康侯改賦一篇。燈下寫家信,復廣盦信。

初十日,寫家信,與同車出城,至恒遠店晤韻初。適文卿自山左來,與緝庭同在同泰略譚數語。子良丈招飲萬福居,席散後,與劉年伯、緝庭、三弟還至恒遠店,韻初他出矣。四人同至會館,看文卿。又自琉璃廠步至緝庭處少坐片晌。進城,至子煇處,譚至夜飯後歸。

十一日,寫策卷一開,黄子奇同來晤。午後爲周京士畫山水直幅。燈下,摘録《明鑑》三頁。

十二日,寫策卷一開,爲周京士畫山水横幅,爲樸齋改文,摘録《通鑑》一葉。

十三日,爲樸齋改文,邁皋丈來,洪文卿來。譚竟日。

十四日,邁皋丈、文卿去後,韻初來晤。午後黄子眉來晤。客去後爲璞齋改文,又改詩一首。燈下爲頌田改文一篇。

十五日,與三弟同至子煇處會課,題目“物有本末”三句。夜飯後,繕竟而歸。

十六日,寫策卷一開。爲康侯改文,傍晚時填長椿寺棉衣票字號,臨臥始竟。

十七日,寫策卷一開半,讀《漢書·汲黯傳》,爲頌田改論。燈下摘録《通鑑》二頁。

十八日,與芍翁同車出城,至蔣拙安處,至教場頭條胡同,候季士周、陳六舟。與六舟、士周同至長椿寺施放棉衣票。傍晚進城。燈下摘録《通鑑》二頁。

十九日,爲璞齋改文一篇。寫策卷一開半,璞齋來講文。傍晚始去,燈下摘録《通鑑》二頁。

二十日,寫策卷一開。與伯衡同至長椿寺放棉衣,放畢日已暮矣,不及進城。士周招至義興小酌,旋與伯衡同至關帝廟邁皋丈處,宿焉。

二十一日,與伯衡同歸,寫策要卷二開,爲康侯改文一篇。

二十二日,寫策卷二開半。爲頌田改文一篇。摘録《通鑑》二頁。

二十三日,與頌田、季群同至長椿寺監放票米。余至程蓉伯先生處少坐片晌,仍至長椿寺放米畢,進城已薄暮矣。至子煇處會文,題目舉賢才合下一節。余作至中比未竟而歸。

二十四日,作昨日會課文,謄至下午始竟。

二十五日,出城至繩匠胡同,賀緝庭送盤喜。至伏魔寺答劉乙生。至程鎔伯先生處午飯,席散已薄暮矣。至興勝寺韻初處,不值。進城。燈下寫謝恩摺稿。

二十六日,寫同鄉謝恩摺,浙撫奏蠲緩松江竈課,江督奏蠲緩海、泰兩屬竈課,寫至薄暮,惟後銜未繕耳。

二十七日,與三弟同至緝庭處,幫理喜事竟日。傍晚,與三弟至韻初處。瘦梅招飲如松館。

十二月初一日,至會館監化字紙,晤畬香、培之、子實,少坐片晌,至興勝寺韻初處,談至未刻。候沈叔梅,進城已薄暮矣。燈下講《近思録》,寫上海信。

初二日,寫上海信。寫錢伊臣册頁一開。子煇、印若來晤。爲頌田改賦。燈下講《近思録》。

初三日,寫大卷二開。爲康侯改賦。

初四日,爲康侯改賦,寫策要一開半。燈下講《近思録》。

初五日,爲芍翁寫封奏摺。寫策卷一開。爲岱霖改賦。燈下講《近思録》。

初六日,寫策卷一開半,爲岱霖改賦。燈下講《近思録》。

初七日,爲璞齋改文一篇。申刻,璞齋來講文。燈下讀文。

初八日,爲芍翁寫封奏摺。因前日所寫,又改數語,屬爲重寫。午刻至子煇處會文,題目"司馬牛問仁"兩章。至亥刻繕竟,與誼卿弟、文卿同歸。

初九日,寫策卷兩開半,爲頌田改文。燈下講《近思録》。

初十日,爲頌田改文。寫卷一開半。燈下讀文,講《近思録》。

十一日,爲岱霖改文,寫策卷一開,寫條幅兩方。燈下講《近思録》。

十二日,寫策卷兩開。

十三日,寫策卷一開半。午後作《雪羅漢賦》一篇。燈下始竟。

十四日,爲康侯改文,寫策卷一開半。

十五日,與三弟、文卿同至子煇處會文,題目"信近於義"四句。至燈下脱稿,謄至起比而歸。

十六日,寫家稟一封。大兄信一封。復退樓丈信,復廣盦信,復養閒丈信,均交摺差帶去。薄暮,録昨日文半篇。燈下讀文。

十七日。

十八日。

十九日。

二十日,爲璞齋改文。鶴巢來,譚竟日。

二十一日,鶴巢去後,劉年伯來,譚竟日。

二十二日,韻初來,譚竟日。

二十三日,出城至長椿寺,候劉怡棠,不值。至其家,晤之。至椿樹頭條胡同候陳六舟,不值,晤其世兄巽卿。至會館監化字紙。至韻初處譚良久。進城,至艮峰太老師處,未見歸。燈下講《近思録》。

二十四日,芍翁屬復丁雨生中丞書。爲頌田改文一篇。燈下講《近思録》。

二十五日,寫廣盦信。繕丁雨生信,爲康侯改文一篇,爲樸齋改文一篇。

二十六日,與三弟同出城。至緝庭處,至關帝廟飯後,與邁皋丈、文卿、三弟同至潄芳處,晤譚良久。至興勝寺韻初處,宿焉。

二十七,大雪。在韻初處午飯。飯後與三弟踏雪至秦誼亭丈處,又至琉璃廠閑步。薄暮,仍至韻初處宿焉。

二十八日,清晨,文卿來。同至沈叔梅處,略譚片晌。余至會館候畬香,不值。至虎峰處,晤朱適庵。午後進城,畫絹册二頁。

二十九日,畫絹册四頁。

除夕,與三弟同出城,至緝庭處,旋至關帝廟晤邁皋丈、容舫、安圃昆仲。午後,緝庭亦來,同步至琉璃廠,余與三弟進城。

恒軒日記(戊辰)

元旦,賀喜畢。淑芳、碩卿來。子良丈來。下午,與文卿、誼卿弟擲百官圖數回。燈下爲季群畫帳沿半幅。

初二日，臨南田二帙。安圃來，爲李幹吾畫横披半幅。燈下擲百官圖。

初三日，與文卿同車出門，賀喜。由甘石橋、單牌樓出城，至教場頭條胡同、老牆根，又南至轎子胡同、醋張胡同、爛麵胡同、珠巢街、南横街一帶，在緝庭處午飯。至米市胡同、關帝廟，晤劉年伯、蓉舫、安圃昆仲。至兵馬司後街、包頭張胡同、賈家胡同各處賀喜，均不值。至潘家河沿洪蓮甫處，與文卿同下車，少坐片晌。至麻綫胡同、梁家園前、孫公園，至興聖寺，晤韻初。適三弟亦在，時已薄暮，不及久坐，仍與文卿至裘家街、山西街，由椿樹頭條胡同、永光寺街，而至香爐營四條胡同，均未下車，遂歸。燈下爲季群畫帳沿半幅，與漱芳、柳門擲百官圖。

初四日，爲李幹吾畫横披半幅，又梅花一幅，爲陳聘臣畫梅一幅。午後，惠子元來晤。子元鑲黄旗人，在神機營辦理文案。去臈在黄郇防堵，曾晤芍翁，知其有志宋儒之學，與崇文山最相契者，晤譚良久而去。與文卿同出城，至琉璃廠，途遇三弟、均初，散步至廠西門，泥濘不堪，仍與文卿、三弟同車至望雲處夜飲。同席者，鶴巢、幹吾、柳門也。酒罷，至興勝寺韻初處，宿焉。

初五日，與三弟、文卿、韻初同觀琉璃廠骨董鋪，至火神廟徘徊良久。午刻，至興勝寺，飯後再至火神廟，傍晚，仍至興勝寺宿焉。

初六日，與三弟、文卿同歸。邁皋丈來譚至傍晚而去，燈下看《胡文忠集》三十頁。

初七日，爲陳小舫先生畫山水條幅。邁皋丈來，鶴巢來，爲黄子奇畫梅四幅。芍翁招夜飲，同席者邁峰丈、鶴巢、柳門、文卿、誦芬及誼卿弟也。席散，擲狀元籌數巡，譚至更深而睡。

初八日，大雪。爲小舫先生畫山水條幅，爲容舫畫山水横披，午後鶴巢屬畫《雪窗夜飲圖》。傍晚，與鶴巢、文卿、誦芬、康侯、頌田,同至御河橋觀雪景。燈下與邁皋丈、鶴巢擲狀元籌數巡。

初九日,爲黄子奇畫《蒔畸圖》,爲何子英畫扇面一,燈下看《胡文忠集》三十餘頁。

初十日,與三弟同車出城賀喜。至西河沿硯生處少坐片晌,至打磨廠葉恒泰午飯。飯後至豆腐胡同,答胡蕴山同年,由長巷頭條胡同,至孝順胡同各京莊,至源泰晤俊叔,由前門而西,至施家胡同、煤市街恒遠店,晤慶霖。至興勝寺,看韻初,不值。至琉璃廠一轉,進城,燈下看《胡文忠集》三十餘頁。

十一日,爲文卿刻石章兩方。爲柳門畫扇一柄。淑芳來,爲季群畫扇一柄。燈下看《胡文忠集》二十餘頁。磨墨。

十二日,與三弟、誦芬同出城,至琉璃廠、火神廟,購得《王白田先生集》一部,至興勝寺。午後至琉璃廠一轉,仍至韻初處宿焉。

十三日,清晨,緝庭、文卿來,同至火神廟一轉。進城,硯生來譚至傍晚而去。看《王白田先生集》五六十頁。

十四日,與三弟、文卿同至子煇處會文,題目"君子矜而不争",至夜飯後始脱稿,未繕而歸。

十五日,繕昨日文一篇。午後,與文卿同出城,至會館監化字紙。至火神廟,遇鶴巢、緝庭、韻初諸君,韻初招飲,遂與三弟、柳門同至興勝寺。夜飯後,至五道廟、觀音寺、大栅欄一帶觀燈。柳門、文卿趕城歸,余與三弟宿焉。

十六日,進城,寫策卷一開。録讀本文一篇,讀文二十徧。

十七日,午前,爲芍翁寫封奏摺。午後,寫策卷一開,爲璞齋改文。燈下録讀本文一篇,讀文二十遍。臥後夢雜。(敬勝)

十八日,上午寫策卷二開,午後爲樸齋改文。漱芳來譚,至薄暮而去。燈下讀文二十遍,讀《近思録》。臥後無夢。(怠勝)

十九日,上午寫家信一封,復退樓丈書,復廣盦書。午後寫策卷一開,爲芍翁寫信一封。傍晚,磨墨。燈下讀文二十遍,講《近思

録》。臥後夢雜。(怠勝)

二十日,上午寫策卷二開,下午爲樸齋改文。燈下讀文二十遍,臥後無夢。(敬勝)

二十一日,上午,寫策卷二開。下午,爲樸齋改文。傍晚,至石老娘胡同晤仲韜、樸齋。燈下讀文二十遍,臥後夢清。(怠勝)

二十二日,與三弟、文卿同至子輝處會課,題目"長沮桀溺耦而耕"一節。抵暮脱稿,至亥刻繕竟而歸,臥後無夢。(怠勝)

二十三日,寫策卷兩開半。看《白田先生集》二十頁,致裴樾岑同年書,燈下讀文二十餘遍,磨墨。臥後夢清。(怠勝)

二十四日,寫策卷兩開半,爲頌田改文一篇。燈下讀文二十遍,讀《近思録》,看《白田先生集》十餘頁。臥後夢欲。(怠勝)

二十五日,清晨,至長椿寺粥廠,已放畢。怡棠亦不在廠中。至其家候之,仍不值。至琉璃廠買輿圖一册。至會館,晤畬香。至大耳胡同沈迂村處,爲偉卿送銀信。至施家胡同,晤趙静侯託查廣盦保舉案。至同泰晤慶霖、海帆,知昨早煤市街失火,與同泰僅隔一家,甚驚惶也。午刻至韻初處。飯後候沈叔梅,不值。進城,寫策卷半開。燈下讀文二十遍,讀《近思録》,抄讀本文一篇。臥後無夢。(敬勝)

二十六日,寫策卷一開,作文一篇,題目"弟子入則孝"五句。亥刻始脱稿。(怠勝)

二十七日,寫策卷二開,看《白田先生集》二十餘頁。燈下讀文二十遍。讀《近思録》,臥後夢清。(敬勝)

二十八日,爲芍翁寫封奏摺。寫策卷一開,爲康侯改文。燈下讀文二十餘遍。繕前日所作文一篇。臥後無夢。(敬勝)

二十九日,與文卿、誼卿弟同至子輝處會文,題目温故而知新可以爲師矣。傍晚時脱稿,夜飯後繕竟而歸。與緝庭譚至更深始睡。是夜無夢。(怠勝)

二月初一日,上午寫策卷兩開,飯後至會館監化字紙,晤小軒太姑丈。傍晚,進城。燈下讀文二十遍。講《近思録》。臥後無夢。(敬勝)

初二日,寫策卷兩開。午後,邁皋丈、安圃來,柳門招飲,淑芳、緝庭均來。是日,汪姨母五十正誕,余與三弟均不記憶。夜飲甚樂,譚至更深睡。是夜無夢。(怠勝)

初三日,寫策卷一開。午後,邁皋丈、安圃出城。徐小豁同年來晤,渠由漢口繞汴梁而來,豫境捻蹤出没,道路梗塞。去冬十一月初,由滬動身,直至初一日到京,與楊梅竹斜街嘉興店。晤譚良久而去。寫《文昌帝君陰騭文》一篇。燈下讀文二十遍,講《近思録》,爲康侯改文。臥後無夢。(怠勝)

初四日,至楊梅竹斜街答小豁同年,晤陶柳門、閔杏垞,皆小豁同伴也。黄子奇同年招飲,由嘉興店至轎子胡同,泥濘不堪,車行甚遲。至則緝庭、誼卿弟均先到矣。待客不來,至申刻始飲,未終席而歸。燈下看《白田先生集》四十餘頁。臥後無夢。(怠勝)

初五日,寫策卷半開,寫條幅二條。作文一篇,題目"子曰譬如爲山"一章。至亥刻始脱稿。臥後夢失。(怠勝)

初六日,寫家信兩封,致廣盦信,寫策卷一開半。爲頌田改文一篇。燈下爲康侯改文一篇,講《近思録》。臥後夢清。(敬勝)

初七日,至子煇處會課,題目"有德者必有言"兩句。傍晚脱稿,燈下繕竟而歸。磨墨。臥後夢清。(怠勝)

初八日,寫策卷三開,看《白田先生集》十餘頁。爲康侯改文,臨臥始竟。是夜夢雜。(敬勝)

初九日,寫策卷二開,樸齋來講文。爲頌田改賦。燈下讀文二十遍。講《近思録》。臥後無夢。(敬勝)

初十日,寫策卷二開,爲頌田改賦。燈下爲芍翁起信稿一,讀文十餘遍。講《近思録》,看《白田先生集》十頁。臥後夢清。

（敬勝）

十一日，寫策卷二開，爲康侯改賦。韻初來晤。燈下讀文，講《近思録》。臥後夢清。（敬勝）

十二日，寫策卷二開，看《白田先生集》十頁。爲頌田改文。燈下讀文十餘遍。講《近思録》。臥後夢清。（敬勝）

十三日，出城，至嘉興店，候徐小豁，不值。晤陶柳門。至施家胡同，晤趙静侯。至同泰晤慶霖，至興勝寺，晤韻初。至虎峰處，祝其尊人春帆先生七十壽，子煇、印若、士周、緝亭均在焉。申刻至米市胡同，見伯寅師。又至邁皋丈處譚文。薄暮進城，燈下讀文二十遍。臥後無夢。（怠勝）

十四日，寫策卷兩開半。爲康侯改文，致應敏翁書。燈下讀文二十遍。講《近思録》。臥後夢清。（怠勝）

十五日，黎明起，至長椿寺看放粥，與劉怡棠譚粥廠事。至梁家園惜字會館，晤程五峰、朱子山、徐紹圃、吴碩卿諸君子，至韻初處略坐片晌。至會館，買字紙人未來，因託小軒太姑丈代看焚化。至南火扇候畬香、子賓。在畬香處午飯。飯後進前門，至貢院前看定水磨胡同小寓。至小豁寓中，適小豁覆試，出場略譚片刻，遂歸。燈下讀文。榴翁招飲。臥後夢清。（敬勝）

十六日，寫策卷兩開。爲頌田改文一篇，至亥刻始竟。講《近思録》。臥後無夢。（敬勝）

十七日，寫策卷兩開半，摘《説文》三頁半。燈下摘《説文》兩頁。講《近思録》、《西銘》一篇。讀文。臥後無夢。（敬勝）

十八日，寫策卷一開。摘《説文》四頁半。燈下静坐。臥後無夢。（敬勝）

十九日，寫策卷半開。摘《説文》三頁，爲康侯改文一篇。燈下摘録《説文》一頁半。臥後無夢。（敬勝）

二十日，寫策卷一開，摘録《説文》四頁半。燈下讀文，講《近

思録》。臥後夢失。(怠勝)

二十一日,爲芍翁寫磚塔胡同施粥帳,摘録《説文》四頁。燈下讀文,講《近思録》。臥後無夢。(敬勝)

二十二日,摘録《説文》四頁半,爲誦田改文,燈下始竟。講《近思録》。臥後無夢。(敬勝)

二十三日,摘録《説文》四頁,邁皋丈來。下午,同游廣濟寺。燈下閒譚。臥後無夢。(怠勝)

二十四日,摘録《説文》四頁。燈下讀文,臥後無夢。(怠勝)

二十五日,清早,至長椿寺,粥已放畢矣。略坐片晌,至緝亭處、邁皋丈處。旋至韻初處午飯。下午至會館,晤陳霄卓(鼎)、馬石君(清瓚)、吴卓山(賡熙)、徐石卿(人鳳)、吴培卿(福保)、章若洲、戴毅夫、曹錦濤(毓俊)、王鶴琴(亦曾)、顧尚之、沈漱芳(漢槎)、吴小珊、顧虹玉(有櫟),皆新到者。虹玉爲顧子和之子,年最幼,尚有孫少庭,未之見也。至畬香處晤季雅、蔚軒。傍晚,又至韻初處,與韻初同至芝泉處夜飲。同席者汪瘦梅、吴子實、碩卿及畬香也。是夜,宿韻初處。(怠勝)

二十六日,雨,泥濘不可行。午後,雇車進城。摘録《説文》三頁。燈下讀《説文》,講《近思録》。臥後無夢。(怠勝)

二十七日,摘録《説文》五頁。下午讀文。燈下讀文,講《近思録》。臥後夢清。(敬勝)

二十八日,摘録《説文》七頁。下午讀文。燈下讀文,臥後無夢。(敬勝)

二十九日,摘録《説文》七頁。吴小珊、顧虹玉來。孫少庭、徐石卿、吴備卿、吴錦齋亦來。午刻,陳霄倬、馬石均來。午後顧尚之、王鶴琴、沈漱芳來。夜臥無夢。(怠勝)

三十日,摘録《説文》八頁。燈下講《近思録》,臥後無夢。(敬勝)

三月初一日，摘録《説文》一頁半。出城至會館，晤璞臣、春山兩同年，自陸路繞天津而來，昨日始到。至同泰，晤許韻和及王曼生、丁吟雪、陶平如，即在同泰午飯。漱芳亦來。午後至施家胡同，晤趙静侯。孝順胡同答王松生，晤馮申之、培之昆仲、張硯香。再至會館，監化字紙。芍翁亦在，同往西河沿祝陳培之夫人壽。晤肯堂表母舅及芝泉、迪甫、畬香、硯生諸君。薄暮進城。燈下摘録《説文》，講《近思録》。

初二日，寫家信一封，致廣盦一書。摘録《説文》四頁。燈下摘録《説文》，講《近思録》。臥後無夢。（敬勝）

初三日，摘録《説文》五頁。燈下讀文。臥後無夢。（怠勝）

初四日，讀文。下午，復齋來。（怠勝）

初五日，與三弟及頌田、季群同至篤正義學查課。未刻始竟。至芾村處略坐片晌，遂歸。檢點考具。（怠勝）

初六日，上午檢點考具。下午搬小寓。

初七日，在貢院前各小寓中閒談竟日。

初八日，巳刻進場，坐龍字十五號，同號熟人唯馮申之而已。

初九日，申刻頭篇脱稿。亥刻二篇脱稿，三篇一詩至四鼓始竟。少睡即起。

初十日，謄三文一詩，并補稿。傍晚出場。

十一日，巳刻進場。坐烏字五十五號，與子煇同號。亥刻題來，黎明《易》藝成。

十二日，午前作《書經》文。午後，作《詩經》文。傍晚，謄《易經》文。剪燭作《春秋》文一篇而睡。五鼓時起，作《禮記》文一篇。

十三日，作《禮記》文畢。謄正四篇，補草五篇。抵暮始出場。

十四日，午刻進場。坐辰字十九號，同號者潘味琴、潘竹侯及吴藴山同年。亥刻題來，至黎明對策一篇。

十五日，對策四篇，并謄正補草，至夜半而睡，唯一藝未繕耳。

五鼓時起，繕策一道。

十六日，清晨出場，與復齋、文卿、誼卿弟同歸。小豁來晤。

十七日，許璞齋來，曹錦濤來。璞臣、春山同來。

十八日，出城，至恒遠店。晤茉坡，文卿、誼卿弟俱來。同至孝順胡同，晤辛芝，候申之、培之，不值。至東興居，邀俊叔小酌。旋至俊叔處，晤譚半晌。又與俊叔、文卿、誼卿弟，至辛芝處，至畬香處，不值。至會館，傍晚至韻初處宿焉。

十九日，與三弟同至邁皋丈處，旋至緝庭處。是日，邀璞臣、復齋、西山、春山、晉卿諸同年午飯。余與柳門、文卿、緝庭、誼卿弟同作主人，暢飲極樂。傍晚，至關帝廟晤邁皋丈，與復齋、文卿同歸。

二十日，邁皋丈與安圃同來，秋谷來，鶴巢來。柳門招夜飲。

二十一日，邁皋丈、安圃、鶴巢去後，王曼生、丁吟雪、陶平如來，趙介人來，與三弟同至龍源樓，趙静侯招飲。席散後至恒遠店，旋歸。

二十二日，寫策卷二開半。潘筱涯來，畬香來。

二十三日，與三弟出城，至太倉館，晤龔鳳臺同年。至西河沿，晤肯堂表母舅、培之、研生。至松竹齋買紙，至江震會館，至米市胡同伯寅師處，不值。至文昌館觀劇。蘇府同鄉接場，賓主一百二十餘人，可謂盛矣。傍晚，與三弟同至韻初處，不值，遂歸。

二十四日，寫策卷三卷開半，潘茉坡來。

二十五日，寫策卷四開，寫扇面三方。燈下作吴平翁太夫人壽序半篇。

二十六日，寫策卷四開，作吴平翁太夫人壽序半篇。

二十七日，與復齋同車出城，至劉年伯處。伯寅師屬余及鶴巢、柳門校寫《説文》。午刻，至伯寅師處，校對兩卷，寫楷書八頁。薄暮歸，燈下寫《説文》七頁。

二十八日，寫《説文》篆書三卷，亥刻始竟。

二十九日，寫篆對二副，寫《説文》篆書三卷，未竟。

三十日，寫篆書《説文》十餘頁。午後，與柳門同至伯寅師處，補寫篆書數頁，申刻歸。

四月初一日。

己巳日記

五月上旬

初一日，清晨抄《陸桴亭先生日記》一葉。○岳父來，言少鵬内弟忤逆犯上事，怒甚，欲訴之官。予與三弟勸止之。旋與三弟同至柳巷，候少鵬弟，午後不歸。岳父恐其歸來桀驁不馴，無法抵御之。予因至東鄰夏竹卿處，託爲照料，俾不致肆行無忌。岳父始稍放心。○至書局，晤潘芝岑。○歸家，岳父亦來，恐少鵬弟淩犯之，不敢遽歸。予謂子雖不肖，亦何致目無尊長、目無法紀如此。然爲子而出言不遜，毫無顧忌，使其父爲之戰慄，則平日之不遵父命，敢作敢爲，亦可恨矣。因留岳父宿焉。○午前，在岳父處。時時念母親病體，急欲歸省。○夜卧無慾無夢。（敬勝）

初二日，清晨與三弟同至柳巷，呼少鵬弟出，痛斥之，正言厲色，大聲疾呼之中，仍復婉導，冀其自悔自悟。渠亦心服。因令其自請岳父歸來，跪而受責，父怒始息。予并屬其將來不可再犯，必得痛改前非，又令家人内外大小齊集堂中，明白告諭，俾知父母爲一家之主，不得稍有違逆。此時覺得當怒而怒，無一激語，舉家皆爲之悚服。又逐其僕婦之無行者一人。如此整頓，卻不動火。少鵬弟亦無憤恨之心，或可望其改悔，亦陸氏一大轉機也。○午後歸，寫京信二函（一致柳門，一致皞民），因鄒雋之明日啓程，託帶物件，怱怱作書，殊覺潦草。○時尚早而頭覺微暈，不能看書，静坐片刻，蓋上午提起精神，下午不覺體倦，鈔《陸桴亭先生日記》十餘行而已。○燈下看竹如先生稿數葉。○與潤之弟談，勸讀書做人，

必先立志。○臥後無慾無夢。(敬勝)

初三日,寫對二聯。○到書局,看竹如先生集。○午後微雨,歸。看竹如先生集。展讀時心無雜念,至燈下共看一本半。○夜臥無慾無夢。(敬勝)

初四日,昨晚夜間,兵勇查拿吴江餘匪,閶門外茶坊酒肆均已歇閉,人心皇皇。擬請中丞出示曉諭,以安民心。晨起,作書致應敏齋方伯。○鈔《陸桴亭先生日記》一葉。○二月間,内人患病,曾請春生曾叔祖診脈,母親命畫摺扇一柄送之。○寫篆書扇二、條幅一、篆書對三、行書對三。予向不作行書對,是日見對紙四聯,係親戚從上海寄來者,心厭其多,以行書雜之,字多草率,殊愧程子"即此是學"一語。○午後,正欲看書,申之曾叔祖來,晤談片刻,有厭倦心,與大兄、和卿弟同至護龍街骨董鋪買硯。薄暮歸。○璞臣來晤。○吴廣盦、汪耕餘兩邑尊同來,以方伯欲辦保甲,商議章程。予謂保甲乃地方應辦之事,紳士在籍,原不得辭其責,但須大紳領袖,予與璞臣、復齋分理其事,亦無不可。○燈下,看竹如先生集十餘葉。兩眼微昏,即睡。○無慾無夢。(怠勝)

初五日,應方伯書來,屬辦保甲,作書復之,亦以先請大紳領袖爲辭。○鈔《桴亭先生日記》半葉。○午刻,祀先。○畫扇二柄,寫篆書扇面三,寫篆書對三。近來索書扇面、對者愈積愈多,延擱日久,親友未免見怪,因定每日早晚必書數件,以當陶公運甓之意。○應方伯復書,已函子山、玉泉兩丈,請爲總理保甲事宜。予亦函請玉泉丈,轉約子山丈及璞臣、復齋,明日在養閒草堂議辦保甲事。○燈下,看《保甲書輯要》數十葉。○臥後無欲無夢。(敬勝)

初六日,鈔《桴亭先生日記》一葉。此去冬從葉涵溪先生借得者,悠忽日久,僅鈔十餘葉。前月嚴立課程,每日無事,必鈔四葉,至今日始竟,尚未加硃圈,可謂惰矣。○至玉泉丈處,與子山丈、璞臣、復齋兩兄同議保甲章程,予謂事簡而費省,則不至擾民,又可持久,諸君子皆以爲然。〇席中無失言。〇午後,答拜陳韶次同年。〇至方伯處,備陳辦理保甲情形,予謂方伯照會中,馮、潘、汪諸大紳均宜列名,方伯以查船一節,事難周妥,且作緩計,予一時亦不得善法,姑頷之。〇是日話多心煩,歸時倦極思睡,徐行數百步,静坐良久,燈下不能看書。陪母親閒話。仍至二更乃卧。〇席中,玉泉丈言及總局司事,予舉汪二南,玉泉丈舉琢卿叔祖,予心甚喜,蓋族中又一人得所矣。〇是夜無慾無夢。(敬勝)

初七日,以璞臣舊擬保甲章程稿,酌改數處,手録一過,送呈應方伯。〇又屬晉卿、和卿弟録一底稿,午後請琢卿叔祖來,録出一分,屬潤之弟録出一分,一送縣尊,一送璞臣、復齋也。〇下午,疲甚,手足發熱,即睡。請劉韞山診脈,服藥一劑,晚間寒熱大作,終夜昏昏,夢多而睡不安。(敬勝)

初八日,服韞山藥一劑。午後熱稍解,起坐,看《吕子節録》十餘葉。圈《桴亭先生日記》四葉。夜卧,夢多不清。(敬勝)

初九日,晨起,圈《桴亭先生日記》四葉。是日熱尚未浄,急於下樓,至花廳少坐,又感新寒,旋至母親卧室,覺四肢冷不可耐,即卧。一寒一熱,至下午汗透而熱稍解。(怠勝)

初十日,熱仍未浄。終日倦卧,不能起坐。〇夢與竹如先生論學。(怠勝)

格致之學　看竹如先生集,頗有心得。〇看保甲書。〇看《吕子節録》。〇議定保甲簡易章程。

誠意之學　省察亦嚴。

正心之學　敬勝七日。〇怒而中節。〇夢與竹如先生論學。
怠勝三日。〇初四日作書不耐煩。〇對客厭倦。
〇初七日以後夢境多不清。

修身之學　旬中無慾。
初九日不慎疾。

齊家之學　時時念母親病體不置。○與潤之弟論做人之道。

治平之學　爲岳父處置家事。○以保甲事力任不辭。

五月中旬

十一日,黎明,寒熱復作,至辰巳之間,汗遂大透,竟成間日瘧矣。○身熱氣閟時,心中默念,非禮勿視,非禮勿聽,非禮勿言,非禮勿動,敬則中實而有主,故外物不能入;敬則中虛而無蔽,故外欲不得淆。是在養之以静,居之以敬,持之以誠。如日中天,而群邪自息,安見正氣之不可以克邪氣耶。又念《孟子》"將持其志,毋暴其氣"等語,漸覺心氣清静,汗亦因而透出。○服韞山藥。(怠勝)

十二日,竟日倦臥,不能起坐。○三鼓後,寒熱復作,仍念非禮勿視等語,此心不致雜亂。(怠勝)

十三日,黎明汗出,竟日昏昏而睡,不能起坐。(怠勝)

十四日,午前倦臥,下午在床起坐,索《周易折中》讀之,不過十餘葉而止。(怠勝)

十五日,自昨夜三鼓寒熱互作,至曉喘息方定,然身體從此大憊,終日臥床不起,惡聞人聲,蓋連日出汗太多,困頓極矣。(怠勝)

十六日,午前起坐,讀《周易折中》,神志稍覺清爽。隨意展玩書畫數種。均初以石鼓拓本見貽,畫紈扇二柄。○夜臥無慾無夢。(怠勝)

十七日,均初借觀香光、南田畫册,展翫半日,久不親書畫,未免見獵心喜,畫扇一柄,畫梅花直幅,係去歲笙魚所託,亦償一夙諾也。○是日,時臥時起,病體尚未大適耳。(怠勝)

十八日,圈《陸桴亭先生日記》二十葉,時有浮思雜念。○看竹如先生集四十餘葉。○作畫一幅。○夜臥無慾夢清。(敬勝)

十九日,圈《桴亭先生日記》十葉。○讀《周易折中》。○臨南田畫一幀,又作畫一幅。○夜臥無慾夢清。(怠勝)

二十日,圈《桴亭先生日記》十四葉。○看湯文端公《寸心知室稿》。○畫扇三柄。○有邪念。○夜臥慾動,力遏之,夢清。

格致之學　病中不廢看書。

　　　　　無端作畫,曠廢時日。

誠意之學　省察不嚴。○克治不力。

正心之學　病中默誦四書及先儒格言,心不雜亂。○敬勝一日。

　　　　　怠勝九日。○二十日邪念。

修身之學　旬中無慾。

齊家之學　閨門和敬。

治平之學

五月下旬

二十一日,圈《桴亭先生日記》十八葉,畢。○看竹如先生《與方魯生辨心性書》,於理氣之形上形下,剖析甚明,又力闢心無生死之説,可謂篤守程朱矣。○燈下看《國朝文録》内《湯文正公墓誌銘》、《張楊園先生傳》二篇。○臥後無慾夢清。(敬勝)

二十二日,録《桴亭先生日記》上眉端小注數十條畢。○看竹如先生稿三十四葉。○檢理《通鑑》等書。是日始出外見客,然精神終不能大振作也。傍晚,復齋來晤,因芍翁欲於今冬葬文敬公柩,託何子永先生選擇葬期,屬余於時一提及耳。○夜臥無慾無夢。(敬勝)

二十三日,看竹如先生稿三十餘葉,頗有心得("辨證戒懼慎獨"一條,朱子以戒懼爲存養工夫,然則動察與静存皆在誠意工夫内,劉直齋謂《中庸》戒懼即《大學》正心,《中庸》慎獨即《大學》誠意,於義終有未安,艮峰先生疑戒懼不屬正心也)。燈下,將《中庸》"戒懼慎獨"章注及《大學》"誠意正心"章注,玩味一番。○作書復錢伯聲同年。○夜臥無欲夢清。黎明後,慾念忽動,力遏之。

(敬勝)

二十四日,看竹如先生集三十餘葉,心頗静細。○寫扇六柄。○夜飯後,與潤之弟論做人之道,必從孝弟始。並勉以讀書作文,讀文寫字,每日必立課程。日計不足,月計有餘,不可悠忽過去也。○臥後有慾夢清。(敬勝)

二十五日,看竹如先生集二十餘葉,時有他事間斷,心不專一。○爲均初畫《岱頂捫碑圖》。○劉叔濤年伯來晤。○夜臥,無慾無夢。(敬勝)

二十六日,看竹如先生集三十葉,辨證十餘條,心得甚多。○春生曾叔祖來,予以族中無主之墓託爲訪查,擬於秋冬之間,親往各鄉,展拜一次。與鄉人時常聯絡,不令鞠爲茂草,一處墳墓,每年照料之費不過二三千文,將來吾族設有義莊,可歸莊内經理。此時不能不早爲查訪,恐爲日過久,以後無知之者。○夜臥,無慾無夢。(敬勝)

二十七日,看《朱子文集》二十餘葉,加圈一過(戊申封事)。寫篆對四副。○夜臥無慾無夢。(敬勝)

二十八日,圈《朱子文集》二十餘葉。○午後臨畫一幀。○倦甚而臥,微覺頭暈,至夜始起坐,食粥一盂。○無慾無夢。(怠勝)

二十九日,應方伯來晤,言文廟樂器事。有平湖戈公精於律者,請其來蘇監造磬式。○洪文卿同年自金陵來,因留住春草閒房。○至中丞處,譚及營制營規,以春叔託爲提拔,事雖涉於請託,卻以族誼所關,深盼其所成立也。春叔係盡先外委,其意不過欲補一哨官耳。○至許韻和處拜壽。○至醋庫巷口,候硯田叔岳。○答叔濤年伯。○午刻歸,是日始出門,尚覺怕風,不敢多拜客也。○與文卿晤談半日,言多易肆,有不及檢察處。○夜臥,慾念大動,力遏之。(怠勝)

致知之學　讀書有心得。

誠意之學　省察亦嚴。

正心之學

修身之學　敬勝七日(應屬正心)。

怠勝二日(應屬正心)。○旬中不能無慾。○廿九日多言之失。

齊家之學　留心訪查族墓。○與潤之弟論學。

治平之學

六月上旬

初一日,作書謝馮介安都轉,託萬清軒先生帶去。○連日陰雨,潮濕四蒸,精神仍覺委頓。下午頭微暈,倦臥良久。○臥後無慾夢清。(怠勝)

初二日,招文卿、鶴巢、韻初午飲。○璞臣來言保甲事,予謂紳士只管編查一節,其妓館、煙館游兵散勇應如何處置辦理,此當軸者之責,吾輩只好隨時與州縣商之。○是日,精神疲倦如故,此由元氣不充,不能健飯,脾胃俱不和耳。○夜臥無慾無夢。(敬勝)

初三日,看《朱子文集》十餘葉。○天氣躁熱,而潮濕如故,精神稍爽,而氣仍不旺,不能多説話,多看書,極氣悶也。夜臥,無慾無夢。(怠勝)

初四日,袁敬孫來晤,頗有志於爲學。清軒先生亦器之。○璞臣送還《正蒙》,并示《近思録校勘記》。○夜臥無慾夢清。(敬勝)

初五日,閱《近思録校勘記》數葉,養静竟日。○夜臥無慾夢清。(怠勝)

初六日,讀《近思録》一卷。自午後至夜,心境甚清。○臥後無慾無夢。(敬勝)

初七日,先君忌辰,祭時敬肅。○閱璞臣《近思録校勘記》。○寫扇三柄,畫扇二柄。○夜臥,無慾夢清。(敬勝)

初八日,閱璞臣《近思録校勘記》二十餘葉,心頗静細,有校正處,有辨正處。○傍晚,璞臣來,談及保甲事,謂當軸不能實心辦事,則雖辦保甲,仍不能澈底澄清,無益於地方,不如不辦。予謂紳士斷不能説不辦,吾輩盡心力而爲之,辦得一分是一分耳。○韻初招夜飲,席中無失言。○夜臥,有慾。(敬勝)

初九日,閲璞臣《近思録校勘記》十餘葉。○圈朱柏廬先生《毋欺録》。○五叔命畫紈扇。○夜臥,有慾。傍晚時,聞退樓丈太夫人病故,五叔及三弟往唁。(怠勝)

初十日,至退樓丈處道唁。○至柳巷問岳父病。○至吳署候謝筱珊,不值,爲岳父託薦館也。○至書局少坐歸。○閲《毋欺録》。○畫扇二柄。○夜臥無慾無夢。(敬勝)

格致之學　閲璞臣《近思録校勘記》。○讀《朱子文集》。

誠意之學　臨祭誠敬。

　　　　　省察不嚴。○克治不力。

正心之學　敬勝六日。○怠勝四日。

修身之學　有戲言戲動。○不能節慾。

齊家之學　事母無失。

治平之學　與璞臣言保甲事。○與袁敬孫言學。

六月中旬

十一日,退樓丈太夫人大斂,余往弔焉。○讀《朱子文集》。○上燈時待大兄不歸而先飯,非禮也。○夜臥無慾夢清。(敬勝)

十二日,讀《朱子文集》。○寫扇三柄,畫扇二柄。○是日,天氣甚熱,而余心甚清,氣亦不弱,此數日來養静之功也。○夜臥,無慾無夢。(敬勝)

十三日,讀《朱子文集》。○夜臥,無慾無夢。(怠勝)

十四日,讀《朱子文集》,心頗專一。○夜臥無慾無夢。(敬勝)

十五日,失行朔望禮。○翟次懷來。○讀《朱子文集》。○寫扇十餘柄。○午前,忽萌一淫念,可恨之極。汝欲學聖賢,而不知懲忿窒慾,汝又何顔以自立乎。汝何必讀聖賢之書乎,汝心雖微,汝其可自欺乎。汝不知慎獨之功,其幾不可不謹乎。因書此,以自責。○夜臥,無慾無夢。(怠勝)

十六日,讀《朱子文集》。○寫扇數柄。○夜臥無慾無夢。(怠勝)

十七日,連日酷暑,至是日炎威更熾矣。寫扇數柄,曠廢竟日。○夜臥,無慾無夢。(怠勝)

十八日,寫扇數柄,曠廢竟日。○夜臥無慾夢清。(怠勝)

十九日,寫扇數柄。(怠勝)

二十日,至書局,晤泖生、孫帆。○鶴巢、子漁邀至七襄公所觀荷,余帶筆硯晨往,寫條幅、扇面數種。是日天氣甚涼,境亦清曠,心頗静適。○摘園果數枚,後見樹枝繫一小牌,有"禁人攀折"四字,心甚愧焉。○傍晚,與文卿同至養閒草堂,玉泉丈留飲。三弟亦來,終席無失言。○夜臥無慾無夢。(敬勝)

格致之學　讀《朱子文集》,間有心得。
　　　　　連日曠廢。
誠意之學　省察懈。○克治不力。
正心之學　敬身六日。
　　　　　怠勝四日。○十五日淫念。
修身之學　旬中無慾。
　　　　　失行朔望禮。
齊家之學　事兄不敬。
治平之學

六月下旬

二十一日,璞臣來論樂(齊衆樂,必先以排簫爲準。○分寸既準,尤須以容黍爲較正之則。○中聲難辨。○朱筒有候氣之法。

○黄鐘宜先審)。○與文卿及誼卿弟雜論吏治人才,言多縱肆,心氣亦有不和處。○寫條幅、扇面數件。○夜臥無慾無夢。(怠勝)

二十二日,梅先來論《府志》採訪之法。○觀《吴郡金石志》。○於均初案頭,見勝朝殉節名臣尺牘三册,内一册係浙中七君子,横雲山人有題贊六首,而缺其一,蓋纂《明史稿》時所集也。細讀一過,生氣懔然,令人起敬。○寫扇數柄。○夜臥無慾無夢。(敬勝)

二十三日,至邵實孚同年處,弔其令兄次佑先生。○答張佑之姨丈,及彭菊初、壽臣、心和諸君,又至路硯田叔岳處。午刻歸。○寫扇數件。○閲邸鈔。有蘇州織造委員控崇文門稅務處留難貢物事,不禁爲之氣憤,議論卻不至激,但恨言官之不發一詞耳。○夜臥無慾無夢。(敬勝)

二十四日,寫扇數柄。(怠勝)

二十五日,香生、韻和、曼生三君招至藝圃觀荷,余帶筆硯往,寫篆書條幅。○是日多語雜,心厭其煩。午後雲起欲雨,余與大兄同歸。○下半日,心境不佳,静坐以養之。○夜臥無慾無夢。(怠勝)

二十六日,與三弟言謹身寡過之道,以慎言戒之。○寫扇數柄。○讀《朱子文集》。○夜臥無慾無夢。(敬勝)

二十七日,泳之、侶漁、鶴巢來,言及兵燹之後,書籍日少一日,將來擬立一藏書公所,廣羅經史子集,收貯其中,或傍學宫,或傍家祠,俾吾郡有志讀書者,可以借觀借查,藏諸私不若藏諸公之積而能久也。此志雖虚,或他日得償所願,亦未可知。○至退樓丈處,廣盦言及軍械所地基,余以陸宣公祠址必當清理給還陸氏子孫,庶先賢祠宇不致久廢。○至倪載軒師處。○至通關坊天王廟拜太岳母二十周忌。○至程公祠,璞臣、復齋、西山三同年招飲,終席無失言。○至維喬表兄處,見芝生母舅,有鄙之之心。○至丁氏濟陽義

莊,少憩即歸。○夜臥無慾無夢。(敬勝)

二十八日,聞震澤、昭文、荊溪三縣有更調之信,作書致廣盦及汪耕餘邑尊,託薦岳父館事。○寫扇數柄。○至書局,晤莫子偲丈及泖生、碧湄,同觀《唐説文墨跡卷》,偲老以梁蕭景、蕭宏兩闕拓本見貽。○至紫陽書院,晤潘芝翁、張仁卿、翁士吉,坐少頃歸。○夜臥無慾夢清。○是日,午前心氣浮動不凝。(怠勝)

二十九日,答費芸舫前輩。○答應敏齋廉訪,不值。因至拙政園觀荷,芳草滿地,林泉無主,獨立良久,不勝荒涼之感。○答潘順之年伯,略言保甲事。○午後,寫篆書條幅六幅。○夜臥有慾。(敬勝)

三十日,大雨竟日。天氣甚涼,寫條幅、扇對十餘件。○趙士雲招午飯,文卿同往,終席無惰容,無肆言。○臥後慾復熾,遏之不力,深自愧恨。(敬勝)

格致之學　旬中曠日甚多。

誠意之學　省察不嚴。

正心之學　敬勝六日。

怠勝四日。言動多不檢處。○廿一日心氣不和。○廿五日心境不佳。○廿八日心氣浮動。

修身之學　旬中不能節慾。

齊家之學　戒弟慎言。

治平之學　與璞臣論樂。○與梅先論修《府志》。○與泳之、侶漁言藏書公所之法。

七月上旬

初一日,寫扇數柄,條幅二紙。○行朔望禮。○至退樓丈處,晤廣盦,言及岳父館事。余切託之。○至香嚴廉訪處,少坐即歸。○是夜,叔母令瞽者數人在家拜斗,余心惡之。臥後聞誦經聲,達旦不輟。終夕竟不成寐,心氣甚爲不平。屢欲發怒,而忍不一言

者,恐忤長者之意也。(敬勝)

初二日,黎明,起見祖母、母親,言吾家不宜令瞽者出入,誦經、禮斗等事,即不能禁止,亦宜在庵觀寺院中,不宜在家。此時心氣躁急,言有過激處,甚非所以處家人也。○作書致戴孝侯,有勉厲語。孝侯内當世豪傑之士,期之甚深。○偶閲《國朝别裁集》,寫扇數柄。○夜臥無慾無夢。(怠勝)

初三日,讀《朱子文集》。○寫扇數柄。○夜臥無慾夢清。(敬勝)

初四日,讀《朱子文集》。○至書局,晤復齋,商酌保甲公呈稿。○至俞蔭甫師處。○張佑之姨丈招午飯。○午後至廣盦處,談至薄暮而歸。○夜臥無慾無夢。(敬勝)

初五日,讀《朱子文集》。○先曾祖忌辰,臨祭不敬。○寫對八幅。○夜臥夢失。(敬勝)

初六日,寫保甲公呈,送養閒丈處。○順之年伯招飲於三松堂,觀明人及四王惲吴扇四册,終席無失言、無惰容。午後,譚良久。天氣躁熱,恐主人勞倦,不敢久留,觸暑而歸,汗已浹背矣。○寫對二副。○夜臥無慾無夢。(敬勝)

初七日,黎明起,與文卿、誼卿弟同至藝圃觀荷,旋歸。○莫偲翁來,在韻初處同觀泰山二十九字石刻。○於璞臣同年處借觀金孝章先生墨梅册,吾家春草閒房,即先生故居。先祖藏《春草閒房圖》卷及先生墨梅册,亂後均已散失,對此不禁憮然。是日,手臨墨梅三葉。○夜臥無慾無夢。(怠勝)

初八日,竟日臨墨梅八葉,畫扇一柄。○夜臥無慾夢清。(怠勝)

初九日,至書局,晤璞臣、復齋。○局中諸公有分居紫陽書院者,適萬清軒先生在書院中,余亦移居焉。讀《朱子文集》十餘葉,境静而心亦不擾,看書頗有融貫處。○暮歸。○夜臥無慾夢多。

（敬勝）

初十日，至紫陽書院。○讀《朱子文集》二十餘葉。○傍晚，至退樓丈處，譚至薄暮。而歸。○夜臥無慾夢清。（敬勝）

格致之學

誠意之學

正心之學

修身之學

齊家之學

治平之學

七月中旬

十一日，爲萬清軒先生畫扇一柄。○聞廣盦弟委署長洲縣事，作書致賀，以表伯葉容庵先生薦之。○寫扇數柄。○傍晚，與文卿及大兄、三弟同至護龍街骨董鋪，買硯二方，並至元妙觀散步而歸。○夜臥無慾無夢。○丑刻起，整衣冠，爲皇太后萬壽拜牌，約文卿同往也。（怠勝）

十二日，寅初刻出門，與文卿同至元妙觀拜牌，同拜者七人而已。此時心存敬畏，不敢少肆也。○黎明歸，假寐片刻。○寫對四幅，篆書大匾二、小匾一。○午後祀先，心頗誠敬。○是日，劉叔濤年伯、皇甫小軒太姑丈招余午飯，不能辭，祭畢而往，時尚未晚，席中多肆意。○石子元完姻，余往賀焉。○至退樓丈處，見黃石齋先生字卷，少坐即歸。○夜臥甚早，無慾夢清。（敬勝）

十三日，退樓丈太夫人五七之期，屬往陪客。薄暮始歸。○廣盦以長洲發審一席，欲請守約三叔與謝子泉先生合辦，三叔屬爲力辭。○夜臥無慾夢失。（怠勝）

十四日，至廣盦處，爲三叔辭長洲發審一席。○至紫陽書院。○讀《朱子文集》三十葉。○傍晚歸。○夜臥無慾無夢，有戲言。（敬勝）

十五日,失行朔望禮。○寫篆對二副。○至書局晤偲翁及璞臣、復齋。○至紫陽書院。○讀《朱子文集》二十餘葉,時有倦容。○傍晚歸。○夜臥無慾夢清。(敬勝)

十六日,寫扇一柄。○至柳巷謁岳父。○答陳少希同年,不值。○祝張佑之姨丈壽,坐中時有戲言。○至長署,晤穗甫及蓉庵表伯。將行,廣盦弟歸,又坐良久。○與文卿同至撫署,中丞招飲,並登高樓,觀洋槍隊操演,終席雖無失言,卻有一二敷衍語,仍不免於世故耳。○夜歸,臥後無慾無夢。(怠勝)

十七日,至書局少憩。○至紫陽書院,讀《朱子文集》三十餘葉。○申刻歸,寫對三副。○夜臥有慾。(敬勝)

十八日,寫扇一柄。○至李笙魚處觀畫。○至紫陽書院。○清軒先生以所籤璞臣《近思録校勘記》見示,有不必删去者數條,余亦從直告之。○讀《朱子文集》二十葉,心尚浹洽。

十九日,答陸(嗣林)、黄(維翰)、特(秀)、劉(承矩)諸同年,均不值。○祝程竹君内姨丈七十壽。○至吴縣署,晤汪耕餘、謝筱翁。至書局,少坐即歸。○寫對二副,寫扇數柄。○吴子重來晤。○夜臥無慾無夢。

二十日,潘順之年伯招游山塘。辰刻登舟,同游者吴子重、秦寅生、沈韻初而已。○至龍壽山房,觀元僧繼善血書《華嚴經》全部。○買紫薇花數種而歸。○夜臥無慾無夢。

七月下旬

二十一日,至紫陽書院,看《朱子文集》。○梅先來,索書御製鑄鐘銘。○午後歸。○至中丞處,因書局經費向無指撥之款,藩庫支絀異常,擬請中丞商定,何項專撥書局,按月給發,庶無匱乏之虞,而書局得以永久。中丞亦以爲然。○答翟次懷。○廣盦招余與文卿、誼卿弟夜飲,戌刻歸。○是夜,無慾無夢。(敬勝)

二十二日,畫大柏一幅。○邀陳少希、邵實孚諸同年飲,午後客散。○潘季玉、汪秉齋兩丈招夜飲飯,余與文卿、誼卿弟同往,塗遇一友,欲有所干,尾行至潘氏九峰亭,屏之始去。初雖厭之,實可憐也。○夜飯後歸。○卧後無慾無夢。(敬勝)

二十三日,至紫陽書院。○高伯足來,談至午後而去,語多不謹處。○申刻歸,畫册頁一紙。○夜卧無慾無夢。(怠勝)

二十四日,答錢伯聲同年,晤孫秋翁。○至敏齋廉訪處,不值。○答潘筱崖昆仲,不值,歸。○三叔爲文卿餞行,座有張佑之姨丈,至申刻始散。○答周京士,不值,即歸。○畫扇三柄。○夜卧有慾。(怠勝)

二十五日,與文卿及大兄、三弟同游天平山,半途遇雨而歸。○夜卧無慾夢清。(怠勝)

二十六日,寫扇一柄。○潘莘田來,譚久而去。○曠廢半日,心氣亦極浮躁。○潘莘田來夜飯,二鼓去。○夜卧無慾,夢神降,甚奇。

二十七日,畫册頁一紙。○看《國朝文録》二十餘葉。○夜卧無慾無夢。四鼓後起,三弟次女生。(怠勝)

二十八日,答潘莘田。○至紫陽書院。○作李二曲先生《堊室録感序》一篇。

二十九日。

九月上旬

初一日,至盤門新橋巷,送孫秋槎之館無錫。○謁馮年伯,以《吴縣學禮器記》篆文底稿有斟酌之處,就而正之。○至三多橋訪趙琴舫,欲請爲保甲董事,不值。○至賓公所,與各董議保甲分段事宜。是日開局,府尊、縣尊均來,會議午後始散。○歸家閱會課文,周莊陶子春所託也。夜卧無慾無夢。(敬勝)

初二日,清晨,梅先來,以王生敏甫賦稿一篇屬爲删改。○劉叔濤年伯來晤。○午後至桃花塢,候貝錦帆丈,爲保甲事,不值。

至姚鳳笙處,少憩而歸。○寫對五副。○夜臥有慾。(敬勝)

初三日,至童學使處投帖求見,係十二科前輩也。○至李薇生太守處,祝六十雙壽。○至吴涵青丈處,賀其令郎完姻。○聞子實同年昨晚自粤東歸,遂往候之。○午前歸。○爲馮年伯書篆書扇面,守愚二叔命畫紈扇,又爲友人寫扇數柄。○燈下看《國朝文録》。○夜臥無慾無夢。(怠勝)

初四日,至保甲總局。○至紫陽書院,看《朱子文集》十餘葉。○清軒先生以所著《通鑑綱目前編辨誤》見示。○下午,至劉家浜,候潘松生。西街候唐辛生。桃花塢候貝錦帆丈。又至王西山同年館中,均爲保甲事也。○薄暮歸。○燈下鈔清軒先生《綱目前編辨誤》二葉。○夜臥無慾無夢。(敬勝)

初五日,至保甲總局。○至三多橋候趙琴舫,以南正五圖保甲事託辦,與琴舫同候徐慶三(鼎)、席子雲(蕙),均爲保甲事,託爲分段辦理也。○至濟元典内午飯。○候洪補笙、管沁梅、何壽齡、高子厚、李協卿,皆局中所請保甲董事也。○薄暮歸。○燈下,鈔《綱目前編辨誤》一葉半。○是夜無慾無夢。(敬勝)

初六日,至西百花巷趙士雲處,商請保甲各里董。○至書局晤偲翁、泖翁。○至紫陽書院,鈔《綱目前編辨誤》三葉。○至劉家浜潘松生處,亦爲保甲事也。○暮歸。○燈下鈔《綱目前變辨誤》二葉。○臥後無慾無夢。(敬勝)

初七日,清晨,鈔《綱目前編辨誤》一葉。○至承天寺候王襄卿,萃號候管筠如太姑丈,恒生候潘友莊,俱請爲保甲董事。○午後,至保甲總局。王蘭蓀、李子明、吴涵青、張少槎、貝鏡帆、潘端卿、陸小松均來,議分段事,諸君子皆初一日未到者也。○暮歸。○寫篆對二副。○燈下鈔《綱目前編辨誤》二葉。○是夜無慾夢雜。(敬勝)

初八日,清晨,鈔《綱目錢編辨誤》一葉。○至沈茂順、姚正和、神仙廟前蔣宅,均爲保甲事也。○潘筱涯丈嫁女往賀之。○至鄒雋之處,賀其令郎入泮喜。○沈書笙令郎娶婦,午後往賀之,遂歸。○鈔《綱目前編辨誤》二葉。○燈下又鈔一葉。○臥後有慾。

初九日,清晨,鈔《綱目前編辨誤》一葉。○至承天寺候張惺庵、王晉生、吴潤甫,至北市地庫候淩茂卿,桃花塢候毛幼安,輪香局候汪韞山,河沿街候陳端生,崇真宫橋下塘候陸鳳巢,俱係保甲董事,親往一拜,以昭鄭重。○午後至包衙前汪尹甫處,同尹甫至烏龍巷候吴清如,九曲里候徐雋生,中街路候朱榮卿,王洗馬巷候汪振民、陸仲達,均爲保甲事宜也。○至保甲局。○至吴縣前,候莊順卿姑丈。○至柳巷,拜姨岳母冥誕。○候夏卓卿、李子明,候申芑卿,皆係保甲董事。○暮歸,襄卿、鳳巢堅辭保甲事,余固請之,始允。○燈下,鈔《綱目前編辨誤》一葉。○是夜無慾無夢。(敬勝)

初十日,清晨,鈔《綱目前編辨誤》一葉。○至范莊前候何壽彭,申衙前候畢孫帆,與孫帆商定申衙前慕家花園兩處保甲,請孫帆與余春生兩人經理。○王天井巷候張酉生。○婦家方存之先生由安慶來,將赴直隸,應湘鄉相國之薦舉也。○至獅林寺弔繆心如丈,陪賓半日。○至天妃宫前,候王儒卿,不值,遂歸。○鈔《綱目前編辨誤》一條。○燈下閲方存之《俟命録》。○臥後無慾夢清。(敬勝)

格致之學
誠意之學
正心之學
修身之學
齊家之學
治平之學

九月中旬

十一日,清晨《鈔通鑑前編辨誤》一葉。○與大兄同至程公祠,弔韓小舲舅母,蓋蘭卿表兄自山左扶柩歸也。○於程公祠遇謝綏之,出示鄉程約章程,予深然之。○歸家。○先曾祖母忌辰,臨祭誠敬。○午後,至沈慶人姻丈處,託查皋橋東大街保甲也。○至保甲總局,與各段董事分派門牌紙張,至暮始歸。○燈下鈔《綱目前編辨誤》二葉。○是夜無慾夢清。(敬勝)

十二日,清晨,爲方存之先生寫摺扇一柄。○至閶門外答存之先生。○至書局,莫偲翁招存之先生午飯,同席者璞臣、仁卿、泖生、曼生及余也。○歸家,爲徐朗亭、高月樵寫扇二柄。○燈下寫《綱目前編辨誤》二葉。○是夜,無慾無夢。(敬勝)

十三日,清晨,寫《綱目前編辨誤》一葉。○候鶴巢。○至西白塔子巷陳年伯母處,適下鄉掃墓,不值。○候汪燕庭,不值,遂歸。○午後,至紫陽書院。○鈔《綱目前編辨誤》。○燈下鈔《綱目前編辨誤》。是日,共鈔五葉。○臥後,無慾無夢。(敬勝)

十四日,清晨,鈔《綱目前編辨誤》一葉。○答王竹生大令,不值。○至通關坊,候林圃香,飲馬橋候秦子良。○至撫署,適中丞調考候補州縣,扃門謝客。○候張少槎、王蘭孫、張沅芷、姚達三、馬鋭卿、程申甫諸君子,俱辦保甲之段董、里董也。○候子實同年。○至書局,適高伯足來,同至莫偲老處,看偲老寫對,至薄暮遇雨而歸。燈下鈔《綱目前編辨誤》二葉。○臥後無慾夢清。

十五日,清晨,鈔《通鑑前編辨誤》二葉。○至保甲總局。○候申衙前里董余春生,水潑粉橋里董鮑竹孫,富郎中巷里董朱藹吉,盛家浜里董吴蔭餘,廟堂巷里董阮梅孫、王亦佳,瓣蓮巷里董張友松,支家巷里董張敬莊。又至洪東伯處,商請各里董至濟元當午飯。○候道前街里董諸小恬、陳梅村,侍其巷里董何叔梅、馬鋭卿,新橋巷里董屠辛楣,三多橋南首里董陳星階,府前里董狄汝舟,金獅巷里董鄔集堂,西美巷里董胡冕之,花街巷里董王顯甫。○是日,又至敏齋廉訪、雨生中丞處,因陸子年同年(嗣齡)丁憂回籍,應給咨文護照,代爲一催,恐其久滯不發也。○燈下,鈔《綱目前編辨誤》二葉。○臥後無慾無夢。

十六日,清晨,至保甲局商請各董,遇雨歸。○鈔《綱目前編辨誤》四葉。○夜臥夢邪。(怠勝)

十七日,鈔《綱目前編辨誤》一葉。○候鐵瓶巷董事胡桂卿、鷹揚巷董事楊少峰、大石頭巷董事□□□。○至紫陽書院,晤清軒先生。○石梅孫先生來晤。○至保甲總局,胥盤路各里董來領門牌,抵暮始散。○夜臥無慾夢清。(怠勝)

十八日,鈔《綱目前編辨誤》。○午後,至書局。候莫偲翁,不值。○至觀前買鞋。○至香生處,少憩而歸。○鈔《綱目前編辨誤》。○燈下鈔《綱目前編辨誤》,共鈔四葉。○臥後無慾夢雜。(怠勝)

十九日,至秋濤曾叔祖處,坐譚片晌。○送退樓丈太夫人之殯,午後歸。○候朱憶萱、江花卿、陸鳳石、李彦如、朱悦樵、陶温如,言編查保甲事。○燈下代張方伯作《通鑑後跋》,未竟。○臥後無慾夢多。(怠勝)

二十日,候崇真宫橋里董徐少山、馬翰甫,候中市里董朱桂槎、王小亭、江菊溪、包星堂、黄慎安。○至劉家浜候雷甘溪。○至書局,候莫偲翁、劉泖生。○至保甲局,商請各董。○歸家,祀先。○午後,至新橋巷景亭年伯處,半塗遇之,遂歸。○作《通鑑後跋》竟。○作書寄雅三叔父,以二弟從師事告之也。○燈下録《通鑑後跋》二通,一送廣盦,一交芝岑,轉呈方伯也。○臥後無慾夢雜。(敬勝)

格致之學

誠意之學

正心之學

修身之學

齊家之學

治平之學

九月下旬

二十一日,袁敬孫來借《桴亭先生日記》。○馬翰甫來。○至西白塔子巷陳年伯母處。○至安徽會館,答汪同年(文樞)。○歸家午飯。○至保甲局,與各里董分取門牌册籍,抵暮歸。○寫扇一柄。○燈下鈔各段里董姓氏摺一扣。○臥後無慾夢清。(敬勝)

二十二日,清晨,寫扇二方。○鶴巢來晤。○寫對五副,條幅一紙。○陳心農來,茹香先生之孫也。○鈔《通鑑前編辨誤》四葉半。○夜臥無慾夢雜。(敬勝)

二十三日,王儒卿來。○至紫陽書院,鈔《綱目前編辨誤》四葉半。○薄暮,至莫偲翁處,少坐歸。○燈下鈔《綱目前編辨誤》二葉。○臥後有慾。(敬勝)

二十四日,清晨,鈔《綱目前編辨誤》一葉。○朱憶萱來。○至保甲局。○至方伯處,爲陸子年同年言扶柩回籍之費,請方伯早日給放。○至紫陽書院,鈔《綱目前編辨誤》一葉半。○傍晚,至莫偲翁處送行,遂歸。○燈下鈔《綱目前編辨誤》一葉。○臥後無慾無夢。(敬勝)

二十五日,鈔《綱目前編辨誤》一葉。○至朱憶萱處。至保甲局,又至慈悲橋候許季和,長春巷候張子餘、潘端卿、陸小松,皆爲保甲事也。○午刻歸,鈔《綱目前編辨誤》三葉半。○臥後無慾夢清。(敬勝)

二十六日,鈔《綱目前編辨誤》一葉。○至浄心庵拜沈氏内舅母冥誕。○至子實同年處,與子實公請汪幹庭同年及黄、劉、陽、特各同年,席散已申刻矣。○候吴縣學張老師。○候吴涵青姻叔,遂歸。○燈下鈔《綱目前編辨誤》二葉。○臥後有慾,不能制。(怠勝)

二十七日，鈔《綱目前編辨誤》半葉。○寫對十餘副，條幅二紙。○題潘𢢼生所藏葉調笙先生手札。○看《説文》。○燈下看《説文》。○臥後無慾夢多。(敬勝)

二十八日，偕潤卿二弟同至乘馬皮巷吴涵青處，送二弟入塾也。○至紫陽書院，晤清軒先生。○寫扇二，題泖生《半舫延秋圖》卷。○暮歸至保甲局，晤馬鋭卿。○燈下檢閲《説文》。○臥後無慾夢清。(敬勝)

二十九日，清晨至保甲局。○至司前街，候趙琴舫、徐慶三，均不值。至三多巷，候席子雲，又由三多橋至開元寺南，知各户門牌均已齊集，皆陳星階所查，甚周密也。再由西半爿巷至盤門梅家橋，此一段皆汪燕庭所查，亦已遍貼門牌矣。至燕庭處，不值，晤其弟。○至濟元亨公帳房少憩，至道前街候諸小恬，至桂河坊義學候陳星階，遂歸。○燈下，寫篆書條幅。○臥後無慾無夢。(敬勝)

三十日，寫伯寅師壽屏四幅，篆書。○傍晚，張仁卿來。○燈下寫篆書條幅。○臥後無慾夢清。

格致之學

誠意之學

正心之學

修身之學

齊家之學

治平之學

十月上旬

初一日，行朔望禮。○寫伯寅師壽屏一幅。○至靈鷲寺，拜彭棟雲年伯冥誕。○午後，候勒少仲廉訪，不值。○至香嚴廉訪處，養閒丈、退樓丈、賈雲樵觀察先後來，晤譚良久。○至退樓丈處候杜小舫觀察，不值，遂歸。○燈下看《國朝文録》。○臥後無慾無

夢。(敬勝)

初二日,寫伯寅師壽屏三幅。○勒少仲廉訪來晤。○泖生來晤。○燈下閱《國朝文録》。○是夜無慾無夢。(敬勝)

初三日,至保甲局。○至申衙前,候王潤齋,不值。○至紫陽書院,孫帆來晤。○寫保甲局禁歇煙館告條十餘紙。○袁敬孫來晤,同來者司馬子遠、馮桂槎及常熟宗□□三君子,皆有志正學,先來謁見清軒先生,後至樓上譚久而去。○傍晚,至退樓丈處,晤杜小舫觀察、勒少仲廉訪。○暮歸,寫保甲局告條數紙。○夜臥無慾夢清。(敬勝)

初四日,寫保甲告條十餘紙。○寫對六副。○至韻初處,問其疾,在樓上晤談良久。○向香嚴廉訪乞得《蘇子美集》一部。○薄暮,聞護龍街祥符寺巷口棉花店失慎,火光甚熾。余與大兄至巷口立望良久,各處水龍俱集,火乃熄。○夜至范莊前,梅先招飲,席散而歸,已近二鼓矣。○臥後無慾無夢。(敬勝)

初五日,作香嚴廉訪壽序一篇,午刻脱稿。○至梅先處,陪程、張兩老師午飯。梅先於是日請程可齋講鄉約也。○萬清軒先生亦來,同至范莊宣講聖諭,可齋講"敦孝弟以重人倫"一條,層次清晰,語亦明白曉暢,足以啓發愚蒙,清軒先生亦深嘉許。講畢,與清軒先生同至祠内瞻謁,有仰止之思焉。○母舅來,欲與鄭國魁之姪搆訟,余力拒之。○至大石頭巷,送陸子年同年歸蜀。○夜臥無慾。(敬勝)

初六日,至徐燮堂處,賀其令姪完姻喜。○至馮年伯處,不值。○候應敏齋廉訪,亦不值。○至書院,晤清軒先生。○至穿珠巷晉豐棧,答徐挹泉。○包衙前答許竹篔,皆同年庶常也。○飯後,至古市巷,答張硯香。○至接駕橋,候端木瑶田,欲請其查保甲也。○至保甲局。○暮歸。○燈下寫京信。○臥後無慾夢清。(敬勝)

初七日,至保甲總局,陳生穀來晤。○午前歸,寫香嚴壽屏兩幅半。○夜臥無慾夢正。(敬勝)

初八日,寫香嚴壽屏三幅半。○至保甲局,查閱城内各處煙館清單。○夜臥無慾夢清。(敬勝)

初九日,寫香嚴壽屏兩幅,寫對一副。○午後,至丁香巷,候引之表姨丈。○至麒麟巷,候語樵,譚久而歸。○至宋仙洲巷,候汪葦塘太姻丈,至王洗馬巷候陶桂門丈,聞有婦女結盟誦咒之事,或云在宋仙洲巷,或云王洗馬巷,有陶氏家庵,親往訪之,始知底蘊,亦不足深究也。○暮歸。○燈下讀歐陽文數篇,至《范文正公神道碑》,心竊慕之,吾輩當以天下爲任,不可不自勉也。○臥後無慾夢正。(敬勝)

初十日,清晨,至保甲局,途遇清軒先生及復齋同年,同游獅子林。璞臣後至,是日璞臣招飲芳草園,同席者又有泖生、静知。申刻始散。○與清軒先生、復齋、静知同游拙政園,抵暮而歸。○燈下寫香嚴壽聯一副,碧湄所作也。○臥後無慾無夢。

格致之學

誠意之學

正心之學

修身之學

齊家之學

治平之學

十月中旬

十一日,清晨,至中丞處,中丞欲請萬清軒先生主講平江書院,余力贊之。○賀杜小舫廉訪接署臬台篆。○賀祁浩泉令郎入泮喜。○賀汪振民令郎入泮喜。○李眉生廉訪四十壽辰,同人爲公舉以祝之,演童子戲,至夜而罷。○是夜無慾夢清。(敬勝)

十二日,偕俊卿弟、潘達泉同至司前街趙琴舫處,約琴舫編查西善長巷一帶保甲。○清軒先生招午飯,不果往。○香嚴邀往陪賓,是晚主人宴客,仍演童子戲。余與三弟皆往,兩日在熱鬧場中酬酢應對,未免心爲形役也。○夜臥無慾夢正。(怠勝)

十三日,至保甲局,同達泉至趙琴舫處,查朱家園、壽寧衖一帶保甲,共一百餘户,半爲妓館,係揚州人居多。此輩逐之不勝逐,留之必不可留,其下者幾與乞丐等,可恨亦可憐也。查畢已申刻矣。偕琴舫、達泉、劉俊卿(琴舫之徒,同往查保甲者)、徐慶三(琴舫之友)通往通闤坊鳳和館小酌,抵暮而歸。是夜無慾夢清。(敬勝)

十四日,至保甲局,椒坡亦來。○至紫陽書院。○看貝省三《吉雲室日鈔》。○至申義莊候申穆齋,以廟前保甲事託之。○歸家,徐翰卿來。○寫册頁一方。○燈下讀歐陽文。○夜臥有慾。(敬勝)

十五日,竟日不出門,畫扇六,寫扇三,寫對二。○管才叔(樂)來晤。○燈下爲端木瑶泉作《種善局代賒會徵信録序》一篇。○臥後無慾無夢。(敬勝)

十六日,寫《代賒會徵信録序》一篇,隸書。○寫書局《寒衣會募啓》。○應敏翁來。○至閶門滸溪倉答管才叔,至臬署送應敏翁北上入覲。○寫對二,寫扇二。○燈下讀歐陽文。○臥後無慾夢清。(敬勝)

十七日,至保甲局。○至紫陽書院。○管才叔來晤。○讀《朱子文集》十餘葉。○暮歸。寫對四副,條幅一紙。○大兄、三弟同至虹橋羊肉館小飲。○燈下讀歐陽文。○是夜無慾夢清。(敬勝)

十八日,寫扇一。○潘筱涯招飲,同席者沈書森、汪秉齋丈、蔣雲生及椒坡、麟生也。申刻席散,至何子帆處少坐即歸。○彭文敬靈柩將至,訥翁屬寫上諭、祭文、碑文三紙,燈下畫格子。○臥後有慾。(敬勝)

十九日，寫彭文敬飾終上諭及御賜祭文、碑文三道，自辰至酉始畢。○燈下寫篆書扇面三。○臥後無慾夢清。（敬勝）

二十日，至柳巷夏卓卿處，鐵瓶巷顧子山丈處，甫橋頭顧康如處，均賀入泮喜。○至長署，晤蕭穗甫，譚良久。廣盦衙參未歸。○至彭訥翁處，不值。聞芍翁已過清江矣。○至保甲南局，晤江鹿門、汪少南。○至鈕家巷顧滋真姑丈處，至謝衙前管筠如太姑丈處，至跨塘橋黄霄翰處，至桃花塢貝鏡帆丈處，均賀入泮喜。○至保甲局，暮歸。○夜臥無慾夢清。（敬勝）

格致之學

誠意之學

正心之學

修身之學

齊家之學

治平之學

十月下旬

二十一日，子可叔祖入泮開賀，酬應半日。○寫對七副，條幅一幀。○傍晚，五叔偕三弟、時卿弟同至原妙觀前散步。○燈下爲王蔭齋觀察寫篆書條幅。○臥後忽起慾，不能遏，殊可愧也。

二十二日，至保甲局。○至紫陽書院。○以禁煙事函致汪耕餘邑尊，請其嚴辦一二户，以示懲儆。○至保甲局少憩歸。○燈下讀《東都事略》、《司馬温公傳》。○臥後無慾無夢。（怠勝）

二十三日，候潘偉如廉訪。○拜程藻安壽。○候袁敬孫。○至璞臣處，弔其新喪子婦也。○答紫雲曾叔祖，在河南作幕十餘年，近日始歸。○芝生母舅來，晤譚良久。○高碧湄、黎慎齋同來。碧湄索畫扇面，傍晚而去。○寫對一、匾一。○燈下作書，復文卿。○臥後無慾夢正。（怠勝）

二十四日，至樂橋，查煙館。至司前街、三多巷一帶，查地保所報未歇之煙館,家喻而户曉之,俾煙館不受書差之累,欲以慈心濟嚴法,不知能見效否也。○至柳巷謁岳父。○至保甲局。○午刻歸,寫文卿信,寫京信,至夜始畢。○夜臥無慾無夢。(怠勝)

二十五日,西山來晤。○母舅因訟被押,咎由自取,余爲函致汪耕餘邑尊,請其嚴加申飭,實爲保全韓氏起見,無他意也。○璞臣來晤。○吴小珊來,爲之函薦沈瘦珊處教讀一席。○寫扇面四。○燈下讀歐文。○臥後無慾夢清。(敬勝)

二十六日,至牙釐局,候子永先生,論爲學之道(道理本極平淡,即非道理。○《乾卦》以潛龍爲本,雖飛龍亦不失其爲潛,不潛即亢矣。○聖人於子臣弟友,慎其所以感之者,不言應可也,一言應即涉功利。○聖人以善惡爲吉凶,今人以所趨所避者爲吉凶)。至花橋巷吴邁公處,道其令愛出閣喜。○至椒坡處,賀其令姪吉席。○申刻歸,寫京信。○燈下寫京信。○臥後無慾無夢。

二十七日,聞彭文敬靈柩已到胥門,與三弟同舟往弔,晤芍亭兄、岱霖弟及康侯、掌絲,譚至下午。芍亭與余兄弟誼同骨肉,相别一年,情意倍切,不覺言之長也。○與三弟同至退樓丈處,少坐歸。○燈下,復虎峰書,致望雲前輩書。○臥後無慾夢正。

二十八日,復伯聲同年書。○至順之年伯處,因偉如廉訪欲邀三弟赴閩中,三叔以爲可,余託椒坡往允之。○至保價局。○至書局,晤劉泖翁。○至胥門芍翁船上,抵暮而歸。○燈下讀歐文。○臥後無慾夢清。

二十九日,戴步瀛招飲喜酒。○偉如廉訪來晤。○寫扇二。○接翁叔平年伯書,以李蘭生前輩所書《文端公墓誌銘》屬爲勒石。○夜臥無慾無夢。

十一月上旬

初一日,與大兄、三弟同至胥門馬頭,候彭文敬靈柩,入城送至葑門宅内。午刻,安位畢,隨衆賓一拜而退。○至長洲縣署,候廣盦,久不歸,與穗甫晤譚片晌。○至石子街,答顧肯堂表舅,不值,遂歸。○檢點書案及各信札。○和卿二弟自八月中旬歸自虞山,久患咳嗽,痰多而臭,醫家云此肺痿也。至十月下旬,脾泄氣促,日沉一日。是日,病益劇,舉室皇皇,恐其痰壅而氣脱,不勝愁悶。○夜臥無慾夢雜。(敬勝)

初二日,清晨,聞和卿弟病勢益重,危在呼吸,往視數四,竟日不敢出門。○清軒先生來,將於初四五日歸楚北也。○寫對四副。○吾同祖兄弟六人,和卿補府學廩膳生,又習錢穀之學,規模已具,漸可及鋒而試,方冀各圖進取,共振家聲,不意臥病兩月,遂至不起,竟於是日申刻去世。嗚呼,悲哉! 和卿有一女而無子,年纔三十有二,書生命薄,天不假年,其何以慰吾叔母,更何以慰吾祖母耶? ○約計和卿弟喪事,需用洋蚨二百餘枚,五叔及三弟各任五十,其餘大兄與余分任之,適三叔感冒臥床,不欲令三叔知之,一切棺衾之屬,亦於前日預爲之備矣。○夜臥無慾無夢。(敬勝)

初三日,何子永先生招飲。倪載軒夫子大世兄娶婦。沈百川令郎娶婦。王平之續娶,均辭不赴。○爲和卿弟喪事,竟日不出門,檢理書籍筆硯等物。○吴槎仙來探喪。○夜臥無慾無夢。(敬勝)

初四日,和卿弟大斂,親族朋友來探者數十人,事畢已申刻矣。○二叔母悲傷過甚,陡然氣塞,目定口閉,良久始蘇,舉家爲之驚愕。○薄暮,椒坡來晤。○燈下復沈瘦珊信。○臥後有慾。(敬勝)

初五日,彭文敬於是日設奠,晨往陪賓,至申刻而散。○至長州縣署,少坐即歸。○夜飯後,至均初處,雜譚良久。○臥後無慾夢多。(敬勝)

初六日,至紫陽書院,送清軒先生歸楚。○爲王竹生大令畫扇

一、寫扇一。○泖生、碧湄、蒓齋先後來譚,至申刻而去。○璞臣、子昭來晤,共論爲學之道(子永先生稟賦厚,故精力足,讀書多,故見理透。○多言不能盡純,必有一二出入語。○先難后獲,學者只管從難處做。○好勝必多大言)。○薄暮,至保甲局,旋歸。○夜臥無慾夢清。(怠勝)

初七日,至王仙根處,賀其令弟入泮喜。○至小日暉橋,賀陶軒令郎入泮喜。○至錢省三處,訪問刻碑工價。○至陳年伯母處,以各同年所助洋送去,聞其將赴徽州,依茹香先生也。○歸午飯。○午後,至退樓丈處,不值。與嵐坡、槎仙、芝亭至護龍街、觀前散步而歸。○燈下看《堯峰文鈔》。○臥後無慾無夢。(怠勝)

初八日,寫封二。○至退樓丈處,欲請張玉甫刻《翁文端墓志》也。○碧湄招飲,座中惟泖生、蒓齋二人。同席多戲言。○午後歸,梅先來索書鐵香爐、燭檠款識十餘紙。○燈下作《旌表姓氏録序》半篇。○臥後無慾夢雜。

初九日,至葑門旗杆里,晤芍亭兄、岱霖弟、康侯、掌絲兩生(芍翁以叔平年伯所書御碑文屬爲選工摹勒。○岱霖出示翁覃溪閣學手書唐人絶句)。午後至長署,晤蕭穗甫。○至醋庫巷口,晤硯田叔岳,託其向仁卿叔岳借洋百元,爲和卿弟喪用也。○問趙姨丈病。○暮歸。○燈下看《堯峰文鈔》。○臥後無慾夢清。

初十日,寫扇一柄,送畢孫帆令郎入泮之喜。○吴小珊來晤。○硯田叔岳來晤。○錢省三來,以彭文敬碑文託其購石。○至孫帆處賀喜,飯後歸,已申刻矣。○三叔於前月杪臥病,痰多氣喘,飲食大減,睡少神倦,日來因久坐不能平臥,兩腳浮腫,氣分虚弱,較甚於去冬之病,甚爲焦灼也。○夜臥無慾夢正。

格致之學

誠意之學

正心之學

修身之學

齊家之學

治平之學

十一月中旬

十一日,竟日不出門。○是日三叔氣喘稍定,煩躁亦少平矣。○寫扇二柄,送陶子春令郎幼如、詒孫令郎萬書入泮之禮。○燈下,爲復齋作《旌表姓氏録序》半篇。○臥後有慾。

十二日,畫扇二,寫扇五。○是日,三叔服蔆湯,氣分稍足,夜臥亦安,漸有把握矣。○燈下,檢閱《説文辨體》十餘字。○臥後無慾夢清。

十三日,答潘偉如廉訪,不值。○答芸舫前輩,旋歸。○爲椒坡畫扇一柄。○午後,至紫陽書院。○退樓丈招飲,同席者艮菴、養閒兩丈及偉如廉訪也。席散歸,已戌刻矣。○夜臥無慾無夢。(敬勝)

十四日,趙晉卿同年之祖母紨弔,陪賓半日,飯後歸。○寫條幅二、横披一。○燈下查《説文辨體》十餘字。○臥後無慾夢清。(敬勝)

十五日,養閒丈來,問三叔病。○偉如廉訪來,爲三叔診脈。○午後,至退樓丈處,候張玉斧,不值,歸。○文卿同年自歙來吴,將作入都之計,譚至夜深而睡。○是夜,無慾夢清。(怠勝)

十六日,至椒坡處,晤譚片晌。○候潘鶴笙、芸臺兩觀察,均不值。○至退樓丈處,晤張玉斧,以《翁文端墓誌》託其摹刻。○潘偉如廉訪招飲,席終無失言。○至俞蔭甫師處。○暮歸。○燈下看《説文廣義》。○臥後無慾夢正。(敬勝)

十七日,與晉卿弟同至璞臣處,弔其子婦之喪。○至静知芳草園中,晤譚良久而歸。○至紫陽書院,看《朱子文集》十餘葉。○至卓卿叔祖處賀喜,是日步雲叔娶婦回門也。○暮歸,與文卿譚

至二鼓而睡。○是夜無慾無夢。(敬勝)

十八日,芍翁來譚,至午刻而去。○午後至保甲局,同達泉查廟前、護龍街一帶煙館,至飲馬橋以南而止。○候徐子晉,晤譚良久,暮歸。○與文卿夜話。(敬勝)

十九日,寫對二副。○偉如廉訪招余課其令郎子宜(名志厚)讀,是日到館。○午後,至載軒師處,不值,歸。○祀先,敬肅。○是夜,文卿於夜飯後登舟,明日早行矣。○臥後無慾夢清。

二十日,長至,行賀節禮,拜祠堂。○午後,至保甲局,議傳地保禁煙事,凡各煙館不遵禁示者,查出後責令具結到局,不復送縣懲處,於嚴禁之中仍寓體恤之意也。○至養閒丈處,旋歸。○是晚,爲偉如、椒坡餞行,邀筱涯、韻初作陪,席散已亥刻矣。○臥後無慾夢清。

格致之學

誠意之學

正心之學

修身之學

齊家之學

治平之學

十一月下旬

二十一日,至偉如廉訪處,午後歸。○養閒丈邀往觀劇,薄暮赴席,戌刻歸。○是夜無慾無夢。(怠勝)

二十二日,清晨,寫卞頌臣夫子信,由三弟帶去。三弟於是日午後偕偉翁同行。○至混堂巷,賀葉詠仙令郎叔枚兄吉席。○至偉如廉訪處送行,則已登舟矣。○至鹽菜巷陸硯田叔岳處,賀其令郎吉席,飯後歸。○璞臣來晤。○韻初爲椒坡餞行,同席者鶴巢及余兄弟兩人,戌刻散。○是夜無慾夢清。(怠勝)

二十三日,袁敬孫來晤。○録李二曲先生《堊室録感序》一

篇。○午後,至保甲局。○至書局,晤復齋、辰田,適子昭、仁卿亦來。○暮歸。○燈下看《説文》。○臥後無慾夢正。(怠勝)

二十四日,至保甲局,偕達泉同查煙館,由中街路至皋橋舒巷折而南,由石塔頭、黄鸝坊橋衖至申衙前回局,共查三十餘家,均嚴聲厲色,諭令歇閉。○申刻歸,涂朗軒觀察來晤。○夜臥,無慾夢清。(敬勝)

二十五日,至胥門答涂朗軒觀察,則已解纜矣。○至侍其巷,答顧顧山前輩。○至中丞處,晤譚片刻。○至退樓丈處,拜許緣仲觀察。○至富仁坊巷館中,午後歸。○起賀年信稿。○夜臥無慾夢清。是晚,芝生母舅來晤,譚久而去。(怠勝)

二十六日,至書局,晤泖生。○至紫陽書院。○看《朱子文集》。○芸舫前輩來晤,葉涵溪先生、璞臣、復齋先後來。○陶俶南來。○燈下起李少荃師處賀年信稿。○臥後無慾。(敬勝)

二十七日,寫竟日京信,至晚始畢(賀張叔平師年禧。○賀潘伯寅師年禧。○復翁叔平年伯信。○寄皡民信。○復柳門信)。○西山來晤。○雅賓來晤。○是夜無慾夢正。(敬勝)

二十八日,寫李少荃師處賀年啓。○陶俶南來,作書答石子元,託俶南帶杭轉寄。○錢省三來,託其購《翁文端墓誌》石。○無後,至退樓丈處,晤張玉斧。○退樓、養閒、香嚴諸君子公請許緣仲觀察觀劇,招余往陪。余以飲酒演劇,廢時失事,頗不欲往,然又不肯拂主人之意,終席不勝局蹐,亦周旋世故之病也。夜飯後歸,幾及二鼓矣。○是夜無慾夢清。(怠勝)

二十九日,到潘氏館中。汪載雲亦於是日到館,爲偉翁之三世兄課讀也。○爲子宜講《論語》兩章。○查《説文辨體》數字。○暮歸。○夜臥有慾。(敬勝)

三十日,到館。○查《説文辨體》數字。○爲子宜講《論語》三章,講韓文一篇。○申刻至紫陽書院。○看《朱子文集》。○薄暮

至保甲局,旋歸。○燈下寫篆書條幅四幀。○致涂朗軒觀察信。○臥後無慾無夢。(敬勝)

格致之學

誠意之學

正心之學

修身之學

齊家之學

治平之學

十二月初旬

初一日,大兄赴上海,余作書致椒坡一函,致王竹生大令一函,皆由大兄帶去也。○寫對五副。○至退樓丈處,養閒、秉齋丈先後來,晤譚半晌。○午刻到館。○爲子宜講《論語》三章,講韓文一篇。○查《説文類辨》十餘字。○暮歸。○燈下作書,唁龔鳳臺同年丁内艱,託琬卿弟帶至崇明。○臥後無慾夢清。(敬勝)

初二日,寫對一副。○賀英茂文觀察接糧道篆。○至德昌棧答鄭愛廬年伯。○至大王家巷弔俞如英本生母之喪。○到館。○爲子宜講《論語》三章,韓文一篇。○查《説文類辨》十餘字。○聞昨夜顧家巷失火,係元和縣刑房,燒死三人,余因至江子山處及費芸舫前輩處問之。○暮歸。○燈下補寫日記,看蔭甫師《賓萌外集》。○臥後無慾夢雜。(敬勝)

初三日,天雨躁熱,竟日不出門。○璞臣來,譚及保甲禁煙事,余以紳士不能著力,如何嚴辦之法,只得聽諸官長也。○請璞臣爲三叔診脈,脈象尚不過虛,唯氣阻不能通利,旁溢四肢,筋絡脹滿,宜先導氣,由小便而出,因三叔不肯服藥,但用車前子一味煎湯服之,未知能見效否。○爲沈瘦珊夫人作祭文半篇。(怠勝)

初四日,至鶴巢館中,以顧肯堂表母舅所借洋蚨十枚託其轉交。○到館。○爲子宜改文半篇,講《論語》三章。○查《説文類辨》數字。○至紫陽書院,晤潘芝岑。○至書局,晤劉泖生,索其所鈔《孫月坡詩稿》。○暮歸,爲沈瘦珊夫人作祭文半篇。○三叔忽然痰閉氣逆,耳目昏眩,不省人事,舉家爲之驚慌,倉卒之間,茫無措手。徐進橘紅半夏湯,痰聲如沸,病勢甚危。自夜飯後起直,至黎明始甦,脈象忽有忽無,甚可慮也。○余俟天明少睡片刻。(敬勝)

初五日,託守愚二叔至趙達泉處,爲三叔看壽器。○至紫陽書院,答楊濱石前輩,旋歸。○三叔脈象稍平,姪輩輪流侍疾,頃刻不可離人也。○下午,作書寄大兄、三弟兩函,以三叔病情告之。○明日和卿弟約弔一日,先於是日收拾書籍,布置一切。○夜臥無慾夢清。(敬勝)

初六日,五鼓起,爲和卿弟題主。○客來弔者八十餘人,傍晚時送柩至中街路下船,回吉已上燈時矣。○三叔由書房遷臥内室。○是日下午,心氣微躁,尚不致形於辭色耳。○夜臥無慾無夢。(怠勝)

初七日,到館。○爲子宜講《論語》三章,韓文一篇。○書沈瘦珊夫人祭文一篇。○暮歸。○廣盦招往商酌各事,夜飯後歸。○臥後夢邪而失。(敬勝)

初八日,三叔因臥房黑暗,不見日光,寒氣尤甚,甚欲仍移臥米庵,性急如火,不肯少待。余因勸其移榻廂房,屋小而暖,較爲爽朗。遂唤匠裝一玻璃風窗,余督同沈桂用東洋紙糊窗半日,使上下無一隙漏風之處,居然一煖室矣。三叔於申刻移臥廂房。○潘鶴笙觀察來晤。○傍晚,至養閒丈處,不值。○至保甲局,旋歸。○夜飯後,偕潤之弟至觀前,因三叔房内逼窄,無點燈之地,買洋玻璃壁燈二盞而歸。○臥後無慾夢清。是日下午,大兄自上海歸,蓋坐脚踏小船一夜半日,行三百里,可謂速矣。(敬勝)

初九日,到館。○爲子宜改文半篇,講《論語》三章、韓文一篇。心甚粗忽。○寫對五副。○松生、筱涯來晤。○暮歸。○三叔煩躁竟日,夜飯後尤甚。請藴山診脈,以竹瀝沈香湯進之。○夜臥有慾。(怠勝)

初十日,至書局,晤陳辰田及復齋、少鶴。○至紫陽書院,晤張仁卿及夢萱、厚甫諸君。○至退樓丈處,少坐片刻。○到館。○爲子宜講《論語》三章、韓文一篇。○查《説文類辨》十餘字。○暮歸。○燈下閲孫月坡丈詞稿,猶憶庚申年三月,余館外祖家,月坡先生以詩稿十餘本相屬,曰:"吾老矣。吾子孫不能守楹書,吾死之後,恐遂散失,子爲我藏之。"越一月,寇至,先生殉難,詩稿亦付諸兵燹,至今以爲憾事。適聞泖生處藏有孫月坡先生殘稿,借來一讀,欲託狄海清鈔一副本也。○夜臥無慾夢清。

格致之學

誠意之學

正心之學

修身之學

齊家之學

治平之學

十二月中旬

十一日,到館。○查《説文類辨》十餘字。○寫對三副。○爲子宜講《論語》三章、韓文一篇。○暮歸。○燈下起信稿(寄江西平景孫師)。○臥後無慾夢清。(敬勝)

十二日,至曹胡徐巷,祝張東亭壽。○至石子街,候顧少逸,有規勸語,意頗懇切。○至通關坊天王寺,弔王仲松之尊人。○到館。○爲子宜講《論語》四章。○午後歸。○寫平景孫師一啓。○傍晚祀神。○是夜無慾無夢。(敬勝)

十三日,到館。○寫《説文類辨》目録二百餘字。○寫篆書條幅一紙,對三副。○至紫陽書院。○暮歸。○燈下在三叔房内侍

疾。○臥後無慾夢失。(怠勝)

十四日,至斌陞店答周雅賡。○至應敏齋廉訪處,不值。○至長洲縣署,晤廣盦及穗甫、子泉、詠巖諸君子。○至芍翁處,譚良久。○至獅子口,答陳菱舫。○申刻歸。○是夜祀先,敬肅。○在三叔房内侍疾病。○臥後無慾無夢。(敬勝)

十五日,失行朔望禮。○硯田叔岳來晤。○至保甲局。○至書局,候劉泖生,不值。○至紫陽書院。○璞臣來晤。○午後,至富仁坊巷館中。○爲子宜改文半篇。○暮歸。○夜臥無慾夢清。

十六日,清晨,泖生來晤。○至石子街顔氏,見表舅母,爲借錢事調停一番。余多以正言勸之,尚不致齟齬也。○回家午飯。○到館,爲子宜講《論語》三章。○保甲局邀往議各段抽查事。○暮歸。○燈下作書致廣盦,爲顧少逸説項也。○臥後無慾夢清。

十七日,應敏齋廉訪來晤。○到館。○爲子宜講《論語》三章、韓文一篇。○寫《説文類辨》目録二百餘字。○寫篆對三副。○暮歸。○燈下致江西沈偉卿同年書。○臥後有慾。

十八日,至北街答李質堂軍門。○答周存伯,不值。○至江子山處,賀恩貢懸匾喜,及其令郎吉席。○候香嚴、小舫兩廉訪,不值。○至顧子山丈處,賀其令孫吉席。○至退樓丈處少憩,旋歸。○寫篆書神字軸,又對一副。○燈下續致偉卿書。○臥後無慾夢雜。(怠勝)

十九日,到館。○爲子宜講《論語》三章、韓文一篇。○爲徐静山榷使寫條幅四紙。○暮歸。○連日三叔病勢不見起色,胃納甚少,心甚憂之。○夜臥無慾無夢。(敬勝)

二十日,至芍翁處,並至文敬公柩前展拜。因廿二日舉襄,不克往送耳。○至長洲署,晤蕭穗甫。○到館。○爲子宜講《論語》三章、韓文一篇。○暮歸。○夜臥無慾夢清。

十二月下旬

二十一日,到館。○爲子宜講《論語》三章、韓文一篇。○寫對三副。○寫《説文類辨》目録百餘字。○暮歸。○燈下作書復秋谷,託周雅賡帶去。○臥後無慾無夢。(怠勝)

二十二日,至紫陽書院,晤芝岑、夢萱。○至斌陞棧,爲周雅賡送行。○至富仁坊巷館中少坐,是日解館。○陳菱舫尊人春緣先生歸葬,在靈鷲寺告窆一日,邀往陪賓。○薄暮歸。○燈下致湖北書局張廉卿信。○三叔連日脾洩,晝夜一二十次,勢甚危險。至是日亥刻,痰氣上壅,神昏目定,請藴山診脈,以石菖蒲下之,閉塞不開,家人驚愕萬狀。余以三弟遠在閩中,恐一時不能即歸,五内如焚,莫可奈何也。

二十三日,三叔自昨夜二鼓時痰閉不醒,竟夕不作一語,氣息奄奄,延至辰刻,陡然而逝。嗚呼,哀哉。自三弟赴閩,未及一月,而三叔病體一變至此,殊出意料之外,方冀去春不遠,扶過年底,漸有轉機,三弟亦可歸來省視,不意病勢日增,竟至不起,不知年内福建輪船有無到來,言念三弟,淚下如雨,不禁痛哭失聲。○作書致上海汪静巖,託其打聽福建輪船消息。○午後,作書致上海沈瘦珊、龐芸臯,冀三弟日内到申,託其致信催令速歸也。○寫報喪客目底。○是夜至子刻始睡。

二十四日,養閒丈來唁。○託潘達泉往布典説定彩匠工價。○廣盦來唁。○作輓聯一副云:承先人於十二年教養兼施聯叔姪弟兄爲一體,有游子在三千里外音容遽杳合比閭親族以同悲。○又代五叔作輓聯一副云:憶卅年失怙以來手足幸相依亂後還家欣復舊,痛兩月沉疴不起肝腸愁欲斷親前忍淚默含悲。○是夜亦至子刻而睡。

二十五日,三叔小斂,親族朋友來唁者六十餘人,未刻成斂。余與諸父兄弟皆哭失聲,念三弟未歸,不及親視含斂,痛不可忍。

二十六日，書輓聯二副，書篆對二副。○李眉生廉訪來唁。○槎仙來唁。

二十七日，三叔大斂，親祖朋友來唁者一百七十餘人。是日，無刻不念三弟，望眼欲穿，至未刻成斂時，竟不及感到。五内如焚，不堪言狀。

二十八日，寫對四副。○叔濤年伯來，岱霖來，譚至申刻而去。○薄暮，至雲藍閣買紙。○夜臥無慾無夢。

二十九日，至紫陽書院。

庚午日記

正月上旬

元旦，黎明起，拜祠堂。○至各尊長前叩賀新禧。○因三叔新喪，不忍遽易吉服花衣，期内不出拜客，親友來賀者概辭不敢當，擬過眚回後，再往謝步。○寫篆書對十副。○夜臥無慾夢清。

初二日，寫篆書匾一、對五副。○夜臥無慾無夢。

初三日，檢理親友往來信札，分别存留。

初四日，書《説文解字標目》一篇。○夜臥無慾無夢。

初五日，至靈鷲寺拜彭中堂夫人八十冥誕，旋歸。○雜觀《小學類編》數十葉。

初六日，摘録《説文類辨》百餘字。

初七日，摘録《説文類辨》百餘字。

初八日，黎明起。是日係三叔眚回之期，延道衆在家禮懺一日。○楊韶和來弔。○王竹生來晤。○彭岱霖來晤。

初九日，至胥門路答拜各親友三十餘家，在濟元亨公帳房午飯。

初十日，富仁坊巷潘氏開館，余晨往少坐。○是日在程公祠公請彭芍翁與叔濤丈，江鹿門兄、璞臣、復齋同作主人，午刻往，申刻散席。○至婁門路答拜各親友十餘家。○抵暮歸。

正月中旬

十一日,午後至退樓丈處,暮歸。○是日爲余蓮邨作《一得録序》。

十二日,大雨竟日,至盤門路答拜親友十餘家。○至紫陽書院。○至恤孤局午飯。○由張廣橋、桃花塢而至牙釐局,答拜十餘家。○暮歸。

十三日,至承天寺、裝駕橋、花橋巷一帶,由蕭家巷、嚴衙前至葑門,答拜親族二十餘家。○至彭芍翁處,賀其令郎康侯吉席。○午後,至長洲署,遇雨。○至趙姨丈處、陸仁卿叔岳、硯田叔岳處,遂歸。

十四日,寫張方伯太夫人壽聯。○致吴曉帆丈一書。

十五日,廖養泉明府來晤。○曾君表昆仲來晤。

十六日,至西百花巷弔玉書叔祖。○至藩署祝方伯太夫人壽。○至大倉口答劉芝田方伯、廖養泉明府。○至新橋巷見校邠師。○至撫署見中丞。○又答拜親友十餘家,遂歸。

十七日,至程公祠答拜蒯子範觀察。○答拜婁門路新友數家,遂歸。○邵星卿來晤。○作書致柳門、緝庭。○中丞招飲,同席者爲彭芍翁、子永先生及璞臣、復齋也。席散,又同芍翁、復齋至廣盦處夜飲,沈仲復、費芸舫兩前輩與韻初皆先在矣。二鼓始歸。

十八日,作書致畬香。○唁彭心壺丁内艱。○午後至養閒丈處,不值。至保甲局。○香生招飲,薄暮與梅先、韻初同往。

十九日,至混堂巷答趙星卿,麒麟巷答吴語樵。○李質堂軍門招飲,余先至,在張玉珊處晤譚良久。客到後,乃赴席,座中惟校邠師、趙謹川、潘莘田兩觀察,席散已傍晚矣。○候涂朗翁及子永先生,不值。○李薇生觀察招飲,同席者芍翁與叔濤丈,戌刻始散。

二十日,到館。○寫條幅一紙。

正月下旬

二十一日。

恒軒日記

庚午仲春,薄游鄂渚,適吾師合肥相國奉督師入陝之命,部署諸軍,添招馬隊。越一月,武毅、盛仁各營次第拔隊先驅。師相於二十四日啓節,招大澂入幕府,襄理文墨。先一日,戒行李至同鄉潘椒坡、秋谷處話别,夜歸寓檢理書篋,三鼓始睡。

三月廿四日,接大兄書,由漢口禮記送來。時與費芸舫前輩同寓楊藝芳觀察處。芸舫亦於是日東歸,余以衣笥及零星書本託帶回家。午後,至望山門外鮎魚套登舟,同舟者李君少石(文杏)、趙君敬甫(熙文)、沈君子梅(能虎)。余先渡江至漢口禮記號中,作家書,託葉小齋轉寄。是夜,帥舟及從者三十餘舟同泊漢口。

廿五日,舟行三十里,泊拖路口。船窗無事,展秦鄂豫三省地圖,用丹黄設色,以清眉目。見白雲輪艇泊江心,唤一小舟,與少石、子梅同往。司白雲者爲金陵馬漢卿(聲焕),啜茗一杯,登其頂觀機器,迤邐而下,歸舟微雨。徐幼巖(慶銓)、諸肖菊(可權)、饒子維(應祺)、陳特菴同年(達)過舟來,皆幕府同事也。

廿六日,三十里至蔡甸,又六十里至新溝,雨竟日不止。舟中鈔節相摺片各稿。

廿七日,自新溝放舟六十里,隱隱見小縣城,負郭居民瀕河而處,岸旁結彩棚,觀者駢闐數百人,若引領而望帥舟之至。此漢川縣令迎謁處也。又三十里,至繫馬口泊焉。登岸散步,小立柳陰中,徘徊久之,堤高數丈,下臨茅屋,麥隴菜畦,一碧彌漫。夕陽西下,歸舟夜飯。幼岩、肖菊、子維並來,相與作射覆戲,雜以譚笑。候帥舟不來,不知泊何處矣。

廿八日,爲子梅作篆書扇面,忽聞船唇觸岸,訇然一聲,如懸崖倒墮,奔突深澗,舟子震恐。余亦起視,知堤身爲旋流所激,土裂如削,下限深流,散爲怒湍,水溜本急,一里一曲,坡壅其前,勢益狂猛,時有沙土層層剥落,推波助瀾,無風自驚。聞肖菊舟中有篙工失足墮水,下流箭疾,瞬息數百里,不知其生死。又聞礮船一勇丁亦溺於水,心爲惻然。是日行九十里,泊西河亭。夜飯時聞岸旁有小舟,自蘇州來者,詢之則姚子貞先生之子雨田,名霆,帶到家書一函及退樓丈書,槎仙、嵐坡各信。

廿九日,舟中寫扇面一。風利揚帆,六十里過脈旺嘴。三十里抵仙桃鎮,泊焉。與少石同至帥舟,聽許仲韜譚關中風景。

三十日,爲少石寫楷書一頁,鈔攝政王致史閣部書及史公復書兩篇。連日帥舟用白雲輪船拖帶而上,是日輪船回駛,恐上流多沙灘,水淺礙輪,轉動或不靈耳。夜泊窯口,自仙桃至此八十里,入天門縣境,縣令蒯平叔(正昌)來晤。

四月朔日,作家書,並復退樓丈及嵐坡信,交蒯平叔使者,由馬遞封寄。時適至岳口小泊,距窯口三十里耳。又六十里,至張集港,與敬甫、子梅登岸閒行,石橋野市數十家,鱗比綺錯中有一亭翼然高聳者,關帝廟也。廟左有萬壽宫外築高堤,以防水患。堤旁砌石爲級,行人往來如梭織。帥舟及各礮船連檣而泊,旗幟互舉,爛然如赤城之霞,觀者蟻集,余亦襄羊久之。是日,舟中鈔淮軍餉銀撥放各款目,看《胡文忠集》。

初二日,自張集港行三十里,過大澤口,又四十五里,至聶家灣。風雨驟至,傳不得泊,舟子手繂繩抵坡下,峭直如壁立,猿附而上,挽舟前行數百步,始繫纜焉。帥節久不至,在隔岸維舟,相距數里矣。

初三日,鈔湘鄉相國《議禮疏》。七十里過多寶灣,三十里抵沙洋泊。偕裴樾翁詣帥舟,譚及蘇城克復時,鄭國魁入賊中行間顛末。當時用詭計誘降,皆國魁之力。此吾吴人所不知,節帥因爲余言之甚悉。

初四日，四十里過臼口。水之東岸爲京山縣境，西岸爲荆門州界，自大别至此，十日不見山色矣。船窗徙倚，遥望岸西，兩山如蛾眉横亘數十里，疑即《禹貢》所謂内方者，詢之舟人，曰馬良山也，距臼口已三十里。又三十五里，抵唐家灣，泊舟。是日，爲節帥復勒少仲觀察信。看《胡文忠集》。

初五日，寫扇二柄。看尹杏農先生奏稿一本。晚泊安陸府城外四五里。是日，風不利，水勢多旋折，兩岸皆新。長沙挽舟者輒鳧水行，水没其膝，竟日行七十里耳。

初六日，舟行百餘里，泊趙家集。自安陸府西北行，中有一河，去年爲水所衝，堤潰不得築，成此巨浸，較故道近二十餘里，不知其名，舟人云。

初七日，爲特菴寫篆書扇面。宜城令陸彦頎（祐勳）來晤，常州同鄉，與敬甫有葭莩親，久而去。是晚泊宜城縣，距城僅五里許，去襄陽尚有百二十里。

初八日，行三十里。風雨驟至，舟不得前，遂繫纜荒野中。至晚雨益甚，篷背淅瀝聲與風聲水聲相間而作，船旁更鼓聲和之，如相應答。舟中數人，寂然無語，各翦燭看書。夜闌始睡，不知牀頭衣被都沾濕矣。

初九日，晨起，天極冷。雨絲風片，吹打船頭，仍不得行。午後雨止，雲氣稍斂，舟行十餘里。風不甚利，泊焉。四五日來，余取胡文忠公所刻輿圖，以丹黄别之，各省郡縣及巨川大澤，悉加標識，爽若列眉矣。

初十日，行七十餘里，薄暮抵襄陽，與帥舟同泊樊城。節帥于初八日奉到字諭，以黔省遵義教案未結，仍令督飭余道思樞妥速辦理。是晚以洋務各信稿出示，屬擬致黔撫信，詳述源委，譚至二鼓後始歸舟睡。

十一日,擬致黔撫曾樞元(璧光)信稿。午前由樊城放舟至襄陽,師相駐節大北門内鹿門書院,同幕諸君子先後入行館安排几席。芝門來晤。夜寫曾信。

十二日,起信稿一。午後答拜襄陽令及藝舫、樾岑、芝門、亦謝諸君子。

十三日,抄洋務各信。薄暮,偕少石、敬甫、子梅試馬數里。至學宫旁,觀龍影壁,土人鄭重言之,相傳爲楚襄王時物,其實不過一雕龍青石耳。

十四日,相君芝卿(恩祚)招同少石、特菴、敬甫、子梅並楊抱山、朱慎齋遊隆中,出西門外,馬蹄得得,一路看山,薄雲在空,半陰半晴,漢水一曲,時隱時見,高岡斜迤,群峰若抱,零落邨舍,偃處山麓,驢病如犬,牛瘠若豚,據鞍而過,目擊心惻。行二十餘里,過一木橋,子梅爲先導,馬驚墮水,衣履沾濕,鞭在手而帽不落,旁人愕眙良久,子梅譚笑自如,然亦危矣。又數里,見寺門隱約在萬緑陰中,牓曰紫氣東來,則廣德寺。下馬小憩,寺僧酌茗飲客。詢以丞相祠,曰去此不遠矣,遂欣然而往。行行三四里,樹色山光,撲人眉宇,捲風新麥,遠連山椒,零星野花,時墮溪磵,峰迴路曲,有廟翼然高聳,門有"古隆中"三字,爲武侯廟。廟中遺像綸巾羽扇,肅然穆然。其西爲三義祠,祠西游客座,階前白芍藥盛開,徘徊不忍去。廟西爲草廬遺址,攀林而上,更數十步,有小亭覆一石刻,亦武侯像,其下有諸葛井。廟中有杖,高二尋;有履,長尺四寸;有木鉢,容斗米。相傳爲明季王鎮福昌遺物。茶話片晌,齋廚出蔬麵啖之。攬轡出門,循山徑而下,仍至廣德寺,芝卿携酒榼來,相與飲樂。登多寶塔,望墻外松林葱鬱,蒼翠欲滴。塔前有大銀杏樹,列坐其下,披襟脱帽,譚笑自適。微雨驟來,遊興頓闌,遂悵然歸矣。是日,周茀卿(有荃)參戎來寺同游,帶有兩礮艇,邀往同歸,順流而下,頃刻進城。

十五日，答歐陽崇如（正墉）觀察，送蔣亦謝至荆子關，候陸紫蘭、楊麐士、張藕舫。午後，抄洋務各信。夜，爲師相擬復袁筱塢前輩信稿。

十六日，補書前日游隆中記。寫袁信一封。

十七日，寫信稿一。偕敬甫、子梅登登昭明臺，臺上有古樓，即文選樓。梁昭明太子與名士劉、庾輩論文地也。憑欄四眺，西南諸山環峙，郭外如拱如揖，如蹲虎，如翔鸞，或起或伏，綿亘數十里，雲影嵐光，排闥而入。下瞰鱗屋，萬家櫛比，心目俱爽，徙倚久之。夕陽西下，徐步而歸。

十八日，偕敬甫、子梅渡漢水，訪湯君彦澤（正鏞）於樊城官廨。索觀所藏書畫，有湯雨生先生遺繪數幀，並《采石酹酒詩圖》卷，不禁神往，展對數四。又見鄧完白草書聯，吴山子篆書聯並皆佳妙。彦澤好風雅，氣味極恬静，真鹿門吏隱也。譚至下午歸寓，寫家書。

十九日，寫信一封。寫家書，並致茉坡、秋谷信。

二十日，寫信一封。

廿一日，爲節帥起四川信稿三，夜繕正。

廿二日，以路程單書於摺扇，以便省覽，然費半日工夫，甚無謂也。起信稿一，致柳門信。

廿三日，寫致大兄信，並寄閩中三弟一函。午後，移寓樊城。節相定于明早起車。是日，檢點行李。相芝卿、周茀卿各攜榼相餉，飲罷至藝舫寓中借馬一匹。

廿四日，黎明起，微雨。登車，由樊川至葉家店，不歇，至吕堰宿，共行六十里。寫信二封。

廿五日，四更起。登車，四十里至新店鋪，過唐河，又三十里至新野縣。縣令潘稚尊（鍾瀚）新復白水書院，留帥駐節。余與諸君子俱宿焉。節帥屬肖菊代書“投戈講藝”四字爲額，蓋白水爲光武發祥之地,書院燬於兵燹,是月始落成也。傍晚,作書致芍亭,適有都中便足,緘此託帶,並附復柳門信一函。

廿六日,四更等車,行六十里,日未晡,宿瓦店。未至瓦店十里許,道旁有石牌,題曰"漢帝光武故里",惜戎馬倥偬之際,逐隊而行,不獲下車一訪,殊悵然也。

廿七日,行三十里,天始明。停車小立,殘夢乍醒,微風動衣,初日挂柳。余策騾而行,雜部伍間,先後躑躅。至南陽,渡河入城,宿察院旁市廛中。主人方晨炊,煮茗飲客,塵衫始拂,踞榻酣臥,正恬然自適,忽群賈持扇來,牽衣索書,絡繹不絶。始頷之,中厭之,而終拒之。聞藝舫宿元妙觀,傍晚出博望門訪之,不值。入室小憩,古木垂陰,盆花送香,精舍數椽,窗明几浄,四壁皆名人書畫,令人作塵外想,頓忘車馬僕僕之勞。頃之,少石亦來,屬羽客導遊各院,登斗姥閣。閣前古柏環列,蒼翠如畫。白鷺數十,飛集其頂,點點如早春殘雪,欲墮不墮,天機水流,煩想冰釋。其東爲藏經樓,主持張宗璿以禦捻功詔賜《龍藏》全部,築樓供奉之,并勒石紀其事,洵豫省西南一大叢林也。歸寓得一聯云:赤文緑字時有雲氣,青松白鷺養此道心。秉燭書之,留補觀壁,以志鴻爪。

廿八日,四更出南陽東門,三十里至辛店,遇藝舫、少石,皆下車,策騎並行。又三十里,至博望宿,時纔辰刻耳。博望爲張騫故封地,審門外橋下立石,大書曰"漢張騫封博望侯處"。

廿九日,由博望至趙州,三十里至廊封鎮。十八里至裕州。又十八里,四更登車,辰刻宿。四月二十三日,陝撫咨稱金積堡回逆窮蹙乞撫,惟逆目陳霖率陝回出竄草地,有由北山竄擾陝境等情。

五月初一日,四更起,行四十里至獨樹,二十里至保安驛宿,爲時尚早。午睡初醒,閒步中庭,見寓壁古磚,皆麻布文,或畫五五,或爲雙魚,或隱約作人獸形,種種模樣,不可枚舉,有字者絶少。摩挲於頹垣荒草間,得塼形"大吉利"三字,掘而出之。又檢得殘文二,一曰“富貴”,一曰“矦文”。又有“庚申”字、“氏”字、“田”字各塼,深嵌壁中,不能盡取。或東漢功臣祠墓中物,色澤古黝,殊可愛玩,惜無年月可紀耳。是日黎明時過光武廟,未及停車而行,聞廟中有二十八將畫像;有玉照堂,藏名人翰墨極多;有泉,曰扳倒井,相傳爲光武行軍時遺跡。幼岩、肖菊、子維諸君子見之。

初二日,三十里,至舊縣。又三十里,至葉縣宿。爲節帥起洋務信稿二封,一致曾樞元中丞,一致余紫垣觀察。是日,宿元隆當内。

初三日,二十里至汝墳橋,四十里至襄城縣宿,寓主姚姓,其遠祖有爲宫保者,廳事懸一聯語云:鑑曲賜歸唐賀監,玉門生入漢班超。旁無書款、年月,不知何時人也。是日,寫信二。

初四日,車行三十里,至長橋天始明。又三十里,至郟縣宿。起洋務信稿一。夜睡片刻,二鼓即起登車。

初五日,卯刻至長阜尖,行四十五里矣。又四十里,至汝州與節帥同住察院中。夜寫洋務信一封。二更始睡。

初六日,三更起登車,三十五里至廟下。余策騎徐行,遇帥車於小寨中。節帥易馬攬轡疾馳,相隨十餘里,至臨汝打尖。又行三十六里,至白沙宿。

初七日,車行二十餘里,途遇李冠卿,招余下車,策小騾同行,過彭婆寨,小憩。帥車亦至,更以新購健騾屬余,十餘里如駕輕就熟,控縱自如。頃刻渡伊水,見兩山合抱,中缺一路,爲車馬通行處。循厓西轉,蟻旋而入,白沙一片,淺水亂流。翠屏雙開,群石林立。山麓古洞,如牖如竇,如傑閣高聳,如破廬下湫,羅列造像數十百軀。由山徑而上,有亭有池,有木有泉,有寺約潛溪,中有石屋三大龕,龕各有佛,長數丈,就石成形,不施桼木。龕旁有碑,巋然獨峙,即褚河南書《伊闕三龕記》也。又有一碑,長不過四尺,字多漫漶不可識,額題八字,曰“洛陽郡成老人壁記”,摩挲久之。遂循山而下,行十餘里,過關林,與少石、藝舫同入瞻仰。爲殿三層,殿各有像,或端坐,或把劍,或看書,或作臥像,最後爲墓道,朱門雙掩,幽宫邃然,松柏森森,拱立殿下,令人起敬起慕,悠然發弔古之衷。其地距洛陽城十二里。驅車渡洛水,午刻進城,與節帥同住察院中。是日游伊闕,得一聯語云:此地有五百尊者卅六洞天歷漢魏隋唐而不知其歲,其流自熊耳西來龍門東去與澗瀍穀洛以同入於河。複一"其"字,屢改不稱意,姑存之,以志遊興。

初八日。

初九日,在洛陽憩息兩日,如宿酲初解,恬然意適矣。洛陽太守陳子俶(肇鏞)爲同鄉常郡人,與少石、敬甫同訪之,獲觀所藏書畫十餘種。出東門外,遊千祥寺,寺有存古閣,爲介休馬介山(恕)所築。壁間皆唐宋以前墓志銘、塔銘,凡數十種。陀羅尼經幢三十餘石,林立滿室,大小造象十數軀,古色斑斕,土花繡澀,半皆風雨剥蝕之餘,此馬介山令洛陽時羅致之者。寺僧出拓本相示,余購之而歸。又過迎恩寺,寺旁爲馬夾營,宋太祖生於此。

初十日,微雨,行四十里,至磁澗,曉霧未收,黄沙不起,涼風拂拂,吹我衫袖。因下車,戴笠子,策蹇西行三十里,至新安縣城,題曰"漢函谷關"。《水經注》所謂關高險峽,路出廛郭,漢樓船將軍楊僕恥居關外,請以家僮七百人,築塞徙關於新安,即此處也。寓主郭姓鏡澤茂才,昆弟十人,皆恂恂謙雅,不失寒素風。其先人名桐生,庚戌進士,在銓部不數年而卒。名門厚德,正未有艾也。與少石、子維乘晚涼登城憑眺,心目俱爽。

十一日,三更起,主人出湯餅餉客,意甚殷款。車行三十里至鐵門,又二十里至義昌鎮,寨門題曰"董公倡議處"。又四十里,至澠池縣城宿。

十二日,由澠池而土濠,而觀音堂,共行四十五里。再由觀音堂至硤石關,二十五里間山路欹嶇,車行犖確,輪石相激,聲震山谷,如雷如霆。余策騎行,忽高忽下,忽寬廣如平原,忽奇窄如溝磵,僕夫相戒,以爲絶險處,然當其境,坦然視之,亦不覺其可危也。同行一車脱輹而倒裂其輪,又有馬墮澗死,亦偶然耳。硤石,即杜老詩中所稱石壕也。由硤石至廟溝十里,又十里至張茅店,宿焉。

十三日,行二十五里至磁鐘,三十里至硤州,宿察院中。州城北門横枕黄河,有土阜曰羊角山,上有小閣兩椽,憑欄俯瞰,河聲如吼,有小舟數葉,迎流而上,良久不得前,水溜可知。對岸有山,連亘數百里不絶,即中條山也。薄暮,忽忽一登,片晌即下,殊不快意。

十四日,四十里至曲沃店,二十里至靈寶縣,宿弘農書院中。

十五日,由靈寶而達子營。四十里中,皆溝路深軌,僅通一車,兩旁土山如懸崖峭壁,不能飛渡,少陵所謂"窄狹容單車"、"飛鳥不能踰",非親歷者不能道。去歲左宫保在此遇雨,倉皇避至高坡,車馬輜重,隨流而去,漂入大河,亦險矣哉。余與子梅策騎先行,盤旋山谷間二十里,至閿鄉縣城宿焉。是日,登車出靈寶城不數里,兩山特屹,中有一闕,雄壯奇險,有一夫當關,萬夫莫開之勢,即函谷關是也。余於月色微茫中,憑軾而過之。

十六日,二更起,行四十里,天未明。又二十里,至潼關,纔辰刻耳。與節帥同往東山廟。廟據山脊高出重關,由下而上,歷數百級,回廊曲折,上接平臺,循欄而西,層樓孤聳,偶一登眺,豁然軒朗,如出紅塵而淩碧漢,前挹關西諸山,白雲遠起,翠嵐欲浮,有峰峭立,俯視群巒,隱隱在數十里外,其終南之支嶺耶。後瀕大河,一曲千里,由北而東,浩淼無際,中梗一沙,適當關門,河流壅咽,激爲怒濤。西望渭濱,帆檣簇立,煙樹水邨,若近若遠,即三河口也。秦關百二,如高屋建瓴,於指顧間得之。樓下有亭,曰浩然亭。亭邊有方池,荷葉田田,尚未着花。其東五楹,即余與諸同事所居處也。

十七日,下山答馬自明軍門,吕曼叔觀察並致營務處晤藝舫、樾岑,旋至徐傳宗處少坐即歸。寫信二封。

十八日,抄通判楊昌勛條陳北山運道情形一摺。下午微雨。

十九日,陰雨。抄總署洋務信一封。

二十日,陰雨。寫信二封。抄蔣璞山前輩信一件。

廿一日,與少石、子梅下山閒步,至郭丹樓觀察處啜茗一杯,遇雨而歸。寫信一封,作家稟一函。致文卿一函。接家信。

廿二日,晴。作書致柳門、皞民及琬卿弟。薄暮登樓憑眺,白雲初斂,遠山如洗,儼然一幅浮嵐暖翠,自愧非黄子久,不能爲南山寫此真面耳。

廿三日,晴。作家書寄大兄。

七月初四日,節相奉到寄諭,命帶各軍移紥近畿一帶。天津教案辦理棘手,曾侯病未痊愈,毛旭初師奉命赴津幫辦,丁雨生中丞由海道前往。因法使羅淑亞堅欲以天津府縣抵罪,上不允,羅使有意挑衅,勢將決裂,亟宜豫爲之備。節相傳令初七日啓程,至潼關渡河,由晉抵直,郭子美、周薪如兩軍隨後陸續進發,子美所部則假道河南,分途前進矣。

初五日,答翁玉甫丈、方元仲觀察,謁蔡植三前輩,均不值。寫信一封。

初六日,寫信一封。收拾行李。薄暮,偕朱韜甫至骨董鋪,購得汲古閣《文選》一部,潘稼堂手批本。是日作家書,致應敏翁一械,令老僕胡春回鄂。作書與敬臣叔祖,並秋谷、椒坡各一函。二鼓登車,至黎明行五十里矣。

初七日,至臨潼,住横渠書院。暑氣酷烈,同人皆席地而臥。傍晚登車,天明至渭南。

初八日,在渭南寓中憩息一日。寫信一函。薄暮登車,炎威逼人。夜半車中求冷水一杯不可得。五鼓即至華州,宿驛館中。

初九日,在驛館作家書一函。晚涼,行七十里,至華隱廟,東方未白也。

初十日,大雨涼甚,有人送菉豆湯、烏梅湯兩缸,味極佳,心甚德之,惜乎其不時耳。聞係華陰廟監工官,未知其姓氏。是日寫信一函。車行十五里,日始暮。三鼓,至潼關矣。睡至日出始起。

十一日,吕曼叔觀察、馬自明軍門來。曼叔約往午飯,遇雨而歸。在曼叔署中見銅虎符,質甚佳,文不甚精,恐係後鑿耳。

十二日,抄曾相奏稿二。午後答馬軍門,拜楊抱山,並至曼叔處小憩而歸。

十三日,巳刻,偕少石、敬甫、幼岩諸君子至風陵渡過河,子梅、肖菊尚在潼關候寫摺片,河東岸有禹王廟,裴樾翁寓焉。往晤不值,啜茗一杯,遂行。至匼河鎮,少憩。距蒲州城四五里,大雨驟至,衣被均濕,車簾不足蔽矣。泥淖中躑躅進城,覓寓不得,至東門外三里許小店中宿焉。地名寺坡底,坡上即普救寺也。

十四日,午後,子梅、肖菊來。薄暮,節相偕遊普救寺,坐平臺上話久而下。夜飯後即登車。

十五日,巳刻,至七級城。午後,至樊橋鎮,無地可宿,余住帥館,諸君子在營務處暫憩半日。傍晚開車,余行稍遲,竟夕行卅里耳。

十六日,黎明過藝芳,同策騎行至張岳鎮打尖。又三十五里,致北相鎮宿驛館。傍晚於帥座見左宮保書及復總署函稿,與節帥論洋務甚激。夜飯後登車。

十七日,清晨至聞喜縣東關外宿。寫信一函,致徐郎軒觀察書,託寄家信一械。薄暮即行十餘里,雨驟至,車笭水注如簷流不止,衣被沾濕,狂風四面來,良久始息。

十八日,黎明,遇郭善臣軍門,自平陽來。少頃至侯馬驛宿,距聞喜九十里矣。晚行十餘里,日始暮。

十九日,巳刻至史郝,宿客店中。接六月廿三日家書。傍晚登車行七十里,四鼓至平陽府城,宿試院中。

二十日,晨起閒步,出東關,有骨董鋪數家,了無可取。午後至大雄廟,候郭善臣。暮歸,二更後行六十里。黎明至洪洞縣城。

二十一日,在洪洞憩息一日。繞郭荷花數里不斷,臨流散步,殊愜幽襟。午後,看藝芳、少石圍棋數局。晚行。

二十二日,昨晚開車,三十里至趙城,五十里至霍州。是日申刻開車,未至仁義鎮,二十里車覆,不能行。余策騎至仁義鎮招輪人修轂,黎明始竣工。余仍策騎上韓侯嶺,山石犖确,車馬艱行,嶺上有淮陰侯祠,忽忽未及登覽。下坡六七里,至靈石縣。帥館在蟠龍庵,同幕諸子住樓上。

二十三日,至蟠龍庵已巳刻,余所乘車午後始到。三鼓後復行六十里,至介休纔辰刻。

二十四日,住介休城外三盛店樓上,偕子梅、幼岩進城,於書肆中購得汲古閣《史記》一部。傍晚即行八十里,三鼓至平遥縣矣。

二十五日,在平遥城内買馬鞍,二鼓即行。

二十六日,宿祁縣。

二十七日,宿徐溝。

二十八日,宿王胡鎮。清晨由應敏翁信中遞到家書,駭悉祖慈于六月廿八日驟感霍亂吐泄之症,至初二日申刻棄世。聞信之下,不勝悲痛,即刻告知節帥,擬至保定後再圖南歸也。寫家信一函。

二十九日,雨。晨起,節帥已先行矣。車驅三十五里,至什貼打尖。午後,行十餘里,車阻不得進,前有石坡,下臨泥淖,輪陷馬疲,不受鞭策,良久始過一車,未幾日暮,前後百數十車,銜尾而歇。僕人煮粥一盂啜之,各就車中攤被臥矣。是夜,天氣甚涼。

三十日,黎明,各車駢闐,仍不得行,余與少石、敬甫、子梅舍車而步。巳刻至泰安驛。薄暮即行。余策騎行十餘里,昏黑迷路,遇楊焕然協戎,同行四十里。三鼓,抵壽陽縣,至李冠卿軍門寓中宿焉。是夜,同人陸續俱至,獨肖菊未來。

八月初一日,晨起,諸君子先行。余車换軸,俟至午後始開。時肖菊亦緩緩來矣。行二十里,至芹泉驛避雨,及暮抵澤石驛。

初二日,日出始行,策騎過南天門,山路崎嶇,人馬雜遝,車行甚遲。是日,夜宿平定州。

初三日,宿柏井驛。雨雹如芡。

初四日。

(整理者單位:蘇州博物館)

南湖東遊日記

□ 廉泉著　廉仲整理

廉泉（1868—1931），字惠卿，號南湖，齋名小萬柳堂、帆影樓，江蘇無錫人。

公精鑒賞，善詩文，早年以書法、詩文聞名於公卿間，齋藏書畫珍玩亦頗豐。後創辦文明書局於上海。爲清末民初我國書畫鑒藏界、出版界之一代大家。又，著名詩人、社會活動家。

1914年，日本曾舉辦有萬國博覽會，因當時正爲日本的大正年間，故亦世稱大正博覽會。而其時，正值我國辛亥後，舊政剛除，新權甫立，然各派政治力量，仍呈勾心鬥角、犬牙交錯之勢。戰亂頻仍、南北對峙之下的臨時政府，一時於國計民生、文化事業，尚無暇顧及。有鑑於此，爲弘揚我國悠久之文化，在友人日本駐華公使山座圓次郎盛邀之下，南湖先生毅然隻身以民間訪問學者之身份，攜小萬柳堂所藏書畫，東渡日本，去做展覽陳列。其時，亦是爲藉此契機，能與彼邦之文學、美術及諸學界泰斗，做一溝通與交流。

此事在當時的東京，一時引爲轟動，傳爲盛事佳話。

該《南湖東遊日記》，即爲記載由是年三月三十一日自滬出發，至同年八月九日船歸抵吴淞口，歷時四個月有餘的活動歷程。其間，生動地記録了當時的展覽盛況，亦翔實地記載了作者與當地業内精英、學界名流、王公貴官、實業巨擘間的詩酬唱和與切磋往來的交流過程。同時,不乏個人感觀及心路歷程的記述,於當時當地的風土人情、世故典章等,也多有生動的描述。

只是,歲月滄桑,時光荏苒,屈指而今,這塵封既久的《日記》,已逾越了整整一百週年。一個多世紀以來,但願人們不會,也不該忘記這在中日近代文化交流史上,濃墨重彩地書下了沉沉一筆的南湖先生。

或許歷史,有時也正如塵封既久的陳釀,愈久愈顯現出它的醇香,不知可否爲於其感興趣的仁人識友,庶幾來饗!

當然,囿於水平,本次輯録,也未必十分精到,尚祈識者指正!

廉仲

於二〇〇四年十一月廿六日完初稿

於二〇一四年三月二十—三十爲紀念南湖先生東渡扶桑一百週年重編校正

又記:

如上,是十餘年前本人爲恭録整理先祖父《南湖東遊日記》時所作。當時,僅是爲供親朋好友一閱而備。時至而今,值《廉泉年譜初稿》作者、上海圖書館近代文獻整理研究部主任王宏先生推介,《歷史文獻》主編及各位編委們慧眼,先祖父這沉寂了百年的《南湖東遊日記》,終於,要在這當年小萬柳堂鼎盛於一時的上海灘面世了……

爲此,懷著一顆對先祖父的虔敬之心以及出於對《歷史文獻》的敬重之情,特將本整理稿,對照原文,逐頁逐句地,又一一重新校核了一遍。

至於原稿中,有個别字體因今昔寫法不同而帶來的疑惑,幸得有於文字造詣功力頗深的艾俊川君指教,使諸疑難均得到了化解。

而我家老世交孫寒厓先生之外孫阮祖望君聞知此訊，亦不辭辛勞，特將多年來遍閲資料文獻，增删數次而所研究、所積累的《南湖東遊日記人名注釋》，摘抄下來奉上，以爲使我們今人，能更好地瞭解那個時代、那些人……

在此，一併致以我深深的謝忱！

如今，這艘滿載著當年中日兩國人民文化交流情誼的"山城丸"(祖父當年載譽歸來時所乘之船)，就要再次向我們開來了……

在此，我們謹祝它一帆風順，勝利抵岸！

而此刻，也真不知倘若在天際的祖父大人及寒厓老先生有知，抑或也會當淩雲一笑耳！

南湖後人廉仲

於二〇一五年十月十八日謹題

三月三十日

午後與金原村子至東亞公司訪桑野締三。桑野已代買近江丸自上海至神户頭等船票二張，每人七十二元。仲英、芸軒餞之於一枝香。復過文明書局，夜談十一點鐘。回寓檢點行李，寫寄各地函件，坐以待旦。

三月三十一日

上午十點鐘命李升押送行李至虹口三菱公司碼頭。十一點三十分與紫英挈兒女、新婦同到日本領事館取行李、證書。駐滬總領事有吉明與神户税關長野中清書言，奉駐華公使山座圓次郎之命，證明廉君所帶書畫珍品及行李共八件，務使簡易通關云云。十二點三十五分上船，行李亦到。村子已先上船，在一等室三號，余在七號。有吉君先二日回國，副領事西田耕一與桑野同來送行，並爲安排行李云。頃接北京使署來電，詢余行期，歸當電覆。一點鐘開船，紫英與兒輩徘徊江干，至不見人影而返。

出吴淞口,風作。村子同室有于女士,年十八,天津人,赴東留學,與父母弟妹八人同行,至長崎登岸。

三點三十分吃茶點。與村子在艙面閒談,有乘風萬里之慨。六點三十分在餐室晚餐,東西人共四席。船稍顛蕩,能勉强盡食。于君家人皆臥不能起,村子則時時服仁丹欲以止嘔。入夜,風浪愈大,余亦就枕看書,不能起坐。同室一日人曰渡部千治,上海湯淺洋行主任,不能華語。兩人落落寞寞,相視而笑。十點鐘便睡。

近江丸噸數三千五百八十一噸六七,旅客定額一等室三十六人,三等室百五十人,無二等室。三等似招商局船而清潔過之,一等似大餐間,而侍者之謙和周到,頗可愛敬。每日上午六點三十分吃早茶點,八點早餐,十二點午餐,下午三點三十分吃茶點,六點三十分晚餐,每餐鳴鑼爲號。一等室客聞聲自集於餐堂。惟晚餐鳴鑼兩次始入座,每餐船主同食。旅客坐位,第一日由船主用紙片標明,以後各就己座,無紊亂者。如欲吃日本菜,須兩小時前告知侍者,以便預備。

四月一日

午後風大,雷雨交作。村子蒙頭而臥,不能食,余眠食如常。閱黄慶瀾東遊日記二卷。

四月二日

上午八點鐘行近長崎,醫生上船驗病。一等室客齊集於餐堂,醫生略觀氣色,默點人數而已。三等室查驗較嚴,見有危險之症,送入醫院診治,一星期後病愈始得放行,防有時疫傳入國内也。長崎兩岸皆山水作深碧色,清爽之氣,撲人眉宇。旅館中人來接客者,續續而至。襟上白字曰某旅館、某回漕店,令人一望而知。

停船後,與村子呼舢板登岸,而村子之阿婆與小姑及夫弟佐藤君皆在稅關碼頭近候。佐藤名佐吉,爲長崎稅關檢查員,遂至稅關小坐,同往伊家午食。在長崎市東小島町九十二番地。寫寄長崎風景片。

飯後,周歷長崎市十數里,復至中川鄉看瀑布。清溪一曲,板橋朱闌,兩岸櫻花盛開,淺草如茵,列木榻十數,上覆紅氍毹,以備遊客茗話。賣茶女子年皆十五六,嫣然一笑,想見孤山放鶴亭故事。向女子買當地風景片寄寒厓先生。並吃櫻花餅。

歸途櫻花片片吹落襟上,余以香雪海名之。海外桃源,如是如是！訪長崎《日日新聞》主筆森肇君,略談此次東遊之意,以《楞嚴》影本贈之。

華商來長崎者,十居七八,大半娶日人爲婦,多著和服,故驟視之不能分别。商店牌號間有能省識者,且有大書中華民國某某店者。日人商店牌號,漢字隸書者居多,或用草書,與和文類,稱某某屋、某某廛、某之所,或某商會、某會社等。售貨不二價者曰正札,付格外廉讓者曰大勉强或大安賣;運送貨物者曰回漕店,販賣者曰賣捌所;綢緞兼衣莊曰吳服店;售婦女日用物者曰小間物店;賣醬菜者曰萬漬物店;茶食曰御果子;酒飯店曰御料理,店夥多半用婦女。凡出貨發票、收據,必粘貼印紙,否則查出認罰。

三點三十分上船,佐藤夫婦侍母挈妹咸來送行。妹名富子,年廿四,欲往東京觀大正博覽會,與村子同室。

五點十分開船,送行者自厓而返,各道珍重。

入夜,風浪極大,余行動自由,村子姑嫂臥不能起。

四月三日

上午十點鐘,船抵門司,未入港之先,醫生復來驗病如昨。

十點三十分,與村子等乘公司小汽輪登岸。門司與馬關對峙,山水競秀而雄傑勝長崎。街道亦較長崎爲寬,而繁華不逮。

三人入蕎麥店各吃湯麵一碗。向店主索筆硯,寫寄門司風景片。

十二點十分回船午餐。午後,風大而船身安穩,與我國江輪無異,不似昨日之顛蕩矣。

是日六點鐘便晚餐,船主特備日本菜,約余及日人另爲一席,村子等在室内同食。外賓則仍舊例,六點三十分西餐。

村子姑嫂燈下手製衛生衣,並教余日語。

四月四日

上午九點鐘,醫生上船驗病訖。

十點十分到神户。郵便局長兼税關事務官杉野耕三郎派代表郵便局庶務長竹本平一上船迎接,同坐人力車至西村旅館。竹本復至税關運取行李來,即留午餐。

東京《時事新報》記者久山秀夫來談兩小時。即偕村子等至神户街市遊覽一周。訪杉野、竹本二君談一小時,别去。直赴停車場,乘六點三十分快車赴東京。七點十五分過大阪,八點十分過西京。神户至東京,二等特别快車,每人六元九角。

四月五日

黎明過横濱,車皆略停,四山殘雪,落英繽紛,知昨日得雪三寸餘,故春寒尚厲,櫻花不免摧殘。

九點到東京新橋下車,即坐人力車至鹿鳴屋旅館。入座甫定而日華貿易會幹事野口多内君踵至,云:"遲了一刻,到停車場已不見蹤跡,詢之君等所坐之人力車,知已投此旅館。"吃麵一碗,即與野口同坐電車至上野公園會場遊覽一周。

寫寄會場郵片。復同去租屋,未得相當之所,遂冒雨回鹿鳴晚飯。

十點鐘便睡。

四月六日

早起即與村子同去買雨衣、皮靴等物。至麴町區永田町中國公使館謁陸潤生公使,未遇。訪野口於日華貿易會事務所,知租屋未定。適野口之友安達隆成來爲介紹一相當之旅館,曰金生館,在麴町區平河町三丁目十七番地,館主曰加藤近之介。用電話預定房間二間。野口留午食,之後同出事務所。村子回鹿鳴取行李,余與富子隨安達至金生館。看定樓下十九號房間,村子等住十七號。

陳列書畫,席地而坐。

館主夫婦先後來見,爲特備書桌、籐椅各一。

晚飯三人同食。

夜十一點三十分,野口來談,擬將《楞嚴經》、小萬柳堂摹古各帖與王建章畫陳列於日華貿易館樓下之貴賓室。此室預備招待上賓者,庋此名蹟,最爲相宜。余俟服部與西京狩野、内藤諸博士相見後,再會商陳列之地點。

客去便睡,已十二點二十五分。

四月七日

八點鐘起,吃牛乳一杯,雞子兩枚,麵包一片。

東京旅館定例,早晚兩餐在房價内,午飯須另加。因與館主言明,每人日一元五角,午飯不用,將早餐改至十點三十分,預備牛乳、雞子、麵包,日以爲例。

自四日大雪後,連朝陰雨,意興索然。野口謂櫻花時節雨雪,日地不常見,國人私憂,謂非佳兆云。

早餐後寫寄杉野、竹本、久山各信,以答招待之雅誼。

昨日東京最有名之《時事新報》已詳述吴芝瑛之歷史與吾此番之來意。其標題曰"我鄰邦之碩學者",曰"秋瑾女史之親交",曰"山水之愛慕",曰"祕藏之絶品"。下注"神户四日電話",知係久山君之報告也。

晚飯後,野口來談,十一點冒雨而去。

四月八日

早晴,寫寄佐藤君詩二首。

安達來談,言張廉卿之弟子宮島君書法得張氏之傳,聞余至,欲圖一見。安達之友大松源三踵至,云一月後當與安達至滬,設立人壽保險支店。

午飯後,雷雨交作一小時,天復放晴。

夜十一點,野口來寓,言服部博士有書,約明日十點鐘前往談。

狩野博士亦由西京來電,告今日夜車來京。

四月九日

上午九點三十分,野口來約,同訪服部。换電車三次,始達伊寓。東京市外下澀谷一八二五。夫婦出見甚歡,款以茶點。擬將《楞嚴》墨蹟及唐宋名畫先在東京帝國大學開一展覽會,代邀好古之士相與欣賞。十二點别去。

歸途游清水谷公園,謁大久保利通墓。松篁陰翳,環以土山,旁有小池,池邊排列茶座,游客得隨意憩息,爲夏日納涼勝地。當日大久保被刺後,家貧無以爲殮,政府賜地爲之營葬,並闢公園用作紀念。

回寓,與野口同食蕎麥麵。

瀧精一自大阪回京,約明日往談,答以與服部商定展覽會事,再訂期會晤。

東亞公司來電話,上海所寄書箱已到。

晚飯後作五律二首,寄服部博士。

村子今日晨出暮歸,同富子至淺草公園遊玩,並去看電影。

野口陪我一日,爲作通譯,薄暮始去。

四月十日

晨,野口來寓,約同訪狩野博士,村子同去,談兩小時。

狩野今日午後當訪瀧精一及服部博士於東京帝國大學,商量書畫展覽會之事。野口赴博覽會。

余與村子回寓。接華僑吴錦堂來函,寓兵庫縣下舞子松海别莊。言擬來京參觀大正博覽會,藉傾積愫。

閲《時事新報》,知日本皇太后昨晨崩於沼津,今夜回京,定於明日發喪。櫻花被雪,此其朕兆歟!

四月十一日

晨,復吴錦堂書,附贈《蘭亭序》、《十三行》、臨顔魯公影本三種。

與村子、富子至東亞公司,日本橋區新右衛門町一六。見太田馬太郎,談一小時。紫英二日由滬所寄書該公司已收到,此爲東渡後第一次所得家書也。萬里之外,以身爲本,開閫數反,不禁黯然歸途。

至地球堂京橋區銀座一丁目五番地。定製扇面、鏡架二十七個,價四十五元一角,一星期可得。鏡架日語曰額面。

周歷京橋區一帶,仿佛上海英大馬路。商店門口有貼"小僧入用"或"小僧募集"字樣者,欲雇用十五六歲之夥友也。雇用女僕則曰"女中入用"。

合資岡谷製絲會社顧問木川寅次郎來談,約余與村子同至精養軒西餐。此爲東京第一飯店,與上海禮查飯店相似。

九點三十五分回寓。

野口來夜談,至十一點別去。

四月十二日

晨起,命村子至東亞公司取《楞嚴經》。

午餐後,同訪國華社主幹瀧精一。寓京橋區築地一丁目十番地,電話:京橋一九五八。國華社在東京市京橋區彌左衛門町十番地,電話:京橋二一七七。野口亦至。暢談兩小時回寓,檢點書畫。

接紫英四月五日、六日兩書,附雪蘭與雙玉函稿,又王子銘師長來書。

燈下寫寄家信。

野口來談,至十二點別去。

四月十三日

寫寄張仲仁書。

服部博士來談，訂於十六日在東京帝國大學展覽書畫。

木川寅次郎來談，即留午飯。

之後，訪中國公使陸潤生，長談。出古畫數種，相與欣賞。以南田《魚藻》、郎世寧《松鹿》爲最，皆真蹟也。

回寓，復王子銘書。

夜十一點，野口來談。

四月十四日

晨起，作五律二首贈瀧精一。瀧現任東京帝國大學教授，所刊《國華社畫報》審定極精，此邦之鑒賞家也！人亦倜儻不群，一見如舊相識。爲言往年在北京曾過匋齋，出所藏宋元名蹟，欣賞累日，並將郭河陽畫卷攝影以歸，風流頃盡，至今感不去懷。郭畫國華社有影本，余在北京小村俊三郎處已見之矣。

木川君特備汽車，約過岡谷製絲會社社長小口家午餐。小口兄弟盛席相邀，女主手扇風爐，款以佳茗。另有茶室，用日本古法會飲。村子姑嫂同去。伊雖本國人，亦第一次見此盛典也。

飯後在園林散步，爲地不過數弓，而桃花溪水與主人款曲襟抱，不圖於海外遇之。若得九香在座，則對酒當歌，胸中壘塊爲之一澆，倘亦曰此間樂不思蜀乎！

晡時，主人仍備汽車送歸。

狩野博士今夜七點三十分回西京，與村子至新橋停車場送之，珍重而别。

回寓晚餐，看書兩小時，浴後便睡。

旅館浴室清潔異常，水深及肩，温涼聽客之便。余每日晚餐後一浴，習以爲常。侍女學得數語，曰嗑茶，曰吃飯，曰洗澡，曰鋪牀，每日按時長跪以請，覺起居甚適云。

四月十五日

晨,東亞公司轉遞到寒厓先生四月八日第一次手書,披衣亟讀。知因西村一宿,頓憶及辛亥之西城小姑蕎麥之滋味,不禁復追念巢居之白蓮粉矣。勝遊回首,淒惋欲絶。

午餐後肅復。

六點鐘,陸潤生招飲於中國公使館。同座爲陸軍少將金鎔、農商部特派大正博覽會出品事務長胡宗瀛、《神州日報》記者鍾枚及公使館祕書官劉崇傑、孫潤宇,談讌極歡。

十點四十五分回寓。野口在寓拱候已久,談一小時別去。

四月十六日

上午七點三十分,用小車送書畫箱至東京帝國大學。瀧精一與服部及文學博士松本亦太郎逐件展覽,筆之於册。大學教授七八人同觀,野口、安達及村子在旁照料。至下午四點鐘始畢,冒雨而歸。

木川來談,即留晚餐。

作五律二首寄狩野博士。八點三十分便睡。

四月十七日

木川之戚多湖白峰來看古畫,此邦之美術家也。寓下谷區谷中初音町三丁目三十三番地。自晨至午,歡喜讚歎而去,云兩三日後仍當約友同觀。

午餐後,寫寄大阪朝日新聞社西村時彦書,附《楞嚴》影本等數種。

晡時,接紫英十一日來書,當即作答,附日記三葉。又寄周立之、王冠山及五弟信。燈下接金雙玉女士八日來書,附仲瑛女士所臨張廉卿字,能得其勁氣。

四月十八日

晨起,復雙玉書。作五律一首,謝小口弟兄招飲。

午餐後,女子高等師範附屬小學教授阪井筆子女士來談。知光復前曾至福州任女師範教授,款以茶點。

客去,與村子訪瀧精一於國華社。託製寫真郵片十二種:

(一)上海曹家渡小萬柳堂門前之影;

(二)小萬柳堂之西樓;

(三)小萬柳堂之帆影樓;

(四)帆影樓臨河之影;

(五)杭州西湖小萬柳堂別墅又名硯田莊,藏王建章名畫處;

(六)西湖小萬柳堂之夕照亭亭對雷峰塔;

(七)夕照亭之一角;

(八)小萬柳堂主人南湖居士之寫真;

(九)小萬柳堂主人吴芝瑛女士之寫真;

(十)吴芝瑛女士寫經室之影;

(十一)廉劭成、黄逸塵夫婦之寫真小萬柳堂之佳兒佳婦;

(十二)明王建章《廬山觀瀑圖》縱一丈二尺二寸,横四尺八寸,金箋,西湖硯田莊珍藏。

國華社印刷極精,月刊《國華雜誌》風行一時。

瀧精一出示所印《和漢名畫選》,一册售價四十八元。中録我國唐、宋、元三代名蹟三十五種,日本畫六十五種。内七十二種用寫真版印刷,二十八種用木版著色,精妙絶倫。

回寓晚餐後作《弔櫻花》詩四首。

四月十九日

晨,野口派代表來迎至伊家園談讌。在牛込區南榎町十八番地。座客爲外務省翻譯官岩村成允、新公論社記者上野岩太郎,皆能華語。野口夫婦親手調羹,戀戀有故人意。

午後,與野口同至博覽會遊覽一周。

此次中國赴賽品物,大都非日用所必需,而於工藝器械不免相形見絀,如綢緞、磁器、地毯等物,中國出品非不佳,而赴會者卻非上等貨,裝潢陳列尤欠精神,無美術思想。

日本承認民國最後,大正博覽會事未先期知照,臨時組織其事本難,而各商家又皆裹足不前,一任官府爲之,宜其茫無頭緒也。

上燈初,與野口在日華貿易館樓上茗話。遇陸潤生、胡玉軒、汪寰父諸君,談一小時别去。

與野口參觀木乃伊坐禪館。木乃伊者,係江西省贛州府龍泉寺之佛體。相傳二千年前,達摩高弟嵩山少林寺僧坐禪化去。光復之際,龍泉寺爲革命軍佔領。日人守田金吾旅行至寺,乃將木乃伊佛體購歸。今在第一會場設立木乃伊坐禪館。遺蜕身長六尺三寸五分,結跏趺坐,供人觀覽。因買影片數紙,寄示了一居士。

復過美人島旅行館,共十四景。有烈火中坐一如花美人而火不能燒者;有所謂幽靈美人者,陰風颯颯,殊覺鬼氣襲人;有一美人與多數魚族共棲水中;有三面一體之美人;有窈窕美人,一躍而變爲巨蛇者;有一千尺井底忽現一美人者;有暴風雨中美人冒險飛行到月界者,神出鬼没,令人不可思議。

十一點四十五分,野口送余回寓,略坐便去。

四月二十日

晨,與村子同至神田區淡路町二丁目四番地江木本店,攝六寸立影,以便交國華社製版,入小萬柳堂繪葉書。

訪胡玉軒於會場。參觀李平書出品。

村子去訪友,余悵悵何之,不能獨歸,遂偕玉軒至日華貿易館。

午餐約村子午後來接。

遇汪寰父,衮父之弟。茗談兩小時。

村子來館,與寰父同觀染織館、農業館,至外國館略坐。中國出品及李平書出品均陳列在外國館。

玉軒屬審定古畫皆係僞品,請束之高閣,不復陳列,以免貽笑外人。

四點十分回寓。岩村成允來談,晡時别去。

晚餐後浴罷,閲《佩文齋書畫譜》三小時。十點二十分睡。

四月二十一日

晨,寫寄張仲仁、吴辟疆、姬日新各信。

午餐後,多湖白峰來談兩小時别去。

接紫英四月十四日信,知我第一次所寄日記七葉已收閲,並轉寒匡矣。當即片答,又録《弔櫻花》詩四首寄寒匡。

晚餐後天忽煩熱,御夾呢袍。

十一點鐘,佐藤富子與鄉人乘夜車回長崎。

四月二十二日

寫寄劉厚伯信,託甘肅張都督轉交,附大正博覽會郵片三十三張。

作七律二首,寄佐藤富子。

午餐後安達來談,言不日將與大松赴滬,創立大正生命保險會社支店,欲吾介紹一友,諮詢上海商情。爲函託榮瑞馨,以便接洽。

舊友小川運平來訪,寓牛込區弁天町。言著有《支那人》一書,詳記庚子年事。

晚餐後浴罷,作七律一首寄野口。

接紫英十七日來書,知紹華頭痛未愈,殊深懸繫,當即復書。

四月二十三日

寫寄吴辟疆書。野口來談。

午餐後寫寄狩野博士書。

五點三十分,服部宇之吉、瀧精一公宴於京橋區築地三丁目新喜樂飯店,東京最有名之日本料理也。野口亦在座。

瀧精一已爲選定書畫十五種,謂最合於日人之嗜好者,用玻璃版及木版著色,分别印刷,入《國華雜誌》中,並以百份酬我。瀧爲此邦美術名家,一經品題,聲價十倍,將來結果必不惡也。

開會展覽因在大喪期内,似有未便,仍照野口原議,以少數陳列於博覽會之貴賓室。

胡玉軒又請在外國館陳列數件,吾已承諾,候鏡架配齊,即辦此事。並往國華社監督攝影,一時不能往遊西京。

附《國華雜誌》選刊書畫目録:

王蒙山水卷至正九年款

倪雲林山水卷荆蠻民印

王元章墨梅軸

唐寅秋林新雁圖軸

程正揆山水軸

王建章群驥圖軸

王建章春雨草堂圖卷

王建章扇册中一幀

王建章山水册中一幀

王孟端山水册中一幀

徐渭驢背吟詩圖軸

惲南田花卉册十二幀内一幀用木版著色。

高鳳翰指墨册中一幀

董其昌蘭亭記八幀

史可法字軸

四月二十四日

晨起,將昨夜與瀧精一所議定者函告狩野博士。作七律一首謝瀧精及服部。午餐後至貴賓室陳列書畫。

在日華貿易館樓上中國茶館與野口、村子晚餐。

至十一點十分,扇面鏡額尚未挂完,遂商野口特派警察一員值宿貴賓室,看守書畫,自本日起酌給工資。

與村子坐電車回寓。

四月二十五日

上午十點鐘,冒雨至貴賓室。

中懸紫英寫真及小萬柳堂攝影,上加硯田莊横額,因此室專陳列小萬柳堂墨蹟與王硯田畫也。右壁懸硯田金箋山水巨幅,配以鄧石如長聯,兩旁硯田扇面六張。左壁中間爲玻璃窗,窗臨不忍池,爲上野公園最勝處。窗之兩旁,各懸硯田扇面六張。室門右首又硯田扇面六張。左首玻璃門兩扇,出入啓閉,派有侍女一人管理,遊人只能在門外或玻璃窗外探望,非有介紹人不得入室。展覽案上陳列紫英小楷《楞嚴經》十卷、《妙法蓮華經》一册、小萬柳堂摹古四册、臨董思翁卷子一件、澄清堂題跋一册、南湖詩意一册、寫吴禄貞烈士遺詩二卷、小萬柳堂集楞嚴語楹帖二副。

室内備有洋式木器及茶點,到此憩息者,必有會員介紹或特約展覽書畫之客。茶點由會中供應,不須給錢。

中午吃湯麵一碗。

夜九點三十分,大雨不止,與村子冒雨出會場候電車,衣履盡濕。在雨中立一小時,始擁上電車。

回寓浴罷,命庖人特備晚餐。冷飯熱茶,例盡三碗,食後記此。

四月二十六日

晨起,檢點書畫,以備國華社來取攝影。

午餐後,瀧精一來寓,復閲一過,約定明晨八點鐘來取。

瀧去,即與村子持小萬柳堂摹古等帖至會場陳列於貴賓室。見客甚多。陸公使攜兒女四人至貴賓室,款以茶點。見硯田之富,驚歎欲絶。村子每見一客,爲我通譯,喉爲之啞。在中國茶館,與村子各吃湯麵一碗、饅頭二枚,付洋五角。

至日華貿易會事務所,寫小萬柳堂陳列書畫清單,預備付印。野口言明午招待在京新聞記者,便須分送,排印不及。村子即時用謄寫版印刷百份,頃刻而成。

回至貴賓室小坐復出,遇野口夫人於會場門口,領至貿易館事務所見野口,遂辭歸。

晚餐後寫寄寒厓、紫英兩函。浴罷便睡。

四月二十七日

上午八點十分,瀧精一派人來取書畫,當即檢付十四種。與村子持《楞嚴經》、小萬柳堂摹古各帖赴會場。各帖晨出暮歸,隨手攜帶,不敢留在會場。將"遠矚林園"一聯懸之紫英寫真兩旁。

午後一點鐘,大會在京新聞記者於貴賓室,展覽書畫,各贈《楞嚴》秋表。村子、野口爲我通譯。野口在中國茶館預備茶點,招待諸記者。四點鐘後,興盡而去。

六點五十分回寓晚餐。

諸記者姓名,照録於左:未交換名片者,不能記憶矣。

甲斐惟一時事新報社。

柴田三郎都新聞記者。

近江哲藏日本電報通信記者。

井上治良助萬朝報記者。

藤原亥夫朝野通信記者。

玉村耕太朗東京夕刊新報記者。

橋本義太郎東京每夕新聞記者。

橋本繁東京日日新聞、大阪每日新聞記者。

菅原静美讀賣新聞記者。

筱田穰二六新報記者。

太宰雅各憲政新聞記者。

鈴木善太郎東京朝日新聞記者。

廣瀨熹六報知新聞記者。

小島静三郎國民新聞記者。

大館華陽大和新聞記者。

四月二十八日

村子出門訪友,忽遇傅文郁於電車中,傅乃來訪。據稱在實踐女校肄業,寓一日友家,以便學語。即留午餐,食後便去。

昨夜大雨,午間雨止而天未放晴。村子赴會場一觀。余因連日奔馳疲甚,在家休息一天。野口之友鶴岡永太郎來談,出示書畫數種。

客去,晚餐。

村子持報紙六七種自會場歸,已登載昨日貴賓室展覽書畫之事。

九點四十分時欲眠矣,華棟臣由風月堂來電話,云明晚回國,即時當過訪,乃披衣起。華與張伯巖、林少東同來。張,寧波人,上海科學儀器館採辦員;寓京橋區南八丁堀二丁目十四番地。林,香山人,在此開中國藥房。在神田今川小路二丁目一番地。談一小時。客去即睡。

四月二十九日

上午十一點十二分到會場。華棟臣與張伯巖至貴賓室茗話,約上中國茶館午餐。復至貴賓室談兩小時辭去,云今夜必行,由大連灣回滬。

本日來觀書畫者,多美術名家,村子招待甚苦。余患頭痛,上燈初即回寓。

晚餐兩碗,浴後便睡。

四月三十日

上午九點鐘至會場。瀧精一欲將硯田扇面攝影,乃選六幀付之。

貴賓室之挂鏡,以楊文驄墨筆山水、傅山《秋林圖》、唐寅著色山水、沈周《松聲雲影圖》、祁豸佳仿米海岳、藍瑛仿王黄鶴《松皋詩思圖》六幀補足缺額。

與野口至上野博物館參觀一過,專注意於書畫。其題爲國寶者,多係一二千年前描金佛像。我只賞其德川末期圓山應舉墨筆山水數幀,係京都府金剛寺舊藏。其筆法酷似宋、元,此邦之關、董名手也。中國書畫不過數幀,皆非上品。

回至貴賓室,適東京帝室博物館美術部長今泉雄作來觀小萬柳堂陳列書畫,歡喜讚歎得未曾有,展覽至四小時之久欣然而去,仍訂後約,欲縱觀宋元名蹟。

回寓晚餐,浴罷欲睡而野口復來,夜談至十一點後别去。

寒厓本月廿一、廿五兩書同時郵到。"曲身嫣面"四字,足爲長崎小姑之寫真。木川君自在小口兄弟家談讌後,離東京已兩星期。寓茨城縣稻敷郡朝日村當會社第二支店,岡谷館製絲所。

吉田詩老尚未見也。

五月一日

上午七點三十分,傅文郁來談,知鈕惕生爲其夫人强迫赴美,不許留東與諸偉人往來。張溥泉亦同赴巴黎矣。日人輿論頗重視鈕、張二君。

傅去,與村子至會場。

有人出示井井居士《棧雲峽雨》詩草一卷,在貴賓室披讀一過,論古有識,得詩人温厚之旨。絶句風流蘊藉,逼近漁洋,此邦之詩豪也。

居士名竹添進一,字漸卿,乙亥冬來遊中土,登之罘山,遵陸而至燕京。居未久,遂由燕趙渡河而南,自豫入秦,而蜀而楚,還至滬上,復爲蘇杭之遊。聞見所及,發爲詠歌。復有日記二卷,於地勢、民俗、政治、物産,縷載靡遺。而於世道人心之故,尤三致意焉,非徒紀遊歷之勝,發山川之奇已也。

今録其詩四十首,寄示寒厓、雪蘭二君,並綴數言於此,以志景慕。

夜歸剪髮,晚餐後一浴便睡。井井君之名句時往來於夢魂中,不覺東方之既白也。

五月二日

在旅館休息一天。手抄井井居士詩,寄寒厓。

大阪朝日新聞社記者西村時彦來書,約遊大阪,燈下裁答,附《東遊草》十六首。西村字子俊,號天囚,寓大阪北區松枝町二一三。

野口冒雨來談,十點二十分别去。

雨不止。井井居士詩曰:“傷心奈此天涯客,獨對殘燈聽雨聲。”又曰:“數盡歸期聞點滴,巴山夜雨一燈深。”此非過來人,不能喻其情味也。

五月三日

斜風疏雨,晨起御棉衣,猶覺薄寒中人。

讀井井居士詩一過,除吾所録四十首外,其中佳作尚多,如《長安旅夜》曰:“承露盤空仙路絶,延秋門古夜烏悲;無情一片長安月,偏向離人照鬢絲。”《咸陽》曰:“洗盡炎塵一雨晴,田田苜蓿馬蹄輕;終南山色長安月,夜送行人入渭城。”《新樂縣途上》曰:“渺渺平沙驛路長,如舟小屋倚林塘;一生慣啖椿榆葉,知否人間有稻粱。”《度鳳嶺》曰:“棧雨關雲滿客袍,我行逾遠氣逾豪;秦川如綫樹如薺,立馬天邊鳳嶺高。”《宿劍門驛》曰:“酒痕淚點客衣斑,一夜歸心滿劍關;巴雨蜀雲人萬里,杜鵑聲裏夢家山。”《天成橋上作》曰:“劍門疏雨散如塵,淡緑濃青點綴新;欲畫不知身入畫,天成橋上看山人。”《泊馬唐灣》曰:“愁邊燈火滅還明,到枕疏鐘夜幾更;一葉扁舟巴峽底,篷窗和雨聽灘聲。”《送人歸日本》曰:“懶雲如夢雨如塵,陌路花飛欲暮春;折盡春申江上柳,他鄉又送故鄉人。”以上八首皆可入選。其他名句可誦者,五言如《潼關》云:“河流抱城闊,山勢入秦雄。”《宿褒城》云:“峽盡野初闊,山開天忽圓。”《新晴發木寨山》云:“新晴人影健,亂水馬蹄分。”《泊車灣》

云:“疏篷閑聽雨,遠客早知秋。”《黄河》云:“前路猶千里,征人欲白頭。”《芝陽除夜》云:“村荒寒色外,年盡馬蹄中。”七言如《雞頭關》云:“人影高從九天落,吟肩聳與亂峰争。”《棧中雜詩》云:“衣帶棧雲疑有雨,日蒸關樹欲生煙。”《雨宿木寨山》云:“林藏虎影風聲惡,水帶龍涎雨氣腥。”《劍州雜詩》云:“雲絮亂黏巴樹白,子規啼破蜀山青。”又曰:“雲封劍閣猿啼晝,雨滿巴山客憶家。”《過松滋》云:“城影沈煙唯有樹,天光接水欲無山。”

即景生情,出以鍛煉,已得唐賢三昧。隨園輩瞠若乎其後矣!質之寒厓、雪蘭,以爲何如?

午餐後,與村子冒雨至會場。美術學校教授大村西崖邐我於貴賓室,請出所藏書畫在該校陳列一次,嘉惠學子。以《楞嚴秋表》贈之。云不日當約該校長同來旅館,縱觀名蹟。

六點四十五分回寓晚餐。大村寓東京市牛込區矢來町三番地舊殿第五十號,電話:番町長二五四三番。

五月四日

晨起至會場。胡玉軒約過外國館,爲審定各地所寄之書畫。展覽數十件,未見一真蹟,遂一並束之高閣,專陳列今人之書畫,如李道士、何詩孫、吴昌碩等作。

午後,此邦書畫名家田口米舫來談。寓小石川區駕龍町四十四番地。

六點三十分,玉軒約在中國茶館談讌,田口、野口及大正博覽會事務所諸君所皆在座,主賓廿四人。

村子在貴賓室坐守,至十一點二十分同歸。

五月五日

晨起赴會場,至外國館訪玉軒不遇,與汪寰父長談。

午間回貴賓室。田口介紹此邦第一書家日下部東作與倉林國義來訪。日下部號鳴鶴,又野鶴,寓東京市赤阪區青山南町五丁目四十五番地。年七十七,白髮蒼顔,冠方山子冠,著中國綢和服,仿佛東坡居士也。倉林號巒山,《東亞藝術》主筆,寓東京市神田區淡路町二丁目七番地。談兩小時别去。

鳴鶴翁之友黑木安雄踵至,余適遇第一會場,在貴賓室遲我兩小時,一見如舊相識。黑木爲此邦法書會幹事,贈以所輯《書苑》二册,印刷極精。邢子願重刻之澄清堂殘帖在焉,黑木題記。知原本在余家,以不得執手爲恨,不料今日在上野相逢,且得見南唐真本,爲平生第一快事也。

七點四十分回寓,晚餐後浴罷,黑木復來夜談。出示書畫數種,欲借晉王廙與松雪、雲林墨蹟及澄清堂一二葉,印入下期《書苑》,與藝林共賞之。

十一點十五分客去便睡。

今日晨接寒�四月卅日書,夜復。接四月二十九日書,午間在會場答一片。

五月六日

晨起至會場,野口、田口與寰父先後來貴賓室長談。

午後,偕野口、村子訪金屬版印刷合資會社長七條愷,即留晚餐。

夜遊第一會場。見有日本男女學生攜手而行,爲警察所詰責,諄諄以名譽相勸勉,若父兄之戒子弟者,兩生唯唯而退。

十點二十八分回寓便睡。

五月七日

晨起赴會場,七條與黑木來貴賓室長談。

午後,來觀書畫者五六輩。

七點十二分回寓晚餐。野口來談,忽憶及往年桐城吴先生來游時即寓金生館。詢之館主,果然,相顧驚歎,咤爲奇事。欲求吴先生所居之室,館主不能記憶,惟言當日吴先生所賜墨蹟,至今尚保存,珍同拱璧云。

五月八日

上午九點鐘,與村子同訪七條、黑木於金屬版印刷所,出示所印名人墨蹟、碑版數十種,並留午餐。

用電話約東海銀行主人菊池晉二來談。

午後四點十分,與菊池同至貴賓室展覽書畫。

七點鐘,回寓晚餐。菊池寓東京市日本橋區元濱町八番地,電話:浪花四六七七。

五月九日

晨起赴會場。

有人介紹,至審美書院展覽各種美術印刷品,如東洋美術大觀。十五册,内七册日本畫,凡四百八十五幀;五册中國畫,凡三百二十幀。原畫絹本者,印刷亦用絹本。全部中用木版著色者,凡二百幀。有每幀刻刷至三四十套者,其著色神妙處,竟能亂真,印刷之能事盡矣。價每部六百五十元。又《唐宋元名畫集》二册,凡百四十五幀,用木版著色者三十餘幀,價百元。《明清名畫集》三册,凡百七十五幀,用木版著色者十八幀,價百三十五元。三種審定極精,似皆真蹟,係日本帝室及私家所藏。又《中華墨寶》二册,則專蒐集書翰,以隋寫古經爲大宗,冠以帝室所藏王羲之尺牘、賀知章草書《孝經》,真無上神品也。二册,凡七十餘頁,價三十二元。此外以日本古畫爲多,有光琳派、圓山派、四條派、浮世繪派等。

畫集展覽四小時,琳琅滿眼,美不勝收。此邦美術印刷,以此院爲第一,而資本亦鉅。國華社具體而微,名譽亦好。西東書房即七條愷所辦之金屬版印刷所。欲與兩家争勝,似稍不逮。至木版著色,爲東瀛之絶技,西人來此學習,已得其法,惟刻刷太費手,精於此業者,日本亦不多見,國華社只有一人能辦此云。審美書院爲株式會社,在東京市京橋區新肴町十三番地,電話:京橋三五五番。該院主幹窪田勘六殷勤招待,贈以《新古美術品圖録》一册,係往年伊大利萬國博覽會日本之出品。内分三類,曰日本畫之部,曰西洋畫之部,曰雕刻之部。爲圖一百三十九,用寫真版精印。編纂者農商務省,明治四十四年出版。余以《楞嚴》秋表報之。

午後三點四十分回至貴賓室,玉軒、寰父來談。宫中顧問官、貴族院議員平山成信來觀書畫,寓小石川區原町三十一。酬答一小時。

上燈初回寓晚餐。

五月十日

上午九點二十分,黑木、菊池與山本悌二郎來訪。縱觀所藏名蹟,款以茶點,至午後兩點三十分辭去。

與村子至國華社看所製寫真郵片印樣,到貴賓室入座甫定,而黑木與山本亦至。

六點四十二分回寓,野口踵至,即留晚餐,談至夜深始去。

接五弟五月三日書,知現寓天津河北大馬路大義里。

五月十一日

在寓休息一天,復各地書信。燈下作七律一首,寄七條、菊池二君。

五月十二日

上午九點鐘,黑木、山本來談,出示宋、元名蹟數件,並留午餐。四點三十分辭去。

豐岡圭資子爵介逆旅主人丐余名刺,欲往貴賓室參觀小萬柳堂陳列書畫。作五律一首寫名刺上付之。詩成已上燈初,不復赴會場。

晚餐後,寫近作寄寒厓、辟疆、仲仁諸君。

五月十三日

晨起接寒厓新重五寓書,知東海出任國卿,新約法已公布。來此月餘,未見中國報紙,真成世外人矣。

午後,與村子至會場,在貴賓室坐談三小時。

四點十分回寓,用電話至外務省,約岩村成允來談,復同遊日本橋一帶街市。參觀白木屋吴服店,三層樓洋房,用升降機上下。凡東西人日用品以及美術、工藝、玩具,無物不備,逐件標明價目。有寫真室,有食堂,有餘興場,即劇場,洋式客座,日日開演。凡買物之人,皆可入座觀劇,一律招待,不須給錢。有休憩室,我等並未買物,一入休憩室,即有下女奉香茗以進,遊客隨意坐談,無人過問。其男女便所之清潔,尤令人不可思議。聞此等吴服店,東京只有兩家,生意甚爲發達,每店所用男女夥友在千人以上云。

過榛原紙店,爲吴佩伯選購白鳳紙六百張、美濃紙八百張,郵寄北洋印刷局,價八元八角,郵費一元。

回寓晚餐。寫寄佩伯一書,内附紙樣。

日人好熱水浴,余臨睡一浴已成習慣。此事於旅館最便也。

五月十四日

上午九點三十分,東京美術學校校長正木直彦偕其教授大村西崖來訪,因出宋、元名蹟相與欣賞。二君之意,擬商美術部長今泉雄作,借吾書畫在帝室博物館陳列一次,並製寫真帖,爲吾東游之紀念。此事適如吾意,當即應之,遂留午餐。用電話至外務省,約岩村來談,因文字上語言,岩村通譯較勝於村子也。

三點十七分,客去。作五古一首,贈正木。

今日晚餐始見蠶豆,其味與中土無異。

五月十五日

天雨,在寓休憩一天。晚餐後,野口來談。

五月十六日

晨起,田口米舫來觀書畫,因留午餐。

午後一點三十分,至外務省訪岩村與鈴木陽之助,導觀大倉美術館。主人好佛,搜羅佛象至三千餘尊,以西藏、高麗及中日兩國古制爲多。殿屋有數處用日本廟式者,聞買得德川時代一古寺,移入館中,照原式建築,五步一浮圖,十步一應真,努目低眉,不可勝紀。四面畫壁亦多千百年前之物,珠瓔大士登護法之筵,金杵神王夾降魔之座。今日之遊,如赴靈山會上,親見世尊爲諸大衆説二十八品,放眉間白豪光相照三千大千世界,惜迦陵主人與了一居士不獲暫捨塵勞,來此一睹勝相也。

此外,陳列日本古時漆器既多且精,中國之雕漆品别室庋之,亦多劇製,係前清宫内之物,非人間所有。

大倉一商人,能獨辦美術館及商業學校,聞所費已五百萬元,真可欽敬。以《楞嚴》影本贈之。

冒雨回寓,已上燈初。菊池和余五古一首,似陶、韋詩。晚餐浴罷,疊韻酬之,至十二點後脱稿,投郵始睡。

五月十七日

晨起再疊五古韻寄大倉。

午餐後,接寒厓五月十一日書,知井井居士詩已達覽,謂思想、格律、風調、學識四者無不淹有其長,東鄰詩豪,在國中今日如此作手亦不多見。容覓得印本,即當付郵。

天未放晴,乍暖乍寒,似新秋氣候。村子小不適。余爲詩思所苦,不到會場已四日矣。

晚餐畢,寫寄家書,聞今夜有郵船赴滬也。

五月十八日

晨起録近作數紙,郵示京津各友。

午間,野口來談,言前東宫侍講三島毅先生約今日一點鐘往談。遂與野口坐人力車,詣麴町區一番町四十五番地三島家園。

先生出見,白髮蒼顔,年八十五矣。三島號中洲,子名三島復,號雷堂。自未至酉,評書讀畫無倦容。

復集門下高弟細田謙藏、野口多内、黑木安雄、岡田起作、佐倉孫三、山川早水、兒島獻吉、池田四郎次郎諸君與余會飲於富士見軒,謂:"往年吴先生東來時,曾挈諸生歡迎於此。今諸生年皆四十、五十,吾已成老翁,又得與君握手於此軒,不可謂非嘉會。"

酒半,主賓相繼演説,皆由野口通譯。余欽先生年高德劭,在今日爲魯靈光,同座諸君又皆能志先生之所志,學先生之所學,庶不愧爲三島弟子者。因次先生贈詩原韻,用志景慕,並達感悰。

席散回寓已十點二十五分,野口送余至旅館門口而去。

五月十九日

晨起作書謝三島,附贈惜抱尺牘、《楞嚴》影本、澄清堂箋三種。

東京帝國博物館總長股野琢來正式公函,欲借吾書畫陳列於表慶館數星期,以便美術家之參考與公衆之觀覽。當即赴會場,與野口面商辦法。野口謂博物館内之表慶館,係往年賀大正帝婚禮時新築,所藏皆帝室所有最貴重之書畫,名曰國寶,從非許人在此館陳列其他品物。今該館總長有此美意,則小萬柳堂書畫之聲價當增十倍,爲第一可欣可賀之事。謂在該館一陳列,經博物總長之鑒定,全國人無有敢説不好者。

談次,美術學校教授大村西崖亦因此事來訪。擬於明晨用汽車來取物,陳列表慶館,已知照東京府知事,並函達各報館云云。當即承諾,並託致意該總長,明日在表慶館相見。

午後五點半鐘回寓。檢點書畫,開列清單,至晚餐後始了。

近日精神茶疲,夜睡不著者又數夕矣。

五月二十日

上午,大村備汽車來取書畫。余與村子同去,到帝室博物館事務所點交訖,與該館總長股野、美術部長今泉及大村諸君暢談三小時。野口亦至,時已過午,大村約往上野西餐。

三點二十分席散,野口導觀上野之動物院。

回至貴賓室已暮色蒼然且有雨意,即與村子回寓晚餐。

五月二十一日

晨起冒雨至貴賓室,調换書畫數種,將硯田扇面廿四幀、南湖詩意一册、芝瑛寫真及小萬柳堂圖影送交表慶館。

午後回寓,三島先生來書,贈以八十五歲寫真;並所著《中洲文稿》三集,每集三卷;題《楞嚴》七絶二首,次水竹村人韻;又御果子一盒。當即復書謝之。

燈下擬和詩,未就而睡。

五月二十二日

上午八點鐘,與村子同訪楊雪禎女士於牛込區仲之町四十三番地太田家。沿途問訊,人無知者,最後遇一老媪曰:“君問支那女郎乎?吾雖不之識,然常見其出入左首之門。”乃導至其處,省視門牌,果太田也。向媪道謝而入,循牆曲折至後園,緑陰如幄,一室蕭然。楊聞聲出迎,與村子道款曲,延余席地而坐。呱呱而泣其旁者,今春二月所生男也,與潘王同,名曰菊如。

楊本競志舊生,畢業後與邵心綺同爲本校教師。前年由曹衡之爲介,與同鄉林蘇民結婚,遂聯袂而東,肄業於東京女子醫學校。林在名古屋某校學醫,亦三年矣。夫婦皆江蘇官費生。

太田家距校近,貸室八席,月租十三元,一人伙食在内。每日赴校時間,房主爲背繃孩兒,月酬三元。

談兩小時辭去,即詣貴賓室。來客數起,皆跂足以望表慶館之陳列,欲一飽眼福。

六點四十分回寓,三島先生郵贈七律一首。晚餐後,閲《中洲文稿》二卷。

接五弟本月十三所寄書,以新製影片答之。

五月二十三日

上午九點鐘,審美書院主任窪田勘六來訪,欲攝古畫影片數種,刊入名畫集,當即許之。野口來電話,陸閏生公使今日到日華貿易館,參考品物。會中預備茶點,欲我往陪。

午餐後,與村子至貴賓室招待,並同攝影。客去便歸。

晚餐後,閱《中洲文稿》一卷。

五月二十四日

本日因辦大喪,博覽會停止一天。

在寓閱《中洲文稿》第二集訖。中洲先生至性中人,故發爲文章,纏綿悱惻,足令讀者歌泣。集中於忠貞大節、師友交情,尤三致意焉。發潛闡幽,有功名教不淺,不獨其文筆之足媲美韓、歐也。因次其贈詩原韻一首,詔我國人,用垂矜式。

野口來談,晚餐後去。

五月二十五日

上午八點鐘,鳴鶴翁挈門下弟子能書者四人來談。十二點後别去。即與村子至美術學校,知因大喪,放假三天,故闃其無人,表慶館以此尚未陳列。

遊第一會場,回至貴賓室休憩。井井居士寄到七十三歲新影,並《獨抱樓詩文稿》三卷、《棧雲峽雨日記》二卷、《棧雲峽雨詩草》一卷。屬其門下士宇田君傳語,下月望前當力疾來京,圖一握手云。寓相州小田原町十字四丁目七五八。

六點三十五分回寓。晚餐後閱《獨抱樓詩》一卷而睡。

五月二十六日

晨起,接劭兒二十一日書,附周子廙總長來函,知其三妹已於月之廿日借金魚胡同那宅與王君麟閣結婚。當即復書賀之,並附影片賀麟閣。録與中洲酬唱之作,寄徐弢齋。

午餐後,至貴賓室。江蘇實業團三十有六人聯袂來東参觀大正博覽會，胡玉軒與野口諸君導觀一切。檢閱名單，無一識者。

遇香山人林少東，約過其寓所，爲審定所藏書畫。林君留東廿餘年，兒女皆不能華語。在寓所開設中國藥房，神田今川小路二丁目一番地。又在左近開有支那料理店，名"中華第一樓"。電話：本局七百八十六。約余與村子過第一樓晚餐。樓臨通衢，雅座清潔，明燈斗酒，如在上海四馬路杏花樓吃宵夜。店夥用日本下女三，餘皆廣東人，歲入三萬餘元，除開銷外，可獲十一之利。

十點鐘後回寓。接閏生公使箱根宮野城早川溪流郵片，上題二語，曰"泉聲咽危石，日色冷青松"，天然畫也，云云，知日内往遊箱根。余竢表慶館陳列事竣，亦擬往箱根、日光等處一覽其勝。寫寄井井居士書，投郵即睡。

五月二十七日

上午八點鐘起，閱《獨抱樓》文稿一卷。

大村西崖贈以所著《支那繪畫小史》一册，審美書院出版，於中國名畫源流、派别，論説至爲精約。函請閏生公使属幕客以華文通譯，備我國美術家之參考。

午餐後至貴賓室，遇《順天時報》記者西村虎太郎，談兩小時别去。即偕村子詣表慶館，時過五點鐘，已閉門不得入。遂周歷第一會場，閱第一、第二工藝館而歸。

晚餐後嚴君智鍾來談，嚴爲範孫先生之子，東京帝國大學醫科學生，明年可畢業回國。接寒厓本月廿二日書，謂江南氣候近如初冬，且問歸期。以詩奉答二首，用夕照亭片，投郵始睡。

五月二十八日

晨起，閱《獨抱樓》文稿一卷。中洲先生來函，以得見劭、蘭兩兒寫真爲樂，屬爲老人致意。當即裁答，並附寄寒厓詩二首。

十二點四十分至會場，觀水族館陳列各地所産魚類與網罟之屬，如捕鯨之船及所用火器，皆有模型與説明書，令人一望而知。

回至貴賓室,見六月號之《新公論》已出版,插入吴觀岱畫"蘇龕學佛"一幀,題曰"支那現代畫道之大家"。

七點十分回寓,聞山座公使已作古人,展覽《楞嚴》所題遺墨,不禁潸焉出涕。

晚餐後,閲《中洲文稿》第三集一卷。

五月二十九日

晨起小不適,服瀉鹽一杯,在寓休憩一天,不赴會場。

未進午食,作七律二首,一題井井居士《獨抱樓詩文稿》,一贈鳴鶴翁。

晡時,岩村來談。客去,腹瀉一次。

晚餐照常三碗,浴後記此,投郵。久不得紫英書,心甚懸懸。

五月三十日

大雨一日未止。

晨起,中洲先生來函,附詩一首。次余答寒厓韻。

野口過訪,即留午餐。野口去而田口來,風雨叢談,至上燈後始去。

晚餐,浴罷,作七律一首寄井井居士。館主開來本月房、飯並雜用清單,付洋一百十七元七角一分。

録近作數紙寄股野、菊池、西村諸君。

五月三十一日

晨起,外務省岩村來談,約同遊大正博覽會第三會場。正欲出門,神户兼大阪領事嵇鏡自神户來東京,偕汪寰父過訪,坐談一小時,寰父辭去。嵇與吾及岩村、村子同坐電車至青山,觀大喪殿遺跡。日本大行昭憲皇太后梓宫於本月廿四日自青山奉移至西京桃山奉安後,青山大喪殿陳設留一星期,任人瞻仰。岩村云大喪禮仍用唐制。

嵇有事赴中國使館,余與岩村等再坐電車赴青山第三會場,此係軍艦博覽會。在陸地造一軍艦三笠之模型，陳列戰績及各式軍械，爲武備之研究。軍艦外有飛行場，有葬場殿跡，有來年日皇即位之模型館，有大嘗祭禮式。在會場午餐後，即至岩村家展覽所藏書畫。

上燈後回寓。將青山會場郵片分寄滬、錫。疲極未進晚餐。閱《中洲文稿》第三集一卷。夜睡不著，坐以待旦。

六月一日

上午七點鐘，接中洲先生昨夜來函，並附《朝回恭紀》一絶，謂本日禁中進講之次，將芝瑛《楞嚴》寫本進呈御覽，兩宫嘉賞不已。函末曰，雖他國君王，亦得嘉賞，秀閨之榮也，云云。當即復書陳謝。

菊池招飲於家園，與村子同去。出示書畫二十餘種，以吴梅邨詩卷爲最。席散，至貴賓室休憩。

晡時回寓。旅館女主約村子去觀劇，余以疲辭。接芝瑛五月廿六書。

晚餐後，和中洲七絶一首，投郵始睡。

六月二日

天雨不止，未赴會場。

午間，黑木來談，謂此次陳列書畫，欲便於美術家研究，以在美術學校爲宜，若陳列於表慶館玻璃橱内，遊人如織，走馬觀花，只便於公衆之覽觀耳。昨與美術校長正木及大村諸君會議，皆贊成陳列於該校。余以美術校也、表慶館也，其爲便人展覽則一也，吾意無所不可。美術學校亦來電話請表同情，並屬用電話知照博物館，以便前往取物，當即許之。岩村來電話，亦贊成此舉。聞該校已定月之六、七兩日爲陳列期云。

晡時，黑木始去。

晚餐後，野口來長談。客去，作詩一首報芝瑛，兼呈中洲先生。

六月三日

晨起,屬村子赴博物館檢點書畫,以便移交美術學校。余獨往貴賓室招待遊客。

午間,在中國酒樓吃麵一碗。

五點三十分,日華貿易會會長、衆議院議員星野錫招飲芝山紅葉館。同座有伊集院公使與東京府知事久保田政周,餘如閏生公使及岩村、野口、胡玉軒、汪寰父、屈鈞侯諸君,凡主客二十有一人,多相識者。館據芝山之勝,紅葉滿山,秋來風色必佳。館中備有女樂十六天魔,著五色畫衣。三爵之後,歌舞並作,或繞身若環,或連手蹋地,幼眇之聲,猗靡之態,翊節調風,莫可名狀。回波樂歟?柘枝顛歟?吾不識曲,愧不能爲周郎之顧也。岩村爲我通譯,與伊集院長談。酒酣耳熱,十六天魔咸來侑食。

席散時,風狂如虎,雨師踵至。主人特備汽車送余回寓,時已十一點鐘,疲極而睡。

六月四日

陰雨悶人,未至會場。集古兩首題王陽明《矯亭記》影本,贈中洲先生。

午餐後,中洲來函,和余七絶一首。

燈下作詩,謝星野,並示伊集院。

六月五日

晨起,雨止。

紅葉宴罷,欲作《紅葉曲》謝星野,縈思兩夜,至今晨始脱稿,詩思之苦澀可知。手録二十餘紙,遍致當日座上客。晡時,投郵訖。

至會場,訪野口,報知明日美術學校書畫陳列之事,匆匆回寓。

晚餐後,分寄美術學校所印之展覽券於日華諸友,發書百餘通,真手腕欲脱矣。

天氣驟熱,未帶夏衣,閏生公使解衣衣我,明日可一出會場,聊盡招待之誼。

今夜記此,又過二時,心旌摇之不自主,不知能得酣眠一夕否?

六月六日

上午八點十分,至東京美術學校。是日爲書畫展覽之期,門前立木牌一,題曰“小萬柳堂藏書畫展覽會”。途遇汽車數部,皆來觀書畫之貴賓也。

展覽場在該校之文庫樓下兩間,以直幅爲大宗,卷册悉置樓上。樓中間供奉吴芝瑛之寫真及小萬柳堂圖影。以御賜該校四百年前之漆几承《楞嚴經》寫本。《南唐祖帖》則以三百年前中國古錦一方承之,以猩色屏風列木榻上,中懸雲林子山水一幀。用緑呢蒙長案十,陳列扇面、卷册各件。樓上設雅座數十,以便來賓之休憩。

正木校長招待周到,遇貴賓及書畫名家即請題名表册,一留該校,一贈南湖,爲歡迎東方美術之紀念。

是日,來賓在五百人以上。已過四時閉會時候,而展覽者尚心摹力追,不能遽去。

上燈後回寓,疲極不能晚餐。林少東來長談,出示書畫數件,無足觀者。

六月七日

上午十點三十八分到美術學校,已有子爵末松謙澄遲我兩小時,不得執手,在名册上題詩一首而去。

井井居士自相州扶病來訪,在展覽場相見。野口爲我通譯,談一小時。約他日赴箱根、日光遊覽時,先過相州,當出所藏書畫,以相娱樂。

西京人山岸慶吉,投資萬金,在上野一土山上築環花庵茶室,託田口米舫爲介,邀余試茶。至則緑蔭如幄,室無纖塵,主人已備午餐,蒓羹燒筍,風味不惡。飯後入茶室,室方廣二丈許,茶客四人,左右席地而坐。茶鐺在室之右隅,式似余家所藏晚周之破鼎。茶道教授吉田家知著日本禮服,踽步入室,長跪於茶鐺之前,旁置磁盂一,以貯清水,時時取水入鐺。瓢以竹爲之,茶盞亦特製,似吾國之飯碗,略小而底鋭,上題"環花庵"三字。茶碾細末,别貯一器,取少許入盞,加熟水五六分,用竹絲帚調匀,置於身旁。客匍匐而進,捧茶就位以飲,連末下咽,其色深碧。陸羽《茶經》謂啜苦咽甘,今日始知其味。一客得飲,主人再煎以進,他客依次而及。主客平心静氣,如在靈山會上,著不得一毫煩濁也。吉田謂茶室建築及一切茶具與煎茶之法,傳自唐製。《雲溪友議》載陸羽造茶具二十四事,此其遺製歟?

三點十分别去,回至美術學校。來賓極盛,將及千人。

散會後回寓,作七律一首,謝環花庵主。

六月八日

美術校長正木直彦與此邦書畫名家四十有八人,定於午後二時,在伊保香開懇親會。

至則門前大書特書曰"歡迎廉南湖君招待所"。正木校長與大村、黑木、菊池、田口、日下部諸君皆在焉。導余登樓,主人已到廿餘,不能詳其姓氏。掎裳連襼,各攜書畫數事,相與欣賞。以中村不折所藏王獻之《地黄湯帖》爲第一稀有之珍品;菊池藏吴梅村詩卷、石溪山水卷,黑木藏青藤寫生卷,某君藏王文成家書卷、惲南田字卷,皆真蹟可觀。

晡時合攝一影,主賓入座。正木校長代表同人述歡迎之詞,並謝書畫展覽,謂於東方美術多所研究,凡我書畫家,同深慶幸云云。余答謝訖,復吐其胸中所欲言者,一爲美術在今日之價值;二爲東西美術特色之不同;三,今日保存舊美術之重要。演説甚長,由外務省岩村成允通譯,今追憶略述如上一、二、三,其他酬答之語不復述録。

酒半，余託野口多内代表演説，將王建章《廬山觀瀑圖》一幅留贈美術學校，爲余東游之紀念。正木校長以重寶不敢受，辭謝者再。余再出席演説，謂：“我留贈此畫，爲兩國文化上之聯絡，出於至誠，不獨備一校之參考。現值歐洲美術東來之會，我兩國美術之源流悉同，正宜協同研究，推陳出新，以成一種極完全之新文化，揚我亞化之光榮，與歐美競美，區區之意，即以答座上諸公今日開會歡迎之雅誼。且我此次來遊，得山座公使之介紹，昨當陳列展覽之際，諸公興高采烈，來賓之衆，在千四百人以上，不可謂非盛會。惟余念及介紹來遊之山座君已作古人，不勝山陽鄰笛之痛。今留此畫爲紀念，山座君有知，鑒余挂劍之微忱，當亦淩雲一笑，謂我此行不虚矣。一舉而數善備，公其可毋辭。”

大衆鼓掌，聲震林屋。校長再致謝詞，復對大衆演説，大致謂：“廉君此次來游，於本邦美術上獲益匪淺，吾儕當將廉君盛意詔我國民，於美術上力求進步，並望在座諸君各爲詩歌或圖畫，編印成帙，爲廉君東游之紀念。余亦當將廉君贈畫盛意上達政府，我政府必思所以謝廉君。”余謂此次以私人資格來觀大正博覽會，獲與諸臣公士夫、美術大家相周旋，實爲一難得之機緣。此畫留校，只作爲朋好之投贈，於國際無涉，不願校長上聞。大衆復鼓掌，謂：“如此則益令我等欽佩無已，敬代我國民道謝。”余復歷述革命之際，此畫在北京得美國麥美德女士之保存，故未付劫灰，其高誼不容湮没。因出麥女士所紀芝瑛葬秋之事略，遍贈座客。

席間備陶器酒杯數十，在座美術家各題數字其上，當場燒就，人各一杯爲紀念品，余得鳴鶴翁所題“梅清松古”四字。

酒闌燈灺，此邦名畫師中村不折爲余寫照，英蘭女史爲作《碧梧清暑圖》，鳴鶴翁和余前贈七律原韻。余作七律二首，謝座上客。

此外,以書畫見貽者凡八幀,皆對客揮毫,極一時之盛云。

席散,野口送余回寓,談至十二點鐘始去。村子連日勞頓,鼻血不止,本日在寓休憩,未至會場,因我已約岩村爲通譯也。

六月九日

晨起,九鬼男爵派代表阪井義三郎來商,欲借明人扇面攝影數幀,印入名畫帖,當即許之。

藤堂伯爵派七條愷來約,於十二日午後到其家展覽書畫,正木校長同去。届時備汽車來接。

本日未進午餐,見客數起,倦於酬應。

晡時,劉仁航來長談。

接紫英六月三日書,頓觸鄉思。雲、硯兩兒同日影片亦到,用鉛筆作蠅頭小楷,出入懷袖,不禁喜出望外。

寫東郵片,須貼郵票二分,來片只一分,補給銅元一枚。

中洲先生以箱糕餉我。長谷泰山屬題趙千里《仙山樓閣圖》,爲寫七絶一首,以果品一籃爲報。

晚餐照常。蚊多尚未備帳,自苦亦慣,可省則省。村子亦無夏衣,前日出門,即向本館下女借衣也。

六月十日

在寓休憩。復各地書信。野口來長談。

六月十一日

在寓休憩。

碧堂詩人來談,贈詩八首,山水三幀,皆可觀。

晡時,岩村來談。

中洲先生贈詩一首,代美術校學生謝《廬山觀瀑圖》之留贈。

六月十二日

午前來客數起,皆美術名家。

午後二時,應伯爵藤堂高紹之約,往觀所藏硯田畫。與正木、黑木、七條、岩村冒雨坐汽車同去，岩村爲我通譯。主人一笑出迎，引爲同志。齋名詢蕘，爲其先德藤堂老侯之別號，齋額即老侯自題也！本所區橫綱町一丁目五番地，電話：本所一五八一。出示硯田絹本山水十幅，祝桐城某大夫七十誕辰而作，其上款爲人割去，不能省識矣。吾亦攜硯田扇册及黄鶴、雲林兩卷，相與欣賞。

晡時回寓，作七絶二首贈之。

晚餐後，犬養毅來書，謝《楞嚴》秋表之贈。

六月十三日

晨起，接芝瑛本月六日書及俞仲還書，知夏衣已在途。

午後二時，岩村來談。同游侯爵松方正義之家園。（侯）號海東，寓芝區三田町一丁目二十八，電話：芝四一。子松方正作，號述堂，曾任某國公使。因侯昨日有電話，約今日往觀書畫也。

侯今年整八十，精神矍鑠，子孫衆多，幾不能自識。聞余至，喜甚，與公子述堂迎至廳事，款以茶點，意氣勤懇。廳事陳設全仿西式，窗外古木參天，銀塘清淺，球場一片，淺草如茵。與述堂遊覽一周，推襟送抱，爲東來第一快事。回至廳事，展觀書畫名蹟，以文文山、趙松雪墨蹟雙幅爲最。侯善二王書，許日内作書見貺，並約暇時再臨。在園中合攝一影，留爲紀念。

上燈初，岩村送余回寓。

晚餐後，作七律二首壽松方老侯。

六月十四日

黎明，大雷雨。七時十分起，録近作寄中洲、菊池及閏生公使。

過午天霽，岩村來談，約同往蒲田看菖蒲花。村子與岩村之妹共四人同上火車，十五分鐘便到園。距停車場約中國半里，衣香鬢影，續續而過。入場券人五錢。園似稻田，溪流曲折，環抱約數十畝，專蒔五色菖蒲，間以芍藥，花香十里，裙屐如雲，令人心醉。

買本地風景片寄寒厓先生及芝瑛與小兒女。吾今日獨客天涯,每臨勝地見人兒女,輒怊悵曰:"恨不得挈吾兒女來此同遊也!"村子習聞吾語,語岩村曰:"南湖將發狂!"

案《牧豎閒談》云薛濤好種菖蒲,故元稹贈薛濤詩曰:"别後相思隔煙水,菖蒲花發五雲高。"又李賀《梁公子》詩曰:"風采出蕭家,本是菖蒲花。"

東鄰士女以看菖蒲花爲盛會。聞京、濱間有菖蒲園數處,每至花時,遊客常滿,不遠數十里往觀。蕭家風采與薛濤韻事,不圖於海外見之,足傲歌舞少年矣。臧質《烏夜啼》樂府曰:"歌舞諸少年,娉婷無種蹟。菖蒲花可憐,聞名不曾識。"

六點三十分,回寓晚餐。子爵末松謙澄郵示《青萍詩存》。劉仁航來,出與同賞。其詩踔厲奮發,有天馬行空之概,蓋以才氣勝者。黑木爲言:"貴紳中善南畫者,推宗星石;以詩鳴者,惟青萍。"今察其言不欺。宗伯爵星石,名重望,精鑒藏,頗好繪事。因病入醫院,此次書畫展覽時未得往觀,引爲憾事。昨晨託菊池晉以電話爲介,扶病訪余於旅館,坐人力車來談一小時。辭去,仍回醫院。獨來獨往,無豪華習氣,旅館中人皆不知其爲貴紳也。

野口來,與仁航暢談時局,余不答一言。夜深,同去。

六月十五日

在寓休憩,閲《青萍詩存》一過。屬村子至美術學校取回書畫卷册數事,以應來賓之展覽。

六月十六日

夜睡不著,乃披衣起,閲末松子爵所纂《城山納涼》、《翠雲雅集》、《善鄰唱和》等集,凡四册。不覺東方既白,心旌摇之,如在大海中,惝怳不能自主。作七律一首,贈末松,即題《青萍詩存》後。

此邦名畫師井村貫一,託七條愷送余仿雲林山水及墨蘭各一幅,跡見花蹊女史送所作《華嚴瀑》一。岡山高蔭送草書帖三册,名下無虚,書與畫皆可觀。今泉雄作送麥酒一箱,牛舌墨二錠。作書謝諸君,各以《楞嚴》秋表爲報。

接寒匡本月十一日書,知青山繪葉已到。芝瑛來函,報告相成病狀,殊深懸繫。紹華函言,雲、硯兩妹要日本小扇及美濃紙,容即購寄。

晡時,藤堂伯爵來,談極暢。聞末松欲糾合貴紳開一歡迎會,余頗以酬應爲苦,一時又難遽離東京,擬託言出遊日光以謝之,不知許我潰圍而出否。

晚餐後,仁航來長談,十一點鐘始去。

六月十七日

上海寄到夏衣。

正木校長屬爲文一篇,紀載贈畫之事。午後脱稿,即寫小萬柳堂書畫展覽會題名册上,仁航亦爲之記。

野口來夜談,留晚餐。

六月十八日

午前來客數起,皆鑒藏家。

午後三點四十分,與上野、岩村同赴新橋停車場,迎山座公使之遺骨。四點三十三分車到,自大隈首相以次諸貴紳及實業家、各公使館員,在新橋驛迎送者不下三四百人。遺骨並用水兵八名扶下列車,僧侶十數名在前導引,捧花環比七八人。山座夫人賤香長途疲役,悄然隨遺骨後,悲不自勝,出停車場即踵喪車馳歸麴町一番町新邸。

余以岩村赴墨上别墅,應大倉喜八郎之約,由淺草坐人力車,行緑陰中約吾華三里許,沿途風景不惡,甚似曹渡别墅,在墨堤之上。樓臨大河,夕陽帆影,頓起鄉思。

至則中洲先生與子爵末松謙澄、男爵近藤廉平、帝室博物館長股野琢、美術部長今泉雄作、美術校長正木直彦、法書會幹事黑木安雄咸在焉。中洲先生與股野有詩見贈,已脱稿矣。末松與吾以詩酬唱,今日始識面,賦七古一篇貽我。主人爲治筆硯,諸老伏紅氍毹上,欣然命筆,一唱三歎,仿佛山陰高會也。

此外,生客爲公爵二條基弘、子爵清浦奎吾、男爵澀澤榮一。澀澤方自華歸,云此次到北京頗蒙袁大總統所歡迎。擬過曲阜謁聖,以事牽率回國,不果去,至今引爲憾事。語次,伸紙録示近詩一首。

最後,又到二客,一文學博士幸田成行,號露伴,此邦著名小説家也;一中橋德五郎,大阪商船會社長。與澀澤、近藤、大倉皆實業家,爲國人所信服。

上燈後入餐堂,岩村爲我左右通譯,主賓酬獻,談讌極歡。主人備女樂,清歌妙舞,以佐餘興。中洲先生席上傳誦余之《紅葉曲》,又賦七律一首,用畫絹寫贈。末松復作絶句調余。

十一點十分客散,岩村送余回寓,謂如此文酒之會,清宴緒言,人忘主客,本邦不常見云。

附(此在日記原文篇末附頁):

六月十八日,大倉美術館主人大倉喜八郎歡迎廉南湖君於墨上别墅,座上客爲:

三島毅中洲先生　　二條基弘公爵

澀澤榮一男爵　　近藤廉平男爵

末松謙澄子爵　　清浦奎吾子爵

股野琢東京帝室博物館總長

今泉雄作美術部長

正木直彦東京美術學校校長

幸田成行文學博士

中橋德五郎大阪商船會社長

黑木安雄法書會主任

皆列席。

廉南湖君與外務省華文通譯官岩村成允偕臨,坐花醉月,其樂厭厭。中洲先生及澀澤、末松、股野諸氏皆即席賦詩贈南湖先生。今録數首,以志嘉會。

大倉氏之别墅在墨堤之上,夕陽蕭鼓,風景絶佳。酒半,主人備有女樂,清歌妙舞,雅謔雜作,主客盡歡,至夜深始散,一時傳爲勝事云。

大倉氏墨上别墅席上呈南湖廉先生。先生向有《芝山紅葉曲》,又其夫人吴女史見贈南湖詩意,詩中故及。　　八十五叟中洲三島毅

有客同文情味多,借人杯酒笑談和。
吟哦墨水黄梅雨,舞蹈芝山紅葉歌。
東海雅遊新雪爪,南湖詩意舊煙波。
惜君不見春三月,十里香雲花滿坡。

廉南湖先生有詩見似,乃賦此奉酬,予頃來有次坡公《聚星堂》詩韻六七篇,今此詩亦仍用同韻。　　青萍末松謙澄

遠涉大瀛駕一葉,來觀蓬嶽夏天雪。
東京翰墨緣新結,西湖風月念暫絶。
古今名寶擅賞翫,中外韻事逞攀折。
已見風流生來足,堪卜福禄長不滅。
家有閨秀人多羨,筆弄見巧蛇龍掣。
定知回文寄錦字,不須向人贈羅纈。
詩寫鄉思誰敢咎,夢忘歸路君何屑。

金仙遺經託深旨,鑑湖新碑任惜瞥。
顧及往事豈無感,思至來時應有説。
偏愧率無鏘鏘音,不似君詩悉金鐵。

墨堤大倉别業率賦贈廉南湖先生。　　青萍

浩蕩鷗波繞閣青,前緣相遇感蓬萍。
知君鄉思禁難得,風景依稀夕照亭。

大倉氏别墅席上賦此呈南湖詞宗粲正。　　七十七翁藍田股野琢

招飲陪筵翰墨遊,畫欄嘯傲夢香洲。
千秋仍有同文契,一葦應無異土愁。
賦贈賢妻相唱和,行臻勝境輒淹留。
吟餘不語滄桑感,浩蕩襟懷對白鷗。

六月十九日

晨,長谷泰山介、吉田丹治郎來觀書畫,出五六種應之。

買美濃格紙一千張,寄紹華女兒。

午後,録近作寄末松。屬村子赴美術學校取回南田花卉册,因瀧精一尚欲借觀也。

夜閲《青萍詩存》一過。美術學校來函,請將行篋所有擇優攝影製紀念帖,備學子之研磨,復書許之。

六月二十日

晨,定製花環一個,送山座邸。

午後冒雨坐人力車赴青山會葬。葬場有僧侣廿餘名,誦經一壇。會葬之人自大隈首相以下無慮二千名。

晡時回寓,便奉山座夫人賤香謝帖。

晚餐後,劉仁航來談。接雪蘭和余送佐藤富子一律,並問仁航

起居。

六月二十一日

奉到寒厓先生十三、十四兩札，藕花香候，勞數歸期；又謂紅葉館之盛會，如誦陳思《箜篌》之引，驚風馳景，百年忽遒，知南湖必復有子桓“衆賓還城邑，何以慰吾心”之慨，悵矣云云。

昨夕雪蘭和章，其結語曰：“聞道荷香泛歸棹，薰風分付拂征塵。”與寒厓來札，同此懸懸。客子誦之，殊不能耐矣。

東京府知事久保田政周和余《紅葉曲》一篇，亦斐然可誦。

午後，和大倉席上中洲、青萍見贈之作。

野口來談，言西京内藤博士派代表來京，歡迎小萬柳堂書畫至西京圖書館展覽一次，以應彼都美術家之參考。

暑假在即，不宜淹留，擬竢美術校將書畫攝影畢，即載寶以西，約在月内外首途云。

六月二十二日

岩村出示百年前詩人卷大任號菱湖。遺墨，係録所作詩贈梁星巖者，書學褚河南，姿態韶秀，所謂不待傅粉而美者矣。詩亦蘊藉風流，逼近晚唐。爲題二絶，歸之。

星野錫所辦之美術畫報社，派支配人木澤孚寓本鄉區湯島切通阪町二十五番地。來商，欲借書畫數種刊入該報。屬村子同去，監督攝影。

大阪油谷博文堂主人來京，商印澄清堂帖，以文明書局版權所有答之。

六月二十三日

國華社介紹小川和澄借觀書畫數種，交社員攜去，即晚送還。

田口米舫示以古衣冠肖像，爲題一絶，歸之。

午後至日本橋榛原紙店，買小摺扇廿把寄滬，即託該店付郵。

過貴賓室,與胡玉軒長談。

訪環花庵主,吾前贈詩已用古錦裝成,張之茶室。

夜歸,閱《青萍詩存》一卷。

接紫英本月十六書,知相侄病猶未愈,入復康醫院。劉銘之言次,將養兩三月,方得痊除。憂懷莫釋,不知所以爲答也。

六月二十四日

至日本橋東京印刷株式會社,訪支配人木澤孚不遇,由該社坐小汽船至深川分社,觀其印刷工場。古作勝之助、齋藤章達兩君指示一切。該社因木版著色太費手,且刻工傳授匪易,現改用西洋最新式之石版彩印,與木版著色無異。前寄趙鴻雪畫片四幀,即新法石印,余初認爲木版著色也。

該社請留余影爲紀念,乃至寫真室攝影,許製著色郵片贈我。

晡時回寓。晚餐後,劉仁航來談。接雪蘭和余七律五首,仁航在坐,稱許不絶口。

劉去,作五律一首,題宮崎言成《赤田百詠》。

六月二十五日

美術校送還書畫,依目録點收訖。

三井礦山株式會社社員林工與同事四人來觀書畫,林君即席賦詩爲贈。

男爵近藤廉平來函,約七月一日在本邸牛込區市谷田町一一八。晚餐,余辭以將往西京。復來電話敦屬,稍緩行期,籍聯杯酒之歡,並言是日陸公使亦在座。復書許之。

審美書院窪田勘六來談,贈以所印賀知章草書《孝經》卷子。

美術校選印之紀念帖在該院製版,約七月十日印成。題曰"小萬柳堂劇跡",凡録畫片三十餘種。

晡時,屬村子赴貴賓室收拾書畫、鏡額,以便裝箱,爲西遊之預備。

林工餉我糖食一箱,改用紙盒,寄雲、硯兩兒。

藤堂伯爵送印譜二册,燈下翻閲一過。

寄嚴仲楨《中洲文稿》九册、《獨抱樓詩文稿》五册、《詢蕘齋文鈔》二册、《青萍詩存》一册;寄寒匡先生菊池晉編輯《嘉道六家絶句》六册、《棧雲峽雨日記》並《詩草》一册,末松子爵所編《善鄰唱和》、《翠雲雅集》、《芝城山館納涼唱和》等集,共三册;寄雪蘭賀知章《草書孝經》影本;寄俞仲還《本願寺唐人墨蹟》影本。寄迦陵女士(注: 以下原文缺)

六月二十六日

晨起,訪男爵近藤廉平,款以茶點,並爲介紹見詩人土居通豫號香國者。

午後,與岩村同訪大倉喜八郎,謝墨上之宴,即以話别。

六月二十七日

香國詩人來訪,饋以茗具及所編《隨鷗集》十九册。日東當代能詩者咸在焉。

審美書院送閲《小萬柳堂三朝劇跡》印樣,云七月十日準出版,初版三百册,係美術校所印,供學生研磨者。該院許以一册贈我云。

夜閲《隨鷗集》二册。

爲審美書院題《夷齋祠》影片,得七絶一首。

六月二十八日

林工、野口來談。

審美書院印樣有數葉欠精采,命寫真師來覆照,午後始去。

法書會員矢田勇送到臺麓雅集影片,當日座上客,余不能盡識,乃屬矢田題名於影片背面,照録於左:

長谷泰山	中村長案	岩村成允	三浦英蘭女史
阪井犀水	野口多内	黑田太久馬	井村常山

廣瀬東畝	大村西崖	褚井春畦	渡邊華石
日下部鳴鶴	菊池惺堂	田邊碧堂	廉南湖
蘆野楠山	下村爲山	泉水信太郎	田口米舫
剛村梅軒	内野皎亭	正木直彦	高島北海
林文昭	矢田勇	滑川澹如	山内香溪
岡山高蔭	中村不折	生出大癖	益田香遠
田中慶太郎	望月金鳳	黑木欽堂	神原浩逸
北浦大介	小阪芝田	岡田起作	倉林鑾山
七條栗村	荒木十畝		

是日題名共到四十有八人,攝影時尚缺六人,有尚未到者,有到而因事他去者。當將影片分郵國内各友。中洲贈詩曰"東海雅遊新雪爪",其此之謂乎。

夜閲《隨鷗集》三册。田口之友山内孝家來訪。山内號敬齋,治斯、冰學,製印仿秦漢,不在王冠山下。贈以《印萃》二册,即席爲題絶句,欣然命書簡端。時已夜深,客去便睡。

六月二十九日

《印萃》二册寄贈嚴仲楨。

深川分社來照書畫入美術報,至午後竣事。

晚餐後,環花庵主山岸慶吉來談,約明晚再往試茶。劉仁航適至,請爲不速之客,庵主許之。

六月三十日

付本月旅館金一百十八元零。

至國華社訪瀧精一,長談。該社代製繪葉書,價三十二元零,當即付訖。

過審美書院,看《小萬柳堂劇跡》印樣,精妙絶倫。出示《國民新聞》,知美術校已登廣告,七月十日發行,定價每册十元。

晡時,與村子、仁航同赴上野公園,應環花庵主試茶之約,並留晚餐。田口與其友子能均在座。主人出書畫數事,以娱嘉賓。

十一點後回寓。

七月一日

大村西崖來訪,贈以所著兩部《曼荼羅諸尊索引》並木版印刷諸尊像。全部像刻於清同治八年,真法海大觀也。大村謂唐貞元二十年,沙門空海弘法大師。入唐求法,元和元年歸朝。其師青龍寺惠貞,使供奉畫工李真等畫兩部大曼荼羅,一胎藏法曼荼羅,一金剛界曼荼羅。空海摹之,傳在高雄山神護寺,故稱高雄曼荼羅。原本今珍同國寶,唐畫之面目宛然可見矣。

午後六點十分,赴男爵近藤廉平之約,讌於家園,陸閏生公使亦在座。

七點半,入餐堂。席之中間,製菖蒲園模型。流水一灣,茅屋板橋,宛在中央,卅六錦鱗游泳於衣香鬢影間,若天地甚寬者。園内五色電燈,其大如豆,燦爛若明珠;又用電光綴成螢火無數,閃爍於盆花之上。

酒闌,男爵奉册子請題名,又出絹素丐詩。清宴緒言,形乎善謔。閏生録舊作絶句二首;余賦七律一章陳謝。客有作畫者,有寫和歌者。桂谷正雄爲男爵寫驢背吟詩便面,男爵屬署南湖款,轉以持贈。桂谷因題絶句其上,曰:"此地離城外,山碧水又清。不關世間事,驢背馱詩行。"

男爵號恬齋,爲此邦實業家,雄於資,爲人直方長者。與盛君杏蓀友善,出示盛寫贈便面,珍同拱璧。意欲余割愛書畫數事,並殷殷維繫,請緩歸期,故余贈詩首二語及之。

十一點三十分,辭歸。

七月二日

晨赴美術校,訪正木直彦。

便道過上野精養軒,觀北京翰文齋書畫陳列品。古書碑版有可觀者,書畫多不合日人嗜好。陳壽卿所藏之黄鶴山樵《樂志圖》卷,見於李氏《書畫鑒影》,有名人題跋數通,相傳爲名蹟者,不知何時入翰文齋手。在陳列中,余一見即斷爲贋本。

菊池晉適來,取以相質,菊池曰:"若不見君家之《黄鶴》,則此《黄鶴》必是真蹟矣。"

晡時回寓。過環花庵,飲水一杯。天氣驟熱,終日席地,殊不能耐。

晚餐後,倦極而睡。

七月三日

午前,閏生公使來訪,留午餐。

閏生贈以姚元之所作《萬柳堂圖》直幅,並題字兩行,曰:"此幀得於宣統辛亥,小萬柳堂主人廉南湖先生來東見此,爲述萬柳堂本原委,因欣然贈之。不知吴興名跡尚在人間否?請以此作延津之合,何如?甲寅七月,陸宗輿。"

圖作於道光二十年,姚氏題款曰:"草堂中向西坐者爲北渚老人,壽八十一。向東坐者爲芸臺相國,壽七十七。前有石鼓者,爲萬柳堂。堂西高阜處,爲黄小松。隅荷池上爲三十六陂。亭右有遠帆處,爲露筋祠。有樓處,爲邵伯埭。埭西爲治平寺。"是此圖爲阮文達之南萬柳堂也!湯雨生將軍題三絶句其上,曰:"當年群屐豔繁華,曲譜遺山小令誇。一自池臺感興廢,荷花世界盡蘆花。其二曰:荒陂垂柳緑毶毶,香火因緣供佛龕。韋杜拈花應一笑,去天尺五正城南。其三曰:野春門外蒐殘碣,詒晉齋頭實墨工。咫尺女牆圖畫裏,尋秋人坐蓼花紅。"又題曰:"萬柳堂爲馮相國别業,蓮塘花嶼爲鴻博者雅集之所,今則衰柳數行,葦花如雪而已。壬寅中秋日,與千波大兄宴集聽月樓,出伯昂臨松雪本,因録舊作三首。湯貽汾雨生甫。"

余謂録舊作可也,指爲臨松雪本則誤矣。松雪所圖,是京師城外之萬柳堂,爲吾家右丞公别墅。當時公與松雪及疏齋盧公觴詠其中,松雪有詩曰:"萬柳堂前數畝池,平鋪雲錦蓋漣漪。主人自有滄洲趣,遊女仍歌白雪詞。手把荷花來勸客,步隨芳草去尋詩。誰知咫尺京城外,便有無窮萬里思。"見匋齋《小萬柳堂藏畫記》。匋齋爲余題小萬柳堂額,謂松雪《萬柳堂圖》三十年前曾見之京師某朝士家,故鄭蘇堪贈詩有"吴興畫卷應猶在,莫惜千金取次收"之句。

余感閏生之高誼,以黄石齋畫蘭竹、傅青主字幅爲報,特證明湯氏之誤,題四絶句,以志慶幸云。

七月四日

天氣酷熱,至九十六度以上。

野口來談,謂東京天氣從未到此熱度。

余局促一室,殊不能耐,時時飲冰,以解煩鬱。夜屬館主備帳以禦蚊,得酣眠一夕。

七月五日

晨,接紹華六月廿七書,知聖馬利亞女書院已放暑假。

菖蒲園影片亦到,當用影片率答數語。

午後,訪内藤博士於日昇館,遇野口席上,遂同至本鄉區湯島孔子祭典會。會所設在東京教育博物館,館址即聖廟也。

進仰高門,而入德門,而杏壇門,而大成殿,深沉森嚴,圓楹碧瓦,居然唐風建築。大成殿中間安置孔子像,兩旁爲顔、曾、思、孟四子像。殿上平鋪石版,界畫成方磚形排列。廚架無算,陳列通俗教育品,格物致知,亦孔教之一端也。觀釋奠用器五,曰爵,曰簠,曰簋,曰籩,曰豆。殿懸明治四十年孔子祭典式場影片,男爵細川潤次郎捧讀祝文。細川通漢文,能書,有名於時。余於美術校展覽時,曾識之。

自出聖廟,與野口至淺草公園遊覽一周。煩濁之地,令人意興索然。在左近西餐後,復乘電車至野崎村大花園納涼。

十一點鐘回寓。

七月六日

與正木、大村、菊池、土居諸君通信,願將篋中所有畫歸恬齋,藉辦公益事,並不望得高價。

晡時赴閏生公使壽筵,閏生年三十有九,閏五月十四生。今歲陰曆五月置閏,爲難得之機會,故先期要約共盡一觴,並請村子同去。座客四十餘人,閏生夫婦主席。席散在餐堂演影戲以娱嘉賓。

十一點三十五分,冒雨而歸。夜涼似水,睡時又備棉被,氣候不齊如此。

七月七日

深川分社製贈兩堂影片,用彩色套印六次,勝妙殊絶。函寄四十枚與紫英同賞之。

作七律一首壽閏生。

用彩色影片寫寄古作勝之助,郵示本月四日《萬朝報》。該報爲我鼓吹,謂留贈美術學校之王建章《廬山觀瀑圖》時價十五萬元云。

七月八日

在寓休憩。閱《隨鷗集》五卷。來客六起。

七月九日

大村西崖、劉仁航先後來,談一日。

恬齋席上之作,香國、惺堂皆有和章,再疊前韻酬之,晡時脱稿。

青萍子爵見訪,村子病暑,不能通譯。余與子爵筆談甚暢。子爵欲余定期爲文酒之讌,並約香國,辭不獲,已大約在月之十三四云。

接紫英六月卅日,又同日雪蘭所寄和詩五首,皆清麗可誦。

七月十日

村子因旬日不得夫君書，函電紛馳，尚未得報，憂心忡忡，幾廢寢食。其心胸之窄如此。

午後三疊"留"字韻一首，示恬齋男爵。

審美書院來書，言《小萬柳堂三朝劇蹟帖》四五日間可出版，備有錦面精裝本，進呈天皇御覽，並由美術校長奉呈袁大總統及徐國務卿云。

七月十一日

晨六點三十分，翰文齋韓滋源由神户來東京，直至金生館。據稱，月之四日在東京臨發時，由鳴鳳館交某回漕店運送書畫箱至新橋停車場上車，直達神户，遵海而北。過西京時，孑身下車，逗留四日。羅叔蘊欲購伊書畫數件，遂至神户開箱取物，不料箱內與原裝式不同，照單檢點，失去《宋拓雲麾碑》一册、扇面帖三册、畫幅數件，價約四千元外。今特折回，追究此事云云。當屬館主，爲備房間，用快信報告陸公使，通知神田員警署，向鳴鳳館追究原物。

審其當日在鳴鳳館出發情形，行李到停車場，遲兩點鐘，致誤快車時刻。當時只怨運送者遲誤，並不在意，詎謂中途被竊，即在此遲到兩點鐘內，且必有人與運送者通同作賊。否則，不應專取精品，運送之人斷無審定去取之資格也。

午後，韓君開具失單，報告神田區警察署。

迭奉香國詩簡三通，疊鷗韻七律三首，愈唱愈高，令人退避三舍。余答書謂當走入醋甕矣。王維走入醋甕，喻苦吟也。

青萍電話，文酒之會定於十四日午後四時，在芝城山府邸。

夜涼似水，晚餐後御袷衣，與韓滋源談至夜深始睡。

七月十二日

閱《隨鷗集》二卷。

翰文齋被竊之件,警署來電話,已人贓並獲,屬韓君到署質證。

晡時歸,爲述始末,果不出吾所料,有人中途截取,運送人竟不知情,是可怪也。當日在上野陳列時,有日人笠原萬吉者,欲爲韓君包賣書畫,韓不之許。然笠原在會場招待來賓,意甚勤懇。散會時,書畫入箱,又在旁協助。四日晨出發之際,笠原探知書畫行李由鳴鳳館交某回漕店運送新橋,韓與館夥坐電車往,不隨行李同行,乃追至中途,大呼停車,出示韓君名片,謂:有書畫數件誤入某箱内,屬我來取送至上野云云。運送人信爲真,任其在道旁開箱取物而去,故到新橋誤快車時刻。惟運送人見韓君並未聲明此事,是一失也。昨日警官調查盡得要領,至今晨人贓並獲矣!書畫分寄古玩店數家,尚未售出,均繳至警署,明日韓君可往具領矣。

笠原衣袋中發見一日女之情書並寫真,此女在天津,望笠原至,成就因緣。其詞甚褻,警署傳觀,謂不堪卒讀云。

香國詩人用鷗韻題《楞嚴》寫本,四疊前韻酬之。

燈下又疊前韻寄紫英一首。

與韓君夜談至十二點鐘,各自就寢。

七月十三日

晨,韓君之物如數領到,喜出望外。中有扇面帖三十二張,以八百圓售與山本悌二郎。據稱,此帖當日在會場,山本還價八百圓,未售。此次笠原竊去,託骨董客送山本家,索價六百五十圓。即韓君折回東京之日。山本知其中必有别情,用電話通知韓君之友文求堂書店主田中,田中報告警署,乃人贓並獲。韓君感山本之高誼,故以廉價與之。

即晚,韓君在築地精養軒宴客,余與田中皆在座。

七月十四日

《小萬柳堂劇蹟帖》今日始出版,審美書院除預約外,所餘無幾。爲韓君購一册,帶回北京,價日金十圓。

正木校長送到書畫展覽題名帖,用與香國唱和詩韻作一律謝之。

午後,與村子同赴青萍子爵城山雅集之招。至則座上客已到廿餘,由主人介紹,一一接見。即各就其位,或書,或畫,或聯句,或次韻,惟意之適,不拘一格。主人首唱絶句,曰:“漫假林亭避暑名,茅齋閑坐薄相迎。美姝不見君休笑,亦是吾家小錦棚。”余用與香國唱和詩韻,先賦一律呈主人,又和主人原韻二首。

晡時在園林西餐,女主亦列席會飲。

中洲先生與香國詩人以事不果至,郵傳和章,不敢規避。中洲和章中有贈余一首,曰:“遠客東來喧姓名,滿都文士競歡迎。旅窗七夕孤眠夢,繞否南湖乞巧棚。”余即席依韻奉酬,匆匆付郵。

酒闌,主人出示《雪舟山水圖》小幀,謂:“夕陽帆影,似君家小萬柳堂否?”閲之怦然心動,因三疊前韻爲題一絶。

遇桐城吴先生故人岩溪晉,爲述往事,相對歔欷。余感而有作,四疊前韻贈就。

夜涼微雨,坐人力車歸,已十點三十分。

韓君晚車赴神户。

七月十五日

晨,致青萍子爵書,略曰:“昨侍文酒之會,區區感銘,莫喻萬分。席上名作如林,宜刊一《錦棚唱和集》,以紀勝事。座客有未詳姓氏者,請補録單内,用誌景慕。嗟乎! 天地如夢,人世幾何? 事後思之,都成陳跡。此道今微,數十年後,恐欲求如今日之嘉會者,不可再得矣。同文之感,如何可言? 劣吟題目多未剪裁,今重寫求教。唐杜太保在淮南進崔叔清詩百篇,德宗謂使者曰:‘此惡詩,焉用進?’時呼爲‘准敕惡詩’,公得毋以德宗語笑我乎。呵呵!"

午後,奉青萍復書,曰:"恭謝惠音,昨日之會,設備無可謂者,而忽辱過稱,反覺慚愧。所賜諸作,一一清秀,且能見老兄身分與情思,敬服敬服! 見屬題名,悉皆補足,以附返簡,請可查收。仍祈時祺萬福,匆匆不宣。"

附城山雅集題名。

地點: 芝城山館東京芝區西久保城山町四番地,電話芝九二,末松謙澄府邸。

主人: 末松謙澄子爵青萍樞密顧問,官正三位,勳一等,文學博士。

夫人: 末松生子伊藤博文之女。

坐上客:

廉泉南湖	趙秉健見山	男爵關義臣湘雲
勝島仙之介仙坡	永阪週二石埭	内野五郎三皎亭
田邊爲三郎碧堂	關澤清修霞菴	佐藤寬六石
山吉盛義米溪	中田敬義雪莊	塚原周造夢舟
岩溪晉裳川	松原新之助瑜洲	大江武勇香峰
大澤真吉鐵琴	上真行夢香	武田尚
佐佐木信綱國歌人竹柏園		金原女史

七月十六日

青萍子爵刊其亡師佛山先生遺稿成,以印本見詒。爲題一律,以志欽仰。

午後,青萍郵示自題《佛山遺稿》一首屬和,依韻酬之,得二絶句。燈下寫寄中洲、香國兩君,想兩君必皆有題辭也。

佛山先生,村上氏,名剛,晚年慕陶靖節,因改名潛藏,號佛山,隱操彌堅。有人嘗勸仕,饋以鯉魚,先生賦絶句以示意,其詩曰:"不化爲龍何足嗟,江湖畢竟是吾家。驅雷行雨徒辛苦,寧若清潭吹落花。"著有《佛山堂詩鈔》三編行於世。青萍此編凡二卷，乃其晚年遺稿，令嗣静窗先生所纂。輯者中洲先生謂佛山之詩爲關西泰斗，其平生德行足資師表，而高尚其事以終其身，最不可及！

佛山先生殁於明治十二年九月，年七十。時青萍在倫敦得耗，爲文哭之，雄健親摯，殆與退之《祭十二郎》語相頡頏，附録於後，足見青萍之篤於風義有如此。余此行頗以獲交益友爲樂也。

附末松謙澄祭亡師佛山先生文。（注：日記原稿未録此文）

七月十七日

晨，寄青萍子爵書，其略曰："先生祭亡師佛山先生文，泉百讀不厭。昨夜手寫兩通，一寄吾弟於天津，一寄芝瑛，使共讀之。不獨見師道之重，而語語血淚，從至性中出，青萍之篤於風義有如此，泉於此益加欽敬。昨與芝瑛書謂，此行以獲交賢者爲第一快事也！大文中'空堂懸磬'，刊本'磬'誤作'磐'，須改正。昨呈一律，'後世子雲應有待'句，'後'字擬改'異'，請定推敲。《青萍詩文稿》共若干卷，宜及身編定，藏之名山，泉願任校刊之役。當此風教陵夷，國聞垂絶，吾兩國有同感，欲以竢諸異世子雲者，恐亦在不可必得之數也。敢於我青萍前一發狂言，嗚呼！青萍其謂之何？"

七月十八日

青萍來談，知香國夫人菊圃女史病甚危篤。昨往視之，贈詩一首，有"古色新香相映帶，欄前花又卷中花"之句。蓋香國藏有張雪鴻《繡毬》畫卷，夫人病中曾插繡毬花於青磁酒壺，與卷中花同賞也！

午後，野口來談，晡時始去。

七疊鷗韻酬香國，燈下寫寄。

七月十九日

寄大阪西村時彦書，商問書畫展覽之事。

用坡公《聚星堂》韻作七古一首和青萍,並示香國。

晡時大村西崖來訪,言恬齋男爵好古熱度不高,購一二小件或可商量。西京之行,恐不能已。然島外煙霞,頗以溽暑遄征爲苦,俯仰一身,如何如何。

七月二十日

劉仁航來談,知侯保三表弟與夏蔚蓀女士同來東京觀大正博覽會,與仁航同寓。神田區三崎町三崎館。

七月二十一日

天氣酷熱,不敢出門,坐立爲之不安。

晚餐後訪保三於三崎館,長談。保三約留兩星期,夏女士擬留學高等女師範。

回寓,接雪蘭本月十五信,知紫英患肝風甚劇,用西文電滬,屬佐藤往視疾,並電覆。

七月二十二日

至三崎館,接夏女士同遊大久保公園。

回寓後,保三亦到,留晚餐。夜深與夏女士同歸,余與村子送上電車而別。

七月二十三日

滬電未到,日夜惶惶,不知所措。

恬齋欲得書畫數種,余即請其自行評價,不與計較,旅資到手,即整歸裝,不再淹留矣!恬齋難之,允託正木校長評價。

七月二十四日

青萍又疊《聚星堂》韻郵示。午後疊韻酬之。

前向陸公使借日幣五百元,今又告匱,續借二百元,允到天津奉償。

接麥美德教士來信,言美國費君係資本家而好古美術,擬在北京創立一博物館,附來北京報紙亦登載此事。該國人預備建築費八十萬美金,地址由中國政府撥助云。

連日天氣鬱蒸,寒暑表至九十五六度。昨午,軍隊赴操場,經吾旅室窗下,倒斃二人,病暑不省人事者六七人,餘在道旁略休憩,仍督隊前進。

夜熱不能睡,在街心納涼。滬電仍未到,憂懷莫釋。

閲報紙郵船表,前次乘來之近江丸三十日由横濱開往上海。倘恬齋事得了,三十一日早車直達長崎,兩日一夜可到,不誤長崎上船。由長崎到滬,只三十六小時耳。籌畫如此,不知能如所願否?

七月二十五日

青萍又疊《聚星堂》韻一篇見贈。青萍有俠氣,華族中皆嚴憚之,與余一見如舊交。余自得紫英病信,情緒無賴,愧不能和矣!

夏蔚蓀女士因三崎館西曬,不堪煩鬱,與保三表弟皆病暑。余與村子得電話,即往省視,勢已平矣。三崎系下宿,非上等旅館。往往男女同浴,非蔚蓀所堪,乃偕村子來浴於金生館。晚餐後,由村子送歸。

得寒匡本月十七書,謂江南自七月來熱表已達九十九度,密雲不雨,待澤甚殷。江鄉蝗子盡翼,天象可慮。又謂稚公六月五日有長簡勸家歐,不知島外煙霞者,有樂不思蜀之況也。

恬齋事有端倪,所謂慰情良勝無,不能達目的之萬一,吾不願自開價值,似骨董商所爲,故有雲嵐署券之語,用姜家故事一笑。夕涼亭上,藕花盈盈佇主人,孤負孤負。

七月二十六日

恬齋購留書畫數事,願與我結爲好友。我亦半送半賣,不與計較價值,於私計無濟。

西京之行自不容已,聞資本家多出外避暑,開會展覽,恐來賓不多。姑與西京内藤博士函商,再定行止。

青萍來送行,將疊《聚星堂》韻二篇寫兩長卷見詒。香國九疊鷗韻贈别,余亦九疊酬之。即登報紙,留别東京諸友。

七月二十七日

内藤博士來京見訪,出示宋元名蹟十數種,欣賞不置。約往西京陳列一次再返國。

七月二十八日

保三患間日瘧,困頓不堪。爲覓金雞納餅,使試服之。

是日來賓甚多,皆來問歸期者。

七月二十九日

青萍來電話,約過芝城山館,同坐馬車赴墨堤松原氏别業談讌,伊集院、日置、陸閏生三公使皆在座。

青萍復疊《聚星堂》韻一篇,寄贈紫英。

晡時回寓一過,即至精養軒西餐館,宴正木、大村、黑木、岩村、野口諸君,即以話别。

是日,内藤已回西京,故久候不至。

七月三十日

青萍來談,又疊《聚星堂》韻一篇,贈黄雪蘭。在吾案頭見雪蘭近作十數首,匆匆抄稿去,付《大和新聞》記者佐藤寛,不日當刊入該報"鐵網珊瑚"欄内也。

内藤來電,言西京好古之士大半出外避暑,然預備歡迎者亦尚有人,何日往遊,盼余電復。

野口適來,遂請用日文電復,並同時寄一郵片,言秋後重來,再往西京陳列,此次行篋中只攜精品數事,聊以自娱。到西京住一二日便赴長崎,遵海而西,臨發時再電報云云。

七月三十一日

連日酷暑,熱表至九十五度。旅行之苦,爲余生平第一次所經也,日夜以冰代飯,尚不能解熱。

接紹華來信,知紫英肝風已愈,藉慰客懷。

午後，仁航、保三來談。

窪田介其友小阪順造來看書畫，傾箱倒篋一次，揮汗如雨。至上燈初辭去。

八月一日

將書畫編目入箱，預備寄存美術學校文庫石室中，以便往遊西京。

山本悌二郎來談，晡時辭去。

晚餐後，畫目寫訖，屬村子録副備查。

美術校文庫主任北浦大介適來送行，約定明晨由村子將書畫督送該校，照目點交，收入文庫，並託隨時呵護。

接雪蘭書，知家中平安爲慰。

八月二日

晨，村子送書畫存美術校。

電内藤博士本日晚車赴西京。

接徐國務卿書，倚裝率答數語，寄贈《小萬柳堂三朝劇蹟帖》一部。

仁航以詩贈别，曰："青天今夜月，飛渡古城邊。東海谷風起，有人憶仲連。"

計自三月三十一日由滬出帆至本日離東京，凡十有二旬又五日也。

午後七點鐘，搭快車赴京都，野口、黑木、七條均至新橋車站送行。

八月三日

晨八點三十分到京都。内藤博士派俵屋旅館來迎，即坐人力車至麩屋町姊小路俵屋旅館。行裝甫卸，内藤踵至，寒暄數語，即去通電大阪朝日新聞社。

午後，該社記者西村時彦號天囚。與磯野惟秋號秋渚。來會，贈以《和漢名畫選》。國華出版社出版。

内藤復約京都帝國大學文科大學長文學博士松本文三郎,文科大學講師富岡謙藏、字君撝,與吾舊識。山本由定來觀書畫。

晡時,内藤約諸君與余赴市樓談讌,狩野博士亦到。主賓歡洽,至夜深始散。

八月四日

晨,訪内藤、狩野兩博士,參觀文科大學博物館,復同至田中村訪羅叔藴。

午間回寓,將書畫廿四種開列清單,寄存於帝國大學圖書館,由内藤寫付收據。

荒木鐵三自大阪來訪,京華一别,忽忽已十有四年,款曲道故,恍如隔世事。貺余以九谷磁杯二,並寄紫英奈良漆器一。

七點三十八分乘特别快車赴神户。荒木送至大阪,故人情重,桃潭千尺未足爲喻也。

九點三十分到神户,寓西村旅館。

八月五日

上午九點三十分,上山城丸,遵海而西,因陸行不堪煩鬱也。

八月六日

上午九點十分到門司,作七絶二首寄青萍。

八月七日

晨六點卅分到長崎,與村子登岸,坐人力車至佐藤家,談兩小時。與佐藤富子及村子同訪長崎領事胡君平子,胡君夫婦約往中川鄉皆花園談讌。

午後回領事館。

三點三十分,胡君與佐藤母女送余登舟,珍重而别。

八月八日

午前,黄海中見鯨魚噴水數十丈,口占一絶寄青萍。

船主鈴木金五郎、醫士大野義述、侍者武田虎之助出紙丏書，各寫數詩應之。

津浦鐵路車務處佘塄號振棠者，來觀大正博覽會，同船回國，由滬而北。談次，知與嚴若梁同鄉，又舊交云。

八月九日

午後一點三十五分，進吳淞，船泊三菱公司碼頭。佐藤君與劭成、相成、硯華迎候已兩小時之久，即同回家。

張嘉璈日記(續)

□ 耿慶强整理　許全勝校訂

民國二十一年元旦

晨起,香港分行副經理林承芬來告別,將歸港。簽名於冰峰社社員簿。兹録冰峰社緣起於下:

民國十八年冬,遊日内瓦,偕張肖梅女士同登孟白浪高峰。仰其高大,慕其堅潔,歎與肖梅女士曰:"吾輩若得少數同志,精神之高、堅、潔與孟白浪高峰等者,何事不可爲?"肖梅女士笑謂:"嘉璈果有此志,當屏辭一切,與璈努力於此團體之結合、精神之貫徹。"肖梅女士遂決計加入中行,并議以冰峰社名未來之結合。今同志漸集,擬廢除一切形式,謹以簽名於此者,即自守冰峰社之精神,永矢勿渝!

精神:以高、堅、潔爲本社社友立身之精神;
以敬、愛爲本社社友相互團結之精神。

提議者:張嘉璈

簽名者:戴志騫(人事室主任)
何墨林(漢口支行襄理)
林暐(總務課課長)
陳長桐(國外部襄理)

祝仰辰(業務調查課長)
徐惟明(分區業務稽核)
蔡承新(上海分行襄理)
余英傑(信託部襄理)
劉攻芸(總帳室主任)
李衛民(分區業務幫核)
夏屏方(信託部襄理)
張肖梅(經濟研究室副主任)
陸謙受(建築課長)
張嘉鑄(重慶支行襄理)

此係二十年十二月廿一日,當有一度集合簽名於册。今加入林君,計十六人焉。

二日

晨,往晤新任財政部長黄漢樑。光甫兄已在,馥蓀、淞蓀兄等繼至。漢樑商請林康侯兄任次長,當約康侯兄到黄寓同談。余原不贊同康侯於此時於此無能力、無政策之政府任職,惟適值困難之秋,上海金融市面動摇,深恐漢樑能力不足以當此重任,故遂亦贊同。康侯遂强允焉。又商中央銀行總裁問題,漢樑謂私會中,廣東代表提議不贊成財政總長兼總裁,主張由金融界推任。余以中央銀行不可再蹈漢口、廣東中央銀行覆轍,停止兑現,故力贊此議,共同商議,僉以徐寄廎兄最爲相宜。即邀寄廎兄到黄寓,渠云考慮。

三日

晨,往晤宋子文。赴膺白先生寓,到者除膺白先生及余外,有趙正平復(厚)生、冷禦秋、張鎔西、李肇甫伯申、何其鞏克之、黄任之、江問漁、李筱園八人。擬以此十人爲基礎成立一團體,爲政治上之活動。同人討論已非一次,余則初次加入,惟一切主張則已與膺白先生討論多次矣。討論綱要及組織,飯後始散。

四時,哲生行政院長在漢樑寓邀茶敍,宣佈政治狀況,謂非汪、蔣、胡三人到寧,一切大政方針無從決定。廣東截留中央收入,已去電阻止。余告以此爲新政府成立之根據,否〔則〕恐各省效尤,新政府頃刻立倒!

四日

上午九時,仍在膺白先生寓開十人團會,討論組織分組。余擔任財政經濟組,并簽字於公約。此後,定每月之第一星期上午開會一次,由十人輪流擔任召集。推趙復(厚)生爲秘書長,每月經費定爲六百元,余任三百元,膺白先生任二百六十元。此後,零星擔任之。

五日

銀行開業之日。中午在公會午餐,馥蓀、光甫、寄廎、康侯五人。因此次康侯、寄廎任財次中央之職,雖非完全出於同人推舉,而他方必視爲金融界之代表,爲公誼私情,不能坐視傾覆,因相約予以十分道德上之擁護。

六日

上午十時,徐寄廎兄就任中央銀行副總裁,兼代總裁職。同時,開新任理監事會。余此次列入理事之内。理事會開會畢,漢樑、康侯兄邀談本月軍政費問題。本月份應需軍費、政費:

一、軍費一千八百萬元;内開期條一千二百五十萬元。

一、政費三百萬元;

一、上月開給軍需署未付期條七百萬元。

財政部向中央銀行借款,内二千四百萬元以俄國賠償作抵,外二千四百萬元以廿年金融公債作抵。擬將金融公債抽出,向各銀行作押二千四百萬元以渡兩月之需。

又查本月收入:

一、關餘約三百五十萬元;

一、鹽餘約一百五十萬元;

一、統稅約一百萬元。

要之,此四年中所有財源均爲蔣氏政府吃盡,今日已至末路矣。

中午,往晤膺白先生,擬請何克之兄任財政委員會秘書長,託渠去函商請。

七日

光甫來電話,知克之兄又來滬,當即約渠到行略談。即邀膺白先生同至寓中午膳,決定克之兄擔任秘書長一席。

下午,開中央銀行理事會,討議財政部來函,要求抽回金融公債四千六百萬元,以關餘換充押品。當議決,單指關餘太嫌空泛,要求財政部發給關稅憑證,繼續以前之關稅憑證。

是晚,漢樑赴寧,當告以廣東關餘必須交回,否則各省效尤,財政益無辦,渠則只有出於辭職之途。

八日

晚,史量才兄約秉三、子橋、膺白、任之、復生諸公談大局問題。復生主張目下之孫哲生政府斷難支持,而北方之張漢卿亦非下臺不可,余深韙其言。同人聚餐,將余對於目前政府之態度,大致自日本問題發生以後,明知事不可爲,但不使種種急病同時並發,以免上海金融根本動摇,種種苦心皆是爲此。但余不是始終希望彌縫之人,認爲今日之政府斷不能維持,而政府已至山窮水盡,公債基金亦有不能維持之一日。爲本行計,非下一大決心,不必爲公債利害而種種遷就敷衍無厭之求。只有一面厚儲實力,一面節省開支,俾渡此難關,以待政治之清明。同人均贊此議。

九日

晨,漢樑自寧回,約光甫、馥蓀與余談。據云哲生已回,因汪精衛兄不特不到寧,反且辭職,胡漢民則更取反對態度,蔣介石亦不合作,而各省復截留中央收入,決計辭職。一面或最後赴奉化,對蔣作最後之勸告,同時約余及光甫、馥蓀同到孫哲生處一談。適陳銘樞亦在,當談及如黨内不統一,首領不合作,如何可定方針?而軍人不覺悟,則即首領合作亦無辦法。哲生結論則云,如蔣、汪不到寧,決計去職。陳銘樞即謂,由彼負責使蔣、汪到寧。

下午,黄漢樑兄電話通知,謂孫決去職。

十日

清晨,漢樑復約談,光甫等同談。大致謂國民黨政府已絶望,哲生與其黯然下野,不如將政權還諸人民。漢樑云何妨再約一談。

下午,光甫、馥蓀、郭秉文諸兄同到漢樑家,哲生與陳友仁先後至。余與光甫同勸哲生,黨中如此四分五裂,各省如此不聽中央命令,現政府有責無權,萬無可爲之理。不如先請各省到寧,討論改組政府。如各省不聽命,即召集國難救濟會,各省代表合組人民政府。哲生答謂此層難辦,因彼若以政權還諸人民,則彼個人有獨裁之嫌,結論仍謂惟有請蔣、汪再出領導,彼決翌日赴奉化云。

陳友仁提議對日絶交。余答以若與日絶交,第一,北方已有日本重兵駐屯,且日本正欲去張漢卿以爲快,則張漢卿決不敢服從與日絶交;次則長江各省是否服從取同一行動,若竟各省不一致,不亦貽國家之羞。第二,日本必以既絶國交,勢須以武力保護日僑爲理由,紛紛沿長江、沿海岸各口,均派水兵登陸,藉詞啓釁,國無寧日。第三,滿洲海關勢必全數截留,中央少一筆收入。第四,日本或以索舊債爲理由,藉口管理債權物,甚至可扣關餘。要之,無組織、無實力,任何政策均無效果。渠謂國家不能袖手坐視,且國際調查團不日來華,若於調查團在華期内反生糾紛,使各國有題目可做,方可打開局面,否則惟有束手待斃。哲生在旁,仍謂此種大政策,非蔣、汪在寧共同解決無法決定。

十一日

晨,漢樑來電話,何敬之部長來滬,與張溥泉先生同到奉化,擬於離滬前一談。在公會午餐,有光甫、馥蓀、新之、寄廎、康侯、孟嘉在座。渠堅請金融界先湊千萬元暫渡難關,均答以金融困苦已極,非各省停止截留中央收入、廣東放回關餘、蔣表示與中央合作態度無法籌款,請其俟由奉化歸後再談。

六時許,漢樑來約談,云馮煥章、李任潮、李德鄰、陳真如等會商決定,在蔣、胡、汪來寧以前,先設立一特別政務委員會,以馮、李、李、陳加入,何敬之、朱益之、孫哲生三人合組之;決定對日絶交,停付公債、本息二大政策。當告漢樑,如實行停付公債、本息政策,彼應先去職,爲渠與哲生友誼關係,應向哲生作最後之忠告。渠允再去晤孫。

十二日

漢樑來電話報告,昨晚向孫進言,無法挽救。因告漢樑速與馥蓀一談,因渠係基金委員會主席也。

到行後,即研究本行應速籌備鞏固鈔票信用,以免發生金融風潮,使本行及同業立於不敗之地,然後與政府奮鬥。因與淞蓀兄決定,將公開保證準備項下之内債一律剔除,易以金公債及道契即交中西報紙發表。一面即電石曾先生,託其與張漢卿接洽,請其如果政府實行公債停付本息,代持券人扣留津海關關餘,并轉商韓芳辰代扣膠海關關餘,以爲釜底抽薪之計;一面託舒石文蘇財廳長。赴鎮與顧主席面商,代扣蘇省關鹽統税。因關係太大,不能不爲最激烈之奮鬥。

晚上,馥蓀與康侯接洽後,即在史量才家召集會議。擬組織持票人團體,到者除銀錢業外,有虞洽卿、王曉籟、張嘯林、杜月笙等約二十餘人。到者均認爲,如果政府實行公債停付本息,則不特金融難免不發生風潮,且恐銀錢業年底不能收賬,等於無形停市。中産階級之破産更不必説,群情憤激,咸主罷市、罷工、暴動爲最後之抵抗。張、杜二人擔任,先往晤孫哲生作一忠告,哲生聞各界情勢洶洶,意稍動。

十三日

晨,市政府秘書長俞鴻鈞來電話,云今晨吴鐵城市長偕孫、馮、李等同到寧,臨行託其傳言於余,託余爲財政多多幫忙。推其意似尚未決,因託俞將上海各界激昂情形電告鐵城市長,冀其轉圜。又,漢樑電話云,哲生臨行亦託其再向金融界疏通轉圜。因告以最好電哲生,催鐵城即歸。

下午,銀錢業開會,咸主不可罷市,與政府商妥協。岳軍來談,盼望上海各界不趨極端,以免不可收拾,謂鐵城去寧,亦爲轉圜而去。

晚間,仍在原處開會,馥蓀報告銀錢業主妥洽,而張静江遣蔡增基來,云昨晚張亦反對公債停本付息,曾去警告哲生,哲生答以如金融可幫忙仍可打消。静江勸其將二千四百萬之軍政費打一對折,則政府自有收入七百萬,祇須籌五百萬即可過去。静江因問銀行界可否幫忙五百萬,大衆均謂不妨妥洽,候吴鐵城到再説。

十四日

淞蓀、馥蓀兩兄與總税務司梅樂和接洽,勸其負責抗從命令。渠始以係應服從長官命令,不便出而有所舉動。經告以政府果有此舉,恐各省截留關税,破壞海關之完整,始允考慮蔡增基來談。静江欲得吾方面回音,能否有五百萬之數。與馥蓀偕往,告以政府果能核減軍政費至一千二百萬元,金融界必擔任五百萬元。

晚,在劉吉生宅繼續開會,商量提出五百萬元之條件:(1)要求政府覆各公團電,否認停付本息之説;(2)函税司、鹽署、統税局等,聲明此後不再變更成例;(3)基金各税派員監收;(4)中央銀行副總裁由金融界推薦,保持獨立。同時,史量才提議各團體之行動應繼續努力,有壬申俱樂部之提議,由任之、光甫、新六、量才起草組織。余主張只能爲一種俱樂部集合,不能有黨的性質,因上海商人祇知目前利害,無政治認識之故。

十五日

鐵城自寧回。約至其寓一談,云南京開中政會,已將特委會人數加多,許可權縮小,性質大變。停付本息及對日絶交二事已完全中止。惟望金融界幫忙,多則一千萬元,少則八百萬元。

下午,余及馥蓀、曉籟、量才、潤卿、錢業。嘯林、月笙持券人代表。爲各公團代表,同在公會與鐵城正式談判。鐵城表示,政府可將停本付息事打消,惟望金融界合作幫忙千萬之數。各代表答謂,考慮與各公團商談後再覆。

晚,在吉生家報告大衆,意政府驟減鉅額卻有爲難,擬至多以八百萬元爲度。

十六日

下午四時,各代表同至吴鐵城宅答覆。先云祇湊到五百萬,可望略爲多湊。岳軍自杭回,傳蔣介石語,望金融界繼續幫忙。岳軍已將臨行時與余所談擬折衷五百萬元與千萬之數目告蔣,蔣亦首肯。因余不願蔣出再有對於金融界嫉忌幫助現政府之感想,故託岳軍明白告之。因遂決定折衷以七百五十萬元爲度,同時決定數條:(1)暫勿准漢樑、康侯辭職,以便辦理借款手續。(2)覆各公團電速辦,分函各基金機關公函速辦。鐵城要求金融界允助二個月,金融界謂只能由彼個人擔任,祇須政局安穩二月之説,當不難辦。適陳銘樞到,加入同談。渠大致謂無生路祇好走死路,能免走最好。余及量才答覆之。鐵城赴寧。

十七日

星期日,休息一日。晚,仍在吉生家開會,報告與鐵城晤談結果後,商量壬申俱樂部之進行。

十八日

晨,在膺白先生寓開十人團會,討論對外發表之團體名稱,決定爲"新中國建設學會"。至章程,候星期四晚再議。各人報告政治近況。

是晚仍在劉吉生宅開會。余未去,知壬申俱樂部成立,推舉史量才爲理事長,馥蓀、杜月笙爲副理事長,錢新之、王曉籟、虞洽卿及余爲理事。

十九日

因外間對於中國銀行剔除内債充保證準備一節頗多誤會,謂爲只顧中行自身,不顧持券人利害,不顧同行利害。因做一聲明書,略爲辯護,先將英文擬就送出。何克之自寧來,商請渠爲財政委員會秘書長,并商及如財政委員會中止,擬自組一重心,名爲"財政經濟會"之類。其目的在做下層工作,使各省執政者及軍人與人民均知整理財政之重要。

二十日

克之約往膺白先生家商談,主仍從財政委員會著手,好在漢樑既須繼續,則財政委員會當然進行也。

二十一日

漢樑自寧回。汪、蔣均抵寧,政局似可稍安,渠決繼續。

下午五時,光甫、馥蓀、寄廎、潤泉、孟嘉、康侯等同在行茶敍,商財政委員會進行事。主張同人等爲該會重心,由下層著手。消極方面,維護基金之不墜;積極方面,謀財政之改善。

晚,在膺白先生寓討論《新中國建設學會會章》要點,主設維持員,以發起人允之,常務委員出維持員擔任。

二十二日

漢樑約光甫、馥蓀、寄廎、康侯及余同至中央銀行,商談本月份財政。

支出:軍費一千萬元,政費及各省協款三百萬元。

收入:借款八百萬元,關餘六十萬元,印花三十萬元。

不足：二百五十萬元。

借款成分：中央、中、交四百萬元；商業銀行二百萬元；錢業、交易所各一百萬元。

晚間，岳軍兄因吴市長不在滬，日本人因《民國日報》登載日皇被炸事及三友社工人打傷日僧事，乘機採取强硬態度，除《民國日報》自己道歉外，須即解散抗日團體，限期答覆。約洽卿、曉籟、嘯林、月笙等在史量才宅會商，均主張自行宣佈解散，以免擴大而致求榮反辱，真所謂人人有氣無力矣。

二十三日

晨，伴何克之兄到中央銀行，晤漢樑就秘書長職務。

下午五時，森哥自京來滬，往接之。晚，在範園晚飯，長談。

二十四日

晨，森哥來寓談。渠與張東蓀、羅隆基等亦有團體組織，并擬與任之等合作。當決定與膺白先生等十人團聯絡合作。

二十五日

上午，漢樑報告，哲生因陳友仁不能貫徹對日絶交主張，憤而辭職；同時聞蔣、汪有改組政府消息，決計辭職，已避不見面。此公忽就忽辭，忽喜忽怒，可謂毫無真知灼見，以國事交於此等人亦可悲矣。

下午，王曉籟等召集壬申俱樂部人在公會開會。有張岳軍前市長、吴鐵城市長報告，日本要求限期答覆，最重要點在是否取消抗日運動。吴市長一恐命令不能實行，二恐受人民之攻擊，猶豫不決。余主張既已到此之地步，抗與從須一言而決。余知日人計劃，擬若當局不能允從日本要求，即自動到中國界内取消各種抗日團體。設有衝突，即派水兵登陸，將中國地界佔據，同時再增遣軍隊來華，要求南京政府亦取消排日，必俟滿意然後撤兵。與其爲城下之盟，不如忍辱負重，由團體宣告贊助政府，主張自動取消。一面須痛哭流涕,以告同胞爲臥薪嚐膽之計。壬申俱樂部須積極從事排斥日貨工作,不重形式。不過排日工作腐敗之原因,不能從精神上唤起民衆,造種種口實與日方,皆黨人之誤。故余主張商會會長應退出國民黨,使商會變成真正商人之商會,勿受黨之牽制,以期實事求是做排日工作。余方冒贊成屈從之主張,到會同人均贊成此議。

軍政部部長何敬之到滬,在中央銀行開財政委員會,報告軍費竭蹶情形,希望金融界答應八百萬元早日交於政府。

二十六日

下午,銀行公會開會,討論與商會等聯合發表宣言。主張臥薪嘗膽,忍辱負重,所有愛國運動由外表工作進爲内心工作,拋棄形式,各憑天良,以茹哀忍痛之精神,收轉弱爲强之大效。工會亦有聯合宣言。

二十七日

宣言書登報。吴市長籌備取消抗日團體辦法,一面請示南京,并要求陳銘樞來滬約束十九師。南京同意,陳銘樞亦有電告十九師。

是晚二時,即派警封閉抗日救國會。

二十八日

日本駐滬總領事函告吴市長,限於本日六時以前答覆,否則即自由行動。吴市長於下午一時半將承認要求答覆送達日領館,除取消抗日救國會外,并應允取消一切抗日運動。

六時左右,日友來報告,日領已滿意,以爲可苟安無事。因旬日來夜夜開會,未能早睡,提早休息一晚。

二十九日

晨起即得淞蓀電話,又寄廎電話,謂均在大中華飯店開商會執行委員會,主張一律罷市。岳軍亦來電話報告。趕至銀行公會,正在開會,即議決隨同商會罷市,大致宣佈日軍背信啓釁,同胞之恥。公議罷市,以示哀悼。

下午,繼續開會,議決停市三日。

三十日

吴市長在英領事館商議於晚八時暫行休戰,但轉瞬即聞炮聲、鎗聲。據云便衣隊相擊,孰先相槍擊無可證明。

三十一日

晨起見報,知已宣佈遷都洛陽,人心大恐。因思如此情形,明日如何開門? 即約行中德友魯華德,研究有無限制提現或停止付現方案,以爲最後之一著。即到行與同人研究,有主張開門者,有主張政府宣佈一律停止付現者,紛紜莫決。

下午,格萊洋員亦來,草擬一停止付現全盤步驟。到中央銀行,適仁記路本行門口及上海銀行門口均有子彈衝過,均以爲秩序不寧,不如暫不開門,從容研究善後之策。

當晚,公會開會,議決與商會一律暫行中止復業,惟對於鈔票照常兑現,小數存款通融照付。

二月一日

外人方面,紛紛反對繼續停市。恐閑人太多,擾亂治安。市商會登報,議決總結帳展期一個月,至二月底辦理。

二日

昨晚南京下關日艦開炮,原因不詳。虹口方面戰事仍然繼續,日兵且進至蘇州河佈防。

三日

英、美兩國勸告中日兩國停止戰事,使戰爭區域成爲中立地帶。

昨上午,公會開討論應否復業問題,銀錢兩業聯合會舉定余及孟嘉、新之、筆江、淞蓀、壽民、寄廎、光甫、馥蓀九人爲研究員。先在公會開會,繼在中央銀行開會,研究結果主張爲安定同行起見,應由同業照錢莊辦法創一公單。辦法先由各行湊集值銀五千萬兩之財産成立一團,如有缺款者,可按其所交之財産作爲押款,給予一種公單以便支付。惟重要之點在外國銀行是否收受此種公單,因由淞蓀、新六、馥蓀三人今日向匯豐麥加利商辦。結果各外國銀行主張不收受華人存款,以示不令華銀行有移動存款之恐慌。至公單一層,因等於强迫做押款,不能承認。但如遇華銀行缺款時,可通融做出押款。各行認爲滿意。因於當晚議决,明日一律開業。

四日

各銀行一律開業,提存兑現尚好。一由人民愛國心之進步,二由倉卒決定,一般人或尚有未知銀行完全復業者。深恐戰事不停,人民漸漸發生自保之心而愛國之心漸漸冷薄,此不可不防者。錢莊因老司務藉口行路不安,不允開市,小夥計亦從中煽動,紛紛在公所滋擾。各董事上臺發言,無人聽從。原因一由倉卒,各董事議決開市,間有不知、未及預爲佈置者;一由錢莊不乏缺款之莊,均盼望拖過年者;一由夥計宕帳不願結束者。要之,錢莊内容及夥計程度迴不如前,故有此類現象。嗣各莊經理一致簽字開市,一面宣佈結帳展緩至二月底,暗示不追宕賬。由中央、中、交售鈔,每家五萬,以平洋價;并由三行繼續從前五百萬兩折款,以舒銀根。始於下午一律開市。

今日,吴淞炮臺仍與日艦彼此炮擊,南京飛機來助戰,追擊日飛機,擊落一隻。

五日

宋子文來滬,宣佈自兼中央銀行總裁,問徐寄廎兄能否任副?寄廎以寧推陳行爲副對,子文即云可否任常務理事?寄廎允之。嗣泉幣司長隨即交出公文,將黄漢樑任命之董監事一律免職,舊董監事一律復職,即總經理唐壽民亦復職。此種做法過於胸襟狹隘,不是政治家氣度。論才能、德性,徐勝於陳多矣。

前次推舉金融研究方案之九人在行,集議公單辦法。晚,晤子文,詢其有無特别方案。將有人主張現金集中及不可之理由告之,渠復認不可。因事關重大,不可不確詢其意見也。

六日

陰曆新年,慘澹無光,毫無新年氣象。家家户户不能不深記日人之酷賜。諸弟妹來,同到範園祭祖。

中午,到膺白先生午餐,岳軍兄同到,痛談時局,覺得政府中人依然政見紛歧。上海商界有海派式之政治,譚青年只知虚矯愛國,無國家的動作,無國民整個的組織,弄得有識者一籌莫展,歎息不置。

七日

上午,偕八弟、志騫兄同到楞伯、震修、幼偉諸兄處談談,已説不到拜新年矣。

正午,在公會討論公單辦法。晚,在一八一號俱樂部,即張嘯林、杜月笙庇護之賭場。因月笙邀談滬局解決。渠深慮戰事延長,愈化愈大,約量才、馥蓀、寄廎等一談。余以所見告之,大致日人必須將華軍打退,暫時佔領吴淞、南市,於是主張上海三十里以内不駐兵,上海改爲獨立市。此乃日人之詭謀,吾輩不可不認清者。同人均認結果華軍必爲所敗,因日軍以傾國之力有餉械、有訓練、有組織之軍來攻吾軍,勢不能敵。但目前爲民氣計,惟有决死戰,不計成敗。不過獨立市之説,果由英美出面,主張中外均不駐兵,一使吾國不失體面,二可化干戈爲玉帛,未始不可贊助其説,姑探各方口氣形勢再説。余第一次到一八一號,亦日人所賜也。

八日

中午,繼續前日討論公單談話,在公會午餐。淞蓀爲慎重起見,主張各行儘湊集五千萬財産,但發公單之數以籌集得現金之數爲度,主張先發行一千萬兩或千五百萬兩。中南銀行胡筆江主張另發有期限之公單二三千萬兩。余覺發行有期限之公單,結果多款行遇收款時,缺款行必勉强以未到期公單抵交,發生糾紛。不如放鬆一步,除公單之外,發行一種公庫證,可充領券準備;再發一種抵押證,可向會借款,較爲界限分清。均贊助余説。

宋子文邀往,談財政無法辦理。余告以戰爭一時不易結束,須金融界、公債持券人、兵士、各省共同分擔責任,各受損失,方能支此危局。即金融界在極少數範圍内幫忙;公債持票人於還本部份略受犧牲;兵士只能給予衣食;各省不在戰事區域内者,應籌助給養。囑約馥蓀、淞蓀、詠霓等同往明日午餐。

今日英國海軍司令 Kelly 與日本重光公使晤談,要求雙方停止戰事,設立緩衝地帶。重光答覆,非中國軍隊撤退十五英里至二十五英里,不能停戰。英司令以要求過甚,只能謝絶調停。

今日日本陸軍在吴淞張華浜上岸,四千餘人與中國軍隊劇戰。隔蘊草浜而戰,日軍以重炮轟擊,聞有二連爲炮轟斃,日軍亦死傷數百人。

晚,振飛、子楷、量才約顧少川在子楷家談話,研究有無就英美調停照會詢一平和途徑。頗有討論,少川謂弱國外交利在速了,中日交涉一誤幣原外相希望中國承認五條原則,進行基本協定宣言時,中國不予理會;二誤於錦州問題發生,重光赴寧晤顧,當時重光頗思就錦州問題開始一切交涉,各界熱烈反對;三誤國際聯盟中,日本芳澤代表宣言,願與中國直接談判,中國亦不予理會。今則一誤再誤,將至不可收拾。余告在座諸君云,余之所以主張市政府屈從者,因日本國民性熱狂過度時,忘卻國際法律、禮義,幾於無理可講。軍閥以久無戰事,均思生事。政治家中大都主張對於中國軍人、黨部非與(予)以痛擊不能覺悟,一旦啓釁,必至無法範圍。且以上海爲經濟重心,吾輩果欲從經濟排日,不可將上海工商業摧殘。留此重心,一切排日工作均有基礎可築。不意生此枝節,竟成大禍。啓釁後第三日,余囑人到英領事處,告以欲調停即此一二日,否則雙方死傷一多,即須擴大。奈南京決計遷都抵抗,十九軍得手,以致無法向雙方進互讓之言。今則勢成騎虎,日人必須致勝耀威,中國軍隊非死戰不能對國人。中央無主無人力敢主和,結果上海特別市、南翔、松江等處盡遭蹂躪。中國僅有之工業基礎全盤犧牲,尚有何排日工作之可言? 設再退及長江,必至通商口岸受制國際勢力之下,内地則共匪遍地,利害之間可深長思矣。

九日

新年後開業第一日。子文邀往午餐。馥蓀以中央銀行换副總裁及理監事,未先與渠及吾輩接洽,認爲毫無誠意,不能爲友,因辭監事。光甫、淞蓀繼之,因此不去午餐。余去後,子文詢及財政辦法。當告以金融已十分危險,吾輩只能先顧金融,不能再顧財政。渠云祇能停還公債本金暫渡國難。余答以個人不能贊一詞,若團體出面反對,余亦祇能立於反對地位。渠云中行顧全金融極所贊成,此後不再麻煩中行。財政方面,渠不能不設法應付。最後,余勸以必須與金融界先事洽商,徵求意見。余個人意見以爲,當此國難,持券人不能不自動酌量犧牲。政府方面,不能認爲應得之利方昭公允。詠霓恐子文與金融界決裂,邀淞蓀去談。淞蓀將子文與余及馥蓀不能開誠佈公之處,與子文直言之。

十日

戰事雙方在閘北、吴淞戰線仍無變動。岳軍邀談應否再與日人方面接洽? 余答以此時國人方面若與日人洽商,條件任何優越,必受國人痛罵。設英美人出面調停,即稍吃虧,國人亦可甘受,可謂國民精神已受國際共管,故不如仍候英、美、法公使到滬後調停再説。

十一日

宋子文爲馥蓀兄等辭中央銀行監事事及公債問題,託詠霓兄解釋緩和。又研究公債問題,余意既在國難期内,持票人爲表示愛國起見,不如將還本延期數月,而政府對於持券人之責任仍不能逃。且子文爲發行公債之原經手人,更不能倖逃責任。惟馥蓀、淞蓀兄意,此後政府深恐愈趨愈壞,一經任其延期,即可無限期之延期。設果無限期延期,則債票永無價值,不能流通。尤恐此後財政長無能力、無魄力者,或即延擱不理,則持券人更無辦法。不如定一整理方案,確定基金,爲較爲一勞永逸之計。余因政局太無把握,故贊同馥蓀、淞蓀之意。

十二日

宋子文約詠霓、馥蓀、淞蓀等同談公債事。湯格顧問計劃除數種以賠款作抵之公債外,發行一種較爲長期、在廿年左右之公債。余等主張發行三種公債:(1)以賠款作抵之公債,抵押品照舊延長期限。(2)其他公債,按還本期限之遠近發行二種公債:(一)六年期;(二)十二年期。但此次整理之後,基金必須悉歸入關税項下,務使益加確實,約明日繼續討論。

今日,英、法、美三國公使到,調停滬案。

十三日

下午三時半,在子文宅繼續討論。夏屏方兄擬一方案,分爲四種:(1)四年期;(2)八年期;(3)十二年期;(4)十六年期。原則大致贊成,惟十六年者,大家均主張改爲十四年。但亦有主張一律不加變更,僅將還本折半償付者。擬明日約金融界同人續談。余總以爲自發之人自來整理,缺乏責任觀念,未敢謂爲正當,借國難爲名,挪用基金耳。

聞英、美、法三使奔走,尚無頭緒。十九路軍有自動撤退之密議。

十四日

晨十一時半,蔡廷楷(鍇)師長招維持會。同人表示謝意,并説明與中央一致。微露餉械不足、黨不團結、不能久戰之意。中午,維持會經濟組開會,擬創辦愛國捐,爲救濟難民、慰勞將士之用。先由到會之人約三十人左右,各認募一萬元。

四時,宋子文邀各銀行茶會,表示基金短絀、政費竭蹶,徵求對於整理公債之意見。到會之人各有表示,主張財政部先提出方案再行討論。

十五日

下午,張詠霓兄約馥蓀、淞蓀同談。渠提出整理公債方案,大致按目前所付基金之半數,除庫券按月息五釐、公債年息六釐外,餘攤還本金,按成計算。延長年限,分別立一年限,短者四年,長者十六年,儘先以關餘撥付。一面研究如何確定保管辦法,以期穩固,大致尚屬妥洽。

十六日

中午,約壬申俱樂部同人研究公債問題。除新之主張讓其自定辦法,持票人堅持反對態度外,餘均主張定一辦法以定人心。

五時,宋子文約以前交涉公債問題之七代表,加交易所張慰如。宋、張兩公提出油印説帖,各代表除史量才代表答覆數語外,一致主張提出各公團討論再答覆。

今日炮聲較少,政府中人仍在奔走和議,聞英、法各公使擬提出共同撤退爲開議之條件。

十七日

英使力謀斡旋停戰,據云已辦到。雙方軍事當局於明日會面,但今日路透電傳日本政府消息,將遞哀的美敦書於十九路軍,要求退去二十英里以外,否則下總攻擊令。且云不適用於蔣介石之隊伍,故意離間分化,此日人慣技。

十八日

公會於下午開會討論公債,政府提案大致意見,一爲税收減少,二爲國難當前,三爲使政府可以度日,不得已承認減利延長還本。但要求:(1)財政公開,確立預算;(2)利息增加一釐;(3)基金保管辦法應求確實,令總税務司加入基金委員會;(4)應請政府月撥基金五十萬,爲上海兵災善後之用。會畢,與馥蓀往晤子文。大致除增加利息不能同意外,餘可照辦。公會中本有主張令總税務司簽字於公債者,子文主張由政府令飭總税務司聲明負責撥款,不必簽字。

今日,十九路軍代表海關監督范其務與日本陸軍參謀見面晤商。日本方面仍主:(1)吴淞炮臺不得安置炮位;(2)獅子林炮臺亦須拆卸炮位;(3)閘北自租界起二十英里及西區一直線起二十英里均不得駐兵,浦東自法租界疆線起至海岸亦不得駐兵。并云,今晚九時擬交哀的美敦書於十九路軍蔡廷楷(鍇)師長,二十四句鐘以内若不滿意答覆,即開始總攻擊。

十九日

昨晚,日軍植田司令致哀的美敦書於吴市長,當晚即有炮聲。

今日中國方面答覆拒絶要求,近晚即聞炮聲隆隆,大致已開始攻擊。至今日雖素唱主和者,亦認日方要求過於無理,無不義憤填膺,咸主作決死之戰,成敗在所不計矣。

二十日

晨,吴淞及江灣方面戰事甚烈。知江灣方面,日軍沖進,國軍先退,繼包抄。至下午,未聞勝負消息。

壬申俱樂部開會,討論公債問題。錢業報告一致贊成;銀業報告有條件的贊成;商會報告,因展緩與整理二説各有理由,因定下禮拜一決定意見。證券交易所主張先付一半,國難過後再行補還。因決定推王曉籟、李馥蓀、秦潤卿、張慰如、杜月笙五君審查,明日報告決定。

廿一日

中午,壬申俱樂部在公會開會,報告各團體對於公債之意見。大致對於展緩與整理、換票與不換票二點,意見甚爲參差。既減利即不能認爲展緩,單展緩即不能減利,換票無異抛棄固有契約,不換票不能將各項擔保悉歸併於關稅,各有利弊。一部分對於十七年金融置於最短年限之中認爲偏枯,不知此項公債係以九四折售出者。經馥蓀、潤卿詳細解説,始推潤卿、馥蓀、曉籟、慰如、月笙、俞寰丞等會商細則再定。

今日江灣戰事甚烈,日方四處用飛機抛擲炸彈,真如、大場等死傷甚多。昨晚閘北方面我軍甚屬勝利,俘虜日軍三四百人,損傷坦克車十餘輛。

廿二日

今日吾軍在閘北方面進展甚爲得手,吴淞方面抵抗甚烈。八十八、八十七師旅長、營長均有受傷。日擬奪取廟家樓鎮未果,反爲吾軍包圍。至晚炮聲隆隆,想在閘北方面激戰。

本行同人決定救國捐,擬全行同人各捐薪水全年中之半個月,係由行員開會自動決議,約可得五六萬元。

廿三日

今日下午四時,宋子文請各團體代表開茶會,到者史量才、張嘯林、杜月笙、李馥蓀、張蔚如、王曉籟。此外,儲蓄會之 Speelman、沙遜洋行之 Daocy、友邦保險公司之 Star、股票掮客之 Swan、信託公司之 Maclure 等討論公債問題。對於各團體提出條件,大致無甚異議。

廿四日

中午,膺白、新六、董顯光、張竹平同餐敍,討論《時事新報》、《大陸報》、《大晚報》、《申時通信社》等之言論。擬請膺白先生主持大政方針,討論甚久。戰事仍在廟行鎮相持,日軍未能前進。

廿五日

下午,與馥蓀同至子文處,決定持券人會。與子文互相發表協商改變公債條例之宣言,及斟酌國府命令爲最後之決定。

廿六日

今日發表國府命令,宣佈公債變動辦法并持券人及財政部宋部長宣言,同時送報發表。

晚,《時事新報》請膺白先生晚餐,有董顯光、張竹平、潘一弱、徐新六、夏筱芳,討論言論方針。

廿七日

今日戰事不甚得手,江灣已退出。在宋子文處討論市面金融問題,決定從速開市,一面中央銀行亦加入聯合準備委員會。

廿八日

上午,往紅十字會醫院看傷兵。

中午,白搏九及宋子文請午餐,討論維持會内應辦各事。

廿九日

聞北方面甚爲吃緊,日本大部援軍到齊,炮火甚烈,重炮與飛機炸彈並發,抵抗極爲吃力。

下午五時,經濟組開會,討論北方排斥日貨問題。決函北平、天津、青島三處金融界同人,詢問如何排斥日貨辦法,以便進行。因北方仍在購買日貨,無任焦急。

三月一日

今日白川大將率領援軍到滬,全線下總攻擊。八字橋、江灣等處日軍進展甚猛,炮火猛烈。吾方益難抵抗,有不能不退卻之勢。一方〔面〕中日雙方談停戰尚未有結果。

二日

昨晚起,全線總退卻,原因由於日軍大部自瀏河登陸後,路將爲切斷,不能不退。閘北大火延燒,終日未熄。日軍已抵真茹。

晚,維持會開會。范其務、鄧壽仁代表十九路軍出席,報告不能不退之理由,并表示不能死守之歉意,哭泣不能成聲,全場流淚。

三日

日軍追至南翔,聞嘉定、羅店、真茹等處均有焚劫。

今日下午日領館宣佈日方在上海附近停戰。壬申俱樂部在公會俱樂部開會,討論南市治安及此後特別市政權問題。余主應促成市長民選。

四日

日軍在嘉定、婁塘等處前進。中國方面,以日本方面提出條件又與前數日提出者相去懸殊,不允議和。

五日

晚,共黨四處散播謠言,謂中國軍隊在瀏河大勝,又謂白川陣亡。忽鞭炮之聲四起,全市人民莫知所措。初不辨爲鞭炮或鎗炮之聲,全市惶懼。余適過南京路,見有人攜國旗宣佈戰勝消息,并分給鞭炮,乃恍然知爲共黨所組織。

六日

今日最近消息:日軍戰線系自揚林口沿瀏河、嘉定、南翔、真茹,中國軍隊在崑山、太倉、婁塘一帶。

七日

下午,開寶山兵災救濟會,推余爲會長,朱鳳千、王奏雲爲副會長,辦理救濟事宜。

自是日起,閱覽各種雜誌及各種材料,爲編中行營業報告之備,費兩星期脱稿。當作成文時,均晨四時起床執筆,至十時可成一篇。股東會之次日,中西各報均一律登載,并有社評。《時事報》摘要算極中肯;《申報》指摘余所云欲恢復世界繁榮必須變易人類心理一段,謂不徹底,必須變更社會組織之基礎;《新聞報》則述勉勵之詞;《字林西報》則題爲"善良之忠告";《大陸報》則多讚詞。次則爲絲業衰敗,適曾養甫浙建廳。來商救濟,因電江蘇顧主席,邀實業廳何玉書君來滬,并邀銀錢業實業部代表、絲繭商代表開會,議決治標治本辦法,另有議事録。行中因《中行月刊》過於研究學術方面,不能促進同事普通思想生活之改善,因決定將《中行月刊》公開發行,另發行《中行生活》,專爲行中同事自由發表意志。

八弟赴渝,行前盤桓多日。議和問題,中間種種波折,尚未實行。

余日記間斷將二月,但可記者幸不多,否則甚屬可惜。

五月一日

晨,寫致濟南陳儁人兄函,將最近冰峰社社友動作報告,勸其鼓勵勇氣,勿爲環境所消磨。

下午二時,虹口中行辦事處新屋行基奠禮,因時局不寧,不招待外客。儀式簡單,石牌上書:"虹口中國銀行基石。總經理張公權,經理貝祖詒,建築課長陸謙受。"另備鋼匣一隻於基石之内,内盛中行鈔票滬券十元券、五元券、一元券、五角、二角、輔幣券各一紙,現洋二元;虹口辦事處貸借對照表一張;虹口行員簽字一張;二十年度報告一册;建築圖樣一本。

二日

下午五時,曾養甫、何玉書兩廳長,謝作楷、張福運兩署長,譚仲逵司長適自宋部長宅會議畢後來。絲繭事據云已議定,出口絲免税并津貼一百兩,用户絲不貼。決定明日召集前次開會到會各代表。

聶璐生之世兄光第畢業於燕京,在其父恒豐廠中服務,招致渠入中國棉業公司爲會計主任,今日到行談定。有壬兄來,談停戰協定明後日可解決。

三日

終日開絲繭問題會議。出席者:

政府方面:財部代表關務署長張福運、統稅局長謝作楷、實業部代表林墾司長譚仲逵、浙江建設廳廳長曾養甫、江蘇實業廳廳長何玉書。

絲繭商方面:吴申伯、朱静安、沈驊臣。

出口商方面:李述初。

銀錢業方面:秦潤卿、馮仲卿、曹吉如、章乃器。

決議:

政府對於江浙廠絲出口,每擔補助銀一百兩;出口捐税一律免除。江蘇、浙江兩省發行庫券銀四百萬兩。先發行二百廿萬兩,分四年還清,利息年六釐,爲前項補助金之用,即以庫券交付江浙銀錢業。籌集三百萬元爲收繭放款,浙江一百八十萬,江蘇一百二十萬元。江浙銀錢業做絲繭押款四百萬兩,銷納新絲新繭。此爲官民合作救濟産業之先聲。政府歷來救濟絲業而不中肯,故此次由上而下,庶幾事可徹底。實爲江浙三四百萬農民、數十萬工人著想,盡吾輩救濟民生之責也。

地方維持會開會,討論救國捐用途,多數主辦航空,余亦主張此説,交小組討論。太、嘉、寶救濟會開會,討論政府撥助三十萬元支配方法,太、嘉各九萬,寶山十二萬。

晚,岳軍宅晚飯,有膺白、石曾、有壬三公,討論結果:(1)在不違背三民主義下,允許人民結社自由;(2)黨之儀式應限於黨内;(3)黨費應不用公款;(4)國民黨本身應力自整理。擬各向汪、蔣方面進言,以期其成。同時膺白先生主張,由渠擔任發起一學會,研究一切建國計劃,即前之建設學會也。

四日

晚,宴英國新任商務參贊皮爾,渠前隨英國經濟團來華任總書記。此人經驗宏富,見解清晰。皮君主張,此後中英經濟合作由小而大,不談高論,先從某種計劃、某一區做起,逐漸擴大。因談杭江鐵路,渠極有興味,約從詳研究。

五日

上午,整理存絲存繭委員會及出口推銷委員會開成立會,推常委各七人,即在通運公司内分貸一屋爲辦公處。即日登報,限十五號以前登記存絲存繭。

六日

國貨聚餐會,有四川來的盧作孚演講。盧君在四川創辦輪船公司、各種實業,並辦有模範新村,艱困卓絶之人也。

今日在《大陸報》開會,討論中國出版公司一切所辦事業。有宋春舫之調查報告,極爲詳盡。

七日

在膺白先生處開會,討論新中國建設學會,決計即日進行。膺白先生個人自願投身於此。

晚在範園,有太、嘉、寶三縣同鄉討論三縣施政方針,宗旨以極少的費用辦較大的施政,不論教育、建設,均如是做。

八日

約盧作孚、杜重遠君同到虹橋陳箏林花園暢談,討論:(1)如何將中國紗推銷於四川;(2)如何解決四川在滬之存絲;(3)如何糾合同志改良四川政治。

九日

晨,在膺白先生寓通過《新中國建設學會章程》,並商定發起人名單。省政府韓委員來談,暢談省政之改革。彼此意見極洽,又商塘工經費及太、嘉、寶兵災二項借款事。克之兄來談安徽財政困難,磋商解決辦法。

晚,約德國喜望公司康道爾夫君晚餐。渠承南京建設鋼廠事,不日回國,意欲與本行往來。

十日

上午,爲《中行生活》做文章,第一期發刊詞,吾的題目爲《一封行員的信》。

【黃炎培跋】

讀張嘉璈手寫日記兩本後之感想

一九五五.八.七. 黃炎培

第一本,民國十六年(1927)四月廿一日至十七年(1928)五月廿四日。

第二本,民國廿一年(1932)一月一日至同年五月十日。

兩本都存在著不少漏記事情的月日。

張嘉璈,號公權,江蘇寶山人,傳聞現在美國了(張嘉森號君勱之弟)。

張公權當時在上海和我往來相當密的。他是我和黃膺白(郛)等發起的"新中國建設學會"最初十人團的一員,還有冷禦秋(遹)、李小園(書城)、江問漁(恒源)、張鎔西(耀曾)、李伯申(肇甫)、趙厚聖(正平)、何克之(其鞏),是我應"九·一八"國難而發起的集團之一。

但公權、膺白輩對於敵人日本,和我是存在著思想上的分歧的。他們並不是不忠於祖國而有心媚日,祇認爲日本這樣强,中國不可能抵抗的,惟有暫時忍辱再圖大計——大計在那裏呢?——和主張寧死不屈的我一輩人彼此講不通的。所以,他們的主張也不和我講明的——公權的主張,見他的一月廿二日①、廿五日②日記。——到後來,膺白受蔣介石使命,在北方和敵人做了不少鬼鬼祟祟的勾當——養成了手下一批十足道地的漢奸。膺白在人民群衆面前是很對不起的。公權呢,從這日記中自己説得清清楚楚了。

我個人日記在1932那年三月廿八日記的是:"祈齊路膺白家商時局。凡有地位、有事業、有身家者,太乏進取心,怕犧牲,此救國之所以無成也,爲之浩歎。"這話我在那天就對膺白、公權而發。那時,我一輩人主張,只有傾全力、倡團結、倡捐金,助抗日救國軍隊,要求政府領導抗日。講話就講這些,寫文章就寫這些。——公權呢,衹須看他日記中間除名詞的引用以外,都不稱"抗日",而稱"排日",就是他思想的表現——日本人才稱我們"排日"。到今天説來,他們這一大批人衹是完全暴露出資産階級的代表思想。後來,張君勱所領導的民社黨終於跟著蔣介石逃到臺灣,根就種在這上邊。但是,他們還是不滿意於蔣介石和國民黨的。分析起來,對國民黨,恨他亂,亂在一群人主戰,一群人主和,而蔣介石没有魄力拿出辦法來!——後來,蔣介石還是決策主和,命令黄膺白在華北演出種種醜態。够醜了,結果還免不了"七·七事變"。

上海"一·二八之役"顯然是華北"七·七事變"的縮影。"一·二八"那天下午一時半,上海市長吴鐵城已經向敵人全部承諾封閉抗日救國會呀——是前一晚的事——取消一切抗日運動呀,公文送達敵方了,跪下來了,而終不免於當晚敵方閘北開火。比那黄膺白在華北和日人鬼混够醜了,而終不免於"七·七事變"有什麼兩樣?

公權的本職是中國銀行總裁,公權是一切爲了中國銀行的。爲了中國銀行,和蔣介石、和代表蔣的宋子文前前後後經過不少不少劇烈的鬥争。日記曲曲折折地寫著,蔣無非要求中國銀行領導上海金融界擔負無限度的軍政費,曾經多次對公權大發雷霆,公權曾被罵"把持金融",日記曾明明白白地寫著。——中國銀行到底給蔣介石奪去,交予宋子文,這是後話。——公權後來還擔任蔣介石政府的交通部長,未免太無聊了!——民國十七年一月六日公權日記:"英人其爾培脱言須熟知政治情形,但不可投入政治漩渦,此真吾輩金石之言。”公權自己忘卻了。

公權在民國二十一年一月十日記著:“勸孫哲生(科)——那時蔣介石走奉化,孫任行政院長——政府有責無權,萬不可爲,不如召集各省代表,討論改組政府。如不應命,即召集國難救濟會,各省代表合組人民政府。”公權這一段話很漂亮,難道信孫敢接受,信蔣肯接受麼?

日記兩本説到中國共産黨的統共三處。資産階級人物那會認識共産主義不足怪。公權呀,你所想像的“人民政府”,不到二十年還是靠了中國共産黨、中國人民解放軍趕走了蔣介石,才得在人民民主統一戰線之下組織起來。我輩幾十年呼號著“國難、國難”,你日記所慨歎著“國民精神已受國際共管了”。二十年後,在中國共産黨、毛澤東主席領導下,解放了人民,再造了國家。雖世界最强大的你所流亡、依靠著的美帝國主義,失敗於抗美援朝,到今天不勝輿論的壓力,終於實現了日内瓦的“中美會議”。公權呀,那裏知道你所慨歎著的“有氣無力”的中華,到今天才開始地揚眉吐氣!

---

① 民國二十一年一月廿二日日記:“日本人因《民國日報》登載日皇被炸事及三友社工人打傷日僧事,乘機採取强硬態度,除《民國日報》自己道歉外,須即解散抗日團體,限期答覆。約虞洽卿、王曉籟、張嘯林、杜月笙等在史量才宅會商,均主自行解散,以免擴大而致求榮反辱。”

② 廿五日日記:“吴鐵城市長報告日本要求,限期答覆,最重要點在是否取消抗日運動。吴市長一恐命令不能實行,二恐受人民之攻擊,猶豫不決。余主張既已到此地步,抗與從須一言而決。余知日人計劃,若當局不能允從日本要求,即自動到中國界内取消各種抗日團體。設有衝突,即派水兵登陸,將中國地界佔據。同時再增遣軍隊來華,要求南京政府亦取消排日,必俟滿意然後撤兵。與其爲城下之盟,不如忍辱負重,由團體宣告贊助政府,主張自動取消。一面須痛哭流涕,以告同胞爲卧薪嘗膽之計。壬申俱樂部須積極排斥日貨工作,不重形式。不過排斥工作腐敗之原因,不能從精神上唤起民衆,造種種口實與日方,皆黨人之誤。故余主張商會會長應退出國民黨,使商會變成

真正商人之商會,勿受黨之牽制,以期實事求是做排日工作。余方冒贊成屈從之主張,到會同人均贊成此議。"

【劉厚生跋】

張公權日記兩册,徐子爲君得之於書攤,細審此日記決非原本,而自從日記中摘録以示其友人之品也。十六年之日記,詳敘國民黨佔領上海、南京後對於中國銀行壓迫行爲,歷歷如繪。俞飛鵬與宋子文手段不同,但不脱軍閥部下軍需處之本來面目。而宋子文尤狡詐,公權終不能敵。中國銀行終爲子文所攘奪。當被攘奪之時,除王(黄)膺白、張岳軍曾在蔣介石前爲公權表功而終於無效外,其他同業并無爲之主張公道者。甚至陳光甫、徐振飛亦暗中爲子文設計,以排斥公權。迨至在重慶,公權由交通部長下臺時,一家生活竟成問題。銀行界同人亦已飽受宋、孔之剥削,始良心發現,湊集若干金資其出洋赴美,但公權從此變節,到重慶後不得不變節與熊式輝合作矣。言之不勝浩歎也!

一九五一年一月記

(整理者單位:上海財經大學)

周季木秦石軒日記

□ 唐雪康整理

周進(1893—1937),字季木,以字行。室名居貞草堂、魏石經室。安徽至德(今東至)人,清兩江總督周馥之孫、周學海四子、周叔弢之弟。周氏爲著名金石學家、收藏家,藏品在其生前身後輯爲《居貞草堂漢晉石影》、《魏石經室古璽印景》、《至德周氏居貞草堂藏器》、《建德周氏藏古封泥拓影目》、《季木藏印》、《季木藏匋》等。《周季木日記》稿本一册,原在周季木侄周一良處,後周一良將其轉贈外甥孫啓治。稿本封面題"日記/丁卯正月/居貞閣主",丁卯年即1927年,此册應即周氏1927年日記,肇自正月初一日,終至十一月十六日,其間時有斷續。日記以緑格"魏石經室雜著"稿紙寫録,因周氏1921年前後曾得魏石經《尚書·君奭》篇殘石一塊,遂以"魏石經室"作齋名。

日記扉頁題:"事無鉅細皆記之。即嫖賭、買賣、撿書、習字諸瑣碎不堪者,皆在所不遺。蓋示人以事,無不可對人言也。"所記以買賣、鑒古諸事項爲多,部分古器物,或繪其形製、鈐印於眉端,今限於格式,日記眉端所繪圖形及鈐印只能割捨,眉端所記文字以"眉注"形式置於當日日記之末。此册日記之後,另有周氏所録《戴醇士畫册》題畫記十一頁,總十二幅,今亦加以整理,並依光緒十九年刻本《習苦齋畫絮》校訂。

天津圖書館藏有《秦石軒金石文字日記》鈔本一册,前半節録此1927年《秦石軒日記》,内容涉及買賣、鑒古方面,其餘諸瑣碎不録。此節録本對原稿錯謬多有修正,本次整理,對此鈔本加以參考。

秦石軒日記

正月初一日　晴

十時興,到諸叔處拜年。十二時,回家午飯。二時,武青田來,談二小時去。李次武來。

初六日　晴

晚,羅君美、程秉泉來。程,上海古董商人,極誠爽,可交,此次同一美國人來津收買古畫,知霍邱裴氏有藏畫,在予妹婿李次武處,待價而沽,丐予爲介,予允以明日往詢。羅、程在我處晚飯,略談上海鬻古情形,知滬上收買吉金者有程姓、劉姓、蔣姓等數家。以曾見前人著録之古器爲尚,而能得善價,易出脱,新出品反居其次。字畫價大落。古印收者少,值極低。古泉僅一張叔馴能出重值。洋裝貨希見,價值日昂。書籍非程所知,未談。趙撝叔刻印,每字在十元上下,如所刻爲名人印,而邊款又多,則值加一倍、兩倍者常有也。吴讓之刻印,值略低於趙。

初七日

晚,往晤李次武,並告以美人收畫事。次武謂裴氏藏畫在其寓有二三十件,儘可約日來觀也。並先出以示余,所見有唐滕王畫《蛺蝶》、宋陳居中畫《女誡圖》,皆僞款舊畫。宋元集册,款多後添,畫亦不精,中以趙大年《梅道人山水》、無名人畫牛爲冠。五代人畫《揭鉢圖》畫舊,明清諸大家題拔皆不真。仇十洲臨《清明上河圖》、楊補之梅花、趙文敏書《蓮華經》皆僞。沈石田山水卷二,真而不精。其他王惲畫等十餘件未看。

初八日

往晤羅君美、程秉泉,皆不值。晚間因以電話告羅裴氏藏畫可約日往看也。

初九日　晴

往晤羅君美,羅出古官印一相示,文曰"都侯丞印",文字精好,審爲西漢物也。又方木杖一,是端忠敏公故物,杖首鉗漢銅器一,有"雒陽木[1]平"四字陽文。杖四周刻鄭孝胥、榮慶及端自題詩,因記於下:

匋齋得雒陽木平方竹杖,端因削箭笴製杖」使孝胥賦之。

破觚爲圜規偭矩,削圓成方始匋父。持危」扶顛誰杖汝,落日天闇久延佇。坡頭犖确復」崎嶇,戴笠相逢便下車。自愛木家翻姓」譜,還將《海賦》問元虛。

天氣寒兼煖,朋游聚復散。君持此短筇,五嶽應踏遍。吁嗟乎五嶽[2]都踏遍,如此俊游人人羡。有日」杖朝起巖廊,鐵石心腸方孔面,洗盡當年圓融圓活與世推移之習慣。　宣統辛亥清和月午橋四弟屬題　實夫榮慶病腕作　印[3]:華卿

宣統庚戌嘉平新得漢雒陽木平方竹」杖,端自製爲方杖而系之以詩。

淵明四十稱扶老,五十陶翁合杖鄉。貪餮」鳲鳩偏不噎,粗蔬藜藿亦生芒。鐵君定喜」依龢仲,靈壽端宜錫孔光。世競削圓方竹杖,我須圓木削成方。　浭易陶父題

眉注:高漢尺一寸二分五,寬七分,厚七分。

初十日

晚,往程秉泉閒談。程出示趙子固畫水仙直幅,乃内府物,有

乾隆御筆及鑒賞各印。畫之真僞不敢知,乾隆④印、跋則不假也。又於程處見濟南碑估劉文起。

十二日

下午同羅君美往晤陶伯明。陶收藏極夥,於金石書畫無不好也,並告我近日山東某縣出漢殘石一方,約存百數十字,中有圓孔。陶曾於保定見拓本,予則未見未聞,異日當一詢范申之。

十時,柯燕舲來談,示我新得古官印五六方,以"漢破虜長"、"草馬監"兩印爲最精。予以舊藏"殿中司馬"、"臨菑市"、"市器"、"都鄉"、"菑川侯"、"廿五日"六印⑤百元讓於彼,並云"君侯之璽"渠三五日後即攜款來取也。

往叔敏處小博,得六十元。

十五日

晚,柯燕舲來,取"君侯璽"去,值六百元也,雖云得善價,然宇内有數之尤物,十年相伴,一朝別離,心不能不惘然有失矣。又里印、唯印各一,亦讓於柯,值四十元。

十八日

晚,王偉齋、武青田、吴澤春來晚飯,飯後作牌九之戲,我輸去十五元,汪杲如後來盈少許去。

十九日

晚,金小亭、汪杲如來。

廿一日

晚,同家人到皇宫電影園看《茶花女》影片。

廿三日

接霍雨田信,云廿日由淮安動身,取道上海,坐船來津。晚同禮婉看《海角遺恨》影片,散後到小飯館吃水餃而歸。

廿五日

晚,擬往看程璘彬,以病寒不果往。

廿六日

晚,汪杲如來。仍發熱。

廿七日　大風

極寒,仍未出,臨鄧石如篆書兩幅、小楷六行。

廿八日　晴

下午,王偉齋來。

晚,汪杲如來。于破篋中檢出石古鉥一方,憶是辛酉年收得者,文似“輿舍”二字。

二月十二日

柯燕舲來,攜樊公簋去,晚送三百元來,云已售之某祕書矣。

十三日

范申之自濰縣來,爲予買得秦瓦詔一片、“己生人”庫錢一枚。洛陽雷明德來,以《晉當利里社碑》售予,值五百五十元,又以三元得其古玉一方。

十四日

讀報紙。得殊曼詩十餘絶,皆絶艷者,爰選録數首於此:

卻下珠簾故故羞,浪持銀燭照梳頭。玉階人静情難訴,悄向星河覓女牛。

羅襦换罷下西樓,豆蔻香温語未休。説到年華更羞怯,水晶簾下學箜篌。

碧欄干外夜沉沉,斜倚銀屏燭影深。看取紅蘇渾欲滴,鳳文雙結是同心。

秋千院落月如鉤,爲愛花陰懶上樓。露濕紅綾波底襪,自拈羅帶淡蛾羞。

銀燭金杯暗緑紗,空持傾國對流霞。酡顔欲語嬌無力,雲髻新簪白玉花。

蟬翼輕紗束細腰,遠山眉黛不能描。誰知詞客蓬山裏,烟雨樓臺夢六朝。

誰憐一闋斷腸詞,摇落秋懷袛自知。況是異鄉兼日暮,疏鐘紅葉墮相思。

蘭蕙芬芳總負伊,並肩攜手納涼時。舊廂風月重相憶,十指纖纖[6]擘荔枝。

十五日

早十时起,赴祠堂春祭也。

午歸洗剔《晉石社碑》四小時,蓋此刻陽面,字極剥蝕,雷估得石,奇想天開,以灰土補其缺畫,成爲完字,拓數十本,散之南北,不知者以爲初拓多字也。知者俱怒其毁壞古物,群焉責之。雷亦知其非,乃將泥土洗去。所補之土極堅固,點畫間尚有殘留未盡者,今再剔之,費三小時之力,仍不能盡。

晚七時,拓一本,與初拓及補字本細校,初拓第十一[7]行第八字雖大半殘泐,然下半"臼"字尚可見,乃"舊"字也。補字本已剜成"田",誤爲"奮"字矣。近拓首行"昔"字上失去寸餘一塊,第三行末"僉"字泐存右半,第九[8]行第二"煌"字中泐指頂大一塊。又余洗剔時於陽面左上角發現"社正郭〇祖(又似'社'字)"五字,陰面左下角邊際發現"歲租田(缺)△人共作△△△侯門"十餘字,皆錐針劃成,淺細如絲髮,又爲土斑所蓋,雖薄紙拓精,亦不十分清晰,映光視之,始能見也。

古者社主用石,又濟南有漢梧臺里石社碑額,因名此曰《晉當利里石社殘碑》。碑首凸出一塊,約高二三寸,當係另石刻額加於此上也。晉石畫像此爲僅見。字體静穆凝重,極似《郛休》,其爲晉初石刻無疑。

廿三日

晚,同汪杲如、霍先生看電影,於園中晤沈世榮先生,言及近況,渠近辦出口生意,以地氈爲大宗,附以景泰藍、彫漆、玉器等,頗得利。曩予欲以舊得石羊售之外國,苦無人介紹,今沈做出口,所售之物近於古董,遂託其代爲介紹,已得其允許,明後日當爲羊拍照。

廿七日

晚,以百五十元得初拓《刁遵志》一册,拓不甚精。劉跋缺"王言氏"三字,明日當鈎補。此本"雍"字右邊裂紋僅如絲細,非細察不見,較石印本拓必在先也。

廿八日

《刁遵志》付李工重裝,鈎補"王言氏"三字。柯燕舲來,購我古印四方、古環二個、爵殘器一件,值一百十元也。

廿九日

吴福濤來,繳賣古銅印款七元。買舊拓《三公山碑》一册,見古印三方,即册首所印者。

三月初一日

柯燕舲來,示我古印四方。"父老毋死萬歲"一印最精。"垣倉"印疑是新莽時物。"嘉"極似半通小官印。"憲皇帝孫"是近人臆作,無所謂真假也。

二日

到大羅天,於吴估處見"都綱之印"銅印,背有"禮部造　成化二十三年五月"刻字。製作尚精好,因以四元爲柯燕舲收之。又同孫華堂到東門看唐石造象四座,鐫刻極精,皆僞作也。孫又示我古銅印六(即上所印六鈕也),皆精,攜歸,爲柯燕舲得去。舊得"駱青"印亦贈於柯。

眉注:即"厹"字,戰國時狄國名。"智伯欲伐厹由"見《國策》,《史記》"厹"作"仇"。

四日

晚,柯燕舲來,以"邯鄲野"等印示我,皆私印之精者,於孫華堂處得封泥二方。

十三日

得舊拓《嵩高靈廟碑》於李希和，值五十五元，此本“剖”字左上僅損分許。又以五元得《耿勳碑》一本。

十四日

與老妻敦倫一次，自去年中秋後迄今五月僅此一次耳。買《當利里石社碑》補字拓本一份。

廿日

羅君美來，示我“南鄉中子”印及陳壽卿手批《薛氏款識》四册。

廿九日

吴福濤來，售予“周”字印，直四元，極精，喜甚。得大元通寶錢背刻至元通寶[9]四字於孫華堂，直二元。

四月初三日

程[10]秉泉來自上海，以漢宜子孫鐎斗見貽，厚意可感，愧無以報。又貽我尊拓本一紙。

七日

晚，柯燕舲來自京師，示我新得古官印打本四，其“羊牧丞”印甚奇，九字印（文記不清），甚精。

九日

晚，約程秉泉到全聚德晚飯，先過貽安堂訪羅君美，出示“浙江都水”印及“蜀州第四”魚符，俱叔言丈新得者。印乃西漢物，蛇紐，“浙江”不知在今日何地，丈當有考，他日當詢之。同羅君美到程寓，出示商尊一、爵一，尊底有陽文字二，不晰。爵鋬内四字極精：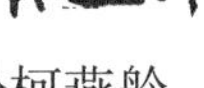，一足後補。舊得“大利番君孫”梃紐長方印，以五元讓於柯燕舲。

十日

晚，燕舲來，談一時許去。予十年辛苦積漢晉石百卅方，爲自來藏石者所未有，每思影印流傳，以費重而輟者累矣。曩與燕舲閒話及此，乃慨然願以鉅資千二百元資助我成之，其篤交好義殊可感也。予不能無報，爰以舊儲封泥四百餘爲木李之投，聊酬瓊瑶之贈。今夕柯又談及爲我籌款矣。約曾笙和來，使印樣本估價也。

廿二日

吴估攜示漢"左吉"印、元"加持"印。予以古泉一易得其元印，"左吉"印不精，未收。

廿七日

以百元收元康鏡一。

廿九日

柯來，以"加持"印即贈之（羅原覺云："加持"乃僧之名號，如住持方丈之類，今廣東僧寺尚有此稱）。

五月初二日

聞程璘彬病甚重，下午往視，見其雖有病容，似無大礙，並力勸用西醫診視，勿信巫卜也。

晚間，王偉齋來。

初三日

因不放心，又往視程病，仍如昨日，略爲詢問，始知其病前半月，又復戒烟，病既日久，又有心病。此時戒煙萬辦不得，因命取烟盤，親代燒裝，與其夫人勸之再三，始吸。當燒煙時見其兩頰有淚痕，昨日亦有此現象，予未留意耳，此或彼良心上有痛苦耶。

初七日

志父弟來問，聞我所藏封泥將歸於燕舲兄確否，並言柯如不甚在意，渠亦可收。予意與其售柯，不如售家人爲愈。俟柯來，定與婉商也。

九日

柯燕舲來,與彼商妥,封泥決歸志甫弟。吴估來,攜示舊拓碑帖數種,皆非可收者,不細列目。

十一日

志父來取封泥去,值千二百元,當日即交到。搜集十年,一旦去我,不免惓惓耳。

廿日

晚八鐘,得璘彬喪條,爲之太息者久之,恨我相信太過,已受其累,仍不急追,此日死矣,不知其家人能如璘彬之不騙我否。

廿一日

早六時,到璘彬處行禮,回始睡,昨夕未合眼也,恐不能送殮,故早去並勸其子想法自救並救我也。

六月初十

漸酷熱,大食西瓜。程家借款事略有頭緒,恐此款不能收得全數矣。范申之來自京師,帶宋磁瓶一件,甚好,他無長物。

廿日

五日來奇熱,寒暑表在日光中約百度,外樓上約九十一二度。

廿六日

發熱,天氣之熱較前尤甚,樓上屋中已百〇五度,日光下有百十五上下,爲十年來所未有。

廿八日

今日病始大愈,天氣略涼。

七月初一日

早赴祠堂行禮,天氣屋内已低至九十度下。

十二日

晚,柯燕舲兄來自京師,聞又新得古官印五六方,可謂勇於收古矣。求讓“亭印”二字泥印,諾之。

十七日

吴福濤老估來，示我宋元“周”字印，予嫌其“周”字外有數畫，既不是字，又非花紋，未收。

十九

柯兄倩劉某持三十元來取“亭印”，次日送與之。

廿四日

范申之來，帶古鉢一方、官印一方，予命按收價以官印讓柯，不得算利，古鉩可加利賣也。

眉注：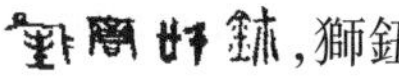，獅鈕。

廿六日

羅原覺自廣東來，贈我粤南新出專瓦、木刻拓本一束，磚瓦皆漢物（内有永元、永和二專），木刻乃米芾書釋迦文佛等十二字（二原刻、一翻刻）。又示我漢玉佩一方（次日爲羅君美收去），花紋、血浸皆好。又“晉歸義倓佰長”⑪亦佳，遂以六十五元爲柯燕舲購之，此印真價廉物美矣。

眉注：此印即《古印式》中所收，黄椒升所藏，錢竹汀所見者。

廿七日

往謁羅原覺於中國旅館，出示金石書畫多件，如元鮮于父子兩字卷，劉石庵字册二十頁，五代人畫人物二：一卷最佳，一軸太暗。南沙臨宋人花鳥册皆真跡。古玉印十七方似明時物，銅印十餘紐皆不精。南宋拓《聖教序》、國學本《蘭亭》常品也。

八月初二日

售藏石全拓一份與羅原覺，值百元。

初三日

柯燕舲遣人來取古鉢一、官印二去，款未交來。

廿二日

羅原覺來談，買六朝唐人寫經三卷去，值百二十五元也（已交百元)。三日前,濟南骨董估劉文起來,視我畫册兩種:一劉石庵及其妾婉如畫山水小册,十二幅中劉畫四幅乃設色者,畫身暨前後頁皆有石庵題字,精品也。一袁香亭仿古十二景册,有其兄子才及姚惜抱、王夢樓、梁山舟等題跋,亦精好。爰補記之。

廿三日

午,柯燕舲遣價來,取"慎鄉"石印去,值卅元。孫魯望廿一日由京回四洮局,過津時下車晤談,極暢。

九月十七日

五弟所開志成銀號倒閉,我有二千三百元存款化烏有矣。

廿六日

中國農工等九銀行在檢察廳控告我三弟兄爲合夥詐財。是日午前十一時,我正在吸煙,忽來法警二人,將我拘去,待質所中,穢氣滿室,聞之欲□[12],滿地痰涕,無地可以立足,有生以來,此真第一次吃苦也。保釋後小病五七日。

十月廿一日

羅君美來談,爲羅原覺代還舊欠卅元,買漢郢鄉鼎,六十元,又眎我官印兩方。"武進丞印"前曾見於孫華堂處,索卅元,我嫌其薄而無紐,因未代燕舲兄收買。無字鐘君美攜去,向渠索價百元。

十月晦

大方誦近作數聯,頗佳,因記於後:

靈藥未應偷,看碧海青天,夜夜此心何所託;
明月幾時有,怕瓊樓玉宇,依依高處不勝寒。

人皆惠然肯,生有自來,數典敢忘黄帶子;
我亦自求多,安知非福,問心不稱白髭鬚。

去去還來,臨去想來,來怕去,

天天求福，願天賜福，福齊天。

春夢不多時，道是空言踪未絶；

洞天應有地，得少佳趣慧能修。

十一月十六日

得葉德之信，云馬君叔平現在津，頗欲與君一晤。予與馬神交久矣，每無機會謀一良覿，乃約九點在家奉候，届時晤談甚喜。馬清癯精悍，亦個中人也，見予《古鉩印景》已裝成，亟以五十金收一部去，蓋渠近正從事於古鉩文字也。馬極羨予家石羊，遂以影本一册贈之。

附　　録

《戴醇士畫册》（南皮張氏藏，整幅畫七開，字二開，字畫各半者三開，共十二開。册高漢建初尺八寸九分，寬五存八分餘）

第一幅

（著色）遊赤壁圖，無題字（右下角有醇士陽文小印）

第二幅

題字十五行，無畫。

壬戌之秋，是蘇子與客，泛舟赤壁。舉」酒屬客，月明風細，與天相接。扣舷唱月」，桂棹蘭槳堪遊逸。又有客，能吹洞簫，」和聲嗚咽。追想孟德困於周郎，到今」只有當時蹤跡。算惟有明月清風，取」之無禁用不竭。客喜洗盞再酌，既」已同醉，相與枕籍舟中。始知東方，晃」然既白。　董文奴題《赤壁圖》　王翬臨」

孟秋遊賞後，兩月來、西風吹過八九。良宵重回首，看千尋峭」壁，尚横江口。風清月白，繼前游、知心二友。漫商量，斗酒，鱸魚」歸去，更謀諸婦。　記否。天邊歌響，水上簫聲，那時非久」。天寒水落。風景换，幾辜負。正登舟、忽見横空孤鶴，射得」月明似晝。

夢醒時、更請先生,一勞賦手」。

小變耕煙畫册作《赤壁後遊圖⑬》,録原題⑭,副頁並譜」《瑞鶴仙》一闋,以續餘韻。後學戴熙坿記

印(陽):鹿林　印(陰):戴熙

第三幅

墨筆畫,題字七行在右上。

趙善長《蕉林仙館》設色」淡雅不纖麗,而氣韻自」足,此得山樵神境也。

余臨此頁不免纖麗」矣。顧作畫但當問氣」韻若何,不當問纖麗」不纖麗也。

印(朱文):鹿林詩畫

第四幅

前半畫(淡墨　右下角一印:"醇士",朱文),後半題字八行。

山色連砂磧,泉聲咽冷溪。　印(朱文):吉羊之室

溪水清漣樹老蒼,行穿溪樹踏春陽。溪」深樹密無人處,惟有幽花度水香」。　文太史詩,耕煙散人王翚書。

鄭僖,元至正間人,畫師董元,筆法蒼老,而氣韻不」在仲圭、房山之下,近代所罕見者,白石翁嘗師之。

不知大癡《沙磧圖》是何境象,草草數筆,略師巨公」《溪山無盡》大意,覺數寸之楮,涉趣無窮。　印(白文):鹿林

第五幅

前半畫(淡著色　右下角:"何必見戴",朱文印),後半題字七行。

松壑奔泉」　生平見山樵真跡,惟晉陵唐氏所藏《夏日山居圖」》爲最,此圖以空靈學其渾厚,風規似不遠也」。

巖溜噴空晴似雨,林蘿礙日夏生寒」。　耕煙又書」。

此幅森嚴可畏,有冰雪之姿」,遂幻作雪景矣。蒓溪臨　印(朱):醇士

第六幅

全畫（淡著色 題字在右上角）

關津夜泊

石谷此作氣魄極壯，不可强似，變而爲空濛幽杳，以取夜色蒼茫之致。 印（白文）：戴熙

第七幅

全畫（淡墨 題字十行在上端）

雲林畫簡，淡」中一種風致，脱」畫史縱横俗狀」也。此寫平林野」趣，臨宣侍御」所藏真本」。

此石谷晚年」筆，沈著深」厚，不易到也」，仍參用我法。 印（朱文）：與江南徐河陽郭同名

第八幅

全畫（淡著色 右上題字段十八行）

襄陽小米住京口」，愛寫江南北固山。鼠」尾麝煤多不顧，自」緣心與白雲間」。 辛卯夏王翬」

元暉戲作横幅，直」造北苑巨然妙處，」開卷恍然，如行下」蜀棲霞雨中也。右」倪元鎮題小米畫」 石谷子

予今年初春，舟滯」京口月餘，臨此畫，不」覺棖觸舊遊也」。

今年京口歸舟泊，愛」看江南雨後山。舊」遊如夢還能説，人」與白鷗相對閒。 印（白文）：鹿林居士

第九幅

前半題字六行，後半畫（淡著色 左下角："孟辛"，白文印）

山色空濛雨亦奇，東坡詩中畫也。 王翬

石谷此幀專取風神，或曰少作，或曰贋」本，然滿紙煙雲，頗奈[15]研味，橅之。 戴熙 印（朱文）：醇士

竊謂學畫與鑒畫不同，鑒畫不可絲毫」假借，學畫宜隨時隨處皆有領略，故曰"青」出於藍，冰寒於水"。 熙又記 印：忍俊

不禁

第十幅

全畫(淡著色　題字十四行在左上　右下角:“習苦齋”,白文印一方)

陸天游《修竹」茅亭》小幀於潤州張氏見」之,曾橅粉本」,其畫竹有文湖州意,用筆」閑淡,風韻飄」灑,在元人逸品中不多見也」。

辛卯端陽日」王翬識

石谷此幀水法」甚妙,八十老人如」此精到可羡」哉。　印(朱文,不可識):

第十一幅

全畫,題字二段十七行在上端。

關山霽雪(仿李營邱)

李成惜墨如金,言不妄用墨耳。有時」屑越[16]用之,不殊塗漆,蓋墨之輕重濃」淡處,氣韻全自此出,所謂當其下筆」,欲透過紙背者也。畫家每著筆」,便思“潑墨惜墨”四字,幾[17]矣」。　癸巳七月廿日畊煙散人王翬　印:何必見戴

香光、南田皆云」李咸熙畫雪水」,天空處悉用粉」填,然卒未有效[18]」之者。此册不宜」染墨,姑試其法,覺楮光浮動」間,暟暟耀目,方」知古人用意之」別。　醇士　印(白文):臣熙私印

第十二幅

全題字,十一行

金蘭坡攜《石谷集册》十二幀,多辛」卯、癸巳間作,正當八十、八十一歲時,較」中年韻致稍減,而手腕老健,筆墨」深厚,未易猝到。翌日取去,頗憶之,檢素册,背臨十幅并録題語。兒」輩謂此册實勝彼册,則告曰:“我」年方五十,彼年已八十,若欲到彼境,當須喫三十年桃華飯也」。爾何知！爾何知！”　道光庚戌八月題於桂華下,留置枕邊」,以備戲具之一。　鹿林居士戴熙　印(白):戴

熙　印(白):處士家風

① 原稿"木"誤作"市",據下文改。天津圖書館藏《秦石軒金石文字日記》已改作"木"。

② 原稿"嶽"字脱,據榮慶宣統三年四月初六日日記補。《榮慶日記》,西北大學出版社1986年版,第191頁。

③ 原稿印章著録形式爲畫出輪廓,内填印文,此次整理只録印文,前加"印:"以示區别。

④ 原稿作"隆乾"。

⑤ 此六印中,"殿中司馬"、"市器"、"都鄉"三印見於《魏石經室古璽印景》,《印景》另收"菑川侯印"一方,或即此六印中之"菑川侯"。《魏石經室古璽印景》,上海書店出版社1989年版,第75頁。

⑥ 原稿"纖纖"作"夫夫",據蘇曼殊詩集改。《蘇曼殊全集》,中國書店1985年版,第64頁。

⑦ 原稿"十一行"誤作"十行",據周季木石印拓本改。《居貞草堂藏漢晉石影》,民國十八年(1929)石印本。天津圖書館藏《秦石軒金石文字日記》已改作"十一行"。

⑧ 原稿"九行"誤作"八行",據周季木石印拓本改。天津圖書館藏《秦石軒金石文字日記》已改作"九行"。

⑨ 原稿"實"字脱,據文意及錢文規例補。

⑩ 原稿"程"訛作"陳"。

⑪ 此頁眉端鈐此印,印文作"晉率善倓佰長",又《竹汀先生日記鈔》卷二:"黄椒升以'晉率善倓佰長'印見示,不知'倓'字何義,予據《後漢書·板楯蠻傳》定爲蠻部落之號。"眉注"錢竹汀所見"即此。《竹汀先生日記鈔》,《嘉定錢大昕全集》(捌),江蘇古籍出版社1997年版,第40頁。

⑫ 原稿於字格左半寫一"口",據文意或爲"嘔"、"吐"之字。

⑬ 圖,《習苦齋畫絜》卷三無。《習苦齋畫絜》,戴熙記、惠年編,光緒十九年刻本。

⑭ 原稿"原"字脱,據《習苦齋畫絜》卷三補。《畫絜》"題"下小字:"董文敏題赤壁圖詞不録。"

⑮ 奈,《習苦齋畫絜》卷三作"耐"。

⑯ 屑越,《習苦齋畫絜》卷三作"潑"。

⑰《習苦齋畫絜》卷三"幾"上有"庶"字。

⑱ 效,《習苦齋畫絜》卷三作"師"。

(整理者單位:復旦大學中文系)

清儀遺翰

□ 王宏整理

張廷濟(1768—1848),字叔未,號竹田、眉壽老人,浙江海鹽人。清嘉慶三年舉鄉試第一,其後屢試不第,因結廬高隱,以圖書金石自娛。工詩,精鑒賞,擅書法,草隸獨出冠時。著有《清儀閣題跋》,有《桂馨堂集》傳世。

本編手札均輯自上海圖書館所藏原件,上款主要爲"夢泉"、"秋白"、"椒升"三家。"夢泉"爲朱熊別號。又檢《桂馨堂集》,據《順安詩草》,知"秋白"爲胡元杲;據《清儀閣詩文草稿》,知"椒升"爲黄錫蕃,惟二人生平俱不詳。

原件破損處較多,整理時以"□"代之。

致朱熊十四通

一

有寄德清程聽溪故友處之件,求向岳香雨先生問明,若何寄方得便而妥,即求一寄爲感。　夢泉先生。　廷濟拜。

二

桂林信、常州信(有銀十餅)、平望信俱已收到。今日又接蘇州信、石門信,俱承注記,謝謝。有寫復上海字件,并有禾郡本城友人之物,求交付周退齋兄,以便分致。再,屬書"煙雲供養"四字今亦納上,他處回書總在日上陸續趕寄。弟一天到晚執筆,亦不暫停也。 夢泉先生尊前,愚弟張廷濟頓首。 道光癸卯七月八日。 "姪"。

三

賜及小孫晉爕(字理伯)畫扇精妙無比,謹佩謹謝。《眉壽圖》墨拓一本(四幤)奉送,可裝作連長摺版册(石自分板扣也)。叔鈞、溉餘兩處回書求分寄。餘山兄託寫金面扇一角,今晨到,亦即寫,莊藹人親眷處寄來,因仍交莊耳。 夢泉先生尊前,弟張廷濟拜復。 道光癸卯金七月六日。 "姪"。

四

時事如此,可勝浩嘆。弟自五月初八日起連三次傷風,體中不輸服之至,昨夜稍適。有復蔡可兄之件,求即寄平望殊勝寺。續有近事,更望示及。 餘翁、墨翁近安。 夢泉先生尊前,叔未小弟張廷濟即日拜復。 道光壬寅六月七日。

五

姚堅香處之信既蒙寄,今晨又承致及程蘭川之信(有銀十餅),感感,謝謝。再要請教揚州信好寄否,求示及。 夢泉仁兄先生尊前,小弟張廷濟頓首。 道光癸卯五月十四日。 "姪"。

過蘇時詣老和尚堂候翁叔鈞,知已歸平望。比過平望,則風利不得泊。未審叔鈞近在何處,吾兄有書去,求道意。

常州通守南海吴春卿年世兄已晤談過,面訂荷屋中丞若有書來,須交叔鈞也。

六

吴荷屋中丞之書並未接,不知叔鈞之説何從而來,今具書復之,求即寄揚州。寄信如得吾兄交蘇航,弟甚放心,遲數日當即奉勞左右也。　夢泉先生尊前,愚弟張廷濟頓首。　道光癸卯五月廿四日。

七

《仙桃一顆》之圖已交徐壽臧。書至,知揚州信已發,費神,謝謝,受之已到石門矣。　夢泉先生。廷濟復言。　道光癸卯六月廿四日。　"姪"。

八

上海、石門、湖州諸信件俱收到,又承華札見訊,感謝不可言。今有回復石門之信,求轉致石門。航船内有書帖等件,幸語船家勿打濕也。賈秋壑原刻《宣示表》之拓連跋語共三帋奉送,可裝作摺版册,不可割裝爲妥。弟久不出門,渴想趁送試來郡,而衰甚,時有小病,所以連自己之行止亦拏不定。　夢泉先生尊前,小弟張廷濟頓首。　道光二十四年甲辰四月廿八日。　"姪"。

求收條。

九

承夢泉先生以平湖郁蓉齋兄所託致廣平太守沈西邕兄書件,於十三日接到,費神,謝。沈所寄書并碑刻,弟擬檢書拓等件以答,尚須稽時,不能即復,因有答蓉兄之書,求轉寄。 弟張廷濟頓首。道光甲辰九月十五日。 “婭”。

揚州來件俱領到,謝謝。

一〇

伯梅之扇録拙詠請政。石刻趙書《歸田賦》奉送,可裝摺板册,不可割。 夢泉先生。 眉壽老弟張廷濟言復。 道光二十四年甲辰九月十七日。 “婭”。

一一

弟今晨已到西埏橋西翟氏寓矣。極想與諸良友譚,而實在走不得,所晤各友幸俱告知此意,得順道便服見過,甚感。蔡可兄現客何處,計二愚兄可來郡,望示及。莊藹人親眷要弟寫件已寫,望其來取,見時便中語之,不要緊。 夢泉先生。 小弟張廷濟啓。 道光乙巳八月廿四日。

一二

書晨至,俱領悉。《味梅室圖》、未庵畫扇、雲樓字卷絹本直幅俱寫繳,此皆精意成之者。弟年齒愈衰,而筆墨卻愈不敢草草塞責,然此亦甚自苦也。今日雪雖大而氣候尚不至嚴寒,所以尚可弄筆札。 夢泉先生。 弟張廷濟頓首,時年七十九。 道光二十六年丙午十二月十一日。 “婭”。

一三

一年中見面雖稀,而筆札往還密逾至戚。書晨至,知換歲後即客揚州,不能不黯然也。慶榮於袁浦所來之書承遞至,謝謝。榮書云十二月九日在揚州有書託戴彦生兄寄至蘇州鄭竹坡兄,託其寄到吾兄處,以便轉至舍下,内有海鹽沈紫卿庶常家書,并録阮太傅與廷濟之書云云,而是書卻未之到,不知於何處稽留也。屬弟於揚州友人處致書一二,定當如教,但正月初五以前竹里夜航未肯舉棹,則弟當再留以覸的當之便耳。弟非初四即初五要率晉燮到海鹽大令吴星榆先生(慶榮之房師)署中拜新禧(海鹽公初一至郡,初三回署)。彼此已相訂也。陳鳴遠甆斗是精美品物,迺以馬齒加增,授贈荒齋,何以克當,容再圖報。(昨晨接信,因即寫此數語,奈無夜航可寄,只得留以有待。今晨有人來告,有郡友收帳船來竹田,因再添寫以復。)　弟擬於明後兩日作揚州信,託帶至揚,再作京信,託陳小坡兄帶至京。蘇州鄭竹坡住閶門内劉家濱(俗作浜),開鄭萬森古玩店,其人有肝膽,言信行果,亦常到揚州。吾兄到蘇可與之爲友,且可索其與揚友信札(可將弟小札視之),順便可問慶榮於十二月初九自揚所發來之信可否到蘇。揚信、京信弟作後擬專遣人於初五日送至,誠。　夢泉先生。　愚弟張廷濟頓首,時年七十九。　道光二十六年丙午十二月廿九日除日卯刻。

右纔寫畢,正欲用圖印入封,而尊札及慶榮自揚所發之書至,喜不可言,感不可言。竹里航船昨夜已不開,新年則要初五日獻路神後於是夜發棹也。

一四

歲除日,具長札託許恒和店友朱誠齋兄(因收賬來竹里)帶致,想必達。揚州信連日趕寫已就,都不黏口,吾兄逐件看看,臨送時黏口可耳。又京信一封,求託陳小坡世先生帶付慶榮爲感。拙書對二爲贈答之用,故單款。《眉壽圖》足拓一本,又銀一餅,是至薄之意,不可卻。阮太傅以腳不便不見客,投書時只須對門公説明尊寓,以便領回書。阮世叔住牛録巷(土名牛肉巷,太傅之舊府),極有世情,無貴介習氣。羅茗香兄老讀書人,通天文、術算(老京師),畢韞齋兄(太傅之小門生,工經學)、戴彦生兄工於拓金石刻,愛交遊。客揚州定如意,望早些旋里。　夢泉先生尊前,小弟張廷濟頓首,時年八十。　道光二十七年丁未正月三日。

致胡元杲三十五通

一

聽翁託寫之對今寫上,渠欲託付裝也。又弟有復言,求轉寄。陳壽卿孝廉要敝藏石刻,俟拓得再求李父臺札寄。瑞方伯内擢之信如果爾,自當圖迎候。令孫要佳印本,敝藏者卻不止次閑一手之作,俟檢印奉送。二月中小孫福熙、家燮應縣試,弟當來城圖晤。　秋白二兄大人尊前,小弟張廷濟頓首。　道光辛丑正月廿二日。

二

昨晚得手書,知朔日晤邑尊大人筠舫先生,想弟曾走謁恭謝之役已承面告耶。陳壽卿中翰今年又託吴江友人致語於弟,索及金石刻文,弟於三月四日檢寄金文十種(連前所寄盡在是矣)、石文六種(是古刻),并即一分與壽卿之岳李篛汀觀察(觀察亦索及也),而壽卿問及去年由筠舫先生處寄拓件及委寫扇子可到與否,弟小札中亦備言去冬十一月由縣齋寄奉連拓文連款扇之説,或壽卿今春發書之時弟寄件尚未到云云爾。舍下摹古金石刻不到十種,因想隨時增添,所以未加籤跋,今俱已拓得,可再求縣中郵發。現未審壽卿中進士與否,得示知,賤札中可致語耳。承筠舫父臺有便道過存之説,蓬蓽增榮,豈不甚感,但鄉里薄植,焉能承當得起,惟祈雅言謹辭,縷述賤微實不敢當之故。院試時廷濟送考到城,得謁見大君子暢聆緒論,是所衷抱耳。程聽翁未能來郡同與容堂大人再聯吟詠,此當須俟後緣。容翁於毘陵發書到弟處,又寄一和章來,深可感,但弟再疊韻以答則悵不便耳。院試確信望示及。　秋白二兄大人尊前,小弟張廷濟頓首。　道光二十一年辛丑四月四日。

三

錢文端字蹟敝藏只有一條幅一對聯,對係粉牋,微有脱損,且印文是黏綴牋本,歲久脱去,送官長似非所宜。其條幅(句子卻好)高麗帋本(是非極晚年之本),卻毫無損傷,今寄上,求轉呈李公祖尊前。如可用(秀才人情,不直一笑也),即可付裝,節後到省儘相宜也。(尚書款集齋已是老年七十外時所書矣。)　秋白二兄大人鈞坐,小弟張廷濟頓首。　道光辛丑八月五日。

四

得李公祖�先生書後,因濰縣陳壽卿中翰索及敝藏吉金文字,弟卻整整忙了半月,今答筠翁書并託轉寄陳處拓件。李公祖書云回信交嘉興府前白駒巷(土名白狗衕)孫朮田先生府上轉寄筠翁爲妥,今特懇吾先生的致,順索孫處收條爲感。此上秋白先生二兄大人尊前。　小弟張廷濟頓首。　癸卯三月十一日。

五

晨接臺簡,知奉煩致縣齋之書已到。天中節日常都轉南陔先生有書,由縣中寄及,書中言回書仍從縣轉,因具回書并呈楊父臺書總爲一封,求二兄遣紀綱送致爲感。幾時自省回禾？起居康健,渴念,不一一。　秋白先生二兄大人尊前,小弟張廷濟頓首。　道光癸卯五月六日。

六

自去臘起要作字稍多,右手之小指屈則不能信,信則不能屈,近則加劇,此末疾也,不仁之驗也。年過七十,衰象原不足怪,但恐一碗賣字飯漸漸喫不成耳。來件即寫到,銀亦收到,謝謝。志書之刻已得若干,幾時可以出書,梯雲之碑刻字匠已有成議否?　秋白二兄大人尊前,小弟張廷濟頓首。時年七十三。　道光二十年庚子三月十七日。

七

來件即寫繳,價銀三餅領到,謝謝。承縣尊芸舫先生(李父臺大號正是此二字否)先施華札,感悚之至。札云壽卿世叔(壽卿先生現在嘉署中否)託索敝藏銅器拓本云云,弟想來或是朱詠齋老師之令,弟求吾二兄便中問李父臺一聲,以便徐徐倩人拓得,當謹具書奉復。示及鐫梯雲之碑,是江南人在方友家長刻者,則弟亦是二十年前舊好黄正兄矣,甚善甚善。弟近來又患腹疾,今日少差。　秋白二兄大人尊前,小弟張廷濟頓首。　道光庚子五月十五日。

八

子鶴邦樞胞姪,有一男一女,其男苦病三年,今年八月病故,其女頃十四日猝病身亡,子鶴因此傷心,又遭外冒,竟於昨日十六日猝然病故。其人素性克孝,今年春初丁母憂,悲憂枕凷,其□已死,頃將吴穀人祭酒駢禮文箋注,將要注畢(心神更枯耗),竟爾化去,可痛之至。弟衰老之軀,每有詩文,舉以相視,藉作論文伴侶,今已矣。吾兄聞之,想亦心酸也。梯雲集碑記有一語,要説得渾然亦大

〔不〕易,俟新春再言。 秋白二兄大人尊前,愖園二兄大人鈞此。小弟期張廷濟頓首。 道光十九年十二月十七日。

九

書至,知近候萬安爲慰。弟送試到郡想在初七八日,要晤譚正多也。蒙又欲惠獎慶榮,感謝無量,但文行俱不能稱副,慚恧尤無地耳。餘不翁處安信求順寄。 秋白先生二兄大人尊前,京伯昆季、孫世兄輩均安。 小弟張廷濟頓首。 道光壬寅十月一日。

一〇

錢辰田學士家十四、十五領帖兩日,十六日出柩,十七日撤幃,概不分訃。學士現在禫服未滿。此聞。 秋白二兄大人,廷濟啓。 壬寅十一月卅日。

一一

府學碑拓本二十,兩次收到,其工價知已於字值内拆付,清神有費多矣。來件即寫繳,天雖冷,然字件卻深怕囤積,愈難了辦,故雖炙硯呵筆,總不輟耳。拙撰《梯雲碑記》中"有計試者之人數以贈"句,頃程聽翁書來,云與集中之議不符,須改作"計試友者之需此者以贈",甚是甚妥,弟佩服之至,謹當遵改。然聽翁札又云吾兄想已札商,則是尊意先已燭及,胡不先命及耶,它日文酒同聚,當多奉長者一巨觥也。周蓮舫兄述臺語,知敝題唐碑一册郡齋須再看看,遲遲發出,謹領悉。 秋白二兄大人尊前,小弟張廷濟頓首。 道光十六年十二月十日清晨凍筆。

敝藏唐石尚是十數年前拓過一回,明春擬招匠者再拓,拓後當奉送,并奉愖園二兄也。

一二

晉燮試草二本呈正,又送呈邑尊二本,具有手本。又送陳葵畦先生、周未庵先生、孫匡叔先生三處各一本,均求代致爲感。 秋白先生二兄大人尊前,小弟張廷濟頓首。 道光二十二年壬寅十二月四日。

一三

李筠舫先生之書,是屬再以敝藏古器之拓文以應都中陳壽卿中翰之索也,弟今須徐徐檢出作書以寄。先生出文詩題二十個與小孫晉燮,意甚可感,吾兄便中書去求先達之,弟之回書未免有一二旬之遲耳。前日使來時弟不當面,據云尊體有不健,賤甚掛心,今健耶?念念。程聽翁有書一,求寄去。再,聞日上有捉船之信,舍下近將有船到震澤接孫婦歸家,深慮捉船有阻,因求向縣裏請封條一章,以免此累,懇懇。弟日衰,幸無他病,唯日與孫輩講讀書作文而已。 秋白先生二兄大人尊前,小弟張廷濟頓首。 道光癸卯二月二十日。

京伯昆季在署否?碧梧齋有替人否?如此水旱,漕船不能開,奈何。豆麥菜亦嫌乾,奈何。

一四

委書諸扇弟在寓時已盡數寫繳,並無留存。《梯雲碑記》墨本謹書後繳到。頃者自初九至十九旬日之間可謂非常之驚,(是時干戈滿地,有何路可遷避耶?)弟去臘之病不幸而不死,反值此倉皇之信,今雖目前似少可偷安,然未知究竟如何,想吾二兄心緒自然彼此相同。不病不知不病之樂,不亂不知不亂之樂,布衣蔬食,疾終寢室,便是一生之幸耳。未庵周八兄有兩字卷要弟作跋語(此二字卷本跋不出),初九日匆促封交夜航,初十日郡中逃兵充塞,書不能達,仍復還來,十四日託西馬橋寶墨齋表背店徐作梅老五帶送,現在想已必達。而未得未庵回書,鄙衷甚爲懸念,求吾兄一問,作速示及,感感不淺。近事亦望示一一。　秋白先生二兄大人尊前,小弟張廷濟頓首。　道光壬寅四月廿四日。　時年七十五。

廿五日得未庵先生書,知字卷已到矣。

一五

昨奉小札得收條,領悉一切。□慶榮領孫輩到書院應甄别,特奉書求將前者唐墓志六拓本三册付下,因現欲求親友加題詠也。　秋白二兄大人尊前,小弟張廷濟頓首。　惺園二兄前求道意,不另啓。　道光庚子二月一日。

一六

昨晨得程五兄寄件由緑槐堂致者,今寫求轉寄。今晨得尊札並五言堂封(銀一餅收到),今即寫繳。但札云日前有素紙見寄,係屬寫《梯雲集碑》之用,弟處卻並未曾收到。是何日所寄,是從何處寄,須跟問也。弟傭書卻熱鬧,委積頗多。瑞廉使處回書卻未曾辦,得寫再求費神轉郵。　秋白二兄大人尊前,小弟張廷濟頓首。　道光庚子二月二十一日。

縣尊鐵孫先生命寫之件已寫,交周蓮舫兄帶至郡中繳送,見面時或承問及,故順奉聞。

一七

日前得尊札(弟奉尊處信札總是親手,大雅自能鑒之),知志事采輯之件以二十日爲止,弟因於十九日將金石等件總封呈送,以趕趁限期之内,以後弟未嘗寄也。今日書至,知又有書籍、善舉二條之寄，弟隨問徐壽臧、王心耕、周蓮舫三人，方知書籍是《四書訂疑》，善舉是放生河云云。書籍之收與不收，恭俟郡尊鈞意，至放生河，叩其所開列之界限，其中有差誤處，若一入志書，將來不無轉生口舌，弟意此條即郡閣允修入志，亦當禀請不修入爲妙。　秋白二兄大人尊前，小弟張廷濟頓首。　道光十九年十一月廿六日。

一八

昨者縣尊書來，爲壽卿世叔要拓敝臧古金文字。今手自墨脱，衰老不能便捷，積數日，今日纔具言以復，求即交致爲感。縣尊貴里是何府何縣？是重慶、具慶？鄉會試何科？喜驩做詩否？壽卿世叔想是朱詠齋老師令弟，行輩、大名、仕履俱求示及。聞郡志金石一門已刻成，或先請一樣本（只請此一門），以便代爲校對，可否。　秋白二兄大人尊前，小弟張廷濟頓首。　道光庚子五月廿四日。

一九

昨答縣尊書（有吉金二册），又具小札奉記室，由夜航寄，今日想到耶。敝藏唐刻石之拓舊存者已竭，而拓工不來，昔承屬及，尚未奉，甚歉。昨晚偶與同里親眷談次，知其餘存二副，因即從其借轉送一副（計四拓）以求雅覽（以一副送惺園）。裝作掛幅不割碎似更妥。　秋白二兄大人尊前，小弟張廷濟頓首。　道光庚子五月廿五日。

附張祖翼跋

書法不從漢、魏入手，雖姿媚宜人，終嫌薄弱。唐代諸家如顔、柳、歐、虞輩，其用筆無一不從漢、魏得來，故能格律謹嚴。筆力遒勁，即宋之蘇、黄、米、蔡，何莫不然。惟有明一代，止知有唐，不知漢、魏，故篆隸無傳焉，即行、楷書亦覺姿勝於骨，秀而不古。至國朝翁覃溪學士出,薈萃兩京六朝鐘鼎石鼓,融會而貫通之,故其書渾穆沈著,無一筆無金石氣。後有作者,惟嘉興張叔未孝廉或可並駕齊驅乎。此册舊臧歸安吴氏,自退樓觀察捐館後遂流落人間,展轉爲渭漁方家所得,願君家世世守之勿替也。 時光緒三十三年丁未七夕。 弟祖翼道出上海書。

二〇

弟處病兩月,步履蹣跚,衰象不可名狀,而友人索書之件盈箱累捆,恐貽他生之債,不得不□排清理。委書兩對暨八條幅是五月中交下,係最在前者,今特先寫就繳到。其八條幅是孫虔禮《書譜》,所謂感惠徇知之作,抱病經營,卻費數日辛苦,儻相好中見之亦欲如是寫,幸亮及衰羸,不輕接也。舍下夏秋以來幾於人人有病(稗春之病近日少輕,尚未復原),至今尚有静泰,受累之至。闔署想必安吉,聽翁想必彊健,示下爲望。 秋白二兄大人知己,小弟張廷濟頓首。 道光丙申九月七日。

八條幅不知何款,故只書單款。此種幅頭原不須雙款,如要加雙,將來儘可添寫。

二一

楊祠之扁前日(有小札)奉繳,今晨接聽翁信,知已到記室矣。《小檀欒室讀書圖》謹賦呈政庋,旬餘只成得四十字,行自笑耳。天意驟寒,惟珍重,不一一。覆音幸即賜及。 秋白先生老仁兄尊前,小弟張廷濟頓首。 道光癸巳九月八日。

二二

來書獎借過甚,愧□□矣。委書對二件謹寫繳。賤體嗽上氣頗劇,蒲柳衰軀,動輒得病,可歎又可笑也。 此復,順請日安,不既。　秋白先生老仁兄尊前,小弟張廷濟頓首。　道光癸巳九月十五日。

二三

在省中□此相看,俱不相值。承惠食物二種,感謝感謝。弟廿一日奉謝,知已到禾。廿三日弟登舟,住海昌二日,今晨始抵家。出門兼旬,體候似乏,是以未到郡相晤對耳。專此奉啓,珍重,不一一。　秋白仁兄先生尊前,小弟張廷濟頓首。　道光甲午八月二十九日。

二四

廿六日奉有致候致謝之□,想入覽耶。今晨接郡中同人啓,知德配嫂夫人大人六旬華誕,即寫大壽字一章、壽對一副,因鄉間裝潢不便,爰即奉上,以便即日可付裝耳。後日到郡,當再叩祟墀補祝榮慶也。專此奉啓,順請鴻禧,不既。　秋白仁兄大人尊前,小弟張廷濟頓首。　道光甲午八月廿九日。

二五

昨奉書并寫繳尊委各件,想今晨始得達耳。札至,知體候萬安。楳人先生款對即寫送到,同是筆墨生涯之伴侶,愛及拙書,只算結翰墨緣,銀封斷不受也(今繳還,祈致歸之)。弟體尚不健,然於作書之件,深怕堆積擁擠,將來愈難了當,所以抱病自課,不令虛此夕陽光景耳。知愛如吾兄,必發一笑也。　秋白先生二兄大人尊前,小弟張廷濟頓首。　道光丙申九月八日。

二六

廿九日攀話後即返竹田,賤體寒疾,幸不成瘧,今日已喫飯,然已減舊之半矣。"風節長存"扁寫繳,須屬善刻木者雙鈎上板鐫勒,其拙蹟似可存裝作册,附《楊公祠落成題記》後耳,其扁四字高低求尊裁挑定。《小檀欒室讀書》第二圖俟徐徐精心賦正,然尚恐貽大雅笑也。此致,順請日安,不一一。　秋白仁兄先生知己,小弟張廷濟頓首。　道光癸巳九月三日。

二七

前有蓮社清風册從聽□先生處求賜題記,想入清鑒。無論詩文,得著幾語,便爲舊蹟增重耳。昨惠簡牘,謙光之偁,殊出意外,曾未摹繳,惶恐無似,嗣後或不以弟爲真不材,請勿作此見外之偁謂也。尊作楊祠落成詩寄讀爲望。此啓,順候日安,不一一。　秋白先生師座,愚弟張廷濟頓首。　道光癸巳九月二十六日。

二八

話别又將兼旬矣,書至,知起居安善爲慰。既姪課卷領到,承誨,又賫及短檠之資,謝謝,而華札獎借更不敢當耳。此復,並問日佳。不具。　秋白二兄先生大人尊前,小弟張廷濟頓首。　道光乙未五月十七日。

二九

别將匝月,唯起居安適爲慰。兒輩場畢後即登舟,弟於昨午到家,行蹤仗芘矗健。省中友人道候尊履者不一,并聞。　秋白二兄大人尊前,愚弟張廷濟頓首。　道光乙未八月廿四日。

趙次閑四兄足疾尚未全愈,視去年差好,略能行幾步耳。

三〇

書來,知起居安適爲慰。慶榮荷蒙關注,感謝無似,但未知能副期望與否耳。來□□對五件繳至,令友惠銀三餅幸轉□□。此復,順請日安,不一一。 秋白二兄大人尊前,小弟張廷濟頓首。 道光乙未九月九日。

三一

令友委書十二件寫繳。承惠朱提,謝謝。此啓,順請日安,不備。 秋白二兄大人尊前,廷濟頓首。 道光乙未季冬五日。

三二

衰朽病餘,益增頹廢,荷存問,感謝多矣。雨辰款對謹抱痾精意寫奉,知令友當有真鑒也。送秋試定於何時赴省,省中當圖晤。珍重,不一一。 秋白先生仁兄閣下,小弟張廷濟頓首。 道光甲午六月廿三日。

慶榮課卷承誨,謝謝。

三三

來紙即日寫大壽字繳到,收後即復下爲望。 秋白二兄大人尊前,小弟廷濟頓首。

三四

十一日夜中之事,敝齋幸而得免。承惠書見慰,感謝無可言喻。弟夏秋劇病,後入冬始得平復,遇此一驚,似覺不爽,極欲到郡與知己譚譚,奈自度不能支也。此復,并謝,即請日佳,不具。 秋白二兄大人尊前,小弟張廷濟頓首。 道光丙申十一月十六日。

三五

來件即寫繳,朱提一餅領到,謝謝。舍下日上延道侶禮醮,月之晦日則圓滿。此復。 秋白二兄大人尊前,愚小弟張廷濟頓首。 道光丙申十一月廿八日。

致黄錫蕃二十九通

一

留高齋□得讀《北海碑》舊搨三本。君富墨緣,鄙慶眼□□補釋二文今已遵録,謹繳上《金石萃編》一本。此後積累得數十篇,便可勒爲一書,亦雞林珍秘物也。儼齋所藏佛座,私心固慕之,其它漢銅印亦復可圖示。《麓山寺碑》想勿輕僭,它日思句取□一本,所已損之數字可當再聞。竹房比健否,念念,見時希道候之。柞翁年八衺而康虔純古如此,煙雲供養,類得大年,深可慶也。麥天氣潤,筆墨龢適,書奉左右,不一一。 椒升都事,弟張廷濟稽首。 乙亥四月十六。

惠及兩兒巧藝,謝謝。

二

善君題字□□冬又得一全副精本,且有翁覃溪學士長題,尊獲《感孝頌》,將來頗可作粟布之易耳。散氏般已登天府,墨本不可多覯,寶笈貯之,良可稱慶。去冬《續古印式》一部□□到,所云漢印精否、價若何,示及。 椒翁都事老友,小弟張廷濟頓首。 道光癸巳四月廿七日。

龍石回去未?

三

丁鐘跋大好,更求莊寫一紙,或楷或八分,擬裝入巨册内,以典重之文，於行書似不相宜也。葛春嶼兄日上未見面，委辦之事看來不能速就，且黍匣之價鄙意以爲少昂，至諸石印亦恐未當其意。若寓郡之句，歸讀二簡并霸姬墨跋，援經證古，確實精到，可繼□□、鐵郙一席矣，佩服佩服。爵文不定是犧，故以獸爵命之，非以犧爵易獸也。今奉寄商觚"子孫"、"父戊"文之墨本一紙，祈檢入。弟在郡得明沈純父思孝少保所藏之梁山銅鐎斗、秦平陽封宫舉契、高陽左戈共十種，奉送鐘文二幀，漫識數語於上，壽臧之副本款識率皆尊藏所已有。蒙代購佳阿膠，感極，惠過時帶下爲妥，其值亦俟面繳也。十四叔、月川兩處之最精之甎祈代拓全形數副尤感。此復，臨紙不勝馳情之至。　椒升先生都事知己，廷濟頓首。　甲戌二月二日。

四

日上事冗，無暇看書，《畫史》尚須借數日。添託交契，雖錢帛尚可通借，諒借書亦斷不以爲癡絶也。　椒翁，廷濟復言。

五

接手簡并建章禪詩銅磬文，當秋風凜冽時收此，郵筒往復，道金石文剌剌不休，不可謂非冷人冷趣，然楊、劉、吕、薛，數百載後，政不可無我輩步塵□□後之視今，亦何異今之視昔，祈之。頃安過宗之山丈來訪，道古竟日，惜其歸櫂匆促，未得偕來珂里。徐甥壽賦現病瘧寒，俟其健時，當令其拓我齋所有《二泉母》文以寄。知耆古如渴，先此裁復，順問日佳。　椒升都事先生，弟張廷濟頓首。　十月朝。

六

日過敝齋，以賤體有疾，甚多疏略。得手書，知歸舟安善爲慰。漢衛瓦母、漢竟母兩墨本檢出奉寄，與敝藏漢泉笵二種、蜀書笵合裝之,頗快人意也。

七

奉求留心羅致之品:《蘭亭》國學舊本、東陽未斷或初斷本、上黨舊本(董思翁之跋有單章者亦要)、潁上殘石真本、《黄庭經》心太平本、潁上殘石真本、《樂毅論》海字不全本、《護命經》殘石真本。廷濟具託。

八

叔尊藏二器葛春嶼三兄已觀過,其鏡以不能把照、其匣以無所用之爲辭,慫恿之竟不果事,故難逆計也。晨接書領悉一切,今夕適有友到海鹽,因將宜子孫鏡挑紅桼匣,並何、蘇、陶三家所鐫石印共四方繳上,其文、江、徐三印謹奉番銀錢三枚(如蒙割贈,當再以零星款識奉送),如未當台意,當即寄繳也。曶鼎等四種弟卻有刻本,然未忍割捨,汪儼齋所藏之銅佛及豹牌可開價,祈之。　椒升先生有道,甲戌冬月廿六,弟張廷濟頓首。

九

爵文三種奉送。大著《宊尊跋》甚精,嗣當求楷書於墨本之後。近得款識何種、得於何處,可示知,祈之。司事想如玉印,俟異日商易其它。易物另單書覽,可否,裁下。陳氏雖有年誼,然門第太高,不敢印附也。　椒升黄兄先生金石友,叔未愚弟張廷濟頓首。

文魚近健否,修稧日得梁山舟學士來札,九十二歲能作長簡,書作俱精,真古今罕匹也。再識。

一〇

三日前有小札,想入覽矣。昨寫得尊齋款識册題首,適敝友到珂里,今奉寄。　椒升先生有道,叔未弟張廷濟頓首。　甲戌三月十日。

一一

頌敦文既蒙愛,豈有吝者,今擬並永元雁足登、史賓鈃三種奉歸尊齋,得示下當即封寄。錢少詹商器跋語知係竺庵之物,弟昔曾乞之而未得者,玆入清閟,可舉款識相易,以償夙願乎(未兄□□得諸竺庵則擬□原值而加款識)?録京師獲兩鐘文書數語奉繳。令弟曉峰之對俟徐徐再寄。知弟二次裝古器款識,端節後可披覽,自是賞心樂事,將來之續亦是必然之勢,如齋侯罍、建昭雁足鐙等文,弟當終效一芹之獻也。敝藏款識尚未擬裝,徐友俟再商。閩王審知碑因何不可拓,且始於何時?尊藏本可有碑額否?如有,可假否(思句補)?其碑陰俟宋何碑?惠顧時幸帶視。　此致椒升先生都事。　弟張廷濟頓首。　甲戌二月十六。

一二

倪印擬亦歸值若干,再加□品款識,則大雅既不至傷財,而又少添清興,台意以爲然否?總之,古文奇字之耆,眼前真知篤好者曾無幾人,弟處所有貳本(者)將來必次第陸續歸賸。寶劍名馬,遇知己敢不輟贈,更欲何爲邪!昨寄拙書尊齋鐘鼎款識册題首,想入鑒。玆接手畢,率復,不盡。　椒升大兄金石交,愚弟張廷濟頓首。　甲戌三月十一日鐙下。

頌敦《積古齋》著録亦衹一紙,未知是器是蓋耳。“竺碞”誤書“□庵”,此弟之糊塗也。又□。

一三

白陽畫卷退谷所題畫幅□爲二夢所得,如索價,祈之,抑有所裁減耶。周字照嘉興還價添半洋,豹牌照索價減半洋,何如?弟近得書畫十種,如董香光《雲林圖》立幅,有長題;錢叔寶、徐青藤、黄石齋、唐子畏諸老筆墨,皆心醉之品。閣下若攜書畫石刻來,當出奉。白陽畫卷、公瑕字卷、退谷所題之畫幅、豹牌、建初尺卷,前小札奉問未蒙復音,敬乘便上請台候示下爲望。　都事相公椒升仁兄左右,弟張廷濟稽首。乙亥十二月十八。

一四

尊留款識弟陸續題及,知尚有殘石及甎瓦、印及泉笵等册,望一并交下,或偶涉筆焉,何如?弟有數種舊墨本欲裝摺板册子,所述好手某友可賜教否,幸一商之,示及爲望。秋涼圖晤,不一一。　椒升先生都事左右,愚弟制張廷濟稽首。　嘉慶丙子六月廿八。

一五

數日前曾肅寸函,想入記注。弟以老妻喪後内助無人,不能他出,然珂里諸石交及書畫碑刻之品未嘗不心遊目想也。張蘭斐之造像、豹字之碑、梁講學少詹所題款識之字,歲前可一商之乎?所許子金望即日措全,遲二日當遣人到鹽,敬先馳奉尺一,免來人到府又致久待耳。　椒升先生,弟張廷濟稽首。　丙子十二月□一。

太康甎研如可□下,亦祈檢及。

一六

《東方像贊》係胡九淵藏本,胡後人歸查二浦,查歸馬塞中,馬後人歸貴里涉園,涉園歸平湖錢夢廬上舍。《十七帖》李竹懶臧本,李後人歸官灘頭杜貽穀進士,杜後人歸錢夢廬。其流傳之緒,朱竹垞、姜西溟、譚左羽諸老俱題記,故友李作舟向爲余詳言之。今歸余齋,可與大令《十三行》魏水村本稱三絶矣。順聞　椒升同耆，知必欣然稱快耳。　廷濟。　丁丑十二月十三日。

一七

前帖有一種是新刻，不過百文錢之物。其五種是石非石，不可質言，不過尚舊，故弟説至六洋錢，此亦知物系友人之物，稍覺寬其直耳。其裝亦與鄙意不甚合，以題跋不能暢耳。凡遇此等必須就一帖詧論，若總説幾句，似意有未盡也。寄坤四兄如肯如弟説則寄來，當即寄錢繳價。如必要須添，則五種舊者上每添洋錢一角，總共六洋錢又半之數，未知寄翁意中以爲何如也。紫檀梳幢如果厚而不並，弟亦欲之，須寄來看，不能遥斷也。郃陽殘碑内有“少昊國爲”四字之一小魄，知兄處有拓本，望檢寄，肯交易則易，否則借之當奉還耳。《狄梁公碑》有考據否，示下。弟腹瀉身熱，病甚，潦草奉候如令。　椒升先生，廷濟頓首。　道光庚寅七月廿三日。

一八

擬易何、蘇、陶三家石印之款識：柏盤、史賓鈃、霸姬彝、獸爵、永元雁足鐙、漢樂仲器（分書二字在器之唇陰，文甚精采，曾目驗之）。

一九

擬易倪印之款識：齊侯罍、秦量、建昭雁足鐙，右三種任選其一。頌敦、大泉五十泉笵（背有“與取二主所利主事”八分書陽文），右一種任選其一，加帖在一種上。

二〇

諸石印（十五枚）照鄙見不過三千大錢（若三千錢價可聯，則寄物來即繳價），若須番銀四餅，須寄下石印復看（對則出四番，不對則還物),若若要過四番之外不必言矣。其他處象牙、黄楊、烏木之印亦隨其機緣,兩不强也。　椒升先生,廷濟頓首。

二一

使來,讀手書,領悉一切。吾兄高年篤行,弟手中苟有餘貨,必無不通轉之理,迺必以碑版文字爲質者,想亦有見於貴邑諸友與弟通轉觸處留痕之故,足見古道照人,非他比也。日來遠近朋輩之以經籍、金石、書畫來質來售者沓來踵至,旬日之間約有十數萬錢,敝橐爲之一空。重以尊命,謹如數借奉銀洋錢貳拾元,乞檢入之。但所來諸帖率皆手面習見,皆敝齋所重而又重,複而又複,到明年四月必須了結,斷不可遲遲也。再,來帖照目點對,其《天后御製詩》、《甎塔銘》、《唵字贊》三種目録有而帖則無,所亦當啓知也。寄磻一累,想粟園亦同此病。弟之一項今年又大半無就,以置買大廈華屋致弟墊錢,率費船隻飯食,朋輩之見愛如是耶。一笑一笑。此復,順請日佳。　椒升先生,廷濟頓首。　廿四日。

二二

别後又於兩處買得秦漢官私印,今并舊所藏共百有二十,思於明春印出以貽朋好,尚冀知己代爲羅致也。尊照附詩其側,今送到,收下祈付一信。近歸漢唐各碑,儻欲移贈友人,必須把弟一看,如有合意,現錢交易,斷勿以前款識一起未曾算清,反阻道古清興也。也魯所銷各件近已有信否。天寒,千萬珍重,不宣。　椒翁先生老友,愚弟張廷濟頓首。

二三

來翰領悉一切,漢印及古金款懇大雅光降帶示,一言可定,不則難以説定也。嘉泰山刻石已摹畢,現得邵善君題字付摹也。錢梅溪兄來舍,以所持漢刻諸石或售或抵借見託,吾兄意中有人欲得否,得面來譚譚,總不虛耳。　椒升先生,廷濟頓首。　丙戌十月廿七日。

漢印可分賣,尤活動,若常來,斷成也。

二四

頃略郡中得卷册數件,中有李北海兩《雲麾碑》合裝一册,有范長倩跋。其《李思訓碑》不過舊拓,無甚希奇;其《李秀碑》則有殘額("唐故雲"三字),一横三礎,計三百四十七字,與翁先生所摹佇憫忠寺之祖本,與明人所得項墨林之藏本皆同是是時所拓,可喜也。弟昔年在京過法源,摩挲翁刻,不禁神往。嗣承分餉翁刻(三本),奇文共賞,今竟得此舊本,悵未得大雅即來共讀耳。又得一養鷹牌,與豹牌形制悉同,而前人曾未道及,且□未必定是明武宗豹房中物,或五季十國及遼荒畋之主所作,亦未可知,惜錢少詹未獲一見耳。且豹鷹之外或尚有養虎、養熊、養犬之□士,亦未可知矣。今拓文一紙奉看,又一紙乞順致汪儼齋兄,渠亦必欣賞也。今日新秋已出,時候日就涼爽,弟又要邀友人鐫刻樂石,作寒酸風味,兄便中能一過,祈之。去臘之項得了之,尤望。　菽升先生,弟張廷濟頓首。　道光丁亥六月十六日。

二五

去年買紅木數株,以有需大料者尚不彀,所以日前奉託也。昨接來信,知悉一切,但未審木之路道若何?徑有幾何?闊梨木有多少(若何大小)?可有紫檀否?望即日寫示。弟擬於初三日到鹽面譚,擬□□也。昔年所看《虞恭公碑》今思再看,望我兄於明日攜在齋中(實價若何),初三日可拜觀耳。　椒升先生,愚弟張廷濟頓首。　戊子春之朔□。

二六

近有友人見投古銅印百七十鈕(母母印凡七,兩面、三面印凡卅六,即此可知其概矣),各各精美,大雅與寄坤、儼齋、秋穎俱有□者,聞之必應色喜,儻得暇,幸約同人來共賞之。鹿得美草,必呼其羣也。　椒升先生都事,弟張廷濟頓首。　道光戊子六月一日。

二七

前承賜慰,曾未拜謝爲歉。委作尊集之序,謹書駢體文一首於前。粟山之册亦早已寫就。覃溪先生硯銘拓本是其蚤年視學粵東時居多,敝藏其本有百餘紙,寄示之册亦□□八九,間有數銘□未收得,弟估價□多不過五百文□三件,所以未即奉復者,納糧在即,意欲到鹽面話,奈闔族期會不棄,而天又多雨,日阻日遲,是以遲答。今晚準擬開船,明晨於長橋□,想閣下明早亦必同作弔客,可奉還各□耳。此候椒升先生。　小弟張廷濟頓首。　道光壬辰二月六日清晨。

二八

留郡二十日,賣字得四十千,而所入之錢以之買書畫、碑版、古彝器,數恰相當,以諸物皆爲郡中好事者所不合眼,故價直甚廉,而弟卻甚愜心貴當也。自買之後,計所可與共語者,吾兄之外,指不多屈。明晨受之要回鹽,先著其帶三件奉看,弟數日之内亦思到尊齋以快話。受之當日要歸,想大雅過眼當亦必稱快耳。　椒升先生,廷濟頓首。　道光壬辰五月十日鐙下。

語道古諸友并候。

二九

似是洮河石,是舊琢而新稍改者。洮河石極難得,在河底下之石,臨洮人泅水取之,《格致鏡原》至謂爲無價之寶。余有宋洮河硯,係北宋文繡院之硯(有對刻字)。後來又得一明時琢者,已奉送邢佺山房師矣。邢師家階州,與洮河近,師云曾三渡洮河欲購一硯,究不曾得。洮河石硯銘爲秋白先生作。丁酉四月廿八日。

洮河之水深不測,洮人泅水偶得石,玉瓊温潤琅玕碧,琢以爲硯,宜著墨,懷瓘估之千金直(張懷瓘有《書估》。張,宋齊時人)。

致徐士燕

晉穆帝升平三年殘甎可拓存幾本,甎質、琢硯式皆佳也。穀孫日佳。　廷濟。　道光癸卯十一月八日。

致徐同柏

河中工官之弩以二十五銀錢買得,稚春現在精拓出來,精不可言,待來話。河中工官勞穀孫一考跋之。籀老,張廷濟言。　道光乙巳五月十九日。

(整理者單位:上海圖書館)

温忠翰致徐士鑾手札

□ 胡艷杰整理

温忠翰(1835—1889),字味秋,山西太谷縣敦坊村人。父啓封,著有《緑雲仙館詩集》。同治元年進士第三名,授翰林院編修,嘗試學湖南,典試四川,由司經局洗馬出爲浙江温處道。光緒丙戌(十二年,1886)以病致仕,夏初來津。著有《紅葉盦楹聯類存》、《兩漢石續》、《元遺山詩隨》、《名翰賞心集》、《古詩欣賞集》、《紅葉庵詩文集》等。

徐士鑾(1833—1915),字苑卿,號沅青,天津人。清咸豐八年(1858)舉人,同治十一年(1872)出任浙江台州知府。光緒七年(1881)回天津,閉門謝客,一心著述。著有《敬鄉筆述》、《古泉叢考》、《醫方叢話》、《宋豔》、《蝶坊居文鈔》等。

天津圖書館藏有《味秋書札》一摺,收録光緒丙戌(1886)至己丑(1889)三年間温忠翰在津期間,致徐沅青書札十三通,内容多涉及温忠翰編輯圖書、著述、刻書時,或請徐沅青作序,或向其借閱相關書籍,或謝其贈書,偶爾委託其出售畫作,爲刻書之貲,記録了兩人在編書、刻書、題畫方面的往來。所用信紙多爲"紅葉盦製牋",圖文雅緻有趣。此信札均無落款時間,僅依裝訂先後順序整理如下。

一

沅青表舅大人閣下：

日前快領教言爲慰。去歲編纂《兩漢石續》一書，近又屢加删改，體例皆遵翁氏之書，補其遺闕，惟孤陋寡聞，終不免大雅之譏，特以就正有道，尚希指疵正誤是幸。如可賜以序文，書之卷端，尤爲感泐。再敝西席處之言，來春能否如前議婉留，俟有復音，尚祈便示爲幸。專泐，敬頌台安。　表甥忠翰謹上。

按：信箋：籧廬風雨，紅葉盦製箋，鈐印"幽賞未已"，朱文方印。

二

沅青表舅大人閣下：

昨遇千秋病喘未得趨祝爲歉。前領到手拓《泉譜》一册，金幣、泉刀五光十色，如入上古之市，而與無懷、葛天爲侣，謹題小詩四首以志欽佩。又粘得《研銘拓本》一册，呈大雅哂正，以石報金，愧無古品，足附偉觀耳。更有懇者，先曾祖給諫公著有《論語輯解》一書，家藏已近百年，鈔而未刻，其中魚豕之譌甚多，已懇許鶴齋先生參校改正，又自恭閲加簽，特請著作家復校審訂，來年並擬求轉付杭郡刊刻，其册似仍須收小也。鄴架如有《芥子園畫譜》，乞借一讀。此頌著安。　表甥忠翰謹上。尊藏印章刻面皆精，是此地名手否。

按：信箋：茶半香初，良朋韵事，紅葉盦製箋。

三

沅青表舅大人鈞覽：

午前讀示恭悉，并領到題拙録《石續》弁言一章，妙筆鴻文，不勝欽佩,惟獎詞多增慙汗耳。示以節勞之法,尤徵長者見愛之深,私心銘感無既,敢不謹遵。鄴架群書中擬先假《蘇黄題跋》一觀,録畢再請觀他書。坿上舊本《圖書府》二函,近將其人名注釋之,惜寓中書少,僅得其七而遺其三(止於《尚友録》、《史姓韻編》兩書中查録)。想大雅必能盡知,乞審定是幸。此間石印匠不知能印書否?緣有先人著書鈔本甚工,石印爲宜也。未知原本能無損否。此請著安! 表甥忠翰謹上。

按:信箋題:仿詩翁一筆壺製牋吟:記山窗韻事,寒夜客來,將茶待酒,盡此一壺可也。

四

沅青表舅大人尊座:

日前借閲諸書得資觀覽,心感奚似,兹將《水經注》四函,《銷夏記》一函繳還,乞目入。《莫氏經眼記》遲日并繳。《水經》内謹擬勘誤二籤,希指正是幸。宋洪文惠《隸釋》所引亦係如是,不解何故。香唫先生便面先呈上,詩字均劣,殊負雅箑,琴壺題字亦坿上。此布,敬頌台安。 愚表甥忠翰謹上。

按:信箋:紅葉盦製牋,茶半香初,良朋韵事。

五

沅青表舅大人尊覽:

委寫刊書署首并泥金便面均徼上,乞目入。刊書年月原式爲兩行十六字,惟小篆體長不易安放入格,須刻印家摺疊篆文乃爲合宜。甥未曾習之,寓中亦無書可查,故變通添二字成十八字,分三行書寫,未知合用否?拙編《漢石人名録》後坿《漢刻志餘》三卷,昨已裝訂成書,此編之成全賴鄴架借觀書卷之力,兹併呈請斧正。連日稍閒,思將前賢論畫舊説彙爲一書,名曰《後素齋叢話》,計寓中可采之書亦有十餘種,特開呈覽,此外若須借助於鄴架者,尚希示及也。專此,布請台安。不莊。　表甥忠翰謹上。

《趙松雪集》、《文待詔甫田集》、《唐六如集》、《六如畫譜》、《畫禪室隨筆》、《圖繪寶鑑》、《畫人傳周亮工》、《小山畫譜》、《畫史彙傳》、《甌香館集》、《庚子銷夏録》、《虚舟題跋》、《板橋集》、《論畫絶句》、《畫家姓氏》、《戴文節題畫録》、《漁陽居易録》、《孫文定南遊記》。

按:信箋:紅葉盦製牋,遽廬風雨。

六

捧讀手示并誦佳章好句如珠,曷勝感佩。《論語輯解》並乞暇時賜一弁言,敝同鄉祁子禾總憲曾製一序夾在首頁内,許鶴翁亦製序,尚未謄清,又自作書後數語,敬志先人學行,并乞斧正。閱後請與祁序同夾書中可也。來春擬售書畫數種爲刻書之貲,未知此地易於出脱否?此復,敬頌沅青表舅大人著安。　表甥翰謹上。

按:信箋:意園製牋,野鶴閒雲。鈐印:"幽賞未已",朱方。

七

昨捧到《甌香館集》如獲奇珍,此心意中期之數十年不能得,而一旦得之,快慰奚似。甥以往購一部,此與《粤西金石録》並還鄴架,即希檢存。《河樓秋飢圖》前已奉徹,只寫近岸帆檣及樓外秋樹,未布遠景,題詩處仍留空白,尚可請一二人題詠其間也。圖中布局大小未能佳餚美酒羅列滿前,僅以兩餚陳於别几,作爲未嘗之品耳。此頌沅青表舅大人吟安。　表甥忠翰謹上。

按:信箋:風雨懷人室製。如三秋兮。鈐印:"幽賞未已",朱方。

八

手示誦悉,兼讀序文並函中所論,洵爲遺山先生千秋知己,曷勝欽佩感謝。《圖書府》注釋暇時擬一一録於書内,上標"徐注"二字,後書一跋記之,以垂永久。《書畫舫》十二册,徼還座右,《金源紀事》容細讀。長至已近,氣稍不平,真久病知時也。沅青表舅大人尊右。　表甥忠翰徼。

按:意園製牋,野鶴閒雲。鈐印:"温",朱長方。

九

手示恭悉,來件均已領到,容當細讀佳章,感謝無已。翰臣表舅前亦希致謝,書面、便面遲日即徼。"香府"款扇,先交來使帶呈。天氣新寒,伏維珍攝。鶴齋先生照允,蟬聯深幸,今年歲底當即照送可耳。瑣事瀆神,心感。專復,敬請沅青表舅大人台安。表甥忠翰謹上。

按:信箋:風雨懷人室製。如三秋兮。鈐印:"林水趣",朱方。

一〇

沽上秋清,久疏晉謁爲歉。《山右金石志》甥已得之,兹仍徼還,并前借《觀古文四聲韻》同歸鄴架,希目入。《甌香集》并《粤西金石略》均留一讀。繪圖容即遵教爲之,但恐拙筆不足副雅觀耳。復頌沅青表舅大人著安。　表甥忠翰拜首。

又湘中友人寄來刻詩數帖,特以一分呈鑒。楹聯二付并徼。

按:鈐印:"紅葉盦",朱方。

一一

手示敬悉。《水經注注釋》四函并領到。邸以《隸釋》中所採漢碑各條於漢帝紀元之年多有譌誤，故須舊本一校也，容即趙還。此復，即頌沅青表舅大人午安。　表甥忠翰謹上。

按：信箋：紅葉盦一葉牋。

一二

天熱如蒸，汗出如洗，久病之軀，殊難調攝。想福體定康和也，爲念。香唫先生扇一柄，畫就呈徼。《墨妙亭碑考》、《經眼録》兩書久留齋中得飽眼福，兹併趙上。又宋人劉球《隸韻》浙中刊本甥有。一部入書篋中，尋覓不出。鄴架若有此書在手，還乞借觀四五天即趙。緣《漢石人名録》已編至第十二卷，思以古今石著録所載未見之碑褋爲一卷，其事即可畢也。此布，敬頌沅青表舅大人著安。　表甥忠翰謹上。

按：信箋：集漢碑，持此以代面，味秋製箋。三言兩語。鈐印："太谷"、"温之"，白方。

一三

手示敬悉，示及書籤均領到。容學書呈上。香唫先生前爲題圖卷，學擬一詩爲謝，遲日當録於便面中呈教。《墨妙亭碑目考》尚未見過，可飽眼福。《孫氏訪碑録》則已購得，《平津館碑目》亦未見，容即覓之。專復，敬請沅青表舅大人箸安。　表甥忠翰謹復。鄴架若有舊本《水經注》，擬借校閲一二字，連日又感風寒，遲日晉謁。幼甫同年訃至，擬送一幛，恐不克前去作弔也。

按：信箋爲普通紙張。

此摺《味秋信札》卷末，有徐士鑾跋文一則、趙元禮跋文二則，一併整理如下：

一、徐士鑾跋

温味秋廉訪,品端學粹,庚子人也,觀察東甌數年,處處惠政。光緒乙酉,簡擢鄂臬,卸道篆即疾作,丙戌夏初來津,僦舍養疴,得以時相遇從。諸疾雖盡去,惟心氣大虧,迄未復元,日以觀書養其心。廉訪著有《紅葉盦楹聯類存》,屬予譔序,予以駢文應之。嗣是出其所著《兩漢石續》、《元遺山詩隨》並廉訪曾祖給諫公《論語輯解》皆諉予序言。廉訪工繪事,復擬輯《後素齋叢話》,蓋採前賢論畫之説彙爲一書也。尚未成書,詎己丑冬杪喘疾大作,入春遽歸道山。惜哉!惜哉!此册皆廣居沽上時往復之書,保如侄見而愛之,擬付裝池,實獲我心。裝就,攜册呈閲,並請一言識尾。予批閲數過,憶當年手札尚不止此,俟檢得仍可續裝,惟廉訪之歿閲今十一載,墓門之木拱矣。展對此册,曷勝黄爐之感。光緒庚子清和月初吉沅叟識。

按:鈐印:"徐士鑾印",白文方。

二、趙元禮跋

（一）

沅翁晚年頗好事,宦海夢醒成書癡。牙籤萬軸讀欲遍,名章俊句紛交馳。宅相温公擅風雅,適來養疴津河湄。手書清逸互酬答,商榷金石兼文辭。寶如學者秉家訓,珍此函牘同尊彝。裝以錦贉爲藏弆,風晨月夕常翻披。其時庚子亂初定,閭閻擾擾雜羌夷。囑我題跋誌緣起,開編用寄空中思。我時攜歸閉户坐,欲寫詠歎無由施。束之高閣若有待,縱經世變猶護持。光陰彈指廿餘載,未著一字真淹遲。不授促迫有先例,文債久負殊非宜。今年元日快晴旭,奮筆爲君題此詩。我與沅翁本同學,香吟先生夙所師。載酒問奇我最少,碧琅玕館春風吹。師資久失翁亦没,追憶往事真堪悲。丹亡鼎在感陳迹,留此遺墨空爾爲。寶如六法最精妙,更能好古窮探窺。詩成一哭付君去,爐煙正繞寒梅枝。

寶如仁兄先生屬題　癸亥正月弟趙元禮。

按:鈐印:"幼梅",朱方。

(二)

寶如先生二十年前委題温公手札册子,今年元旦始償此債,今日雨窗始寫册上,疏略到極點矣。送請教正。劉先生晤否?弟亦久違矣。即頌晨佳。弟元禮頓首。癸二月廿二日。

按:鈐印:"幼梅啓吏",朱文方印。

天津圖書館藏書中,另見温忠翰題跋一則,附録如下:

楞修室詩存四卷果盦文存一卷别稿一卷(索書號:S3671),(清)□亭生撰,清末抄本,四册,九行二十字,白口,四周雙邊,有吴闓生、何震彝、温忠翰跋。

温忠翰跋文:

此余庚申辛酉之間録之以遺悶者,廿餘年來海内清平,非復昔時景象。歲戊寅宦游浙東攜入行篋,南疆卑溼,盡爲蠹魚所損。癸未權寧紹台道篆,公餘偶檢此册,剥蝕更甚,竟如百餘年前古物,重加修整,訂成四册。俾無負廿年前一段苦心也。時仲秋下旬。味秋誌於藂碧軒桂花下。

按:鈐印:"忠"、"翰",朱方。

又孔夫子網站,見沅青《古泉叢話》題跋一則,附録如下:

《古泉叢話》四卷,錢塘戴醇士熙著。前有三卷,自周迄明兼及外國,後一卷補論刀布,專載正品而汰厭勝,乃泉譜中逸書,蓋藉以傳耆舊風流,交遊韻事耳,非考古全書也。節録利津李竹朋佐賢《古泉匯論叢話》。

戴文節公《古泉叢話》饒有逸趣,余曾收録一本藏之,壬申夏口伯寅京師力謀付梓,屬吴清卿寫以上版,摹刻絶工,其書遂傳,洵大快事。歙鮑子年康《觀古閣泉説論叢》,此册余守台郡日,鮑子年前輩所寄贈者。己丑冬沅青識。

(整理者單位:天津圖書館)

張百熙、瞿鴻禨往來書札(下)

□ 鄒晓燕整理

一一五

前上一牋,憑臆妄議,乃荷虚懷下采如此,敬服之至。苕溪、金蓋兩語佳矣,蘭齋句亦好,但於上句稍不湊拍,不如仍用原句,於詩意亦較周匝。古人筆端可以回萬牛,則詩筆回奔湍亦尚不牽强,尊意謂然否? 頃自館中歸,草草奉此,即請子玖老前輩同年大人吟安。　年晚百熙頓首。

連服蒼白朮方尚相安,擬漸加補劑,遲日當約東寅一診也。承念,感感。

高陽師右脉已大落,有胃氣矣,痰亦大減,秋中可愈矣。快甚。

一一六

手教謹悉。據劭予云庫中有《十三經》,渠在内可以檢閲,似可不帶書暫存。松竹摺較長似乎無礙。是日入内,當在四鐘光景,早到半时許更好,尊意以謂何如? 復上子玖老前輩同年大人。

年晚百熙頓首。

一一七

示悉。經書籍繳餘於明早帶入。廿八日須略早,熙等亦在朝房齊集也(徐頌翁謂宜如此)。復上子玖老前輩同年大人。　年晚百熙頓首。　廿四日。

一一八

子玖老前輩同年大人:

節下别三稔矣,積想成痗,如何可言。百熙不肖,以闇於知人,幾獲大戾,爲師友辱,然區區之愚忱,迫於救時,切於報國,至不顧利害而汲汲爲之,其不顛覆以至今日者,蓋亦天幸而已。方咨送某某時,當聲明"酌中采取"等語(意謂考試之事究屬以言取人,且時務一途本宜節取),雖亦覺其危言讜論不無偏激,而通曉時事,似有過人之才,不謂包藏禍心,陷於悖逆,至於如是,是則愚蒙無識所未及深察隱微者矣。往者論列時流,將以某名並舉,經我老前輩指示,乃遂去之,以近於不孝而黜之於剡章,豈有覺其不忠而反登諸薦牘。平居讀史,嘗竊議胡文定理學大儒,何以輕信人言,謬舉秦檜(殆亦迫於救時之過耳),乃自蹈其失而又加甚焉,從此不敢輕議古人,妄評當代。鄙意於某某初非有黨同之見,特以自信太過,其弊一至於此,此則非惟寡識,亦坐不學之過矣。仰荷東朝天覆之恩,不從吏議,且未久即蒙開復,不知何以爲報,每一念及,輒汗涔涔下。老前輩夙加偉視,而百熙乃躬冒不韙若此,其何以對知己,但有引咎自責而已。屢欲函訊起居,忽忽未果,即乘軺之喜、卿貳之榮,亦闕然未有以賀也,非無典籤,但可以謝恒泛,如公篤誼,反致闊疏。去秋已來,則以獲咎抱慙,臨池輒輟,恃老前輩有以諒之耳。時局日益阽危,德人之於膠州,俄人之於旅、大,英人之於九龍,法人之於廣灣,瓜華之見端(仲華相國曾以此面奏東朝,故敢及此),西人所謂勢力權也。勢力之權所在,他國不得沮害,如英人公向譯署言長江一帶不得割與他國,蓋認爲其權力之所到也。切膚之痛至此,或猶以爲不過割我海疆邊境而已,豈非夢夢哉!《詩》曰:“我生不辰,逢天亶怒。”又曰:“載胥及溺,其何能淑。”兩宫憂勞宵旰,爲人臣者顧莫展一籌。詩人可作,應亦不料世難之至於斯極也。吕氏曰:“燕雀争善,處於一室之下,子母相哺,自以爲安矣,至於突決火焚,顔色不變,乃不知禍之將及己也。”又曰:“萬人操弓,共射一招,招無不中。萬物章章,以害一生,生無不傷。”今外夷之禍之烈,豈惟一招一生而已,而猶以爲禍不及己,自同燕雀,豈不痛哉!一人一身之出處,一家一室之福禍,蓋不足言,特爲老前輩放言,世變如此,知必爲之同聲一歎也。此間試事極難措手,次遠前輩語熙曰:“三年辛苦,竟無補益。”初以爲其言之謙也,今乃知其信然,且不惟無補而已,至聲名、性命、功名皆可不保,甚矣其難也。頃試惠州,舟次書此,以達拳拳。敬叩春祺,不盡瞻仰。　年晚張百熙頓首。　除夕前二日。

要使天驕識鳳麟(東坡送子由使契丹詩句),讀公詩句氣無倫。豈期變法紛朝政,差免書名到黨人。修怨古聞章相國,推恩今見宋宣仁(百熙以主事康有爲講求時務,所識通雅之士多稱道其才者,因以其名咨送特科,當聲明“蠲除忌諱、酌中采取”等語。既念與主事素不相識,其心術純正與否不可知,復據實陳明,並將該員業蒙欽派差使,可否免其考試請旨辦理。又片陳中國自强在政不在教,在講求政事之實際,不在比坿教派之主名,請明降諭旨,嚴禁用孔子紀元及七日休沐等名目,以維持名教,而免爲從西之導等語,均仰邀留覽。及康難作而被罪者衆,百熙獨叨特恩鐫職留任,以視東坡之遭遇宣仁,有過之無不及也)。過書舉燭明何在,削牘真慚舊侍臣(百熙謝恩疏引咎自責,有“曾無舉燭之明”等語)。

題《東坡居士居儋録》詩三之一録奉教削,小注皆事實,藉以明使才之誤。榮相語鹿軒滋前輩謂某樞府誤記(謂係仲老,必不然也),剛相謂(面語熙者)不有片陳之件,亦如張香濤不理會矣。熙謂咨送與奏保同一謬妄,處分實屬應得。剛云東朝初頗生氣,謂張某裏邊人,何亦如此,樞庭當奏張某此片不是保他,因曾咨送考試,恐其心術不可靠,故尔聲明,如此東朝意亦釋然,此所以未久即開復也。坿片明言咨送考試,何以言保送使才,此摺係八月初十日到京,何以延至廿五日始行交議,公記會東樵之摺否,可以悟矣。然東朝天覆之恩,聞者無不感激,况身受者乎,惟有媿汗而已。百熙坿識。

前舍姪(式恭)在都曾承惠助雙柏之數,極荷雲情。玆由舍姪如數籌還,由熙處交新泰厚寄呈,伏希詧入,賜給收條爲荷。專此,再請衡安。　百熙再肅。

一一九

子玖老前輩同年大人閣下:

昨談爲快。公行後接家兄專函並所寄各件,並呈台覽。日前言及敬帥寄件,即詳言此事,一併呈覽。我公之意與熙同,此事請酌定見覆,無不遵照。今日到館,不能出城,廿日當奉詣。即請台安。　年晚百熙頓首。　十九日。

一二〇

子玖老前輩同年大人閣下:

旬日不見爲悵。日前接武昌鄉館公電,言及某事云云,其人在都並無一面,特以電中有“與公等商辦”之語(電中未及莘垞而熙特以商之者以此),而莘垞又於某雅故,因告之莘垞以轉達於公。

實則此事虚實不可知,斷非他人之所能干預,想老前輩亦必同此意也。本擬奉詣一談,緣公私褦冗,今日又須入署,敢佈區區,惟心照不宣。　年晚百熙頓首。　十一日辰刻。

楊仲卿須赴英國,令姪少一益友,唐生尤失所倚靠,奈何。

一二一

芷玖老前輩同年大人閣下:

前肅賀牋,計邀清覽。便蕃吉語(回鑾無論遲早,公萬不可續假),晉秩司空,而熙亦謬荷天恩,不次超擢,聞喜而歡騰鼓舞,叨榮而私切驚慙,誠不自意以百餘日未到任之侍郎得附青雲而上,忝竊非分,高厚難謝,公其何以教我也。玉坡不知何日到浙,大約必由海輪。李老前輩到蘇有來信否?前諭回京字樣正切躊躇,適奉台電,得以遵照辦理。三年承乏,奉職無狀,遘兹世難,百事心灰,而屬在内廷,猝難引退,直無可如何耳。肅賀,即請台安,諸惟愛晉,不宣。　年晚張百熙頓首。　十月初七日。

一二二

芷玖老前輩同年大人節下:

前奉手教,備紉愛注,冗於塵俗,裁畣稽遲,歉甚歉甚。比得電傳,恭悉寵命欽承,榮除都憲,抒素懷於啓沃,用宏濟乎艱難,隆棟之膺,計在指顧,不惟同曹稱慶,抑湘中人士所引領以祝之者也。百熙承乏嶺南,慙無報稱,渥蒙聖慈,忝晉客臺,高厚難謝,益滋悚恩。先是因睽離桑梓,多歷年所,擬此次報滿時乞假一二月,歸省先塋。自聯兵北犯,乘輿西狩,天下多故,大局阽危,暫假一節未便陳請。現在試事告畢,考優亦已舉辦,俟新任抵粤,即行交卸,馳赴行都。尊處離西安較近,受代必當較早。天寒歲暮,迢遰關河,驛程辛瘁,不堪預計,但冀大局速定,長途無梗,斯爲大幸耳。肅覆,恭敏大喜,敬請台安。　年晚生張百熙頓首。　九月廿一日。

一二三

子玖老前輩同年大人閣下:

昨讀大詩贈曹永昌作,字字精采,不見有當坩諍之處,惟有拜倒。《金蓋山圖詩》“雲巢”句以下清蒼秀健,“浮雲”以下寄慨遥深,此境殊不易到也。“碧”、“瀰”、“滂”及“迴”、“奔”、“湍”六字初看似稍未愜,細思竟無以易之,亦竟可不改矣。耑覆,敬請吟安。年晚百熙頓首。　十三日。

“插百盤”句“插”字與“百盤”稍未融洽,可酌。

一二四

樵埜覆函奉閲,恐須稍緩矣,不知其何所波折也。畫馬詩録呈道正,希教之爲幸。此上子玖老前輩同年閣下。　百熙叩。

一二五

錢南園通政畫馬爲徐頌閣宫保題。

少陵畫馬詩有神,縱横氣吐千騏驎。南園墨竗推第一,寫照時無浣花筆。坐令兩馬無晶光,尺素慘澹凋星霜。側身青雲感伏櫪,回首黄沙空戰場。當時國步方全盛,鐵騎騰驤笳鼓競。萬里風煙蹴踏開,塵清四海波如鏡。此馬與人成大功,關山力盡陣雲中。長楸斷養恩猶渥,邊草荒涼氣自雄。斯圖流傳歲時久,世變浮雲百年後。西極方期天馬徠,中原忍放龍蛇走。如何島國勢披猖,倉卒徵師禦犬羊。十萬天閑材盡下,更無單騎起汾陽。騂騮崛起應無敵,控縱宜寬鞭箠力。王良不精御馬術,欲效馳驅徒太息。嗚呼相馬同相士,駿骨還求古燕市。房星天駟如有靈,願降天龍佐天子。

近作一首録奉子玖老前輩同年大人教正。　年晚張百熙呈稿。

一二六

寄贈曹仲銘太守鴻勛六首。

聖主憂邊郡,欽哉命此行。股肱楚季布,形勢漢昆明。關塞八千里,風雲滿去程。看君揮五馬,攬轡志澄清。(其一)

莊蹻開滇國,王褒使益州。山川多勝蹟,冠蓋幾名流。霜肅屯兵壘,雲荒寫韻樓。武功與文事,今古一綢繆。(其二)

道阻離人夢,秋摧志士肝。春風折楊柳,片月度苴蘭。夷狄窺邊亟,時危作吏難。乾坤敝征繕,何以撫凋殘。(其三)

聞道哀牢域,能回徼外春。相須去害馬,莫但取懸鶉。地軸横南詔,天樞拱北辰。循良期報最,吏道重儒臣。(其四)

侍直恩知舊,遭時感喟多。天寒紛霰雪,日下見江河。憤切匡衡疏,閒同曼倩歌。昔情應不忘,朝散九門珂。(其五)

燕市尊前泊,遥心憶送君。鳳池花畔路,回首惜離羣。城闕方秋色,河山易夕曛。亶盟臺不見,迢遞隔南雲。

第五首遵旨更定,不審較原句稍愜否,録請子玖老前輩同年大人詩家教正。　年晚百熙呈稿。

一二七

子玖老前輩同年大人:

昨午後散直歸,讀大詩,爲之一快。詩格雄深矯健,如龍門之桐,百尺無枝。"平原"二語已自驍騰,"雄傑真龍"四語一語一折,曲而有直,"體繡衣"四語就南園抒寫,視張少農作意同而詞更簡老。"承平百年"以下酣暢淋漓,鄙作意非不同而無此沈著,足徵力量過人處。"時危"以下興會飆舉,無一曼聲弱字,實無可以附静之處,惟有拜倒。謹此奉復,即乞録上給下,以便轉交頌老共欣賞也。專請箸安,不一一。　年晚百熙頓首。　三十日。

一二八

頌閣前輩屬以南園畫馬丐公題句並求速藻,特此奉達。即請子玖老前輩同年道安。　年晚百熙頓首。

一二九

日昨失迎爲歉,頃奉手教,謹悉種切。名條收到,容即轉交。題圖詩前次字太小,今又嫌稍大,第三幅爲墨污,故須另謄,明日送繳。即請子玖老前輩同年大人台安。　年晚百熙頓首。　初六日。

一三〇

子玖老前輩同年大人:

日昨趨候未晤爲悵。連日差忙,家信至今未寫,奈何。重伯駁議是者甚多,惟"應官差"及"優待創始之人"二條似不可從,輪船招商局並不如此也,尊意以謂何如?若謂恐人沮議,或事後嗾言官説話,則但事之應行與否與已成已否不是乾脩可以開其口也。鄙意謂乾脩之舉正是招怨之媒,謀乾脩者多,豈能盡如人意耶,此斷不可行者也。重伯謂南來章程有明欺喝京官之處,鄙意謂重伯駁議亦有明喝湘人之處也。尊意以謂何如?專請台安。　年晚熙頓首。

一三一

子玖老前輩同年大人閣下:

時局日新月異,如何如何。廿六日引見講官,尊處如有銀鼠元青袿,乞假一光,随即奉繳。昨日發熱身痛,服表劑取汗,正在淋漓之時,忽内傳看書,飛犇而往,更加大汗,頃卧起翻覺見輕,可謂生成跑命矣。專請道安。　年晚百熙頓首。

一三二

子玖老前輩同年大人:

日前奉訪不值爲悵。天氣漸寒,今日已换寒羊一套並黑絨領羊皮冠,特此奉聞。即請道安。　廿四日。

一三三

子玖老前輩同年大人閣下:

奉示謹悉。《先德圖册》一二日内即寫呈。"法教天寒"句似較原句稍可,吴經丞乃極謂不如原句,則見深見淺之不能强同也。敬請道安。　年晚百熙頓首。　初十日。

一三四

子玖老前輩同年大人閣下:

送别以來倏更寒暑,眷懷盛德,結念爲勞。伏維榮問休暢,術業丕彰,風教旁行,天寵稠叠,前者掄材閩海,馬羣已空,移節西川,又誕育卿雲之地,彼都秀擷,美不勝收。老前輩以崑山之絶學、桐城之文律、芸臺之精審,循循樂育,陶育三年,才人學人,盡歸珊網,知必有蔚然特起、獨冠一時者矣,甚感甚感。百熙少無學識,長更迂散,愚蒙苟飾,□□能賢。去秋保送南齋,掌院謬采虚聲,以熙名承乏,當懇高陽、茶陵代辭弗獲。御試之日,於無意中脱寫五字,裁卷另接,意可倖免,而召對時蒙天語褒嘉,遂邀特用,惶恐感激,抱慙萬狀。入直以來,已逾半歲,與同事諸公浹洽甚深,一洗曩時淩厲擠排之習。惟此差繁費過重,決非寒儉所宜,短袖回旋,殆難爲計。我公知己,何以教之。敍意臨風,西望結轄,敬頌曼福,伏維亮鑒,不宣。　年晚生張百熙頓首。

百熙去歲息轍輶軒,已在拮据之際,於意外增此賠累,令人焦急徬徨,高陽、茶陵知之最深,亦殊愛莫能助。目下於各處專函借貸,而應者亦復寥寥。我公垂愛素深,又值處膏能潤之地,擬於冬間丐分鶴俸,假以三百之數,藉償貧糧。謹此先陳,亮蒙慨諾也。熙坿及。

再肅者:去秋九月,川人喬茂萱比部有所條陳,浼百熙轉達節下。時以初入南齋,朝夕靡遑,閣置叢書中,屢覓弗得,近始清出,交何知縣承道帶呈,伏希采擇。何令吾湘才儁,士林冠冕,其學問詞章,浸淫入古,饒有骨幹,人亦敦厚篤實,純粹以精,以縣令出山,非其本志。趨謁台端,務懇假以盈尺之地,俾得申其識韓之願,有可爲提挈者,求噓拂及之。又,江安縣知縣沈令(秉堃)年少老成,才性明敏,其親兄小嵐孝廉,曾受業於先君之門,故熙於該令知之最深,亦求推愛照拂於格外,曷勝感禱。肅懇,再請衡安。年晚百熙再頓首言。

一三五

先後奉示二件,以係總監督主持之事(捐教習事容易辦理),未及肅覆爲歉。今日晤張光禄,屬其速商酌定,於日内見覆,覆到當即奉達也。法文添教習與助教各一人,尚屬易事,惟學舍無可騰挪(大學堂所以必須建造),且經費亦大爲難添,招學生萬做不到。今晨爲籌一通融辦理之法,請光禄於英文學生中酌定兼習法文一二十人,於事即無窒礙,光禄亦尚以爲然也。惟科學皆以英、德兩國文教授,並無法文科學,習法文仍須補習德文,兩三月乃合格耳。先此布請止公老前輩同年親家蓋安。　年晚濳頓首。　初六日。

鄧澤鈞已到局,聞其醫理尚好。滋翁原函坿繳。

一三六

示悉。子異係午橋尚書所言,而其意似於伯平前輩不甚相屬。喬生極好,其望却較陳稍輕。袁則如公所言,恐不願也。當舉陳、朱兩公,緘商士元,不識能照行否耳。希馬兼習兩國,似不爲難,然當遵示從緩再議。肅請藎安。　兩印。　初七夕。

一三七

止盦老前輩同年大人侍右:

昨奉商一節擬於明早呈遞,作爲由下自請,較有面子,知尊意亦必以爲然也。族弟百禩原信二件謹呈督覽(其信爲門客所誤云云,他人不知,公無不知者,果有是事耶,彼何所見而以爲必入政務外部耶,真不曉事人也)。人不易知如此,可歎。專請台安。　潛齋謹上。　初七日。

一三八

止盦老前輩同年親家大人閣下:

不見忽已數日,聞已榮履署任,得公整理部務,當有起色也。新立官册處一切已備,敢乞督飭選、功兩司所同擬定辦法,早日具奏,以期去隔閡而歸簡易。選司責成張寶、功司責成孫保,各掌印可也。孫紹陽若得坐糧廳差,似可以方培愷署功司掌印,而以劉華(此最得力)署方之封司掌印,以昭公允。或欲謀得此差者,潛未敢以爲然也。吴潁芝同年屬呈履歷單二紙求開給,以便彙刊。肅叩台安。　年晚潛頓首。　十四日。

一三九

本年考績嚴明,朝列精神爲之一振,吏治當日有起色矣。協揆大喜,可爲預賀,非惟桑梓之光,亦同譜之榮也。午莊制軍書來,云開缺時曾乞病假,刻擬銷假來京,是否可行,潛不能決,敢乞酌示,以便轉達。記得當時旨意并無"來京"字樣,又某公正居要路,似不如其已也,公謂何如。吴引之同年屬送尊處《同年齒録》一本,捐單附求酌書,得便交下爲荷。專請藎安。　兩印。　廿六日。

一四〇

密啓者:已革知縣洪熙,前在臺灣,經臺撫奏參,革職永不敍用,並監追侵吞款項,嗣經邵筱翁奏結"免追而永不敍用"字樣,並未請錯也。去年報效萬金,由李文忠奏請開復,並不聲明"永不敍用"字樣,實屬取巧。該員聲名狼籍(極有才,僅聽其言論,無不賞識之者),在余晉珊浙撫幕中頗極招摇,晉珊之世兄親爲其表兄言之,其表兄宋大令爲庚午年姪,親爲潛言之,其人尚可使用乎(用晉珊名片寫信到處張挪賣缺等事,皆所不免,晉珊在浙聲名之損均由此人)。現由吏部查明請旨,似不應使此等劣員再爲親民之官,公能主持(只要依議便得),實屬陰德之事,不啻爲生民造福也。專叩藎安,順頌節喜。　潛頓首。　中秋日。

十六值日,擬加早出城,不識能得晤談否。

一四一

昨奉賜牋,具悉。十九日所奏請一節,交議原由,並無他意,頓釋懸念。來教謂不予進士舉人生員名目,不能與學堂學生並(現在譯員太少,原奏特取其速成,不責以大成也。願大成者則有遞升大學之一法,詳述於後),未免顯示區别,擬於議奏時變通辦法。方今學堂甫立,海内尚未嚮風,所有學生出身能多予一分推廣,即多一分勸誘,具見提倡苦,於學務極有關係。惟原奏所以未請予以進士各項出身者,以出身須與學級相配,受過小學功課者予以生員,受過普通學功課者予以貢生,受過高等普通學功課者予以舉人,受過大學功課者予以進士,使人一見其出身文憑即知其學級深淺。同文館係專備咨取譯員之用(仕學、師範兩館學生必不願充譯員),所定功課以洋文爲主,即所習漢文亦僅就誦讀經史,講求文理,下手一切政治等學不責令全習也,若亦予以舉人、進士等出身,嫌與學堂相混。惟此次原奏有二三年後擇其尤者令習法律交涉等類專科等語,鄙意擬依照尊指,凡學過三年洋文者給與附生出身,注明"同文館"字樣,其學過法律交涉等類學科者送大學堂,令其補習普通一年,考驗合格准給貢生,至此則已到可入預備科地位。再習高等學三年,考驗合格可予舉人,升入大學分科矣。如此則同文館學生學成後願就專業者可備各處譯員之用,有志上進者亦儲遞升大學之材,如此則學位等級既甚分明,學生進取亦無窒碍矣。未審以爲可行否,伏希酌裁及之。　兩印。　廿一日。

一四二

止盦老前輩同年大人閣下:

頃由海兄處交到中學堂摺件,並傳語户部查年例發款止三萬餘金云云。宗室八旗各官學經寶瑞臣侍講查明向例每年每官學例給四千金,八學合計三萬貳千金,左右翼宗學每年共一萬有餘,又學生膏火每年乙萬三千餘金,故所擬摺稿有統計各學舊例部撥之款五萬五千餘金之語。海兄傳語云云,當係專指八旗官學每年例撥之款耳。所有左右翼宗室覺羅學及學生膏火之費每年實有領款,並非虚捏,應請略相暨滋公飭部詳查爲荷。至咸安宫學費聞有由内務府支領者,則固别爲一事也。耑請台安。　晚溍頓首。十一日。

頤和園駐蹕書房例在城内聽差,衹值日之期臨時前往,吏部有公所,距宫門里許,本擬於值日之先一夕借南齋太監之公所棲止其間,既聞公與滋老已寄榻於此,只好臨時由城内飛車前往,亦籍免襆被之勞耳。　止公大人。　潛再拜。

一四三

曩辱枉談,昨承惠翰嘉蔬貺我,隱觸季鷹蓴菜之思,願志公言以爲息壤。專肅申謝,敬上止盦老前輩同年親家大人。　晚潛頓首。　初二日。

一四四

昨夕得李正則南京電,言勛老事甚詳,謹奉閲。此老爲潛所夙敬服,亦與公交厚,當承關注也。　兩印。　廿四寅刻。

一四五

止盦老前輩同年大人侍右:

日前晤教爲快。慰帥所陳客卿一節,以變法言之,誠爲要著,從前俄、日兩國即有之,不足爲怪也。故熙初聞此議,亦無不以爲然之意,既而熟思審處,又與友人反覆詳商,則此時中國局面實有不能援日本以爲例者。蓋日本變法之初,已有主張之妙用,一切國權不爲人所侵奪,客卿但備顧問而已。今我國權不足,變法亦尚無一定之程,果依袁議而聘客卿,誠有如我公之所籌慮者,此不可不慎之於始也。公幸一再思之。專此,敬請藎安。　潛齋頓首。　廿日。

學堂大概情形摺廿四五可上,謹遵尊指不請加派總理。

一四六

再者,大學堂西教習尚有六七人在京。自上年兩宫西幸,學堂亦爲土匪所毁,一切蕩然,而教習並未辭退,計從上年十月以後以至於今,薪水均未算給。前日有美人滿教習來言,以後學堂去留均可聽便,惟須將從前未領之薪水全行發給,方可另議。熙謂現在學堂尚未據内府移交,且自臘月以前非經管之事,薪水一節應否照給須由外部主持(丁教習曾於外部具呈),此時本學堂尚未領有款項也。該教習日内必於外部具呈。此項薪資,既上年未經辭退,自應查明照給,否則必多費唇舌,有礙中國體面。特此佈達,即希公與邸相商之。教習每月三百金(總教習每月五百金,從前合同並無年限),以十五個月核算,每人須四千五百金,辭退一人須加送薪水三個月,川資尚在外(合同上之言如此)。此次擬另聘(非另起爐竈不可),或留其一二,亦須另立合同也。公謂何如? 再叩台安。潛齋再頓首。

一四七

昨得不知誰何之滬電,其意以商碼明顯,不欲徑行電達,特函致其電文,可謂有心人矣。今晨以呈邸座,並達台覽,望公等加意提防爲要(寧防意外,不可以爲必無)。前月初亦有不具姓名之滬函,言某逆密謀犯蹕之事,以爲繆妄而毁之,不數日果登其事於報紙,既乃有廿六日炸彈之變。然廿六日以前嘗以滬函所言密告於紹右丞,右丞以告於端帥,端以告於步軍統領,不虞果有車站之變也。昨得滬件,不敢不言,菊人尚書領匪警事,幸密防之。張光禄以爲壇廟祀典似暫可遣代,以昭嚴重爲言。親行典禮,爲時甚早,人多且襍,非巡察所能周防,望公等籌慮及之也。專肅,即請藎安。兩印。　廿二日。

日前所談日本憲法一節,查明治四年七月設左院、右院爲日本實行憲法之始,而日皇親祭天地神祇,出勅令五條,示政治之端緒,則在明治元年三月十四日,論者以爲此日本立憲政體之發端也。

潛謂日本憲法始於明治元年者蓋本諸此。

一四八

止盦前輩同年閣下:

今日晤教爲快。昨日疏陳五條,以經費一條爲諸事根原(公今日論及此條似未甚悉),乃明發諭旨既未提及(僅提及外省撥款一層),交片尤不相涉,則大學堂無所據以與户部及華俄銀行結算,此不得不於初十日疏請派員修理學堂摺内附片再陳。片稿呈覽,只求"依議"兩字即可辦理矣。數目(皆查有根據)及當日撥款本末皆不誤,去年各國欲以此存項提抵償款,華俄銀行謂係中國大學堂專款,不許提償,其言雖公,其實私意不肯交出,然學堂竟因此得以開辦,且有常年可恃之經費,則真中國之福也。否則無米之炊,有不能措手者矣。專此佈達,敬請蓋安。　潛齋謹上言。　新正初八日。

明發諭旨内如有"餘依議"三字,則可無須再瀆矣。

一四九

止公老前輩同年親家大人閣下:

近苦頭暈,不入值兩日矣。昨强赴倫貝子公局(約在先,共作主人,不能不往),幾至不能登車。今日略好,明日須寫年差,尚不知能往否也。學務事日前與華翁深談,意見頗合,似以緩設學部爲宜。此時照香帥所定學務處章程分科辦理(此即與學部無異),不立學部之名而居其實,必於學界有所裨補,俟一年之後各省學堂普立,再就學務處已擴之規模改作學部,不至頭緒棼如,務乞力爲主持(乞與徐、鐵兩公商之,好處甚多,願加詳審),學界幸甚。專請蓋安。　晚潛頓首。　十五日。

一五〇

止盦前輩左右:

頃談甚暢。副總教一節自是得人,既而思此公不無嗜好,於學堂實有未便,蓋學堂於此事固當垂爲厲禁,教習爲學生表率,萬難通融,只好作爲罷論。公謂何如?耑請晚安。　潛齋叩。　初四燈下。

一五一

頃覆一函,計入鈞覽。兆懷觀察來述尊指,遵即照前函酌擬乞援各省之電,别紙録上,乞核定照發。惟分電多分,可否請用官電譯發,務希酌之,示我辦法。其實一省之事即國家之事,用官電固無不合也。不亟設法籌撫流亡,一旦爲匪,恐後患未易措手。吾湘去歲本歉收,今春米價已漲至五千一石,加此奇災,念之心悸,不能視爲泛常之事也,望公與同事剴切言之。專請藎安。　兩印。

連日鄉人來寓,商詢籌款事不絶,如何如何。

一五二

奉使之説,曾聞之紹越千,當即告以近日患有頭暈之疾,恐不堪此,擬日内謁公,籲求設法勿派。頃奉手教,以吾家博望故事密示,是將有歐洲之行也。往還海舶三數月之久,於所患萬不相宜,一身縱不足惜,如國事何。擇人而使,至不能有毫毛之益,而徒毁一人,朝廷必不出此,公等亦何忍出此。如公等不以賤疾爲信,然則中醫數人現在,並服部教習所薦之東醫川畑亦現在,可一查詢也。如虚言,可坐以規避褫職。如萬不獲已,或令至東瀛一行即改作副使,亦所不辭(以途近尚可無他慮),惟公圖之。恃愛密陳,勿罪。　兩印。

一五三

電話朝傳,感謝何極。少懷壯年而有通識,勝於下走多矣。博望乘槎,此行如在天上,若非身有所苦,方求之不得,而敢於諉謝耶。我公愛我且知我者,知不以爲籍詞推卸也。衰病之軀,惟期以庸庸自處,不敢稍有求異於人之心,亦所謂知難而退也。昨奉密示,心頗惶惶,夜卧失眠,卒發眩暈之疾,幾有汗出亡陽之勢,幸服西參漸愈,然亦險矣,此尚可以有爲耶,思之一歎。肅謝,敬叩藎安。兩印。　十四日。

一五四

頃有人言,將以鐵□兩□領户部,然則榮與潛必學部矣(本不願久於户部,故前有調回吏部之請,今不可□矣)。二三年來□有退志,所以遲遲者,始則以東朝萬壽不能不一隨班,嗣以學務覊身,難於擺脱,後復以東方事變,萬無可言歸之理。今東事粗定,但能開去學務,無論身居何部,冀可漸得自由。果如所聞,則衰病之軀何能勝此重要(竊當事之意,未必以此事重要也),況有匿名書一事在心,更何能有所施□耶。憂來無端,聊爲知己發之,知公亦不能爲潛計矣。　兩印。　廿六日。

一五五

示悉。昨已由監督面陳,經費所開之事潛不敢作主,大司農以爲可則可矣。旭德本無希冀奏調之意,瑞堂此事大近兒戲,不免别生影響,此非局外之咎也。周生等原函坿繳。即請台安。　兩印。

一五六

日内大忙,枉過尚未詣謝爲歉。伯葵交來士元一函,屬呈公覽,仍望發還。士元不新不舊,於湘頗宜,亦我省幸福也。兼尹雖不緊要,不免多費精神。前談史館一節請作罷論爲幸,否則病體萬不能支矣。專叩蓋安。　兩印。　十九日。

小兒彌月損厚賜,久忘聲謝,皇恐皇恐。

一五七

昨呈一緘,計邀鑒及。客卿一節,慎無謂下走饒舌(與略相言,萬勿謂下走知之),不在其位,固不應與聞其事,然即公主持及此,亦宜歸之上意也。公謂然否? 此上止盦前輩同年。　潛頓首。廿一日。

一五八

止公老前輩同年親家大人閣下:

前日晤教爲快。兹特懇者:廣東關生賡麟,南海之雋(潛試南海入學),年僅二十有三,温雅宏通(人極謹飭,毫無習氣),士林推重,在本科本省爲最特出。此次考試,三次均列二數,勢將屈在部曹。關生在京師大學堂肄業年餘,於學生中最有名譽。先後兩科學生中式貢士者無一詞林,實屬學堂缺點。查從前朝殿各試等第相同或五數,五數相同有越一二名點用庶常者,大約多采取文望與樞廷所素知其文行者。今關生尚在六數之例,在本省名次在第八,非越一二名點用不能得庶常。粤人重科名,非庶常不爲得志。關生自以名次稍後,深憂不得館選。其同年數人來言,如不得館選,恐將如梁君于渭之故事,蓋梁于渭以不得詞林,致成心疾,坐廢終身。潛於關生最爲關切,不盡師弟私誼也,實心重其人,重其通雅,因諸生之言,頗爲憂之,特以拜請於我公,冀得有以成就其才,而副平日雅望之意,惟公特爲留意及之。去年粤省庶常七人,似尚有可爲力。關生未考學堂以前曾親赴東洋考察學務,有書兩種,呈上一種,希察閱,可以略見一班,或在可培植之列耳。又大學堂學生邵從恩(四川)等第太低,恐得知縣,不能留堂畢業,能用京職,亦因材而篤之盛心也。瑣瑣奉陳,實無幾微私意於其間,幸公格外鑒諒爲禱。專請藎安。晚潛頓首。　初六日。

一五九

鞠常前日來述一節,潛與此公並無嫌隙,或聞外間傳述(訛言),遂爾奏陳,然亦可怪詫矣。好在學堂章程已經奏定,海内周知,並無詭異之説,即香帥所奏辦法,除武學堂外,其所定學科與潛所奏章程十同八九,可見公理相同,不能特别以示歧異也。現今大學堂辦法何以即有大禍,略園何不面詰之? 實有意外之流弊,亦不妨改良也。此事非與略園當面一言不可。流言之來無端,恐有處心積慮以排我而因以害及學堂者。一二日當奉詣一談。(中缺)頗似所奏章程無非欲專攬教育之務,然省學堂卒業僅令外洋游歷一年,不令升入京師大學,雖欲自爲風氣,而學生僅得舉人,不能得進士,恐學生亦未必願意也。中學堂習外國語文三年,而高等學堂無之,未免疏漏。外國語文僅習三年,未合也(奉硃批議奏,其以此乎)。公於學堂有大功,略相能從公言以保全學堂,是亦有大功者,而下走乃以不足輕重之身,致負疑謗,以致負我兩公,可媿甚矣。行當投劾以去,以避賢路,他日公幸毋固留,以重其罪也。率叩台安。　晚潛頓首。

一六〇

止盦老前輩同年大人侍右:

頃間晤敍種切,曷勝感悚,惟有盡心力爲之,以期上副聖心,下謝知己,但慮限於才識,不足以勝此重任耳。敬有陳者: 午間於學堂晤曾敬詒京卿,據云荷公垂愛,許派外洋賽會副監督一差,方感激之不暇,何敢妄爲辭却,惟其意頗以出洋爲畏途,而伺應正監督之王公貴人亦非其所長,故不得不量而後入,屬濳婉懇我公俯如所請,改派别員,若公意中乏人,渠擬荐沈道敦和以自代,以沈必能不負委任也。其言若此,而濳亦將於明日奏派敬詒爲同文館總辦,此館近聘五國教習,非深明交涉、精通外國語文者必不能了此事,萬望照行,俾學堂要務不至廢弛,至禱至感。晡時忘面述,謹補陳之。即叩晚安,不宣。　年晚濳頓首。　十八日。

一六一

止盦老前輩同年大人閣下:

今日一件聞發交貴部,大約不能照准。同文館不辦原無不可,惟五國語文教習必不能退,須議及此耳。專肅,即請蓋安。　晚濳頓首。　十九日。

一六二

止公老前輩同年親家大人□席:

頃得湘省公緘,言英商事甚晰,謹以呈覽。應否由尊處電致兩帥,抑或由貴衛門電致之處,乞酌奪爲要(如須由貴署電達,則不能不以公信作公事辦理,如何如何)。專此,敬請蓋安。　年姻晚濳頓首。　初三日。

一六三

頃上一牋,計呈清鑒。兹又得海觀來電,謹以送閲。渠意頗激切,應如何覆電之處,即請酌定示悉,以便轉達。竊意曲既在彼,似亦不必過於瞻顧也。　耑叩蓋安。　兩印。　十一日午刻。

一六四

止公老前輩同年大人親家大人閣下：

頃自署歸，奉交片諭旨，著管學擇心術純正、學問優長者詳細考察，分班派往游學等因。分班者自係指各科學或指東西各國而言，惟所云擇云詳考，則所奏派之各生似不允令全行派出。此次具奏，已聲明選擇心術純正學生，若再有去取，則派往者必純正之士，不派往者必屬不純正之士矣(不去者必散班)，於學堂大有關係，公試思之，可如此辦理乎。如必須如此辦理，則下走惟有引避，不敢置議，請司農公到堂考察一番，再定去取可也。游學章程經香帥奏定，可謂嚴矣，各直省奏派學生亦未聞有諭令再行嚴核之旨，知上意未必果令再行甄別，方始允行。不過下走讀交片不甚明白，敢以請示，望告我。專請晚安。　年姻晚生漕頓首。　初三日。

一六五

止公前輩同年親家大人閣下：

聞東事甚緊，恐不能不出於戰。彼國所争何事，果可守局外之例乎，即可守而兩國必有一勝一敗，敗必責償於我(日本教習昌言於學堂，謂兵費必取於中國，俄人則謂戰而敗須借北京爲屯兵之地，此意可想)，勝亦必責我以所酬之利益，則所謂局外者果守之而無所失耶，必不能矣。此次事機之壞，中國萬無不損失利權之一日(恐不僅利權)，與其決裂後相尋於禍亂，曷若自棄其必不免於損失之利益，求助於旁人。聞法使欲出而調停，公等恐其將來要求索謝，未允所請。夫要求索酬亦勢在必有之事，但利取其重，害取其輕，果能調停就緒，則所謝之利益仍權操自我，不同兩國交綏之後，一勝一敗，皆不免於要挾，皆不能不任人之要挾也(或謂既敗矣，彼將不能自存,豈能要挾於我,不知其敗與勝既分之後,各國必出而調停,而主人翁乃不能不喫大虧矣)。况各國之視中國,且不如其視印度、土爾其,安知戰事既開之後,不因此而成瓜分之局乎? 湘人之游學日本者親聞犬養毅對中國學生演説,言此次來華,見中國腐敗實甚,實不足以補助。現在各國之意,在占盡支那實權,所有中國大員,仍留心供各國之驅使,所謂協商者,瓜分之代名詞也(此尚是兩月以前之説,若戰事既開之後,更不知各國之主義矣),特不肯向支那全部直告耳。學生聞之,人人氣壞,有氣病後住醫院調治者,可哀也已。昨日學堂支應提調及襄辦因提款事到華俄銀行,其管事人與言俄事,謂俄人之意戰而敗必圖復仇,戰而勝必長驅直入北京,以戰事緣中國之事而成,必於北京取償兵費,尚有不忍言之話,詢之不肯直言,然亦可想見矣。大亂在即,公等必須綢繆未雨,不可太拘執,意在中立而不能收中立之益,必致敗壞不可收拾,恐將來再迭爲難。鄙意因法使之意而請其出而調停,或遣派專使(除某某兩公外更無第三人),以求公斷。兩國雖事機緊迫,聞我主人翁有自行理處之意,必能立止戰機。二者亦非奇謀善策,然終勝於無策,惟公斷而行之。昨有友人自江南來,親聞魏督向其面言,英領事有東邊總督不撤,英必於瓜洲設立總督之語,此瓜分之現象也,可懼也已。率此,敬請蓋安。　晚潛頓首。　初一日。

一六六

久未趨前,甚以爲悵。兹有二事,於吾湘不無關係,敢以爲請,希酌之。一、鐵路擬電請廣雅從速奏派總理,以定人心而專責成。一、湘省學務向歸張筱圃一手經理,若此時交卸,必改派他人,恐至破壞,能候至新臬入覲後赴湘接篆再行交卸,則提學司必已簡放有人,一切由筱圃面與交代,庶於學務有所裨益,但不識新臬請旨陛見之摺已到否,如尚未到,望公與邸座商之,令來見則事無滯礙矣。千請圖之。專叩藎安。　兩印。

南昌教案可歎,堯衢能不受累否,極用馳系。報紙於臬台無所訾議,蓋皆胡撫一人之咎也。黄摺歸咎周藩,然歟?

一六七

示悉。湘紳電潛處至今未到,不可解,承示始知種切。潛與公前覆香翁電措詞甚妥,舉袁舉王均香翁來電之詞,此間但覆侍等均無異議,非此間主議也。商部公函相商,欲以袁一人爲總理,吾兩人恐湘紳有異議(亦恐湘紳爲難),特以官督商辦及電商香帥爲詞,亦可謂有維持苦心者矣,而湘紳不知也。此次之電自屬應覆,仍請我公酌擬數語交下照發,原電繳呈查照。專請藎安。　兩印。廿一日。

一六八

謹密陳者:汪守鳳瀛與潛爲兄弟之交,最爲廣雅前輩所倚任,昨廣雅書來,諄諄以此相託,不敢不以奉達。原書呈覽,惟公有以成全之(並乞與菊人尚書商之)。該守精密端純,若以承乏首郡,於吏治必多裨益也。專請藎安。　兩印。

一六九

示悉。湘紳電尚未接到,到後再酌覆。昨覆香帥電即遵公意請其三人並舉,並請其速奏,無他語也。香翁原電繳呈,希督入,今日尚未奏到,奈何。复上止公相國同年親家鈞座。　晚潛頓首。十九日。

一七〇

昨得商部公函,以諮事内容甚多,未便函覆,頃已與蔚之侍郎面談一切,請其電商香帥,以免歧中又歧,不識公處覆函作何辦法。昨因賑事攪擾,未及奉詢此節。頃劭希來談,商酌及此,擬與公同致香帥一電,請其從速奏派(湘振事致香帥電酌加數語,另稿呈覽,均已遵交外務部署矣)。查湘紳與商會兩處均止舉京兆,我等電中亦不必再及其佗(劭希、東寅均在座,均以爲然),公論所在,心心相印可也。電稿呈核,即求酌奪見覆,以便照發。履初電並呈鈞覽,仍望發還。肅請藎安。　兩印。　廿八日。

一七一

頃得劬盦同年電,謹以奉閱,希酌奪辦理。又,伯葵交來士元信數紙,述吾湘情形頗詳,並呈台閱,仍望發還。專請止公藎安。年姻侍潛頓首。　十四日。

劭希傳公諭,甚感。晤前途當與一商,或銓或外,否則惟有引退耳。

一七二

示悉。姬人變故,月來即在意中(計受病以來,不及百日),然亦不料其如此之速,荷蒙垂慰,感泐無已。附身衣飾,即用大小兒貤封,承念謹及。复叩止公相國同年親家鈞安。　晚潛頓首。

一七三

昨示謹悉。桂辛事不能如願,少一贊助得力之人。某道雖亦可用,但其處境較豐,終嫌瓜李,與少川侍郎熟商,擬以那錫侯爲桂辛之替人,丞參内有一滿員,似更渾然無迹。錫侯明交涉,通語言,必能得力也,謹先爲公告之。前日得家兄電,錯字極多,似云海觀以議難合,暫赴金陵。今日得股東代表人公電,謹呈覽(閲後仍乞發還)。公意如何,願聞其略。肅叩鈞安。　兩印。　十八日。

一七四

止公相國同年親家鈞座：

桂辛事經菊人尚書電覆不允,奈何,其實本人不願在警廳也。此事甚難對付,只好明日先奏右丞(補)右參(署),議署右參者資望較淺,人實相宜,慮或以爲太驟,故先請試署左參,留以待桂。如菊人始終不允,則鄙意擬用李道(開缺興泉永道)經楚,此君明交涉,人極精敏(曾文正當日用人得力,即用此意),於濳最有感情,足與桂辛相匹(可任此者尚不乏人,不敢謂其實心贊助),此外更無相當者矣。本初以公堂案未了,只好姑從緩(其意恐不誠)。朝廷如肯用作侍郎,或先補授,而未到任以前令人署理,未爲不可,公試酌之(外人能無後言否)。專叩鈞安。　年晚濳頓首。　十七日。

唐侍郎謂士元人最相宜,曾與少川同在北洋共事,亦尚相得。河南缺較優,恐不願此。

一七五

沈子惇侍郎有函稿及《民事訴訟法》一卷,屬代呈鈞鑒,希詧入爲荷。專請止盦相國鈞安。　年姻晚生濳頓首。　廿九日。

(整理者單位：上海圖書館)

馮煦手札(一)

□ 王風麗整理

馮煦(1844—1927),原名熙,字夢華,號蒿盦,晚號蒿叟,江蘇金壇人。少時求學寶應,從成孺治經及天算,兼從喬守敬治詞賦。同治己巳(1869),入金陵書局校書,識張文虎、戴望、韓弼元、薛時雨等碩學之士,學益富。後應邀主夔州文峰書院、徐州雲龍書院等。光緒壬午(1882),以副貢生舉於鄉。丙戌(1886)中一甲三名進士,授編修。歷充會典館、國史館纂修,官翰林十年,屢有諫言。乙未(1895),以京察一等外簡安徽鳳陽知府,兩攝鳳潁六泗道。其後歷任山西河東道、四川按察使、安徽布政使,累官至安徽巡撫。甫一歲,即罷。宣統庚戌(1910),復起爲查賑大臣,有殊績。民國後久居滬瀆,創義振協會,往來賑災,人共稱之;并與陳三立、沈曾植、陳夔龍、朱祖謀、楊鍾羲等遺老結逸社,頻相唱酬,儼然一時盛會。

著有《蒿盦類稿》、《續稿》、《奏稿》、《賸稿》、《雜俎》、《隨筆》等,另有《蒙香室詞》及電奏稿、公牘、尺牘、叢稿各若干卷。又總纂《江蘇通志》、《金壇縣志》,主修《鳳陽府志》、《鎮江府志》、《寶應縣志》、《宿遷縣志》、《睢寧縣志》等地方府縣志。此外,還主持編纂《皖政輯要》,撰《江蘇賑務報告》、《救荒輯要初編》等,輯有《宋六十一家詞選》、《蒙香室叢書》,校訂蔣國榜《金陵叢書》。

本編書札,均録自上海圖書館館藏,依原件次序編排。其内容主要涉及民國間重修《江蘇通志》的相關事宜。民國七年(1918),應江蘇省修志局聘請,馮煦任總纂修,先期敦促各屬纂輯新志并徵訪文獻,於札中屢屢言及蘇、松、常、寧等地的編纂進程及細節;伯軒今暫缺考,然札中所論不乏纂修體例的更定、參纂人員的任免及修志之種種阻礙等,凡此,以耄耋之身肩任,足見苦心一斑。

一

伯軒仁兄世大人閣下:

昨來白下,獲奉清塵,崇論明通,廣我未矚,甚荷甚荷。唯别而後,重反申江,餘寒未融,動履佳勝。省志一役,去年爲徵訪時期,今年爲分纂時期。弟與協纂諸君在滬商榷,著手進行,且須摘鈔舊志爲前半結。本以滬爲東南人士所萃,多藏書之家,於研究義例、借閲書籍視白下爲便,每月約費數十元,已商宗武於雜支匀撥,且達省長,並乞兄進謁時一陳述之,俾得申其愚素也。前松屬分纂熊君病故,請以李孝廉代之,亦乞查照前書,請省長敦聘,以資佐理爲荷。此頌箸安。三月十六日。弟煦頓首。

再,伊通書中有請分飭抄條一單,並請維持爲荷。

二

伯軒仁兄世大人閣下:

前奉還雲,祗承一是,天氣漸炎,動履嘉善。學潮雖平,而□方已潛伏者仍蠢蠢欲動,不知何以弭之。省志誠不急之務,然既已著手,不得不謀進行。前各屬徵訪册於同城之縣往往取彼遺此,纂輯遂難密合。玆附書伊通,請更飭舊同城之縣之主徵訪者爲之補徵,乞兄一維持之,俾免挂漏,是爲至荷。又族外孫狄濟棠久於教育,尚有經驗,前聞之伊通,許爲覓一相當位置,並乞賜之披拂,或與胡廳長爲之道地,並以爲感。弟湘振漸有端倪,唯受此部署,不知湘中有無阻力也。此頌籌安。五月十七日。弟煦頓首。

附上狄生履歷一紙,幸察入。

三

伯軒仁兄世大人閣下:

昨滬上轉到惠翰,並圖書館善本書目三十部,宋槧元鈔,廣我未矚,分詒同好,靡不拜嘉。秋暑未闌,動定清泰。振之處得潤之相助,足資周密,皆兄之所賜也。族外孫狄濟棠前荷儲之夾袋,比值暑假將滿,各屬必有更動,尚乞一驅策之。胡玉蓀許昨亦有書託之,然仍乞兄之齒牙餘慧也。弟六月中歸寶度夏,閏秋之中當仍至滬,其時或爲匡廬之游,歸時必重到白門,一展良覿。此謝,即頌籌安。七月廿二日。弟煦頓首。

見珍生、仲翔,乞致聲。

四

伯軒仁兄世大人閣下:

前答尺一,當達到。秋序澄清,餐衛佳勝。弟月初到滬,志事亟謀進行,各分纂來稿較多,唯蘇、常兩屬頗多困難。常屬自莊紉秋赴浙後,分纂事由李協纂暫兼,現協纂應核之稿日多,難再兼任。頃商伊通,以趙君閎爲常屬分纂,兼蘇屬協纂幫辦,乞兄維持,早將聘書寄弟。又志必與圖相輔,水道尤要,擬請由公署飭知江南北兩水利會,將新測各圖或總或分,各繪一分送局。其省中測量局各屬有新圖亦飭繪送,以資纂入,無任禱盼。其從前徵訪册及涉於省志,如有送呈公署之件,並乞核發省志局,以各分纂屢來求索,無以應之也。弟昨至海寧觀潮,後句留西湖五日,並聞。此頌箸安。八月晦。弟煦頓首。

五

伯軒仁兄世大人閣下:

昨奉手答,志事重荷維持,感與佩會。趙君閎聘書不知已繕及否,其間須加入“幫辦協纂”一語(只在虚名,不支薪水),以資得力。現在來稿較多,不得不資群策群力也。此頌籌安。重九日。弟煦頓首。

再啓者:汪君振之,弟皖中舊雨也,現在圖書館管理書籍。振之讀書有得,問學深邃,於此職最爲合宜,竊爲此館慶得人。唯館中弆藏甚富,職守綦重,以振之一人任之,未免重勞。前胡宗武館丈曾面陳省長,請由振之自覓一妥友相助爲理。此舉不獨爲振之分勞,亦珍護善槧之意,弟極贊同。敢乞我兄婉陳省長,勉副宗武之請,至禱至盼。再頌箸安。弟煦又頓首。

六

伯軒仁兄世大人閣下:

前奉還雲,敬承一是。冬不潛陽,餐衛嘉暢。江南北各水道圖,省志必須補入。前過揚詢之,馬雋卿云彼局皆有之,南水利局沈期仲亦必有圖。弟已函商伊通,請爲飭繪,仍乞我兄一敦迫之,至紉公誼。又,宣統三年以前所設教育機關類科,必有舊卷及達部表册。凡省立、府州立、縣立各項普通及專門各學堂教科學額、經費額、所在地及創始年月,或裁併情形,款項或由省撥、或歸地方何項開支、或由紳民捐助、或由書院改設,皆志中所宜詳,祗請兄屬承檢查節抄,以資纂輯,並以爲感。此頌箸安。十月望。

弟煦頓首。

七

伯軒仁兄世大人閣下：

昨荷還雲,並《學部官報》,極感匡翼。驟寒,維餐衛勝常爲頌。承示志中資料,於《諭摺彙存》、《南洋官報》中代爲搜采,至爲得要。凡釐税、鹽漕、河工、實業、陸軍、外交諸類,均請注意,如須抄貲,請示知,當屬宗武逕交。兄熱忱相助,實敝郡文獻之幸,不獨弟之私感也。蘇屬有五里方圖,不知有可覓處否,並懇於科中一查爲荷。此頌籌安。廿六日。弟煦頓首。

兩河工局水道圖仍請一催。

八

伯軒仁兄世大人閣下：

白門奉手,匡翼孔多,復承遠送江干,尤深感刻。春序融和,餐衛佳勝。江南水利局圖相需甚殷,而迄未繪到,昨請伊通一催,兄幸迅賜核行。又官産處所存藩署舊卷,亦請伊通行圖書館陳存。如蒙贊同,並幸轉致汪振之兄爲之照料爲荷。弟到滬後,多人事之擾,省志亦端緒糾紛,年衰體孱,益形竭蹷,尚乞兄一匡翼之。此頌箸安。初八日。弟煦頓首。

蘇屬五里開方圖,局中亦無,現正圖將著手,需之覆核,不識尊處有此本否？或函詢蘇州圖書館求之,並俟裁酌。煦又頓首。

九

伯軒仁兄世大人閣下：

昨荷手答,知財政局舊卷已交圖書館,寧屬五里開方圖亦飭查原板交印,諸荷維持,感與佩會。蘇屬五里開方圖曹廣笙同年已寄到,皆兄力也。兹仍有瀆者:電報郵政,寧省小鐵路、滬寧鐵路,其全案及圖不知歸何科所轄,敢請兄代陳省長,於科中查出寄下,以憑纂輯。現在一無著手,唯陸軍一門,雖商之索督軍,亦無確切辦法,以督署舊卷無一存者,此事正不知如何編輯也。如有應行之件,乞隨時見商,是爲至禱。此頌箸安。三月廿日。弟煦頓首。

一〇

伯軒仁兄世大人閣下:

前奉還雲,敬承一是。清和應序,餐衛綏嘉。省志新增各門已荷轉行各管衙門抄案,不知有無效果。比致書伊通,請再催各縣趕修縣志,則省志較易著手,仍乞兄一維持之。汪振之管書一節前荷代陳,極感高義,其應需經費亦請速予籌定,俾得實行,亦兄保存古籍之盛心也。弟規畫湘振,漸有端倪,志事亦著手編輯,唯須檢卷宗,仍不得不呼將伯之助也。此頌箸安。四月十一日。弟煦頓首。

一一

伯軒仁兄世大人閣下:

昨寄上拙書一卷,當已達。漸暖,維動定勝常爲頌。兹有瀆者:族外孫狄濟棠,久在教育界,頗有經驗。前商之伊通(比又有函提及),云已交科存記,敢乞兄鼎力噓拂,俾有自效之地。渠既雖在南洋群島長校務,而老母七十,日思歸里一盡義務也。此懇。敬頌箸安。十八日,弟煦頓首。

再,聞廳中比設臨時省視學,需人必多,能爲假一枝,則感甚矣。

再密陳者:分纂多係寒士,每一稿來必須領修,而會計往往遲遲不發(皆云無款),以致分纂屢向弟饒舌,不勝其擾。不知志局每月有報銷否,究竟有無存款。弟私意此之每年規定稿修費六千元,似尚不至無款。乞兄密示,此紙並乞付之丙丁,勿爲外人道,至禱至禱。再頌籌安。弟名又頓首。

一二

伯軒仁兄世大人閣下:

昨荷還雲,敬悉一是。節近黄梅,餐衛沖善。敝處所領發之脩,截至本月只六千餘元,尚有千元未到,似存款尚多,不審其遲遲不發之故。然願兄仍守秘密也。前官産處所存藩署舊卷,曾請伊通令移存圖書館保存,弟再派人鈔,乃聞官産處須編成目録始能移交,誠恐無人督察,曠日持久,有遺漏隱匿之弊。一省財政舊綱,不容不慎,擬請伊通屬梁孟涵至官産處,將所有舊卷一併點收,移送圖書館,再由孟涵覓書手編目,以孟涵方在館編書目也。請兄商之孟涵兄,如俯允所請,再將另二函分交,否則作廢可也。此頌籌安。廿六日。弟煦頓首。

孟涵兄請致意,以明日將歸,不另致書,復書請仍寄滬爲荷。

一三

伯軒仁兄世大人閣下:

昨貢尺一,計登掌記。朱明盛長,動履佳勝。伊通去志甚堅,不識慰留有效否。宗武非得税所,不足以資其困。聞兄亦將鳴琴而出,福我蒼生,殊慊鄙抱。若兄與宗武並有優調,則志局提調一席,擬請分而爲二,珍生爲正,而孟涵副之,其薪水則劉八而梁七。蓋珍生才長肆應,孟涵學擅淹通,且在局相助有年,不可無以酬之。兄如贊同,幸守秘密,恐不如所期,轉詒口實也。

聞教育廳將改組各校,前懇之族外孫狄濟棠,並幸一嘘拂之,俾有相當之位置。玉蓀處已致書,仍望大力也。此頌箸安。五月廿六日。弟煦頓首。

一四

伯軒仁兄世大人閣下:

前荷手翰,敬承一是。秋序漸爽,餐衛清嘉。弟濫竽志局,瞬屆三年,伊通又將去位,不得不小作結束。案普通、專門兩稿合得二百卷(另有細目),約及全書三分之二,唯須俟副協纂覆核後始能作爲定本。今限期將届,而卒業無從,皆弟涖事不力之咎,然其所以不能應期告成者,亦有數端,敢爲我兄陳之。徵訪各册脱略不商,一也。各縣新志既未觀成,舊志亦多闕佚,無憑依據,二也。地方公事如田賦、軍政、學校、選舉之屬,皆須檢查案卷,而各屬官吏視爲不急之務,凡有咨詢,十不應一,三也。無已則詢之耆舊,徵之典籍,而辛亥以後耆舊皆散之四方,難於集合,故書雅記又强半淪亡,不能鄉壁虚造,四也。世局糾紛,人心每皇駭不一,致不能專一鉛槧,或有疑義須别求是正,亦唯濡筆以需,五也。協纂李經彝、分纂沈海秋、王劭宜、唐元素皆品學端粹,編纂最勤,而先後物化,别覓替人,其間遂多延閣,六也。局設省垣,而弟以衰病日苦,且滬上有振務,不能常川駐局,雖於滬設一辦事處,而行一催櫝、查一成案,皆必兩地展轉,遂需時日,七也。弟既在滬,而副協纂亦各歸其家,文櫝、分校、書記諸君則仍在寧,每徵書催稿、校字改修,皆須弟躬自料檢,行年八十,精力日頹,勉强搘持,亦恐顧此失彼,八也。以是八端,致難刻期卒業,請代陳伊通,援浙江志局例展限兩年,應全書得以告成,以副伊通表章文獻之意。弟自夏間小極,精氣日衰,故前致書伊通,請其别求賢者,而伊通仍與縶維,今請代申前請,無任禱切。此頌箸安。八月廿八日。弟煦頓首。

伊通前乞致鄙忱,並以此書上之,不别具簡矣。

一五

伯軒仁兄世大人閣下:

昨歸寶應,滬上轉到手翰,敬悉一一。伊通之行或將不果。宗武能有優調,兄紆尊相助,極愜鄙懷。如宗武事一揭曉,請即以電聞,當電伊通相屬也。協、分纂修至今未發,諸君嘖有煩言,弟不勝其擾,曾屬孟涵爲代催,亦不知有效否,奈何奈何。此頌籌安。十三日。弟煦頓首。

狄蔭甘事仍請噓拂。胡玉生亦弟門下士也。

一六

伯軒仁兄世大人閣下:

昨奉手翰,當附書劍潭,並擬一呈稿屬其報告,想不日當達到矣。太白騎鯨,誠不可解,此後無軒然大波,則幸甚矣。副纂王稚老又不禄,身後蕭條,幾無以斂。弟已函商伊通,俯爲致賻,其副纂一席不必易人,由弟暫代,束脩仍歸其家,並乞維持。此頌箸安。九月初四日。弟煦頓首。

一七

伯軒仁兄世大人閣下:

前貢尺一,以志局展限,垂荷維持,感與媿會。(局文當已上聞,如何辦理,幸示及。)秋氣不肅,餐衛清嘉。報載兄將筦榷震澤,不識已揭曉否。兄在莫府贊助有年,成績卓著,此猶未足云詶也。兹有瀆者:族子建勳,人尚勤幹,歷辦税務亦有經驗,如兄有震澤之行,敢乞推屋烏之愛,一驅策之,則感如所受矣。弟到滬後爲振務所攖,汲汲不遑,竟不克爲白下之行。右軍恐不果來,伊通當尚須留節,若振務略定,當來一送行旌也。此頌籌安。九月廿日。弟煦頓首。

馮建勳,字子良,金壇人。

一八

伯軒仁兄世大人閣下:

前荷還雲,敬悉一是。莫府英多,聯翩四出,而兄虚堂寂處,具徵識解之超。敝縣公署三科主任强轂詒先生,爲名儒强賡廷先生之子,承其家學,博雅明通,於新術亦多研究,任職五年,其程度實出今教育家之上。而敝鄉黨派紛歧,有一二淺謬不根者與之爲難,騰書相詆。玉孫廳長不察,致有責言,强君亦遂奉身而退。此席現尚虚左,弟曾與後任胡堯之言之,仍以强君繼任,唯恐有反對者,敢乞兄商之玉孫廳長,不爲所動。金壇弟本貫,教育豈不繫懷,請告玉孫廳長,弟八十老翁,其言豈不若三五少年邪！此頌箸安。十月廿二日。弟煦頓首。

强君上謁,即以此書爲介,一切可面詢也。

一九

伯軒仁兄世大人閣下:

頃奉還雲,知飛舄崑山,益展偉略,□與慰會。兹有瀆者:族子建勳,人尚明練,而親老家貧,無以自濟,弟力又不足以振之,敢乞兄賜之驅策,弟必諭其勤恪將事,不敢有孤埏埴也。如荷垂諾,即令驅前上謁,或在滬俟兄履新時再供奔走,並乞示悉爲荷。弟振事敦迫,竟不能爲白下之行,倘兄道經滬曲,或得一申别緒也。此頌任釐。十一月初六日。弟煦頓首。

二〇

伯軒仁兄世大人閣下：

兩奉手翰，知已飛舄崑山，得展偉略，甚盛甚盛。族子建勳字子良，特屬上謁，幸進而教之，俾供驅策，感如所受。此頌新祺，餘容續上。庚申長至。弟煦頓首。

再，弟前辦湘振，去年請獎曾有匾額二方(一賢何氏，一賢某氏)，均丹徒人，五月廿八日由京寄省署轉發，不知到否？又有一周君匾額，伊通已有書到滬，會交局寄，而至今未到。不知振務歸何科，請爲一查，恐房中壓客也。再請籌安。弟煦又頓首。

二一

伯軒仁兄世大人閣下：

得族子建勳書，知已上謁，辱荷招延，感如所荷，尚乞時教督之。邪氣漸嚴，動履康勝，敬惠綏猷，與時多福。崑山國初遺老有朱伯廬先生，其遺書甚多，前金苕青宰崑時曾刻一二種，不知其板尚存否。又聞其全集家祠中有刻本，兄留心文獻，乞一覓之。如有可購者，當奉價上陳，以省志中有須采者，且弟素佩此老，欲得其全書省覽也。弟以振務淩雜，不能歸，留此度歲，開歲必至鄧尉探梅，或得一履琴堂也。此頌新祺。廿日。弟煦頓首。

二二

伯軒仁兄世大人閣下：

振事旁午，久疏音訊。冬陽不蟄，餐衛勝常。族子建勳久繫幕次，幸時教督之，如弟之受。弟强出任振，汲汲不遑，而災廣款微，難於著手，尚乞有以籌之。此頌政祺。十一月十四日。弟煦頓首。

二三

伯軒仁兄世大人閣下：

昨荷手翰,並朱氏家集二種,又北振捐三十元,樂善之誠,思古之雅,豈今之逐逐者所可望邪。敬佩敬佩。漸寒,維餐衛勝常。何日巡回鄉,賢勞尤佩。族子建勳乞時教督之。弟留此卒歲,並聞。此頌政祺。十一月晦。弟煦頓首。

二四

伯軒仁兄世大人閣下：

兩辱惠臨,感與媿會。青陽布憲,動履綏嘉。屬撰先傳,昨始脱稿,録就繩削。年衰才退,懼不稱孝思耳。此頌新祺。試鐙日。弟煦頓首。時年八十又二。

家諱有須補入者,録副後請仍擲還,俾入拙集。

二五

伯軒仁兄世大人閣下：

辟暑北歸,久疏音敬。比聞翛然高蹈,暫爲六月之息。崑民失此賢父母,其攀轅臥轍又何如邪。秋暑尚炎,動履康勝。代者聞已有人,何日解組,所冀還我使君,以蘇民望。舍姪建勳久依幕末,備荷陶成,同深感刻。比者伶俜弱燕,將失舊巢,敢乞兄於繼任劉、廖兩公一噓拂之,俾獲蟬聯,則感來者並感執事矣。弟又辦湘振,月杪將赴滬,並以奉聞。此頌政祺。七月十三日。弟煦頓首。時年八十有二。

二六

伯軒仁兄世大人閣下：

暑中酷熱,久未貢書,動履清和,良以爲念。雉皋何日履新,彌深欣盼。頻年荷匡翼,感與佩俱。此次胡、陳之愛,弟初未與聞,山澤之臞,世所鄙棄,亦固其所。弟八月初到滬少定,即有白下之行,如其時鳧鳥迴翔,尚得一聆緒論也。此頌籌安。庚申處暑。弟煦頓首。

(整理者單位:復旦大學中國語言文學博士後流動站)

廉泉致盛宣懷手札

鄧昉整理

廉泉(1868—1931),字惠卿,號扁笑,又號南湖居士、惠清、惠和、岫雲山人、帆影樓主等,江蘇常州府金匱縣人。生父廉鳳沼,母沈氏,過繼給鳳沼長兄廉浩爲嗣子。因仿效先祖元廉希憲所築萬柳堂,在上海曹家渡築小萬柳堂,故又自號小萬柳堂主人。光緒甲午年(1894),廉泉中江南鄉試第十名舉人,與冒廣生同科。

其妻吴芝瑛,係安徽桐城吴寶三之女、吴汝綸侄女,也是秋瑾摯交。光緒三十三年(1907)秋瑾遇害,吴芝瑛與徐自華合力安葬於杭州西泠橋畔。

光緒二十八年(1902),廉泉同俞復等人在上海創辦文明書局,出版了《群學肄言》、《達爾文物種由來》等介紹西方文明的書籍,又編寫了國文、歷史、算學等教科書。此外,文明書局還應用珂羅版印刷工藝,製作印行了許多畫册、碑帖。民國以後,廉泉曾數次到訪日本。民國三年(1914),參加大正博覽會,專設小萬柳堂書畫陳列室。

廉泉著有《南湖東游草》、《南湖居士招花集》、《兩重虚齋百詠》、《潭柘紀游詩》、《天荒地老録》等,并輯有《名人書畫扇集》、《小萬柳堂明清兩朝書畫扇存目録》、《扇面大觀作家略傳》等書。

據《南湖居士年譜》所言，廉泉去世後，廉建中等人曾輯録過他的書札。其中，廉泉五弟廉隅(字礪卿)收集有孫揆均等人收藏共198封，廉隅自存40封，廉建中本人所藏22封，三者相合，共計260封，輯爲兩卷，定名《南湖書札》，并請孫揆均題簽。正當《書札》準備付印之時，抗日戰争爆發，這份書稿不幸燬於兵燹。

本輯手札輯自上圖盛宣懷檔案，内容涵蓋了廉泉的政治見解、文化活動以及日常生活瑣事，對了解其生平有一定的幫助。檔案中還保留有盛宣懷、王大炘致廉泉手札，一併附録於後。

一

姻伯宫保大人鈞座：

日前承枉臨，有失迎迓，惶悚無任。酷暑，惟興居萬福爲頌。伯行京卿傳語敬悉，惟電稿編校、寫刻皆在寧垣，又鄙意欲全書早日告成，故分設三局，將各稿隨編隨校、隨寫隨刻，即一日間須經數手，刻不容緩。原稿已大半分散在寫樣之手，容收回即當呈教，玆先將紅樣一册呈覽。近時講究刻書者少，手民多改業，泉到處招募，日夜監督，故能到此地步。劣者皆罰令重刻。然全書卷帙浩繁，又欲剋期竣事，以此愈辦愈難，不審能一律到底否。泉觸暑患痧已數日，尚未愈，稍愈當趨前承教。近在曹家渡買一小花園，名曰小萬柳堂，爲姪婦養病避暑之所，即貯藏小萬柳堂拙書。借債二萬金爲之，可謂不自量者矣。力疾具陳，敬請鈞安。　姻小姪廉泉謹上。　六月六日。

新印《蓮華經》一册呈教。

二

手諭敬悉，並收到部照四紙。報効成案，容查明年月及何人所奏，再行奉聞。復請宫保姻伯大人鈞安。　姪泉謹上。

三

手教敬悉。電稿第十一卷至廿一卷十一册續呈,乞簪閲。摰老所選盡於此矣。藝老聞於十八日作古。蔭北何時南歸尚未得消息。 姪泉再拜。 宮保姻伯大人執事。 六月廿九日。

四

昨奉手諭,並電稿十册,遵即走商季公。季公亦如尊意,謂關係董福祥及俄約之事,不刻無以見文忠當日之苦心。鄙意日俄戰後情形與昔不同,吾可不必守此秘密,已與季公商定刊佈矣。前呈閲不刻之電稿數册乞即撿付來力,以便繳還季公也。此候宮保姻伯興居。 姪泉頓首。 八月十八日。

尊處所鈔《北洋紀事》内招商電報五册乞撿交,擬鈔録其中批牘數件也。至叩至叩。

五

姻伯大人鈞座:

酷熱,想興居萬福。電稿前十卷今亦專人取回呈教,此摰老選定之本,已付刻矣。姻伯試閲一過,請加籤批明應删字樣。有大謬處則須廢一卷重刻,小疵則請從寬假,並乞隨閲隨繳。因現屬手民停工,專候審定,遲一日即多一日耗費也。肅請勳安。 姪泉謹上。 光绪三十二年六月廿七日。

擬請姻伯駕臨曹家渡小萬柳堂遊讌,何日得暇,乞先期示下爲叩。

六

宮保姻伯大人鈞座:

即日薄寒,敬維藎躬萬福。泉自移居小萬柳堂,不見一人,不聞一事,惟以讀書種樹爲樂。日内園中土木未竟,容佈置楚楚,當奉迓台從來一遊攬也。電稿倘已閲過數册,乞付下,因手民待刻至急也。肅請鈞安。　姪泉謹上。

此小萬柳堂臨河一面之圖,凡蘇舫往來,必經吾堂回廊而過。是日在大風中攝影,故垂楊摇曳,如含煙霧。今製此郵片呈覽。

七

遊吴氏九果園二首

園主吴渭川,上海人,年七十餘。園在曹家渡小萬柳堂對面,中隔蘇州河,非過渡不能至,其幽窅可知。

滿眼紛華到此休,平原十里望中收。野花幾簇初侵岸,秋水一灣常抱樓。不信人間有桑海,本來吾道在滄州。新蔬雨後肥堪摘,痛飲狂歌自獻酬。

有弟天涯感索居,忽傳花種帶經鋤。吾弟在日本寄到花種數十種。迷離帆影隨灘轉,寥落秋懷與世疏。往歲經過疑舊隱,百年哀樂入華胥。主人營生壙於園内。即今盛軌誰能繼,千萬買鄰總不如。河流過曹家渡一曲,九果園與吾堂各據其勝,近頗有人欲來此買鄰,營造別墅,然難得此勝地矣。

俚句二首録呈宫保姻伯大人教正。　廉泉初稿。

八

岫雲生平好爲不平事,芝瑛亦有同情。去臈爲此事不啻傾家爲之,衣飾鬻盡,幾至無以卒歲,所云自營生壙者,實係此事也。今則通國皆知,不妨發表矣。匋帥處事後亦有詳函告之。此獄全由官場捏造,竊謂天如可問,此獄日後必當昭雪也。芝瑛誓爲終身祭掃,故決計移家湖上,至此獄昭雪,而心始安,其苦心公當閔之。故岫雲亦從此入山,究心内典,不再預塵事矣。

恐承讓地發表後意有未合,故自到西湖,即另行購地爲之。

秋俠墳全景。墓碑式:"光緒丁未臈月。嗚乎!山陰女子秋瑾之墓。桐城吴芝瑛題。"此圖題記曰"鑑湖女俠"者,係初稿也,志之以存其實。

九

宫保姻伯鈞鑒:

政治館擬奏派辦理國家官報,姪因李集尚未成書,誼不他去,乃舉沈儷崑觀察以自代。頃接劉大理來函,必欲姪承乏。此事造端宏大,於國家前途影響亦鉅,斷非不才所敢任,奈政治館諸公屢書見招,劉大理情詞又復懇切,擬於月内入都一行,請勿奏派,視姪力所能任者擔任一二細事,俾得南北可以自由。昔賢謂軒冕之樂,造物者視之不甚惜,每於一邱一壑之間,未嘗輒以予人,姪建築小萬柳堂,經年始成,今遽舍去,其謂之何。惟入都後恐有一二月逗留,文忠電稿約定秋間刻成,不審日來興居何似,能儘月内將全稿審定否,姪擬將目録編定發刻乃北上也。劉大理來函呈閲。肅請均安。　姪泉謹上。

季皋星使何時可到滬,如得確音,乞示及。

一〇

宫保姻伯大人鈞座:

文忠電稿付刻成卷者一、二、三、四、六、八,未成卷者五、七、九、十、十一,在寫者十二、十三、十四、十五、十六,未發寫者十七、十八、十九、廿,屬查全數,敬以奉聞。午帥來兩江,可慶得人,博物院亦可望成立。前見劉柏生,言愚園内西偏院有地十畝,足爲博物院之用。午帥處已代達此意,尚未得復。鄙意與該園合而爲一,所謂渠成亦秦之利,不審尊意以爲何如。租屋事已轉致辜君。此候興居。 姪泉再拜。 七月十六日。

一一

宮保姻伯大人鈞座:

昨承手教,並電稿三册,酌改處不過數字,竟能點鐵成金,非老於公牘者不辦,文忠英靈亦當欽感,蓋此一二字出入,所關正不細也。日内炎威暴發,不妨從容爲之,日盡一卷,恐非政躬所堪,伏維珍衛爲幸。蔭北兄弟即刻到滬,寓畫錦里福來棧,明晨奔喪歸里。此頌興居萬福。 姪泉謹上。 光绪三十二年七月朔日。

一二

宮保姻伯大人鈞座:

昨日侍教,至慰企仰。承命以歲俸二千金求名師,宏奬之風,一時無兩。泉朋好中學行俱優者,丁秀才其一也,昨晚即寓書勸駕,倘以事不能應聘,亦當來滬一行,執弟子禮晉謁姻伯,本係東文學堂學生。試與上下議論,並談衛生生理諸學,必督泉言不欺也。吴氏《古文讀本》謹呈二部,此就姚本精選,平點皆至老手筆也。頃收到怡和紗廠交來無名氏捐振百廿兩,乞督收。敬候興居萬福。姻小姪廉泉再拜。 十二月望。

一三

敬再啓者:舍弟廉隅在日本留學七年,頗知自愛,於求學外不問一事,今在西京帝國大學法科畢業,楊星使亦驗給畢業文憑,欲留在使署辦事。舍弟因思親情切,不願久客在外,昨已辭歸,容當齋肅晉謁,尚求姻伯大人進而教之,無任企禱。 姻小姪泉再拜。

一四

宫保姻伯大人鈞鑒：

初三日奉電諭，承於西湖讓地一塊，感悚莫名。姪痛憤時事，抱入山必深之想。姪婦一病經年，小萬柳堂行將抵歸債主，不能自保，故有前日之請。生壙營成，擬即結茅移家其中，北山移文可不作矣。公在西湖所購地，姪所知者有在錢塘門外、孤山、寶叔塔、茅家埠、丁家山五處，除公自營别墅外，乞隨意指給一處，以便往觀。惟地勢須略高，異日蓋茅一把，皆公之賜也。肅謝，敬頌興居萬福。姻小姪廉泉謹上。芝瑛仝叩。

一五

前上一書，計達鈞覽。上海丞相祠堂由公奏建，昨劉大理鈔來奏稿，誤字甚多，無從臆改，擬請電屬滬轅書記查取原稿，以便校正。文忠《奏稿》已成，亟候此件刊入卷首也。泉擬將小萬柳堂鬻去，移家西湖，爲入山必深之計。今日來杭，即寓劉莊，以旬日爲期，遊攬諸名勝。知注敬告，即頌宫保姻伯大人藎躬萬福。　姪泉頓首。　十一月廿日。

一六

宫保姻伯大人鈞鑒：

前上一書，當達慈覽。即辰興居萬福爲頌。姪前月來杭州，已在南湖之濱得地數畝，更築小萬柳堂，又在雲棲山中自營生壙，從此植茶養魚，不聞塵事。前承讓地一塊，敬謝高誼，現時已無庸矣。舍五弟隅蒙憲政館奏派編制局科員，今來京供職，幸長者進而教之。肅請勳安。　姻小姪廉泉謹上。　十二月初三日。

敬再啓者：時局日非，寒蟬同盡，亂離之象，指顧來矣，望公早歸,勿再犯世故之鋒。敬集蕭《選》二語,屬芝瑛書以呈教,區區之意,尚希垂督。孤山令築實據湖山之勝,不日可訖工。明春幸得侍公徜徉其間,聽南屏之晚鐘,分蘇堤之新植。千萬買鄰,南湖從此不孤矣。

一七

宫保姻伯大人鈞鑒:

泉由滬帶工匠來杭,建築小萬柳堂别墅,仍寓劉莊。頃由滬寓轉遞到手示,並附奏稿,當即寄寧垣,刊入李集卷首。請致意季公,已預備紙張,開歲即付印矣。泉得南湖足以自豪,有詳函寄劉大理,可索觀。此復,敬頌蓋躬萬福。　姪泉謹上。　十二月十一日。

前議無庸,已函謝矣。生壙即在别墅之旁,只取風景,不論風鑑也。

一八

宫保姻伯大人鈞座:

頃得急電,因家母病重速歸,即晨搭火車挈眷回錫。文忠電稿此後閲過數册,請即飭交四馬路胡家宅文明書局總理俞仲還孝廉手收,以便轉寄金陵付刻。日内手民待刻,已屢書來索,若無以應之,恐手民四散也。又未經選閲之電稿四册亦由金陵寄來,送呈選定。關係俄約之要件皆在此稿内,此稿請置案頭,勿使人見。由此四册起,下接前次送上之原稿,皆未經至老閲過,請姻伯一手選定,用朱筆圈出,以便寫樣。恐須另録選本,方能寫樣。惟承攬電稿之匠頭原約僅年内刻成,今則必須展期,幸隨閲隨繳,俾得分手寫刻,不致十分遲緩,無任企禱。倚裝率報,敬請鈞安。　姻愚姪廉泉謹上。九月五日黎明,匆匆。

一九

恬齋男爵得電,知福體加健,至慰。耿憶屬泉轉候興居。泉月杪當回滬。肅上止叟姻伯大人鈞座。　姪廉泉再拜。姻伯母大人前請安。　七月十五日。

二〇

宮保姻伯大人鈞鑒:

今辰侍教,祗荷眷憐,乃將私計略陳。蓋姪之得侍長者,以摯父先生一書紹介,此書藏之篋中,時時往來於懷。自編校《文忠全書》,見藎籌所及,動關全局,執鞭之慕,益復不能自已。姪素性荒野,故於一二當道徵召皆毅然不敢往,昨匋帥寓書,責以知獨善而不顧時局,此亦出於愛才盛心,不知客竟一無所能也。倘蒙姻伯存省流落,使得藉資事蓄,不犯世故之鋒,則所以玉成者甚大。姪於立身行己之方,亦嘗側聞長者之遺風矣,斷不忍使摯老紹介之書貽羞於地下也。附呈卷子二事,倘賜覽觀,亦足見其志之所存。肅此,敬候興居萬福。　姪泉謹上。　五月廿四日。

摯老書閱過仍乞擲下。

二一

止叟宮保姻伯鈞鑒:

昨得子展觀察來函呈閱,所議自當照辦,惟姪意不願蘭舫作保。昨晚商之張叔和,叔和願作保人,不審子展之意如何,見時乞致卑懇,蘭舫處姪不便直接。荷公愛護於前,擬請始終玉成,由尊處賬房開給萬五千兩支票一紙,可緩數日期。姪再繳息千元,當日借款確系情賬,故未言明利息,亦未立據,前已付息七百餘兩,今再付千元,約共二千元之數。以便將道契取出,道契共三張。轉抵通商銀行劃還尊款。如此一轉移間,蘭舫知公爲姪籌款,必能即此了事,而姪拜賜多矣。公倘以爲然,可託張叔和或冠山兄持公函前往交涉,當有濟也。恃愛屢瀆,尚冀察恕。姪日内本擬赴杭,昨聞匋齋尚書行將莅滬,擬略遲數日,約游南湖。倘匋齋興復不淺,欲領略荒寒之趣,不審公能同遊否,容匋齋到時再行商定也。肅此叩謝,敬請道安,伏維垂鑒。　姻愚姪制廉泉稽顙。

附呈原莊票一紙,計洋一千元。

二二

頃至張園見叔禾,始悉吕尚書廿六入都,廿五公讌爲尚書壽,姪亦擬列名,可否,乞裁示爲叩。肅懇,敬請宫保姻伯大人鈞安。姪廉泉謹上。　即刻泐於張園。

二三

宫保姻伯大人鈞座:

前日到書局,始得讀手諭並《女界捐啓》,至爲欽佩。吾局只有鉛字排版,不能石印,《捐啓》既寫好,以石印爲宜,因轉交文寶石印局即日趕印。裝三千册,《啓》後加紅格紙四頁,以便書捐。屬於兩三日内全數送上,兹先呈閲印樣一紙,乞督閲。肅請鈞安。姪泉謹上。　即刻泐於文明書局。

二四

杏翁姻伯大人執事:

前月屢承教益,猥以書局之事,俯賜提倡,宏獎之風,當於古人中求之,此豈虚薄所能任,實學界之大幸也。旌旆出都時,泉適羈保定,有闕瞻送,企首星辰,惟增懷切。似聞政躬小不適,計當良已,何時可北來邪,佇望佇望。文明編譯滬局自開辦至今,泉未一臨視,月内本擬南還,妥籌一切,以冀基礎大定,寔力擴充,緣京、保兩局承辦各學堂應用書籍由泉一手經理,以此卒卒,遂閣行期,得人之難,良可嘅息。嚴幼陵觀察所譯《群學肄言》,爲其生平極盛之作,敝局甫經出版,敬以一部呈教,其餘五部乞轉呈滬海關道袁觀察,暨徐孟翁、楊杏翁兩觀察,汪子淵編修,張讓三大令各一部,並希執事與諸公遇有各省學堂派員來滬採辦書籍者,協力提倡,以光大吾業。泉已敦屬局友勤慎從事,必能不辱齒芬也。專肅奉懇,敬請禮安,惟珍重爲國,不宣。　姻小姪廉泉再拜。　五月廿七日。

二五

宫保姻伯大人鈞鑒:

姪因無以卒歲,以南湖爲避債之臺,自去臈來此,將及一月。頃聞匋帥蒞滬,附上一書,乞閲後面致。建塔刻經事,乞公贊成,功德無量。如已返旆,請即加封轉遞爲叩。西泠陳跡尚留石刻一種,得有心人保存,附呈搨本一紙,伏冀賜教。另一紙請轉贈子展先生。肅此,敬叩年喜,並頌潭福。　姻小姪廉泉謹上。　正月十日泐於孤山放鶴亭。　姻伯母大人前請安。

二六

杏翁姻伯大人鈞座:

昨日侍教,慶幸無任。頃得北洋札飭及招商局來電,録稿呈閲,閲後乞轉呈胡雲翁侍郎。姪昨日曾去叩謝,未值爲悵。鄭觀察已晤商,據云每次由姪先期函告數目,伊即知照局中核辦,所求客座免票亦許發給,云須粘姪照相其上,定章如此,自當祗遵。敝局股分昨與各股東會議,擬續招新股十萬元,分作二千股,欲請姻伯爲大股主,以光大吾業,並望提倡,廣爲招募,至感至荷。尊刻各書回滬後請速印寄,姪當妥爲經理,推廣銷路,必能傳世行遠,仰副姻伯嘉惠學子之至意。凡編定未刻之稿,敝局尤願承印,希檢付滬局爲幸。肅請禮安。　姻小姪廉泉謹上。　四月十三日。　謹空。

二七

杏翁姻伯大人執事:

六月間奉讀手書,敬承一一。前月泉在保定又奉電示,《群學》一案全仗鼎力匡諍,得保版權,泉與嚴觀察同深感荷。聞史學齋翻印書片將由錢塘縣解滬銷燬,此足懲一警百,並爲苦心編譯者勸矣。大學堂有暫定應用書目,咨發各省翻刻印行,乃外省官局誤會,謂令翻刻書目内所列原有版權各書,陝省已據書目分門選印,見諸奏牘。昨與管學論及此事,因於批稟中申明此説,今録稿呈覽,其於尊印《原富》歎賞不置者,因泉言《原富》亦被翻版也。【盛宣懷批:批雖明切,不言翻印如何罰辦,仍無益也。】泉謂學術智慧之於人,視財産爲尤重,凡能出其學術智慧博取利益者,非財産贏利所可同日而語。他人財産所入,從旁攫而有之,尚律之爲盜爲姦,況在學術智慧之事乎。今之開局譯書者,莫不望享有銷售之利,編譯甫成,官局即承而有之,我當辛勤締造之勞,而他人坐享其成利,雖至愚之人,誰肯復爲之者。夫專賣之法所以勸興藝業,乃五洲各國公例,至於著作者之有版權,尤爲文明之要點,是以各國出版律例至繁極密,殊爲慎重,富强淵源實由於此。吾國新學今始萌芽,所譯西書不過如九牛之一毛,而專門學科能譯者益復寥寥。近聞日本書肆咸思編譯漢文書籍,販運來華,奪我利權,且以資我開化爲詞。吾之版權不能自保,而外人之著作,吾官長必遵公律爲之嚴禁翻印,主客之情顛倒若此,吾恐有志之士從此焚筆,而市賈無賴之徒轉得竊取他人所有,增删割裂,以謀射利,或借用洋商牌號,或託外人之名著書,冀保版權。此於文化進退、社會消長所關匪淺,質諸姻伯以爲何如。敝局之設,以編譯教科書爲宗旨,而先從蒙學下手,現已陸續出版,容全書告成再呈鑒定。北方股東方議擴充局務,股分甚爲踴躍,胡雲翁亦新入股。附上章程百分,章程如不敷用,可隨時向慶善金店索取。乞姻伯不惜齒芬,爲之提倡,轉募滬地紳商,以光大吾業,所謂多多益善也。登高而呼,必有應者,滬地股金可就近交慶善金店代收,該店當先掣付收條,爲日後調换股票之據。泉俟此次股分招足,明春即當南歸。時承教益,願爲商人以没世,故此次商部創立之始,當事一再相邀而不敢承命,蓋不願商其名而官其實也。專肅叩謝,敬候素履萬福。　姻愚姪廉泉謹再拜上書。　八月廿九日。

附呈稟批一紙,招股章程百分。

二八

杏公大人閣下:

昨承賜發收條,感激之至。靖遠已行,威利晚間起棺,尚求另給壹函,庶免台撫署中以信未到推辭。煩瀆已極,務希鑒原,所呈八竿零之票,乃廿六七之期,擬請稍候十日半月,或洋錢價能減再買何如。餘容面陳。李增之君履歷已寄往填實收矣。肅泐,敬請勛安。　廉頓首。　十八午。

二九

□□姻伯鈞鑒:

至公手札已裝潢□盒,謹呈□□。去秋送閱一札倘蒙撿還,□□棉紙所書只一紙。當入册内,以志小子得承教益之始,不審尚在案頭否。兹告急者:姪因迫於情誼,故乞假南歸,□□□校刊《全書》,四年之中屢卻當道徵召,當時新立各署奏□□□辭□□□不□□,至今時時以此□言,此時再回京供職,已爲捷足先得,故不如其已也。

□□□計,初未計及,今幸《全書》告成,足了至公未竟之志,而逋負累累,遂至不能自存。姪婦以此終年咳血,蓋無米之炊,支持不易,其艱苦有非姪所及知者。今因病甚,始悉一二,知其心中殆無一日安也。親知勸令出山,此非素志,然刻下倀倀何之,頗不自了,鄙意擬在江浙間覓館乞食,以□□全。惟素性耿介,足又不良奔走,今淪落至□□□見憐。蒙□□□以俗子相視,用敢仰首哀鳴,幸垂大慈,俾得所託,悲泣可量。姪以世命改道員,因不願出山,未辦分捐,然在外省當差,似候選亦可。蓮帥及吕尚書皆有情誼,然憚於自媒,擬求長者電託在南方酌派一事,何如?外間知姪今年無事閒居,故債逼益急,如得所託,不問所入如何,債主或能稍松。季皋廉訪相約入幕,姪已薦賢自代,蓋李書印刷需時,尚須在滬照料,以全始終之誼,廉訪亦不知姪一寒至此也。去冬《全書》刻成,姪即辭去月俸,其實每月□金,滬居並不□事。今歲無絲毫之入,而借款月息在四百金外,若不設□,如何能支。西湖新築原爲退步起見,本擬俟□家後再將滬宅鬻以償債,今債主因我兩年未付息,利上加利,欲據我此屋而有之。西湖之屋屢因款絀停工,落成恐殆無期,此固寒畯之不知自量,初意是爲姪婦養病起見,遂未計及其他,此時雖悔何及矣。目前救急之方,只有將西湖之屋設法完工,以便將滬宅抵債,否則姪婦正在病中,遷徙無所,恐將激成他變。姪婦性最愛强,無論如何窘迫,終不使姪知之。日内爲諸債所迫,有來坐索者,竟無法應付,始知已典質一空也。不得已擬仍將董書《史記》歸諸鄴架,求長者酌量給價,以解此圍。往年某觀察由京來電,欲以五千兩購得送還某貝子,姪因其時已在滬抵款五千元,季皋爲言某貝子曾談及此書,季皋許以萬金可購歸,故姪力拒某觀察之請。倘蒙援手,如失乳兒忽遇慈母,此後侍教之日方長,姪決不敢計較價值也。可否,幸即賜示,因西湖停工已數月餘,姪無顔見匠人,舍間日内又有坐索之債主,此種情況爲姪生平所未經,非此着竟不得過去,千乞長者憐愍,其蒙德不啻再生也。姪婦笑謂:"君慕高蹈之虛名,又好博施,不顧私計,致家人不能存活。"其語絶痛,殆欲激以出山。以我愛如長者無異家人骨肉,故縷及之不嫌詞費也。再有懇者:家兄仲平誠篤有幹才,李氏刻集聘主會計,今已撤局,季皋亦約赴汴。家兄年已六十有一,頗憚遠遊,姪亦不願季皋爲此竭忠盡歡之舉,擬另爲謀事。惟姪在滬杜門謝客,於官商兩界聲息不通,欲求長者提攜,於所營寔業中賞派一事,以減輕姪之家累。寒士真不可一日無館。家兄老成練達,必資臂助,異日當瞀姪言不欺也。無厭之求,亦因恃愛過深,不覺屢嬻,伏乞寬恕,惶悚惶悚。姪婦病甚可憂,恐此後不能作字,前月病中集《崔敬邕墓誌銘》字書一楹帖,頗自得意,謂不敢與時賢爭名,將以待夫千百世後之知者。敬以奉詒,幸賜教焉。肅此,敬請鈞安。　姻小姪廉泉謹上,姪婦芝瑛同叩。　七月十八日。　閲後付丙。

三〇

止叟宫保尚書鈞座:

日前郵呈一椾,不審達覽否。即辰興居萬福爲頌。頃晤景樸孫都護賢,言翁覃溪生平考訂書畫金石文字及詩文手稿都二百餘萬言,裝訂百四十册,爲半畝園舊藏,現擬以此墨寶押款三萬金,願出長年一分息云云。又□□藏唐搨《聖教序》,多名人題跋,謂在□□舲所藏墨皇□,意欲出售,託轉詢尊處願留此物否。公如有意,請枉臨半畝園一觀,何如。在東城牛排子胡同。肅此,敬請鈞安。岫雲和南。　二月十六日。

三一

宫保姻伯大人鈞鑒:

姪昨自錫歸,今日趨候,方知藎躬尚未健復,至爲懸系,千乞慎護,以迎葯喜。頃晤祝蘭舫觀察,談及募賑事,觀察願報効萬金,擬請姻伯會同吕大臣奏獎,可否得賞分省補用道,乞示下,當屬遵辦也。此上,敬請痊安。 姪泉謹上。

三二

祝蘭舫報効振銀壹萬兩頃已交到,敬乞咨請午帥奏獎。祝本託姪代捐道員,姪勸其如此報効,於振務不無小補也。莊票一紙,乞詧收並賜收條爲懇。再,姪與蘭舫發起,擬借外國議事廳約清客串戲數天,亦爲籌振款起見,容定期再奉聞。敬候宫保姻伯大人興居。 姪泉謹上。

三三

宫保姻伯大人鈞鑒:

昨奉電示,率復一書,未盡所懷,敬再縷述下情,伏維垂詧。姪自來滬上,緩急之需,向恃祝蘭舫處通融,計至上年年底,共借銀一萬五千兩,以住宅道契抵押,按月八厘半息。因客臘廿八方自杭歸,諸債畢集,短繳息銀一千兩,擬過年再措繳,否則即作爲本金一併起息。祝復函大加申斥,忽謂前借係洋人之款,不便久宕,欲據有此屋。姪生平好爲義舉,不顧私計,今日方知經濟之困難,有"一錢逼死英雄"之嘅。如兒女在萬航渡學堂讀書,今年因無力供給學費,皆令輟學,而姪在滬助朋友兒女學費四五家,已三年矣,至今仍籌借應之,此一端也。不得已有前日之請,擬將西湖莊屋草草了事,即移家其間,以便將滬宅鬻以償債。承諭挪用股份周急之誼,固所心感,惟姪素性迂拘,終覺對於股東意有未安,故悚惶不敢承命。尊處股份於交款日即與舊股一律分利,股票繳何處,候示遵辦。前有收條,乞擲下調换股票。家母知此窘狀,嚴諭出山,欲强以不得不從之勢,此與姪素志相背,强以所難,必發狂疾,謀將眷屬安置妥帖,即遁入京西潭柘山中,託身迦佛,以圖自了。李集事三月内可了,季皋約入幕,已薦賢自代,季亦復電許之矣。承公不以俗子相視,敬以出處之計密聞。千乞秘之勿語一人。姪所欠各債約五萬金,小萬柳堂南北兩園有道契十二畝,差足相抵,不致累人。往年建築及地價約五萬元,鄙意欲得六萬金,則眷屬有所託矣。舍五弟在京有事,可以迎養老母,惟妻子一時安置頗難,姪決然捨去,恐有意外之虞,擬暫勿道破。環顧朋好中有肝膽可以此事相託者,只良賚臣弼一人,然事前託之,於吾謀必有阻力,容入山之後再行告之。乞公留姪此函爲證,聞姪入山消息再以此函密示賚臣也。附呈爲文孝女募化啓一册,姪婦尚有求於姻伯母大人首先書捐,并在京師女界中爲之廣募,募款以二千金爲限,無論有無,姪婦所書此《啓》請於二月間寄還爲叩。專肅,敬請勳安。　姪岫雲謹上。　姪婦率兒女仝叩。　正月廿日。　姻伯母大人前請安。

如蒙賜諭,請寄棋盤街文明書局收下面交,勿直寄敝寓,因姪入山之計,家人所不知也。至叩至叩。

附:

盛宣懷致廉泉函稿三通

一

致廉惠卿仁兄先生閣下:

逕啓者,文明書局敝處附有盛思補股分二百股,又辛亥年息單一紙,現該息單查被遺失,恐在外有人拾得,别生枝節,特此奉達,聲明作廢。應如何挂失註册之處,書局當有定章,敬煩查核辦理,並希示復爲荷。專此,敬頌文祺。　愚弟。　十一月七號。

二

復廉郎中惠卿仁兄大人閣下：

頃展手書，如親眉宇。伏承振興文化，日異月新，至爲企慰。中國譯學今始萌芽，非竭力開通，終多阻隔。一書甫出，翻刻隨之，使苦心編譯者坐失利權，實爲至不平之事。《群學》一案，弟因從前未定罰章，僅飭銷毁版片，以示薄懲，今讀抄示管學大臣批語，極爲明切，而未言如何罰辦，恐市儈無畏心，仍無益也。質之高明，以爲何如。擴充局務自以多集股分爲第一要義，囑爲代募，自當盡力爲之。但上海□□甚衆，書坊林立，恐未易報雅命也。專復，敬請台安。　姻愚弟制盛。　九月十七。

三

惠卿仁兄大人閣下：

頃接蘇州府何肖雅太守函，稱前奉陳中丞發到《李文忠公全集》十三部，分給各處，飭由敝處收集書價彙繳，至今尚未一律收齊，兹先匯上書價漕平紋銀貳佰陸拾兩，即乞轉交並懇飭取回條，以便轉稟銷案等語。兹將原來票銀貳佰捌拾兩零零貳分貳釐匯慶莊票一紙送上，即祈詧收，並希掣付回條，以便轉寄爲荷。此請台安。　愚弟期。　十月十二。

王大炘致廉泉手札一通

南湖先生閣下：

朔風砭肌，蜷居北窗，未能趨詣爲歉。昨晚宫保約入上房會談，言宫保夫人聞尊夫人談及各處債項，中有祝蘭舫一款，擬賣屋以償云云。宫保夫人大不謂然，謂區區萬五千金，又所欠者係素有交誼之同鄉,何至窘迫若是。宫保聞之,自願出爲判斷此事。昨日已約祝蘭舫來行轅面商辦法,意欲將公住宅對面之南園六畝三分抵歸蘭舫以了前欠,以每畝貳千伍拾兩作價,統計借款本利數目不甚相懸,不料蘭舫與宫保衝突,並面斥宫保之説爲兒戲,竟至不歡而散。宫保談次大有不悦之意,謂往年蘭舫捐賑萬金,因不能獎實官,託惠卿來索還,如此兒戲,我看惠卿情面,將原票萬金發還,我尚未以兒戲斥之。蘭舫上年以七千金得實官,亦我之力,使彼省用不少,我今爲惠卿了此債事,以産抵錢,在祝並不吃虧,不料蘭舫不受商量,允讓利息,一而再,再而三,狡滑異常,竟不明我爲惠卿以産了債之本旨,不顧平日情誼,以致如是。我既允爲設法,無論如何必當辦到。屬下走轉致閣下。事已如此,勿再與祝蘭舫直接。即瑞辛儒制軍聞知其事,爲公代抱不平,有大家爲惠卿盡力之語。明日宫保夫人與志老太太及瑞夫人當來尊廣會議。此事已激動公憤,蘭舫若不見機轉圜,可謂不知利害者矣。此外各債亦許擔任代爲設法,今日宫保已電約陸廉夫由蘇來滬,即爲尊事,想明日可到也。專此密陳,不足爲外人道也。石章刻成兩方,先以鈐紅呈教,幸督入。專此,即承起居動定。　王大炘頓首。　初七日。

(整理者單位:上海圖書館)

遯龕遺札(下)

夏穎整理

致吴慶坻一通

頃承枉顧,暢譚甚慰。十年話舊,朝市已非,感喟如何。奉上舊撰《史微》四册、《白喉通考》一册,覆瓿短書,半成故紙,殊不足采覽也。坿呈小詩數章,希吟定有以誨之,幸甚幸甚。所居距高齋咫尺,容緩日再趍教也。手此,敬頌子脩老伯起居安隱。姪爾田奉狀。

炯齋兄同此致候。

致沈曾植四通

一

惠示敬悉。綏詞誦繹再周,所謂嵯峨蕭瑟,真不可言。本擬加墨,因眼痛中止,初十日當親擕奉繳。適境無有書來,募刻全藏疏彼已着手,尚未脱稿。梅擷芸主持刻經處係掔籤選出,唯梅服官,委其戚劉君代辦,境無仍主編校,募刻全藏似可並行不背。編次藏目,姪俟目病稍愈,擬先從《續藏》疏鈔部審定一目,較易從事,餘當與境無合編也。余弟近譯法人柏格森《創紀論》,其中痛言智識不足恃,注重直覺,頗與佛學相表裏,奉上一帙,希賜采覽。復頌乙盦老伯大人道安。　姪爾田頓首。

二

惠示敬悉。承書便面,祇領,謝謝。姪傷風早愈,唯近又患目,閲書甚苦,感義山《天眼偈》事,輒復慄然。閲報,金陵刻經事已易梅擷芸主持,大約境無可以蟬聯。募刻全藏,似不宜分道而馳,或即與擷芸商議同辦較妥。前作啓文已改就,奉上繩削。匄丞文成否,頗思一觀。《普寂攝論疏》境無見之,嘆未曾有,已爲攜去,俟索歸再奉可也。此頌乙盦老伯道履。　姪爾田頓首。

三

手示敬悉。綸一兄來,已指示先從慧皎《高僧傳》繕起矣。姪病初患喉痛,近已變爲肺症,夜必狂咳,委頓數日矣。聞高齋得玉溪墨妙,當趁此未填溝壑一觀環寶。《玉堂嘉話》云義山字極似《黄庭經》,當時所書極多,今日已難多見矣。明日午後當即扶病往觀。匆匆,肅頌乙盦老伯大人起居。　姪制爾田頓首。

四

乙盦老伯尊鑒:

昨答惠書,想詧及。來諳循繹再三,銅山西傾,洛鐘東應,願言之懷,良不能已。兹有致橘公一簡,希便轉達。並世哲匠,我丈諏六代古微,振法鼓於象末,安般搜三竺部逸,暴修鰭於龍門,四海彌天,何多讓焉。姪以孱生猥餐勝解,此行入都,擬結浄社爲休夏計,儻有魔外,尚能作《明道論》,竊自比於傅宜事也。後日束裝,裁書敍心,即以爲别。伏維慎夏自愛,不宣。　姪爾田拜狀。

致曹元忠十二通

一

前在古老處聞臺從避亂返吴,比日溽暑,闕然詹對,甚念甚念。横厲糾紛,羣妖競逐,海上大創,免使青油幕下作宣明面向人,亦一快也。旦夕將有滬行,前假閲拙詞一册希即擲還,緣有友索觀。七夕得小詩一首,匆匆寫呈郢政。受之已赴滬館,坿聞。敬承夔一先生有道動定。　張爾田拜狀。

二

(前缺)政。寫上近作詩數章,此一年來海上賣文嘔心血之所博得者也,覽之亦可以哀其志矣。明日午後得暇,同至漚尹處聚譚如何?手此,敬頌夔一尊兄有道著安。　弟張爾田頓首。

三

蒙診,甚感。尊方已服二劑,尚當再服。畏寒已去,惟體羸不易復元,弢言語,簡思慮,以待生機之自轉,或有濟也。雨不克出,寫上小詩二紙。弟於此道本不工,中間又遷治經學,旁及樂府,益荒落,喪亂以來,敳闗絶軌,聊藉此遣日耳。尚祈痛加繩削,勿存客氣。尊詩沈著悽艷,愛不忍釋,記念甚多,竊比謝防,鄙詩倘可爲引玉之導乎。晴霽走謁,不一一。敬頌君直尊兄著祺。　世小弟爾田頓首。

玉谿生硯象藏虞山沈石友許,余編《玉溪年譜》成,介缶廬索觀,石友精搨一紙見贈。象爲宋人所繪,燕服蕭然,陸包山手橅,仲石上石者也。喜極欲狂,賦詩二章爲寰中唱。

瑶林瓊樹玉壺冰,想見精純下筆能。元遺山《論詩絶句》:"精純全失義山真。""精純"二字,玉溪詩定評。割得蟾蜍一泓紫,天教翻劫出吴興。義山紫蟾蜍石硯腹篆"玉溪生山房"五字,藏吴興陶定安世家,後以進御,見《春渚紀聞》。今此石亦歸沈氏,又一奇也。

怨李恩牛數太奇,一篇《錦瑟》是吾師。不須物外攀琪樹,用崔珏《哭玉溪》詩意。便似楞伽頂上時。玉溪詩:"楞伽頂上清涼地,善眼仙人憶我無。"

甲寅閏月孟劬題記。

四

弁陽生朝,欣承燕祝,並觀凌波遺卷,喜荷交並。歸來枕上湊得小詞一闋,轉摺怪異,不祥之音,本擬攜示漚公繩削,聞今日又有雅談,未能把臂入林,悵然如何。玆先寫呈采覽,如有紕繆,祈痛加指正,勿客氣也。葺行想尚有數日,容再走候。此頌君直尊兄有道動定。　張爾田頓首。

國香慢

粉浥脂融,是玉槃迸淚,幾費春工。亭亭素馨開謝,太液波空。碎珮叢鈴無語,似人處,鬘緑羞紅。王孫舊身世,亂翦冰綃,涼透鮫宫。　白頭簪未稱,念遺芳獨步,傾國誰逢。翠漪塵淺,槎夢應鬲僊蓬。夜夜思君北渚,伴怨魂,還過湘中。江南斷腸後,愬盡飛香,一篴蕡風。

夔一先生招飲寓齋,觀所藏趙子固雙鈎水仙卷,用弁陽老人自度夷則商譜賦之,是日正老人生朝也。甲寅閏五月二十一日遯堪寫記。

五

昨晨同漚尹、芸巢二丈遂園觀荷，遲公來，聞體中小極，炎溽，維餐衛爲念。小詞疵處經漚公指正，應時改定，然終未愜意也，茲再寫呈郢政。餘走候，不一一。此頌夔一先生有道動定。　爾田頓首。

六

薄病頗連，久疏奉問起居。閲報章，驚悉宫車哀耗，悲不成聲，牽於世變，未敢成服，謹得小詩二章，聊表哀思，不暇計工拙也。方欲寫上，適奉巢隱來函，亦有輓詞八章，屬轉致先生，茲同鄙製一併呈覽。巢隱信亦坿上，閲畢望擲下爲感。隘莽、綬成近日常晤否？手此，敬頌夔一先生有道著安。　世小弟張爾田頓首。

大行皇太后哀輓辭

難回八駿駐瑶池，黄竹歌殘四海悲。璧掩秦灰終劍合，丹成軒鼎遽弓遺。瓦飛長樂晨隨水，火暗甘泉夜罷祠。九廟鐘簴誰告謚，西陵春望黍離離。

黄旗紫蓋已歸吴，遺讖真成下殿趨。問膳龍門空鈿轂，垂衣虎帳尚珠襦。金縢掩涕多方誥，玉簡傷心具往書。回首壽宫張樂地，幾人終古哭蒼梧。

君直先生削政。　遯堪初稿

七

前譚殊快。五茸之行，何時俶裝，念念。陳博士寄來斥教育會論説二册，屬分贈同好，茲以一册呈鑒，祈訾入爲幸。前蒙攜去鄙詞一册暨古微丈詩,如瀏覽畢,望交來价擲還,盼盼。沈乙盦先生大行皇后挽章極佳,原稿大索不得,容檢出再送上也。昨偕益葊訪芸老,聞有病未見。鏟迹幽蹊,消聲窮衖,離索之感,若何可言。手此,敬頌夔一先生道安。　世小弟張爾田頓首。

八

喪亂中更,聿維改歲,窮陰四塞,海水群飛,豈天心之尚未厭亂耶? 每念吾黨二三君子,戢影家衖,畢志泥幡,雖陽九之遘屯,幸在三之無忝,送抱推襟,未嘗不引以自壯也。聞我公與巢隱先生載酒探梅,主賓唱酬,清興奚似,嘉章能示我一二否? 端憂寡諧,偶得小詩一首,即以奉贈。盧諶猥濊之言,王尼横流之歎,先生閲之,當亦爲之累欷乎。近製二首一併寫呈,餘晤譚,不一一。敬頌夔一先生有道春祺。　世小弟張爾田拜狀。

春感

放眼高雲接九荒,神州龍戰劇倉皇。群山莽莽趍南極,落日蕭蕭下北邙。豈有雄心磨慧骨,敢將衰淚灑頹裳。百年多病渾閑事,吟望天涯兩鬢霜。

沈腰潘鬢兩銷磨,投老滄浪發浩歌。生擬乘舟尋范蠡,死當刎頸送荆柯。破荒人物菰蘆少,沈醉湖上鼓角多。遥指盤雕看北斗,春愁已度牧羝河。

遯堪寫呈。

九

癸丑秋期感賦

銀漢迴環北斗邊,蓬巒一片隔非煙。迴塘桂檝經時淺,别苑蘭膏永夜煎。似有微辭銜石闕,斷無密意託金鈿。南飛多少雕陵鵲,辛苦填河又一年。

遯堪初稿。

一〇

西曆歲不盡夕賦得四十明朝過

四十明朝過,吾生欲問天。鶯花新漢臈,風雷舊堯年。披髮歌朱鳥,吞聲拜杜鵑。楚南三户盡,遺恨若爲傳。

帶索行過市,高歌老瓦盆。士心終未死,天道本難論。大野龍蛇厄,危巢燕雀尊。誰知賣漿者,風雨歌夷門。

夔一先生吟政。　遯堪居士寫稿。

一一

破鏡謡

破鏡重光飛上天,終南玉座蟠祥煙。鑿雲斡聲不到海,七條絙斷棖棖弦。九鼎如山色不動,攔腰大錦黄金鞚。日出東桑銜燭槃,秦鶏碧尾酣晨夢。兔絲血染春膏紅,雙刀一鞘無兩容。今年會看黑龍死,火入甘泉燒寶弓。

前詩失韵改正,再寫奉夔一尊兄詩家一粲。　遯堪録上。

一二

夔一先生道鑒:

前囑子蘭轉呈一函并《玉溪年譜》原稿,令其裝訂成書送上,諒蒙詧入。現在《年譜》刊刻將次斷手,弁首鴻文非公莫屬,倘能撥冗預構,尤所感盼。不但借重皇甫,且以誌一時交舊之雅,想復宏之。再,玉溪遺像詢諸子蘭,聞尚能奏刀,亦便望鴻筆一撫,至禱至禱。乙盦諸公間在都音問邈然,言之氣憤。比來作何消遣,診事忙否,諸希示覆,不勝馳依。專肅,敬頌動定安隱。　弟制爾田頓首。

致吴士鑑六通

一

十年契闊,握手聚譚,致足樂也。略論史例大體,甚爲贊同,小小異同,容再貢獻。惟有一事:今上自登極以訖遜位,三年事迹,不能不立本紀,前史"末帝"、"後主"標題均不能用,如倣子長,必啓絶大争端,思之竟無良法,而内容之動輒關礙更無論矣。或竟暫置此一卷不論,如何?祈裁定之。今午即返蘇。入都似陸行較妥,首涂有期,能寄一片示知,感感。倚裝匆肅,敬求炯齋尊兄世大人著祺。　小弟張爾田頓首。

二

炯齋尊兄世大人閣下:

奉讀惠緘,敬悉騶從於日内首涂。弟因塵累,尚須摒擋,大約束裝當在節後矣。惟此次襆被入都,書籍萬不能多攜,多攜則兼兩難容,少攜則又參考不足,不能不仰給館中。弟近取素所涉獵之書默寫一目,已不下數百十種,此處未見者尚多有之。即如官書一類,除實録、國史外,各種方略,各省、府、州、縣志,及各省飭撰政書,類皆部帙繁重,非私家所能有,即有矣而亦未必備。此外私家著述,宏編鉅帙,或小種單行,與但有傳抄、未及刊行及收入冷僻叢書者,益復汗牛充棟,似當統由館中自置。或開獻書之路,每省設采訪一人,凡關於政要掌故諸書,無論刊與未刊,皆飭其進呈史館,酌與相當之獎,俟全史告成,原書仍行發還。朱竹垞有言:史局急務,莫先聚書。夫書,彩色也,我輩譬則畫工,有畫工而無彩色,雖使虎頭、道子執筆,亦不能傳神阿堵。我輩所得薪俸幾何,喫飯不足，安能購書，鄙意八月初開大會時此層不能不先行提議解決也。如尊意以爲然，祈力持之，至要至要。聞晦鳴師擬海道北上，現在内海遍布水雷，須繞道高麗始能抵津，殊危險，弟則決意津浦赴京也。肅布，敬頌著祺，不一一。　小弟張爾田頓首。

世伯大人尊前代候起居。

三

炯齋尊兄有道惠鑒：

不面已積，杼軸如何。頃奉惠誥，暨鴻著《晋書斠注序》，此自不朽盛業。弟少孯經，致力多在《史》、《漢》，典午一朝雖亦略涉津涘，誠未敢妄加贊辭，然深知尊書閎確，紬繹十例，挈綱張目，恢恢康莊，竊謂其事更難於西鄉，而其功定不在顔監下矣。殺青先覩，引領企之。弟自前歲隨筱丈入都，今年二月始歸，在館年餘，惟《后妃傳》一卷告成，其長編即印丞輯本。中稍得意者，《孝莊》、《董妃》兩傳，《孝欽》一篇則以渾括出之，不敢望蔚宗紀和熹，或當不減《宋宣仁傳》也。嗟乎，今日史學彫敝極矣，而能深知史文者尤鮮。興之所至，不覺自詫，公得無嗤我狂耶。館中近多啖飯者流，每入東華則惘惘終日，而主持者又無鑒别，讀《詩》"執我仇仇，亦不我力"，未嘗不太息彌襟也，故擬暫不北首。下帷蒸業，鑽味葉典，數月來已鈔得《俱舍論》光、寶二疏一過。此間樂數晨夕者惟静莽輩一二人，深盼公來滬，庶幾吾黨不孤，亦有意乎。在京師馬夷初處見尊撰《唐寫本古文尚書釋文考》，精湛絶倫，倘能見賜一帙尤感。拙編《玉溪生年譜會箋》翰怡兄刊諸《叢書》，惟其中尚有誤字未及細校者，亦有近來别有所得、尚須改定者，姑以一部附呈采覽，如有紕繆，乞痛加繩正，勿以已槧而恕之也。肅復，敬頌素履無爽，不盡願言。　小弟張爾田頓首上。

尊甫老伯大人前祈代致候。

尊著《晋書斠注》如寫成，竊謂仍以刊木爲善，如以卷帙宏富，暫付聚珍,必須精校方可。若柯鳳老《新元史》訛奪觸目,實覺不便也。倘在海上付印,覆勘之役弟尚可分勞。總之此大著述,成之固不易,而刊行之尤不易耳。

四

炯齋尊兄大人有道:

昨得惠簡並《晋書斠注序》,循誦無斁,快慰生平,當即奉復,附往鄙著《玉溪年譜會箋》兩册,想登籤室。尊書共五十二卷,當是不具録正史全文,體例甚善。自來治史者《晋書》最略,鴻編成,津逮乙部,豈有涯耶。世變滔滔,殆有滅種之懼,我輩事業,惟有著書。弟頗有志故國之史,而事與願違,恐再閱數年,新學後生,語以昭代文獻,必有茫然若陳古者,而郢書燕説,流爲丹青,念之慄然。嘗謂前史難在志而清史獨難在傳,何者?典章制度,官私著述早已略具規模,惟末葉新政諸端尚待尋討,然亦有一二檔案可求,若一代臣工言行,其有關治忽者,短書脞説,既無可憑,而碑志又多語焉不詳,大抵國朝學者勇於考古,怯於諏今,故求一紀載詳實之書遠不及勝明,此其難也。若如今者既不先輯長編,但迻録國史,即成一傳,亦何難之有,如此一鈔胥足矣,安用千里降追爲耶。弟前有句投仲恕云"紛紛著作修文殿,慚負先生薦士來",暗用竹垞詩意,實則今日求祖孝徵而亦不可得也,可嘆可嘆。竊意今日斷無史禍,海上有力諸公倘肯爲之,當必勝於館書,但《實録》及國史底本難得耳。去歲羅叔藴勸次老排印《實録》,弟亦上書次老,謂我輩所修恐有漏誤,若不將館中所儲各種官書設法保存,異日重修何所徵信,而次老迂之,然此實要務。順治朝《實録》初修底稿向藏内閣,今移在教部,曾見殘册,與重修本大有出入,倘能清出,亦一快事。惜乎今日所謂修史者志在啖飯,不足語此,而主持其事者亦以其志在啖飯也,即以啖飯之術待之,吾獨奈之何。弟今年北首與否尚未定,然返之微盅,則實不願再入修門也。公養志著書,優游湖上,歲寒之娱,差足自豪,若弟則已自斷此生矣。尊甫大人前久未通候,便祈以此書代呈,藉悉近況。嗟乎,山河無改,空悲失鹿之辰,冢壁皆殘,已絶獲麟之筆,緬維在昔,能不憮然。尚望隨時示以音問,不悉。敬頌素履安隱。　小弟爾田頓白。

《晋書·藝術傳》佛圖澄、鳩摩羅什事迹多采自慧皎《高僧傳》,似可以《高僧傳》校之,惟羅什聚鍼事《高僧傳》不載,當係小説家言。羅什有子,姓竺氏,其裔至隋尚存,見嘉祥《三論疏》。

五

炯齋尊兄大人有道:

得覆書,湛若淵對。尊撰《唐寫釋文校語》一册亦郵到,祗領,謝謝。鴻編《晋書斛注》鈎稽穿穴,致力極勤,而甄采群籍,加以詮擇,此尤深合家法,不但博洽爲不可及也。吾鄉學人自堇浦後多鶩華藻,求其魄力沈厚,能自勒鉅編者,殆難一二。絶學起衰,非公而誰?《釋文校語》曩在彝初齋見之,已歎絶倫,今得誦肄,曠若發蒙。素昔嘗疑薛氏《古文尚書》必有所本,頗不以汗簡箋正所説爲然,尊序亦引孫氏淵如語爲證,足息群喙。竊謂其中考釋精碻處實不遜高郵諸老,彝初有補正數條,然惟説"墉"字、"后"字二條可采,其餘亦未能出尊書之范圍也。嘉祥大師吉藏説羅什事在其《造百論疏》卷一,疏云:"羅什父本是天竺人,爲彼國相,國破,遠投龜兹,龜兹國王以妹妻什父而生什,今還考本處,故云天竺也。什姓天竺即長安猶有其孫也。"吉藏造疏在大業四年,所謂"長安猶有其孫"即指隋時。此條似可爲壤流之助,謹鈔上。拙編《玉溪譜箋》猥承褒采,恧焉如何,然其中實尚多漏誤,如《過交城武威公舊莊》詩"武威"爲石雄封號;又《會稽掇英總集》前所采不全,近始得刊本,又詳數條;而崔珙鎮鳳翔年月亦從金石中考出。如此類者,擬都爲補遺,坿每卷後。公瀏覽餘閑,倘有所見,尚祈無吝教我,異日當一一補采,並紀姓名,不敢攘美也。史事殆無可爲,公言是也,竊料一二年後圖窮首見,主持者亦將自痛矣,包攬把持,且俟後圖。近閱内典,頗得静趣,若天假之年,當可寫定一書。秋涼或至故鄉展墓,或可晤教。諸維爲道自愛,不盡馳依。　小弟爾田頓首上。

六

炯齋我兄先生道鑒:

爽夫妹丈來,述及在杭燕見,猥蒙垂詢,甚感甚感。吾鄉錦繡湖山,文獻衰落,靈光獨巋,夫豈偶然,望善葆餐衛,勉慰故人。弟蒲柳早衰,宿疾侵尋,已逾三載,飾巾待盡,無他冀也。拙編《清朝后妃傳稿》近由姨子平君集印成書,謹以一部二册郵呈采覽。此書徵引雖繁,尚不免有疏略之處,即如高宗容妃係回部台吉女,案頭無回部王公功績表傳可查,遂付闕如,但此非世所傳香妃。據王湘綺所記,香妃非太后絞死,容妃則殁於乾隆五十三年,去太后之崩久矣,香妃事或由此傳訛,亦未可知。此外似此者恐多有,祈公閲時隨筆糾正,以俟再版修改,幸甚幸甚。書到望賜復,尤盼。專肅,敬頌道祺,不一一。　弟張爾田頓首。

致邵章六通

一

損書敬悉。新詞胎息深厚,感音之雅,温縈寤寐。追維昔款,今又八年,書劍飄零,泥塗湮曖。劉光伯之身世,餓死河間;摯仲治之生平,流離杜曲。登臺視祲,誰負下土之方;踞竈繙經,不發明王之夢。傷心之極至,雖長歌不能當哭矣。所冀故人跫然以晤言消之耳。小令一首附往。祇承伯褧先生起居。　弟爾田頓首。

二

虞美人纕蘅諸君招陪禊集不赴率呈一解分韵得海字

單衫試酒朱顔改,白日愁如海。更誰曲水泛流杯,不道酴醿開後燕未歸。　百年裙屐風流罷,猶有鶯花社。傷心怕問舊京春,贏得五陵驕馬送閑人。

爾田寫稿。

三

玉漏遲

畫江潭苑裏,登臨怕問、當年朝市。萬户千門,博得青紅兒女。空外遥山帶晚,算一髮斜陽誰繫。今古際,茫茫不解天公何意。短棹歸弄滄洲,歎已忍伶俜、十年心事。未了夷歌,舉目山河全異。賸有荒宫柳瘦,伴銅狄摩挲還是。愁亂起,黄昏落梅花地。

伯褧先生詞家正。　爾田稿。

四

鷓鴣天

苦恨佳期説斷腸,未應惆悵抵情狂。蓮舒玉艷匀新彩,梅壓鬟雲惱薄妝。　歡夜短,怨年長,半衾閑畫兩鴛鴦。羅衣歸後從教著,多恐經時減舊香。

爾田寫稿。

五

伯絅先生道鑒:

田抱病歸滬,車行勞頓,病益不支。近忽現反胃之象,每食必嘔,中西醫藥襍投並進,訖未得效。前在京整理列傳,已修成《圖海李之芳傳》一卷,扶疾删改,更借書參證,粗可卒業,兹先寄上。尚有一卷漏略尚多,未稱定本,容後再繳。《圖海傳》小事皆删去,如朱三太子一案,係圖海都統任内應辦之事,本非特别,此當於本紀中載數行足矣。又李之芳曾任言官,亦有封奏,既以功名顯,則此等處略掇梗概,不必細詳。其後任吏部,尚有議錢糧絲忽一事,亦當載入《食貨志》,如此則傳體簡浄而又不漏,此史例也。至乾隆時加恩功臣,凡襲爵次數已滿者,皆予恩騎尉罔替,李之芳後裔曾預其列,此等恩榮傳中似可不載。例如前史往往有録某某後者,但見於本紀,傳中固不盡詳書也。如必欲載者,俟一朝列傳修成後,詳查諭旨、檔案及功臣後裔名姓,逐條遂補可耳。抑更有請者:館中現定案期交卷,此事田實不敢勉遵。田之所志,總期一卷得一卷之用,而斷不能以遲速爲殿最。即如此卷《馬爾賽傳》,國史本傳所載諭旨至數十葉,經田删潤,不過數行,而此數行已費寢食至三晝夜,猶恐未盡事實,近向海上藏書家借得關於青海載紀多種,參正鈎稽,始成定稿,中間兼以疾病,然已一月光陰費去矣。是故欲速必不能工,求工必不能速。又如近作《賴塔傳》,業已削稿,大段根據《國史》。《國史》本傳敍賴塔自潮移征鄭、錦、漳、泉,戰功偉著,幾於名將。及考《姚啓聖傳》,則賴塔困守漳州,一籌莫展,所有戰功皆啓聖爲之先驅。又安籠所一役,係賴塔獨當一面,《國史》敍述有聲有色,考《聖武記》等書,則賊實怵於大兵先聲,不戰自潰,是賴塔此役不過貪天之功,唾手而得耳。是則此傳雖已修成,尚未可用。諸如此類,非經歷此中甘苦者,殆難爲外人道。與其草蹙成篇而爲人指摘,似無寧寬以歲月,審慎周詳之爲愈也。若先生必欲按期交卷,則田亦未嘗不可勉赴程期,但卷中内容如何,田實未敢負責,每期所交之卷,並請無署田名,以保全我之名譽。田素性戆直,至於筆墨之事,既以許人,即不忍苟且,非是則心不安。昔韓昌黎上書張建封，謂晨入夜歸，非愈所能，此等官限常例，賢者尚不欲爲所局制，田雖不敏，竊欲自附於古人，故敢爲先生慺慺陳之。倘先生以爲此例既定，難以塞館中同志，則請但許田一人爲例外，而非然者，是館中之所以取田，非取其能修史，實取其能按期交卷也。每月縻百餘金之俸，而所得者不過能按期交卷之人，豈不羞當世而輕天下之士耶。凡此所言，皆先生所知，而復不惜覼縷者，亦聊以匊我之誠耳。大雅不遺，想復宏之。閏老想常到館，晤時爲我寄候，諸同人並代致問。專肅，敬頌道祺，不一一。　張爾田頓首。

《池北偶談》載，康熙中定例許武臣丁憂，浙江提督陳世凱上言：武臣不獨丁憂，須令讀書，識忠孝大義。因詔提鎮勸導之。世凱傳中未及。竊謂此等本係例行之事，無關治亂，國史當專詳大事，即載小事，亦必有大關係者，與家傳、行狀、壽序無美不揚者，固有別也。田所修諸傳，删翦繁蕪，皆本斯恉，故附陳之。

六

伯絅先生有道：

息景滬藪，音問疏闊。爽夫書來，敬諗履候無恙，文史自頤，並承贈先德遺集，領謝，感感。弟多病早衰，頗畏遠游，今年勉就此間學院講席，校長張君本舊識，以友誼故聊爾維縶。諸生百輩，習成獰愚，臯比徒擁，亦殊乏佳趣耳。先大父《初日山房詩集》新刊成，尚有錯衍未及校出，當俟再版修正，玆姑郵寄三册，就正采覽，其兩册望代致晦師、閏老。《吴謳烟語》已印罄，家祇一册，亦一併呈上。《三影閣筝語》在杭州族人處，缺葉容囑鈔録再補寄也。屈伯剛買得先高祖《選學膠言》一書，寶如拱璧，乃弟昔年舊藏，爲友所借，其家中落，遂落人手。聞龍福寺書坊有一部，索價頗昂，公何不設法購之? 此書近年頗希有也。先高祖著述等身,頃從坊間見一刻本,題曰“復丁老人草”,乃晚年所作詩,不在《簡松全集》內。此處筆記之書有《垂綏録聞》,廣州有活字本,考證經史者有《四寸學》,關於浙江文獻者有《湖山故事輯》等書,而《乾隆湘潭志》、《嘉慶淮鹽志》亦皆先高祖所修也,今皆不可多見,寒家所蓄不過詩文集而已。弟近校刻先伯母趙夫人《碧桃仙館詞》,伯母諱我佩,趙秋舲先生女,先伯勵軒公室,其詞徐積餘刊之而未能詳考,周君慶雲編《兩浙詞人事略》亦沿其誤,皆疏略也。歲聿云暮,何以遣興,頗有佳章否? 專肅,敬承道祺,不一一。　弟張爾田頓首。

致陳漢第二通

一

仲恕先生大人惠鑒:

聯步東華,栖閑蒸業,詹對闕然,殊用爲悵。近修后妃傳,其長編爲伯宛所輯,蒐討精絶,故操觚未敢率爾。每撰一傳,融會貫通,心血潮湧,簡嚴處自信尚不在《明史》下,惟言行太略,末由煊染生色耳。舍親姚漱六書來,言公愛顧之雅,感篆肺腑。聞黄羽儀兄新遷,其所遺一席可否代爲位置,囑爲一言。此君家貧運蹇,既無淵明乞食之門,又乏孟德摸金之手,參院一解,便等蓬飄,長安塵海,告哀無所,當亦公所垂閔也。舊著《玉溪生年譜會箋》劉君翰怡爲我刻之滬上,殺青甫竣,謹以一部四册奉呈就正。八表同昏,聖文埃滅,而我輩猶復繫情故紙,結習未忘,自笑如畢陵伽婆瑳,公得無哀其愚乎。如有紕繆,尚希有以誨之。旦夕起居,未間自愛。專肅,敬頌道綏。　孤子張爾田拜狀。

二

仲恕先生道鑒:

暌違以來數寒暑矣,伏維履候納宜爲頌。弟自前歲大病幾革,哮喘經年,委命醫手,入冬更劇,曾有句云:"一半皇天應許我,願留老眼看中興。"今恐不能待矣。門人張君芝聯,老友詠霓先生之子,起滬省親,擬謁臺端,囑爲介紹,希賜燕見爲荷。手肅,祇問道祺,不一一。　弟張爾田頓首。

致夏敬觀十六通

一

前晚奉謁未值,悵悵。今秋漚尹先生六旬初度,桑海遺民,雖有亭林先例,而同志禮不可虛。時世壽幛壽聯不足辱高人,即壽序、壽詩亦嫌落套,且亦難工,鄙意欲倣霜腴雅例,置一長卷,專徵同人之詞。昨商諸乙盦,極首肯竢此卷裝潢後當丐鴻筆一題。卷名擬用"霜腴"二字,霜取晚節,腴切壽意,與漚公身分恰合。特質大雅,想用然贊也。近詩坿上采覽,暇再當趍候。手肅,祇頌劍丞仁丈起居,不一一。　孤子張爾田謹狀。

二

奉大集之頒,誦味無斁。並世詞流能爲北宋樵風,而外此其獨已。姪雖心知其妙,而力不能舉之。生平琱琢曼詞,蘄嚮淮海,少作壯悔,迄於無成。辛亥國變,憂生之嗟劇於念亂,並此戔戔者亦絕響矣。孤露餘生,惟願打鐘埽地作清涼山行者,以送餘齒耳。舊著《仁山詩》一册送上采覽。旦夕趍謁,不一一,祇承劍丞仁丈動定。　姪制張爾田頓首。

三

損書并示漚尹生日新詞,均誦悉。姪近患目疾,且兼咳嗽,久未出門。聞漚公已避往蘇州,尚有苕霅之行。壽卷已託曹君夔一在蘇古香齋置備,大約即過生朝亦不妨,不過留一韻事而已。俟卷成當送上,祈將新詞上紙,題詞已丐秦晦鳴師作矣。得暇當趍候,不一一。手此,復頌劍丞仁丈大人動定。　姪制爾田頓首。

新詞沈着不落套,却合漚公身分,誦之無斁。小詩二章坿上,以博一粲。

四

吷盦先生左右:

詹對闊然,想恒納宜。舍甥姚君當時字滄客,素喜繪事,苦無師承,囑爲介紹晋謁,願列門牆,尚希引而教之,幸甚幸甚。此君無市氣,或可造就也。手肅奉瀆,祗問道安。　弟張爾田頓首。

五

吷盦先生有道:

今日奉到賜繪《山居校史圖》,發函伸紙,光動一室,蒼勁淳茂之氣直逼古人,謹當付裝珍秘,傳之其人,祗謝祗謝。木蘭已棄,北都苟安,或無他虞。弟無家可歸,脱有不幸,誓與數千卷書同殉耳。區區身後之名,付託公等矣。今年六十,戲成一詞,附上采覽。復頌道履安隱,不一一。　弟爾田頓首。

六

吷盦先生有道：

奉復書並《見懷》新製，循誦無斁，爲之狂喜，草草奉答一章，另紙寫上呈教。尊繪《校史圖》現擬付裝成卷，詞人之畫，須得詞人題之方稱，能爲我再賦一解否，宣紙自備尤感。此間詞客以二邵爲眉目，此外夏閏老輩尚不乏人也。手肅，祇問道祺。　弟爾田頓首。

七

吷盦先生左右：

奉到惠書，眷逮不遺。弟自入舊京，意緒闊落。叢臺可望，但有小邱，灞岸遥臨，俱霑霜露，非復八年前豐昌景象。幸郊居粗適，杜門絶軌，差無塵事之擾耳。承賜繪《校史圖》，筆兼深蔚，實名作也。謹當屬此間詞社同人一題，付之裝池，感謝感謝。古丈想常晤，幸爲寄聲，不一一。祇承道祺。　弟爾田頓首。

八

吷盦先生左右：

奉到惠緘并新著《鐃歌注》一册，知履候多豫，至慰至慰。弟間嘗盱衡三百年文士，僅得四家：汪客甫之麗文、龔定盦之散文、沈培丈之詩及公之詞而已。培丈詩出入元祐諸賢間，公之詞乃真北宋也（老輩多推道希能學北宋，吾不謂然。本朝一代詞無超越南渡范圍者，並世諸賢更無論矣），世有識曲聽真者，定相賞於牝牡驪黄之外。若《鐃歌注》則公之緒餘耳，傳世大業自有其不朽者在，此固不敢妄贊一辭也。弟來此已數月，意緒闊落，都無好懷。舊都文化之區，學者大半偏於考古，支離破碎，藉充報材，使我有數卷書不如一清吟遠矣,言之足爲於邑。今夏培丈《蒙古源流箋證》可以校補斷手,尚擬撰《八旗世族表》及《建州源流考》兩書,以完吾文獻之願,此後即當謝絶講事,養魚看花,優游郊野之間,以送餘齒耳。小詞一章附往。專肅,祗候道祺,不一一。　弟爾田頓首。

九

吷盦先生左右:

承惠告並誦新詞,淡而旨,峭而自然,老杜夔州以後詩境也。無意摩放而神與之合,吾無間然。江南鐵鈎鎖最許誠懸會,公之於詞,實能深入斯域,而僕則猶未也。僕少治兩漢經説,訓故之外,音學亦兼治之。中年傷於哀樂,輟而弗爲,嘗歎此業殆成絶響,宏譔勒成,亟思覩秘。褋録拙製數章,寄請觀之。日坐皋比,人生有幾寒暑,恐不復能唱渭城矣,奈何奈何。復頌道祺,不一一。　弟爾田頓首。

一〇

吷盦先生左右:

前晤譚,極慰。拙編《列朝后妃傳稿》想蒙諟正,倘有一顧之值,尚希一言。其中所采皆注明出處,殆無一字〔無〕來歷,至於褒貶則慎之又慎,不敢隨時局爲抑揚,公閲之以爲如何。惟此書無副本,近擬添采數條,原稿祈擲還交小价帶下,感感。祗頌道祺,不一一。　弟爾田頓首。

一一

吷盦先生有道:

頃奉惠書,祗悉一是。舊狂重理,吟興甚豪,天末故人,聞之增氣。囑題《填詞圖》,草草書就,詞既不工,字尤惡劣,原唱蒼勁,苦未能追步,寄上祈恕而存之。彊邨丈遺書經同人鳩貲付刻,聞將次斷手,弟爲作一總序,在榆生處,可索觀也。手肅,祗頌道祺。 弟爾田頓首。

一二

映盦先生左右:

衰病顛連,意緒闊落,久疏祗候。比聞公有母之喪,節哀順變,經誥明訓,尚祈勿以毀滅性,是爲至望。拙校沈培老《蒙古源流箋證》今已四次修改矣,更就精通蒙文者印證,自信尚無大謬,兹以最近印本兩册呈教。又昔年與孫益葊合著《新學商兑》一册,今亦修改重印,區區學鵠,略具於是,一併附往,先生讀《禮》之暇,幸有以教之。世變無可言者,一息尚存,此心要當有所寄也。薄賻另郵,謹此奉唁,敬問素履。 弟張爾田頓首。

一三

映盦先生有道:

頃承惠書,並拜誦新詞,欣慰無量。弟生平於詞好之不專,徒以少聞先君緒論,又從諸詞老游,見獵心喜,遂破戒一爲之。除牽率酬應外少作壯悔,故所存者無多,爲工爲拙,亦殊無所容心於其間也。猥荷過獎,甚非所安,汗顔而已。漚尹善爲詞而最不善論詞,從前漚尹論詞,推叔問至渥,後又推蕙風,及其晚年則交口稱海綃,世之不知詞者亦競以清真許之。不知清真北宋也,北宋詞之妙全在意境,能超又能沉,海綃思致頗沉,但若不能超,此無他,仍爲南宋意境所囿故也。夢窗自是南宋一高手,必謂由夢窗可以上窺清真,則吾寧不食馬肝耳。僕有恒言,能爲清真,降而爲夢窗易,能爲夢窗,仰而躋清真難,又況爲夢窗而不善者耶。此事自關天分,若不言清真,但論夢窗,則晦綃固當裒然稱舉首也。漚尹雖學夢窗,而其人手實從碧山,遠不如海綃之精且專,漚尹晚年之心折海綃者以此。總之,清末詞流已知詞境不囿於姜、張,較之常州諸派,高則高矣,而仍未出南宋范圍,其於北宋意境殆無一人夢見,吾於此不能不盛推於公也。亦猶同光以來治宋詩者多矣,而真能與宋人抗手者,衹有鄭子尹一人而已。此非面諛之談,異時自有定論,公以爲如何? 衰病顛連,飾巾待盡,同學輩爲鈔出生平襍文約百餘篇,都爲一集,刊刻既苦不貲,欲多寫數本貽之同好又無其力,衹鈔出一份寄與陳柱尊,以柱尊擬爲我保存也。公如欲觀者,可向柱尊假之。文雖不佳,區區之志與業略具其中,詞不足以傳我,他年有知我者或當在此耳。手顫,作字甚苦,尚望隨時示以音問,不悉。復頌道履安隱。　弟爾田頓首。

一四

映盦先生左右:

頃奉到惠告,並承賜詞刻全集。近二十年作蒼勁渾化,所謂波瀾老更成者,此亦詞人晚歲應有之境,誦之無斁。近來大江南北人人有集,黄茅白葦,賞音其誰,又不禁憮然矣。拙文乃同學諸子所輯録,生平爲人所作序記碑誌尚多,皆無從收回,故所録僅此,然亦不欲多也。亂世苟全,何敢望亭林、梨洲,唯區區不肯隨時之一念,或者同之耳。今老輩已無幾人,拙文仍祈一爲譎定,幸甚幸甚。復頌道祺,不一一。　弟張爾田頓首。

一五

映盦先生有道:

得柱尊書,言拙集兩册近交尊處,不知閲後感想云何。拙集中所有重要之篇,大都成於二十年以前,當年何嘗受人一顧,今不幸而言中矣。病已臨危,良醫何補,自慙空談,但作文字觀可也。以文而論,不知可以追配尊聞居士否。近作汪憬老墓誌一篇,其家排印百分,兹以一分寄上就正,亦欲得公一評判也。衰病連年,近忽眩暈仆地,結習未忘,可歎可笑,然此後恐亦將絶筆於兹矣。手肅,祇問道祺。　弟爾田頓首。

一六

吷盦先生尊鑒:

喪亂餘生,都無好懷,兼之衰病,音候久疏,然時於榆生書中得聞動履,吾道不孤,引以自壯。頃由榆兄郵到鴟序一篇,發函申紙,動色嗟歎,感佩何似。中論學人、詞人,剖判碻當,但惜鯫生不足蹈之耳。生平所接詞流多矣,所見詞亦不下數百家,大都在古人籠罩之中,三百年間不受古人縛束而又不破壞古人藩籬,聰明才力常若有餘於古人之外者,龔定庵之於文,鄭子尹之於詩,公之於詞而已。世之言詞者莫不尊北宋,惟公乃真北宋之詞耳。今得公序,爲拙詞寵,雖不傳猶傳也,其爲篆鏤,寧有説耶。兩宋詞人爲詞人作序者,山谷之序叔原,功甫之序邦卿,僕固不敢望叔原、邦卿,若公則優於山谷、功父遠矣。已屬榆生冠之小集之首,特肅致謝。近詩兩章附往。祇頌道祺,不一一。　弟爾田頌首。

致沈穎三十九通

一

溽暑畏出,久未謁譚爲歉。兹有懇者:拙編《清后妃傳稿》友人擬謀刊刻,惟原稿須清繕一過,聞益莽言尊處有一寫人,未識肯擔任否。此書兩厚册,惟小字太多,書不必工,期於無脱誤可也。若能速繕,弟亦不惜鈔費。特命姨姪平君頡剛晋謁台端,面商一切,無吝教之,幸甚幸甚。手頌慈獲我兄世大人暑安。　弟張爾田頓首。

二

慈護尊兄世大人左右:

聞益葊言台從自禾歸,陰雨,未克詣談爲悵。李君寫字甚佳,拙稿《后妃傳》已交其繕録矣。惟原稿衹此一份,祈兄囑其加意保持,不可假人代繕,至懇至託。將來全部寫成,弟擬極豐酬報,容再接洽。左季先生囑題手卷、書軸及册葉三件均已題就,兹特送上,望便轉交可也。手肅,敬頌暑祺。　弟爾田頓首。

三

慈護我兄大人惠鑒:

前李君已將寫稿《后妃傳》第一卷送來,極感。近日江浙戰謡甚盛,一旦決裂,流離之禍又將不免。如兄有碻聞,務請妥囑李君將弟原稿加意保存,帶滬鈔寫,不可失遺。至要至託。專肅敬懇,即頌道安,不一一。　弟張爾田頓首。

四

慈護世仁兄大人惠鑒:

忝屬通家,媿未接晤。前聞尊公於月初入京,現悉京津已有亂事,未知現在是否出京返滬,殊以爲念,望便示之,以慰懸企。手肅布訊,敬頌文祺,不一一。　小弟制張爾田頓首。

五

弟病十餘日,每晚壯熱,至今未全退,無由趍候爲歉。聞益葊言,《浙江志》薪又來兩期,在尊處,兹特命舍親平頡剛君走領,祈檢交,感感。此上,敬頌慈護我兄道祺。 弟爾田頓首。

六

惠書祇領,謝謝。昨夜燈下略取先德遺著瀏覽一過,其《秘史》、《黑韃事略》、《島夷誌略》三種,均經拙存、隘堪校過,當無甚舛誤,其餘《蠻書》等弟當逐一補校,大約一星期可以竣事。倘由禾歸,無吝過我,以便商榷,盼盼。復頌慈護我兄道安。 弟爾田頓首。

七

慈護我兄道督:

昨談極慰。所交下之《西域圖考》,乃李光廷所著,弟所需參考者爲《皇輿西域圖志》,非此書也。再尊藏如有《元史譯文證補》一書,能一併檢出交下一覈尤善。此次交來之書略有尊公批語,皆無甚重要,整理當不難也。此頌道祉,不一一。 弟爾田頓首。

八

前談極懽。《滿洲老檔秘録》弟已覓得一部,無甚可采,可不必向金君再購矣。《蒙古源流》有數處譯文不明晰,非得静安所校蒙文本一勘不可。餘容晤敍。此頌慈護我兄暑祺。 弟爾田頓首。

九

慈護我兄惠鑒:

近又整理出《簡端録》兩種,皆極精覈,並於夾頁中檢得尊公所鈔參考《蒙古源流》之件數紙,不知何以夾在他書之内。兄如過我,祈將《蒙古源流》五册一併帶下,當酌量補入可也。此頌節安。

弟爾田頓首。

一〇

前奉列《蒙古源流》五册,又增補二十餘條,恐尚有遺漏。此書爲尊公必傳之作,必須整理完善,方免人議也。近已借得洪文卿《元史譯文證補》,始知《木剌夷補傳》係文卿所作,其小注當亦出於洪氏,前交去《木剌夷補傳》一册仍請交下一對爲要。此頌慈護我兄道安。　弟爾田頓首。

一一

慈護我兄惠鑒:

弟新曆開春將赴北平,尊公遺著整理粗已就緒,《蒙古源流》一書又增補五六十條,尚有未盡。此書非重行鈔一净本不可,弟擬帶京丐人一鈔。我兄何時得便過我一談,以便接洽爲盼。此頌道安。　弟爾田頓首。

一二

尊公遺書業整理粗就,弟陽曆新正五日擬北行,頗望兄過我一談,以便面交,盼盼。此頌慈護我兄道安。　弟爾田頓首。

一三

承枉談,極慰。前屬題《海日樓圖》早已題就,兹特奉上,祈詧入。弟十號北行,不及走辭。此頌慈護我兄道安。　弟爾田頓首。

一四

慈護我兄世大人左右:

滬濱聚别,極感存注。弟到北都已踰兩月,即寓於北平西郊成府槐樹街十號。郊居僻遠,兼以多病,足不入城市,差稱幽隱。《蒙古源流箋證》近又校補數條,已覓得一僕,能書楷字,命之鈔録,大約再有一月可以鈔畢。聞北平圖書館藏有文津閣本,又竇瑞臣亦有一舊鈔本,王静安所據以校勘者也,此二本必須一校方可稱定本。此間刻工頗廉,且好而速,如尊意將來欲在北京開雕,則弟尚可提調,兼任校字之役也,祈便酌定示及爲要。前所見尊公《近疆西夷傳注》一册,近始知出於《秦邊紀略》書中,望改題書名,編入《史外合注》中可也。燕校諸生程度之低殊出意外,弟在此授課味同嚼蠟,擬敷衍數月即辭去,意緒闌落,都無好懷。古微丈處亦不及致書,晤希以此質之,爲之代候。手頌道祺,不一一。 弟爾田頓首。

一五

慈護我兄世大人左右:

頃奉到惠書並款百番,均敬謹拜領。《蒙古源流箋證》已鈔成兩厚册,又見王静安校本(静安所校之本即竇瑞臣藏本,並不佳)及弟續有考訂者,隨時增補,又得數十條。近復發現文津閣本,爲諸鈔本之祖,現在北平圖書館。此本必須一校,因弟不常進城,而圖書館書又不外借,已託人就近代校,但須略酬以校費耳。校者事忙,每星期只能去一次,故至今尚未蕆功。弟俟此本校成後逐一加入,再命胥重鈔一份,一部自留,一部寄還尊處,此書即使不刻,亦可多存一副本。近日渴望尊公著述者甚多,此間日本學者聞弟整理遺書,皆來詢問,並擬先鈔一全目寄至彼國,以慰東方人士之望,弟以未得兄同意,故未之許。如尊意欲先披露者,或請將前定總目另録一份寄下亦可,祈酌定之。至刊刻一節,此間有文楷齋刻字鋪,翰怡諸書皆其所刻,聞刻費較南京、蘇州爲廉。此事非親自去問不可,尚須請教有經驗者,容續詳告。

弟下學期鐘點減少,兼指導研究生,可不必登堂授課,當可專心校書。古微丈久無書,晤時祈代候之。復頌道安,不一一。 弟爾田頓首。

再,《史外合注》八種尚須重編重校重鈔,如有妥便請交下,此時不必急急也。又及。

一六

慈護我兄世大人左右:

前承惠書,敬悉一切。《蒙古源流箋證》業已校補完竣,又據閣本校出脱誤百餘字,命小胥重録一浄本,因寫人生病,躭延至今始行告成。同人等見之,皆謂時局日後不可知,勸令早刻,弟亦以爲然。頃由陳君援安介紹此間文楷齋刻字鋪,與之相商,據云此書共十三萬字,以普通宋體字計算,刻貲約八百番之譜,視十年前已加一成,然以近日行情較之,實不爲昂。且近來書價甚貴,此書裝訂四本,每部至少可售洋四元,能銷至四百部則刻工、紙價即可收回,此書外間渴想者多,不患行銷之不廣也。弟因決意命彼寫樣,先付定洋百元,彼云準於五個月内刻成,俟寫出樣子數張即寄兄一觀。再,尊處如有餘款,請便中先行撥付數百番,以便隨時應付,餘俟刻成再行結算,至校字則仍由弟一手經理可也。是否,祈速賜覆,至要至盼。東省聞已復辟,此間安堵,戰事當不至擴大。手肅,敬頌道安。 弟爾田頓首。

再,近見無錫國專雜誌登載王君蘧常所撰尊公遺書目録一篇,掛漏在所不免。惟内載有尊公《元朝秘史後記》一篇,據云《文集》未收,不知王君何處得之,祈兄便中一爲檢查。如果未收入《文集》,可詢之王君,將全篇抄出,附録入於《元朝秘史注》之後也。其餘諸書,俟《蒙古源流》刻成,時局小定,即當逐一細校,續續付梓。 爾田又及。

一七

慈護我兄大人左右:

前有一快信,諒蒙督及。《蒙古源流箋證》現決意交文楷齋承刻。此書約十三四萬字,刻貲約七百餘番至八百番之譜,尚不甚貴。弟擬自出二百餘番,其餘五百番由兄處認出,較爲平允,決請照此辦法。如蒙俯允,並請先匯寄一二百番,以便應付,其餘統俟刻成後再行結算。至刷印紙價臨時再計,好在印行多寡可以隨時伸縮,此木版之所以便當也。日人搆釁,東省恐非我有,京、津因各國關係決不至波及,即使内部變化亦影響不到市面,於刻書進行當無妨礙也。此間學生鬧請願甚囂塵上,然教員藉休息,亦一快事。古微丈常晤否?專肅,敬頌道安,不一一。　弟爾田頓首。

一八

慈護我兄惠鑒:

前有兩函,未蒙示復,殊以爲念。《蒙古源流箋證》已交文楷齋承刻,現已寫出樣本三卷,大約陰曆春夏之交可以竣工,兄年内能略寄一二百元以便應付否?此書刻貲約七百餘番,但得三四百番則其餘弟尚可勉力籌備。誠知兄一時無力,而弟之力量亦僅能如此,將來或向翰怡處告貸,共成此舉,亦一辦法。因翰怡夏間有信,彼已知弟爲尊公校理遺著也。此間非不可募款,因國難人多觀望,且有欲得此書版權者,故弟未敢冒昧啓齒,祈兄酌定示及爲盼。閱報驚悉古老逝世,百衷寸斷,哭不成聲,奈何奈何。弟生平受知最深,銜哀倍切,擬倣南邨二老閣例奉祀尊公及古丈栗主,以伸敬禮。益庵兄處久未致書,見時祈告之,以知近狀。手肅,敬頌道祺。

弟爾田頓首。

一九

慈護我兄大人左右:

奉到惠函,敬悉壹是,款三百元亦隨到,祗領,勿念。《蒙古源流》已校出寫樣四卷,俟刻成一卷即寄奉台覽。格式倣汲古閣十行《漢書》本,尚古雅。此書兄當作一跋,以志手澤,如以爲然,則弟可以代擬也。據梓人云夏初可以完工,届時擬先印出一批,以一百部爲限,連書及書板覓妥便均寄上海,由兄保存,將來續印即可在滬辦理,如此較爲便當。否則板存該鋪,日久即不免偷印,不獨文楷一家爲然也。《秘史跋》當附入《元秘史注》後,惟尊公《元秘史注》所見蒙文元刻乃不全本,弟已得一全本,則此書若刻,尚須覆校也。詩集交籛孫編定甚善,但此君與尊公宗旨似不相合,未識能勝此任否耳。王君蘧常借尊公之名出風頭,所編《年譜》於尊公大節所關不但不能闡發,且多迂曲之詞。近日新人物對於前輩多如此,可歎也。專肅,敬頌道安。　弟爾田頓首。

二〇

慈護我兄世大人惠鑒:

前接到寄款三百番,當即奉復一書,想早督及矣。《蒙古源流箋證》寫樣已全校完,現已刻成二卷,陰曆五月當可畢工,俟印成紅樣即郵寄兄一觀。封葉一張先行寄上。刻工需款孔急,不識尊處能否再酌寄刻貲少許以便應付否? 祈便示及爲要。此次滬戰有無損失,殊以爲念。弟二月間大病幾革,近始起床,而胃病又發,不能多及。手頌道安,不一一。　弟爾田頓首。

二一

慈護我兄世大人左右:

奉惠書,祗悉一切,適在病中,未能即復爲歉。款五百番亦照收矣。頃刻字鋪來言,《蒙古源流》全書業已刻完,大約再有兩星期即可印出紅樣,届時當先寄兄一觀。弟擬紅樣復校後即付印刷,先印一百部寄滬,由兄交書坊發售,可於報上登一廣告,此外弟擬自出貲添印廿部,以便送人,至書板則當覓妥便運滬也。弟於刻書本不在行,此次全由友人有經驗者隨時提調,據云在普通書中尚不失爲佳刻。多病之軀,得藉此了一心願,可謂快慰。聞古微丈遺書皆由龍榆生料理,亂世不可知,能早付刻爲幸。手復,敬頌道祺。　弟爾田頓首。

二二

慈護我兄惠鑒:

久未通候。舍親夏爽夫來平,藉悉起居佳勝,彌用爲慰。弟近爲徐東海代作一文,略有報酬,因藉此餘力,復將《蒙古源流箋證》重印白紙二十部,凡從前錯誤又校改三十餘處,可以爲最後定本矣。兹交郵局寄上,到祈示復。此次印資由弟自付可也。龍榆生頗願整理尊公札記,祈便與之一商何如。手肅,敬頌道祺。　弟爾田頓首。

再懇者:舍親潘奉詳,溧陽人,久在商務發行所服務,因滬戰影響,商務裁員被汰,賦閑已一年有餘,未知兄能於公司中代爲設法否?其人未習商業,能耐奔走之勞,志願不奢,但得十數番,足以自給,似於公私兩有裨益也。祈便留意,至託至感。　爾田又及。

二三

慈護我兄世大人左右:

頃得惠書並封面一張,即交該刻字鋪照刻矣。此書紅樣本前已交郵寄上,適值罷工,未知接到否?如已遺失,容再補寄。此書雖刻成,尚在修改之中,錯誤隨校隨出,大約出書當在節後矣。現擬印上等毛邊紙一百部,再加印連史白紙二十部,毛邊紙約一部一元二角,連史約一部一元四五角之譜,尊款所少尚屬有限,統俟結賬後再行詳報。至弟添印之二十部,則由弟自行料理,祈我兄不必客氣,是爲至感。書印成後當交令兄帶上二十部,餘覓妥便運滬。委撰尊公詞序,自應遵命,近日大病新愈,心如智井,須俟文機自來,一時想不汲汲也。專肅,敬頌道安,不一一。弟爾田頓首。

二四

慈護我兄大人左右:

前接手簡並封面,已交刻字鋪刻成,頃該鋪已將毛邊紙壹百部、白紙紅印十部印好送來。毛邊紙開張太小,殊不雅觀,祗能寄售,前已命其添印白紙二十部,如不敷用,當再添印三十部,足成五十部,如此可敷送人之用。惟印貲較多,祈尊意酌示爲盼。此書錯誤隨校隨出,紅印本係初次所印,多有未及改正處,甚矣著書之不易也。餘容續布,手頌道安。 弟爾田頓首。

二五

慈護我兄大人左右:

頃有一函寄,想呈籤室。茲特先交郵寄上《蒙古源流》紅印本六部,共分兩包,接到望速示復爲盼。餘容再寄。手頌道安。 弟爾田頓首。

二六

慈護我兄世大人左右:

今再寄上《蒙古源流》白紙墨印十四部,收到望示復爲盼。連前日所寄紅印本六部共寄上白紙二十部,令兄處容日内送去白紙十部(紅印四部、墨印六部)、毛邊紙十部,此外弟自留毛邊紙十部、白紙紅印十部,以便送人。如尊處不敷用(此外尚有毛邊紙八十部容覓便寄上),當令其添印可也。再,孫益葊、龍榆生兩處請由兄轉送各一部。此書簽條未刻,似可不用,祈酌奪之。手頌道安。弟爾田頓首。

刻價賬條一紙附上呈閱。印貲尚未結算,容續報告。

二七

慈護我兄世大人左右:

頃奉惠告,《蒙古源流箋證》已囑刻工續印矣。但此書錯字甚多,老眼昏花,校不勝校,現已逐漸改正,初印本已不及改,當俟續印,故未能從速出書。令兄處亦未送去,緣前所印白紙十部已爲友人攫去,一鬨而散,須待續印再送也。前承命爲尊公詞作序,兹擬就一篇,另紙寫上,未知可用否,祈與榆生共裁定之。前所寄書若到,尤盼示復。不一一,敬頌道安。　弟爾田頓首。

二八

慈護我兄大鑒:

頃又奉惠書,知又寄來印貲四百番,具悉一切。此次所印,大約二百餘番足矣,餘款當暫存弟處,以備兄陸續添印之用。此書又發現數處須修改,已飭該刻書人暫緩再印,故未能即時寄出,惟印成白紙二十部已全數送交令兄處矣(内紅印本兩部)。至前次所印毛邊紙,開張太短,形似賬簿,太不雅觀,曾詰問該鋪,據云此係六裁紙,若用四裁則大矣,但其價則與白紙相等,當時只圖省錢,悔未與之言明,此皆弟刻書無經驗之過也。古微丈所刻書又省錢又好,今則又費又不好,愧無以對我兄。鄙意此毛邊紙萬不宜送人,除弟自留二十部外(不算毛邊紙外弟自留者爲白紙墨印八部、紅印十二部,紅印除送人外尚存三部,自留一部足矣,餘二部容緩寄滬,可以存一紀念。此次共印白紙連紅印在内爲六十部,此後續印再行報告),俟有便人,悉數運滬,聽兄自行支配可也。現在遵照來示,令其續印白紙,將來或十部一印,或二十部一印,較有伸縮也。此間聞有此書,多來信詢問,並有肯出代價者,弟已一概謝絶,將來果欲出售,似須由兄指定一處代爲經理最好,或託中國書店,庶便年節結賬。弟於此道實外行,祈兄自行酌定爲要。拙作尊公詞序現已大加刪改,另紙寫上,望再裁定。唐人稱沈傳師爲吴興公,故今用之,此宋姜白石稱范致能爲順陽公之例也,請交榆生同觀之。尊撰識語亦甚妥,須附在尊公原序後低一格寫方合體裁,略加數語,原稿仍寄上。榆生爲古丈刻《滄海遺音》何時可以刻成?殊念。世亂不可知,總以早刻爲妙,餘容續布。專復,敬頌道安。

弟爾田頓首。

二九

慈護我兄惠鑒:

前有一快信,並寄上《詞序》一篇,想早詧及。兹命刻字鋪添印《蒙古源流》四裁毛邊紙二十部,現已印成送來,特先寄上十二部,以便分送朋好。此次錯字均已改正,較前不同,此後當飭其續印白紙,容後再寄。紅印本尚存三部,除自留外,餘二部一併寄上,到希示復爲盼。手頌道祺。　爾田頓首。

三〇

慈護我兄有道:

得惠書,具悉。《蒙古源流》弟此間所送者以學校中人爲多,一切舊好均未致送。前印毛邊紙爲人拿去兩部,尚有六部,特交郵局寄上,白紙二十部尚在續印之中(竹紙此間未見通行,須問之刻字鋪)。此書毛邊紙可售每部三元五角,白紙四元,若交書店代售,須打一折扣。此間無中國書店分店,其他書鋪未敢濫託,仍以在滬發行爲宜(此間有一書鋪拿去兩部,每部四元,不數日即售罄,又來索取。但此書鋪弟欠其書賬太多,售洋祇能作抵,故不敢託彼代售也)。時局不穩,弟亦恐不能久居於此,遇必要時擬將書板交令兄保存,此是後話。復頌道安。　弟爾田頓首。

三一

慈護我兄左右:

《蒙古源流》又印出白紙二十部,此次又修改錯誤多處,較前更完善,兹先郵寄十六部,到希示復。竹紙此間不通行,即有大都紙質薄暗,不能印書,筱丈所言恐係三十年前情形也,此後擬仍命其印白紙。近來謡言皆空氣作用,不致成事實,勿念。手頌道安。　弟爾田頓首。

三二

慈護我兄大鑒:

《蒙古源流》又印出白紙二十部,兹分五包交郵局寄上,到希示復爲盼。尊公《海日樓詩集》弟處一册早爲人拿去,尊處如有舊印者,能見賜一部否?手頌道安。　弟爾田頓首。

三三

慈護我兄有道:

前寄上《蒙古源流》白紙二十部想早收到,兹又印出白紙四十部,今交郵局寄上三十二部,分八大包,到希示復。此外八部弟已代兄分送楊子勤諸人,惟天津方面遺老未送,因大半赴東且不知其住處也。此書不必多送人,仍以交書局發售爲是。此後容再陸續印上。手頌道安。 弟爾田頓首。

三四

慈護我兄有道:

前所寄各書未蒙賜復,想早接到。《蒙古源流》又印出白紙二十部,仍交郵寄上,到希檢存。此書今年暫作結束,擬俟明春再印矣。此頌道安。 弟爾田頓首。

三五

慈護我兄有道:

奉手書,敬悉一切。榆事已緩,關鍵仍在國聯,大要一時可以無事。弟無家可歸,歸亦餓死,此等事久已司空見慣矣。《彰所知論》尊公曾抄録一紙,夾在亂稿中,今不記在何書矣,弟處却無此書。戴季陶與弟通譜,其人敦交誼,能代刻尊公遺著固善,但恐非其時也。鶴亭在南京何事,是否爲人充秘書?《滄海遺音》紅本已出,想見之矣。昨又寄上《蒙古源流》十八部,想接到。時局小康,尚擬源源續印。復頌道祺。 弟爾田頓首。

三六

慈護我兄有道:

前寄《蒙古源流》二十部,想收到矣。今又印出白紙二十部,特寄上十八部,到希檢收爲盼。時局緊張,恐後不能從容再印矣。書板便請函囑令兄檢存最妥,祈酌定之。手頌道祺。 弟爾田頓首。

三七

慈護我兄有道:

前奉惠函並《海日樓詩集》一册,祇領,感謝。《蒙古源流》現又印出四十部,白紙、黄紙各半,茲分十二包交郵掛號寄上,到祈點收爲荷。此書歡迎者日多,伯希和來平,亦買得兩部,大爲稱許,鄙意不妨多印也。前寄印貲已罄,能再酌寄若干尤感。弟近又得見德譯本,並附蒙文,可補此書者極多,已著手另編札記,將來可補刻此書之後也。手頌道祺。　弟爾田頓首。

三八

慈護我兄有道:

久未通候,想起居康泰爲頌。停戰協定北都苟安,當無他虞,然已飽受虚驚矣。刻書鋪屢來詢問《蒙古源流》是否再印,鄙意此書似不妨多印,此間索者甚多,但不知滬上銷路如何。午節結賬,印貲尚欠刻書鋪六十番之譜,如尊意擬重印,便望酌寄印貲若干,以便進行,祈裁奪示及爲感。手肅,敬頌道祺。　弟爾田頓首。

三九

慈護我兄有道:

頃由令親揚君處交到惠函並洋壹百番、書四册,均祇領。《蒙古源流箋證》尚欠印貲六十元未付,有此款結清後尚可續印廿餘部,當飭刻字人照辦。惟書板久存該鋪,恐不免有偷印之弊。據刻字人云,時有書賈向彼詢問此書。聞兄秋間北游,弟擬届時將板點交,已命刻字鋪另製箱裝貯,或俟秋節結賬後轉交令親楊君保存,因弟居鄉間,移來殊不便也,可否,祈便中示及。至尊意擬再刻乙部叢書一二種,弟意《元秘史注》:《鑾書斠補》似不妨先刻,以此二書校寫尚完備也。《秘史》有葉德輝所刻元槧本,最好託人再覆校一過尤善。尊公遺文,益莽多病,恐無暇整理,或交龍榆生代爲編定。榆生文學家,治此當有興會也。寄示《蒙古游牧記》,與《源流》無大出入,弟擬將尊公手批另行輯出,編入《簡端録》爲一種。其另紙所鈔《報達傳》乃洪文卿著,已刻在《元史譯文證補》中矣。惟首葉所寫兩條爲尊公所考,此當另鈔出歸入札記。但札記最難整理,葉玉甫有意代編,未知能勝任否。弟年來衰病日增,左目忽眚,此間講席業已表示退休,仍與舍弟同居,下月將移家達園,通訊仍由燕京大學轉可也。倘晤爽夫,祈代致意。手復,敬頌道安。
弟爾田頓首。

(整理者單位:上海圖書館)

疚齋遺札

□ 梁穎整理

冒廣生(1873—1959),字鶴亭,號疚齋,江蘇如皋人,現代著名古典文學研究學者,著有《周易京氏義》、《冒巢民年譜》、《管子集校長編》。詩、詞亦負盛名,有《小三吾亭詩》、《小三吾亭文》、《小三吾亭詞》傳世。生平詳《冒鶴亭先生年譜》。

本編書札,均輯自上海圖書館所藏冒氏諸友人自存友朋尺牘,按原件順序排次。

致傅以禮二通

一

節公先生太世丈大人閣下:

昨得成牧丈來書,並《四庫待訪書目》二册,藉悉起居百益,甚慰翹結,並諭明年懸車歸里,當於發厚丈信託其照拂矣。《方齋文鈔》須先由丁處付寫貲始可託粤友代鈔。《諸臣奏議》已由敝同年曹君校訖,文内漫漶二十餘字,均爲補出,且於文後得多四十字,真一字一珠也。忠肅集例不出門,無從設法。尊刻《書目》求寄兩部,以餉曹君,此君於略録之學亦極有根據也。月初寄奉《魯春秋》一册,已收到否？鈔竟乞並《流寇始終録》見還爲荷。屬交吴、俞兩處書均送訖。今晨得外祖書,知月中本擬歸事忽中變,此必老鎏主使(錢可通神,甚矣優差之不可不得也),故制軍行文之不已,又加之以營務處也。廣秋末必來,能盡一分力是一分,此外如有高明見解,乞隨時示辨。心緒惡劣,不盡百一。戍牧丈統候。　十三日冒廣生白。

二

昨歸已鐘十一下矣。日來僕僕,幾無暇暢領雅教。曩撰先巢民徵君年譜,思就正者尚多,尊藏《東林列傳》、《復社姓氏傳略》乞再檢交一録。坿呈《樸巢詩》兩卷,刻甚不精,勿輕示外人。丁書目五册繳。手泐,敬上節公太世伯大人有道。　廣生白。　十五日。

致傅栻八通

一

《雜録》一册奉繳。《流寇始終録》在尊公處,求交下,年内即刻。原本固奉還,且可奉送新刻多部,即以此言爲息壤。泉拓等件轉致,一二日内可奉趙。　此上子式世伯大人閣下。　二十七日廣生白。

二

頃以進呈策及《鄉試進呈録》後序見委,遂無暇過談。尊齋有《皇朝經世文編》,乞檢理學一册置案上,當即飭人走領。費神,感感。此上子式老世伯大人。　廣敬白。

三

頃失迎爲歉。承惠彝舟先生詩文集,拜領,謹謝。兹行獲誦大刻家集種種,又得拜尊公太世伯大人履舄,厚幸厚幸。南市小琅環舊書肆有《名臣奏議》殘本,兹將卷數開奉,惜無第二十六卷也。此上成牧老伯大人閣下。　世小姪冒廣生倚裝。　廿四晚。

四

子宜年丈、子式老伯大人同賜鑒:

闊嶠重遊,辱承雅教,紉佩良深。瀕行復損嘉貺,感謝感謝。昨拜子宜年丈惠書,雒誦數四,甚慰輖饑。《書鈔》已由粤中購求,惟家慈年内未必歸,不便寄來,此蓮儒所眼見,非空談也。子式老伯屬求各件,已由吴昌碩處送回直幅畫乙紙(學八大,自云得意之筆)、封面三紙,莫枚臣處送回隸書四言對一副、叠扇面一方,統交蓮儒,到祈督收。又丁氏書目一册,請於過庭時轉呈節公太世伯。又《西伯利東偏紀要》、《西藏紀述》各乙册,係會中新印之書,請子宜年丈鑒入爲幸。前奉《五周先生集》無序,兹將序文補寄,餘後續布。專復、泐,敬請道、侍安。　十一月二十五日年、通家子冒廣生頓首。

駿孫晤時致候,不另。

五

成牧老世伯大人閣下:

榕垣小住,毖領雅言,重以外祖繫累事辱荷賢喬梓殷殷厚意,古道照人,感戢之私,有同身受。瀕行惠賜徐彝舟先生《雜著》,不及走謝爲歉。姪别後於五月朔日抵粤,粤中舊雨殊不乏唱酬,惜不與老伯共之也。尊公屬致黄芑香孝廉書件如命交訖,兹將芑公收條並回信寄奉,希詧入。寧坤丸四元(每元作⊥L算)業已代購,計二十四封,每封均有"小三吾"印章爲記。道遠難寄,已交上海胡劭介同年兄留俟孫子宜年丈出京帶上,子宜丈與劭介面訂過從,當不悮也。尊刻《西泠印譜》、《二金蜨堂印譜》見者均愛不忍釋,已爲取罄,有便尚乞續求一部,得不傷廉否。外祖寓閩,想常過從,不致寂寞爲慰。尊公太老伯畢生精力全萃於書,其平時題跋諸作務乞加意保藏,或付梓以傳尤玅也。昨甫由粤歸,卸裝匆勞,不及多談,敬承侍奉萬福。　六月七日世小姪廣叩頭上。

寄俞蔭甫、吴清卿兩先生書均遲一二日送去,俟得回片再奉呈。

六

《遺民詩》一册奉繳。《海上花列傳》下函在臬署,容飭人往取,稍遲奉上。姪定於明日出南臺,相去日遠,如何可言。所有圖章、書籍(寄粤黄芑香,寄吴曹、瞿)、屏聯(允贈集《曹全碑》字聯、雲將先母舅篆書屏)統求早交,俾貯行篋。屬購粤中丸藥亦希開际照辦,餘俟下午稍暇當衙泥過譚。此上子式世伯大人閣下。　姪廣生倚裝。　廿三日。　冲。

七

白陽畫扇面一頁奉呈尊藏。昀老書扇求並印譜交下。稟稿如未繕,請將已公年紀加上,此爲伏脈要著。費神,感感。子宜丈傳述尊公意旨,高義薄雲,至爲欽佩。以姪臆揣,取保非看管可比,本非差事,無庸消也,酌之爲幸。　十六日世小姪廣生白。

八

子式世丈大人大孝:

春間接寙翁書,知太世伯大人棄養。其時匆遽入都,憶過滬有一書唁問,迄未奉復,豈竟付洪橋耶。比與潘勵卿同舟粤行,輒憶執事無恙,何日扶櫬北歸?時事日棘,早營窀穸,始爲正圖。瘉翁在彼,度長過從。子宜丈聞奉差,或可稍清宿累,晤乞代致拳拳。廣抵粤後摒擋一切,年内尚需續作閩遊。前寄丸藥不審有功效否,常以閣下似續尚虚爲念。近狀詢瘉翁當悉。敬候禮祉。　十月十四日世小姪廣生頓首。

致金武祥九通

一

溎生太世伯大人閣下:

久不相聞,正以台從冬春之間或將出山,又值家事紛如亂紛。二月間余妹行聘,許字仁和吴董卿孝廉,董卿翩翩,真快壻也。嗣復遘栗孃夫人之戚,季老煢煢,孤寄如皋,殮殯之事皆廣手理,更無暇作書奉候左右,死罪死罪。頃以舍妹喜期在今九月,復有吴門之行,稍辦匳具。十一日抵上海,晤王義門,具言去秋甚承愛眷,每飯不忘。十七日仲弢伯舅從甌來,孫仲容丈託其帶到寄丈一書,並《永嘉叢書》六十册,又近刻《周書斠補》二種。二十日抵吴,晤曹君直,始知與丈常通音敏。是晚即夢游山塘,千人石畔,猝與吾丈把臂,因詢丈以何日來吴,君直諸子何以都未提及,《永嘉叢書》可以面致。嗟乎,世間安得真有此快事也。靈兼之喪,遽逾七月,今日始往哭之,舊贈先巢民先生手書長卷頃乞名流頗爲題記,何日得丈數言,繙經載酒,皆是親歷,較諸他人更親切耶。近撰《栗孃夫人傳》一通奉寄,其人才貌言語均竗天下,而所遭際致足感歎,務乞賜題一詩,並將傳文録入大箸隨筆,以光泉壤,無使燕子樓中人獨有千古,至幸。憂能傷人,季老恐不復永年。《外家紀聞》已付梓人,並刻近年所爲散文二十餘篇,年内均可竟,當再呈教。時事如棋,杞人憂天,亦復無濟,沈思再四,尚是刻書或冀流傳萬一耳。大箸表揚先德,次及鄉邦文獻,盛業必傳,彼塵海衣冠中人,瞢瞢擾擾,醉生夢死,不值一噱也,先生以慧眼冷眼視之可耳。《永嘉叢書》卷帙浩繁,有便來厲攜取至妥,廣在此約有十日留也。仲容丈索《粟香叢書》,亦祈託便帶出。招招舟子,能出游乎?天漸熱,惟起居自珍,不盡百一。伯豫丈統候。　四月廿一日廣生叩頭。

二

建霞約初五日同遊虎邱,清茶小舫,無聲色之娱,已代許之。是日清晨乞駕先到舍(船泊泰伯廟下塘橋堍,船户名沈招大)同行爲荷。此上湝翁太世伯先生閣下。　廣生叩頭。

靈鶼頃復交來東瀛女子小影,乞公及廣題詠,云大江南北名士已盡,非得公及廣未爲全璧。又拜。

三

頃辱惠存,有失倒屣。廣慕丈之名甚久,欲與丈譚之言甚多。昨日越中返,攜有傳忠堂古文數篇,又鷗堂韻文亦數篇,是大刻所未及者,季貺外祖囑致台端。明晨走謁,祈少候。此上湝生太世丈大人。　廣生頓首。

四

閒居無一事,手校玉臺詞。忽有文鴛訊,來徵却扇詩。永嘉好山色,水繪舊襟期。爲寫生花筆,沈沈有所思。

春光二三月,記上孝廉船。共有狂生譽,齊名抗議篇。良時櫻筍餞,歸路茘支天。金屋圍罏夜,端應憶舊緣。

奮衣博士席,噉餅太原床。青眼文章貴,紅絲姓氏香。乘龍得伉儷,立雪笑荒唐。君就婚瑞安黄氏,即其座主女也。如此齊年友,風流壓輩行。

春色上梅梢,佳人正翠翹。畫眉晨蘸筆,擫指應吹簫。此景君須惜,人言客正嬌。房中奉新栗,我亦紨璚瑶。

姚柳坪孝廉頃賦《催妝詩》見寄,詞極工,録寄粤中淮生太世伯鑒之。淮老豪於詩,生平以朋友文章爲性命,今之風雅領袖也。柳坪名鵬圖,太倉人。冒廣生識。

五

粉白調肌,膠青刷鬢,安黄八字宫眉。南國佳人,合題黄絹新詞。東勞西燕催相見,證黄姑的的歡期。恰黄昏庭院深深,簾幕垂垂。　黄河遠上平生句,憶旂亭畫徧,難寄相思。蕉萃江湖,黄花瘦比腰支。多情今夜團圓月,照流黄特地行遲,怕明朝曆上黄中,不似前時。

調寄《高陽臺》。　李義山詩:"八字宫眉奉額黄。"　"黄絹幼婦"見《曹娥碑》。　"東飛伯勞西飛燕,黄姑織女催相見",見《古樂府》。　"黄河直上",王涣之詩。　"簾捲西風,人比黄花瘦",李易安詞。　"更教明月照流黄",見沈佺期詩。　"曆上星稀,黄中月落",見庾子山《鏡賦》。

光緒甲午,僕年二十,舉賢書,出瑞安黄公門下。明年,公以女妻之,而爲之蹇脩者,房考會稽王公也。戲拈此詞録呈淮生先生教正,並請質之南雪師索和。冒廣生呈稿。

六

淮生太世伯先生大人閣下:

去冬寄一椷並《墨子閒詁》一部,想早達收。嘉平五月挈眷婦如皋,艤舟閶門,復走書馳告。兩月以來,未奉還示,度以舍館未定,不敢書來也。廣皋寓城中西雲路巷,於初十計偕北上,今日食時始抵滬上,句留三二日即當發矣。丈近狀何似,出山有期否?比來饌述日益宏富爲頌。前託抄張先生《墨經注》想已寫就。昨仲頌來書,請張書抄成逕寄瑞安東門内孫太僕第,渠急欲一見是書,並云僅所著《墨詁》未足以酬盛德,如張書寄到,當檢其家刻多種奉贈(孫氏刻有《永嘉叢書》,並琴西先生有詩文專集)。仲頌經學湛深,海内宗仰,可與通縞紵也。渠今歲決意不入都,一意著書,古之儒者,真可欽佩。昀老傳甚簡古,已寄小山太史否?前寄來刻詞一卷有意續刻否?匆此,敬請撰安。伯豫丈統候。　通家子冒廣生頓首。

七

十年之别,夢想爲勞,何幸高軒忽臨京邑。初五日四鐘擬趨詣,即在福全館便飯,乞少候,餘俟面陳。敬復粟香太世丈大人閣下。　廣生頓首。　初四日。

八

湘生先生太世丈大人閣下:

前惠書,知傔從已赴秣陵,無從寄復,昨晤屺裒太史,始悉下榻鍾山書院。秦淮佳麗,丈所舊遊,又得小珊、季澤諸公文讌過從,定無虚日。桂香近矣,今秋得公郎冠冕南國捷音,至盼。屬鈔中容《竟釋》並昀老遺詞統容續寄,息壤在彼,不爽約也。小珊太史希道景忱,便乞詢其與文貞公是否一支,如係一支,我兩家尚係同譜。曩先巢民徵君爲嘉善魏子一會前後六君子諸孤於桃葉,與文貞公子采室具述洪武初兩家始祖本係昆弟變姓,一占籍江陰爲繆氏,一占籍如皋爲冒氏,事具載同人集中也。吴中新識水雲猶子蔣公頗,此公填詞已到家,在小坡之上,以小坡摹擬石帚,太落迹象,甚至製一題亦然,且時有湊韻也。廣近集長吉詩爲詞三十六首,自謂不惡。晚時填詞好手輒以南宋爲止境，北宋且無敢越一步者，温、李（後主、易安）種子幾於息矣。竊不自揣，以爲詞當從唐人詩入，始可從宋人詞出也。近詞二首呈教，不盡百一。　七月晦日冒廣生叩頭白。

九

湝生太世伯大人閣下：

夏間遊吴，屢通音問，抵家以後塵事僕僕，日尠暇晷，況公於前月入吴，離懷日苦。又以舍妹于歸仁和吴氏（前署江寧藩司吴子梅之子，名用威，號董卿，辛卯科舉人，山東候補知縣），月杪隨侍家慈送親揚州，昨返里門，布颿無恙，差慰馳系。君直同年兄來書，諗知我公今年六十大壽，不審攬揆何日，務乞寄示，當成一詩，敘次三世交好，留示兩家後人也。廣文集已於前月刻竟，有一部託君直轉奉閣下，彼時匆匆未及作書，度已收到。粤中潘蘭史有文集六册，昨由香江寄到，屬爲轉寄，即乞詧收。和局未定，茫茫來日，殊切杞憂，公不復作出山計否。嚴秋風厲，伏惟自珍。篋中箸作又成幾許？前於吴門寄二詩，用冰井唱和韻，亦不知有達到否，念念。匆泐，敬叩道安。伯豫丈統候。　世再姪冒廣生頓首。　九月十七日。

致沈曾植二通

一

乙盦姻丈大人閣下：

違侍日久，思與年積。長安多新知少年，祇知車馬飲食徵逐，他無可言，欲求如公之品之學，直是錢曉徵、俞理初一流人物，安得時時奉手受教耶，念之神往。廣天性簡傲，年來居官無異處館，一切酬應有被動無原動,京堂補缺,頭白無期。近刊先世遺集又成三四種,俟殺青竟即以奉詒,公當笑我結習未盡也。風便乞惠一字,以慰懸想。　媦小姪廣生頓首。

二

乙盦媦丈大人閣下:

五丈歸,詢悉起居萬福爲慰。公家兄弟聯翩而起,五丈既得粵學,我公又綰皖藩,凡在吾黨,莫不欣欣然走相告也。去歲曾有一書,爲袁二尹(肇敏)事重勞閣下,未獲還翰,五丈云彼時公以小病致不果也。袁二尹久賦閑,門孤援寡,典賣已罄,其母爲廣從姑,其妻爲魏稼翁孫女,一家嗷嗷,均有望於丈,而廣之所託者又祇此一人,丈既總藩條,涸鱗之蘇,更無别處可呼籲也。文郎此時計已授經,殊念。星海病告,蘇丈仙逝,廣去歲雜詩有"養士百年如此報,一歸黄土一歸田"之句,可慨也。手此,即請雙安。　廣生頓首。

二月初四日。

致沈頴三通

一

枉駕失迎。承賜尊公所箋《蒙古源流》,伏讀感喟。記在麥根路覩手稿時,不意遂成隔世,而又嘆閣下之能克家也。匆匆赴秣陵,不及走詣,手此布謝。　慈護仁兄媦世大人　廣生頓首。　三十日。

二

慈護仁兄媦大人閣下:

滬上瀕行,曾有一書奉致,當達。尊公鴻丈所箋《蒙古源流》,

昨戴季陶院長從弟處得見,極致傾倒,意欲覆刻入一關於蒙藏之叢書内,先以此爲嚆矢,並云此等著述在外國政府應有獎勵。兄處雖未請有板權,今既擬覆刻,須得兄同意,渠意在廣爲傳播,不没尊公苦心,並諗知尊公遺著尚有未刻者,意欲稍盡其棉薄,以答准許其覆刻之雅,屬弟特爲奉告,並盼復示。此書鄴架如有印存,求再惠兩部(渠覆刻時擬點句,並於地名、人名加以符號,便讀者)。孟劬兄寓何所,並望示及。《彰所知論》尊齋如有其書,求見假,亦季公所擬彙刻者,如無,亦請多方詢之滬上知好。此書季公志在必得,若有售處更好也。專泐,敬頌日祺,鵠候回示。　婣愚弟冒廣生頓首。　嘉平十三日。

三

慈護仁兄婣大人閣下:

獲還章並《蒙古源流箋證》二部,當轉安道。渠旋赴寶華山建道場,山中歸,又特忙。政府獎勵著作金條例先成獎勵考課金條例(一年四課,第一名獎千元),對於補助尊處刻貲必能實行,容遇便即促之,以了手續。恐勞馳系,先此布復,不一一。　廣生頓首。　正月四日。

致徐乃昌

積餘年丈大人閣下:

抵家奉手書並賢梁孟爲内人合題《話荔圖》詞(虞山翁澤之今日寄題圖詞來,亦用《祝英臺近》調),芊緜婉約,繼軌玉田,一唱三歎,使人意遠,感荷感荷。尊刻《國朝閨秀詞》搜緝極勤,用意尤厚。昔顧氏刻《元詩選》成夢,見古衣冠人爲之羅拜,吾丈此舉,定知有無數釵環向小檀欒室低首也。仁和吳蘋香女史詞,在湘蘋夫人後稱本朝大詞家,其所撰《香南雪北詞》及《花簾詞》不審有寓目否,何以不刻,以成大觀? 若無稿本,廣當覓寄。健莽自延令挈其婦歸,海秋同來。季宜在唐家閘一飯而别,渠即赴寧,近已返否? 比來大稿曾否寫定? 此事千古,固不以早計爲嫌。廣同輩中斐然大半有作,故亦望吾大也。肅復,敬叩纚安。内人屬筆道謝。　廣生敂頭。

致吴士鑑五通

一

夫子大人尊前:

敬復者: 奉手諭,藉諗侍奉康娱爲慰。受業比者心同灰槁,本無意於人間,而伏處一年,幾無以爲甘旨之奉,依違澒泂,内疚神明,有田不歸,江水堪誓,一錢不值,夫復何言。令叔事容到甌再定。匆復,敬叩侍安。　受業名正肅。

二

夫子大人史席:

接奉賜函,藉諗侍奉康娱爲慰。誦莊高尚,堅卧不起,心媿其人,文牘一事未便久懸,已另行派人辦理矣。至夏間來甌,出自故人情重,惟道途僕僕,心所未安,乞爲止駕。三、四月間受業或來滬少作句當,可盤桓也。舊刻家集殘臘甫付印,曾囑杜君奉呈太夫子大人一部,不審已達到否。兹再檢一部奉呈函丈,内坿拙作,惟夫子教之。近於署中後圃建永嘉詩人祠五楹,繫以聯云:“詞客有靈,共朝夕一龕香火;落花如夢,倚闌干千古江山。”亦不無身世之感傷也。又和縵庵外舅前後無題韻十六首,别紙奉呈,亦聞者興哀之什矣。滬上尚有友朋文酒之樂,差足遣有涯之生,惟居大不易,輒憶黄仲則詩"茫茫來日愁如海,寄語羲和快著鞭"也。節庵曾否南旋?聞有守陵之説,稿否便希示及。世兄尚留京師否?匆復,敬叩侍安。 受業廣生謹稟。

晤誦莊時致聲。

三

《卷葹閣詩》卷第四有《與江寧張復純止原開成石經聯句》一首,檢《江蘇詩徵》、《湖海詩傳》,皆無張復純其人,當再查考。又錢獻之《周曶鼎釋文》云乾隆戊戌歲巡撫公得於長安,此本當是秋帆拓贈其幕友張止純者,以其時考之,蓋在壬寅、癸卯之間,得鼎後之五六歲也。 受業冒廣生倚裝上。

四

夫子大人鈞鑒:

日先因送小兒考試,道出申江,重聆雅言,至慰,受業即於廿三日旋甌,廿五日抵甌,足慰垂注。閲報章知史館將於七月開辦,天水已籌備一切,則此行當在日間。今日天下大患,不在無兵無財,在無是非,無是非則人類將絶,較之亡國尤慘,得師筆削,庶幾諸夏不亡。此行殊有關係,而家門之問題尚在次也。受業數年以來持消極主義,既來永嘉,亦遂有終焉之志,自矢此生不欲晋一階、移一步,惟人事變幻,方如舉棋,師晤徐、孫二君時乞爲道地。海關以目前而論當然獨立,惟他關可言獨立,甌則每年五十里外收入尚不敷署中開銷,近日報章已有改爲五等之説,經費驟減,勢須裁人,而裁人乃係從古至今至難之事,不如趁道尹尚未真除即由海關兼充,爲政府計亦可省費。且海關兼觀察使以前它省不少(此届則無之),師與東海可持減政之説。又此間民情强悍,去歲南方擾亂,寧波獨立，温州即將繼起，受業一力消弭，於風潮最劇、浙垣觀望之時，即有甌保無虞之密電，託梁燕蓀呈項城，當能記憶，並乞以此層向東海一提，俾知爲地擇人之計。受業以一念之安土重遷，遂瑣瑣上煩清聽，或不呵耶。此叩侍奉百安。　受業廣生謹稟。　六月廿四日。

五

夫子大人鈞鑒：

孟節甥歸，知曾敏起居，籍悉侍奉康娱爲慰。時局變幻殊不可知，所恃者天，一部廿一史，其感與應不得謂無主宰之者，人人勉力爲善，或冀天下平耳。兩月以前風喧潮湧，廣生迭受推排，幸而省中所頒嚴令尚早，不然殆矣。當事變之起時，日仍把書送日，日以《北史》及《魏》、《周》、《齊》、《隋》四書對勘，尚足銷遣。新刻《永嘉詩人祠堂叢刻》八册，又《謝集拾遺》二册（以一册呈太夫子），後附校記及和詩，如賜覽當悉狀況如面晤也。欲寄乙庵老人書而忘其門牌號數，能開示否？節庵已旋海上否？敬念。此叩撰安，並承侍福。　受業冒廣生謹上。　六月十九日。

致周家禄六通

一

彦翁仁兄先生閣下：

兩奉手教，敬聆壹是。弟以初三日到京，復爲西山之游，徧觀碧雲、卧佛諸寺，至初九月始歸。塵事冗闐，又須稍爲屏當，我勞如何。仲緩親事鄙意亦欲速成，承示云云，當歸與閏翁商之。閏月吉期之説姑俟文定後再説，因閏翁到後考差、開弔，必形忙碌，遽告以喜期伊邇,或恐失措,轉多推託,俟文定後則人已屬周氏,惟周氏之命是聽也。先復,順請道安。 弟廣生頓首。

二

一、夏夫人五月十日開弔,十一日行聘擬改遲。

一、夏夫人身後一切家事須其女公子料理,將來招贅爲兩便。

一、招贅後擬暫留其姑奶奶於父家,以省津寓經費,而夏宅一二年内亦無内顧之慮。

一、行聘擬閏月初十左右(因夏宅百日係閏月初一)。

一、吉期擬六月初間,因仲緩兄七月須鄉試,必須(動身)提前一月辦理。至前函恐閏翁放差之説,閏翁面云五、六月内告假不致放差,以誤吉期。

一、媒人自沈四爺走後已移交沈五爺代辦。

以上各節如無甚切磋,即可定局,閏翁處已係極意從權,當蒙體諒。渠甫自汴歸,諸務未料理,六月吉期之説已係無可再速,幸酌復。 弟廣生頓首。 彦公先生閣下 四月三十晚。

三

頃持尊函與夏宅商議,婚期可遵命而衣飾尚有再商之處,非面談不可。若信札來往,徒延佳日,請即來京,一切説妥,以免誤期。餘俟面述。此請彦生長兄先生大人道安。 弟廣生頓首。 十四午。

四

昨上一書,當達覽。芝田來,一切已商定,文定、婚期均如約,夏宅已預備。公得書勿遲來,致誤事。衣飾大概略開於後。 彦升先生鑒。　弟廣生頓首。

一、文定用紅縐紗二疋,如意用包金者可從權。

一、衣服六套(或可磋磨至四套,然大毛不可少)。

一、金飾五件(或可磋磨至四件,然手鐲不可少)。

一、須用：五子衣一套,此大禮用,外間通行;雙光珠寶頭面一副,此大禮用,外間通行。

五

彦公先生閣下：

前奉手告,尚稽裁答,私衷歉然。頃復從施君交到致延卿一書,當即送去。公去留已定否?溽暑,惟自珍衛。蓮儒已歸吴門。掣老來時廣已回,延卿往謁,並道所以,製老即爲延卿推薦至編書局,而局中人多,已無位置。廣復薦之至同衙門殷君處,月脩六金。殷君意甚欣慰,而延卿遲遲不決,云此一二月内心神不定,不能就館,復往却之,祗好俟汪君行後約其來通州館暫住,再圖他事耳。公在保定,相待優否,月得脩幾何,事權屬手否,暇乞惠示一二。前求賜題《水繪庵填詞圖》望早寄示。京、保一日可達,或假一事能來盤桓數日,亦樂事也。久不得彦復書,不知其近狀何似。肯堂已保特科,想秋後必來。廣雖有能舉者,然此事非但君擇臣,臣亦擇君,故私意尚不無却顧耳。昨得甘雨,是大快事。保定不苦旱否,天津交還有無碻信?　五月八日廣生頓首。

六

初十前得手書,當往夏宅請尺寸及告婚期,閏翁云婚期容再排算,如無冲礙,一二日内奉復。時值夏宅開弔,事遂耽起。十二日閏翁之壻朱甘孺來閒談,偶及衣飾,弟舉公意六飾六衣以告。明日甘孺再來，云衣飾太菲，按照四姑奶奶（閏枝第四女，亦今年出閣）之例，須八套衣服（所謂一套者，一披風、一襯衫、一裙），金、珠、翠頭面各一分，須媒翁答應始發尺寸單，婚期遲早亦以此爲斷。當時以所索過奢，不便形之筆墨，故惟有速公來京一行，面爲磋磨，免誤婚期。得公十五、十六書，又以病不果來，備述處館種種苦情，而衣飾則云"漁洋才力雖薄，亦必完篇"，是公猶未知夏宅所望之奢，而以爲衣飾事小，易於商量也。此事弟與□封均以坤宅稍近野蠻，子封不願肩勞，弟則力爲切磋，故十五、十六之信切磋未就，無能奉復。續又得手訊，復晤閏翁，閏翁云："我絶不較量周家衣飾，但婚期及定期不敢遽答應。蓋此爲愛女，我添置我之衣飾不能草草，致媿對吾女。"□□□□□孺，甘孺云：閏翁如何能開口□閣下較量，但其意定期、婚期均視衣飾之答應不答應爲緩急。公既不□，弟何從有此全權答應，且如夏説，斷非我輩之所能辦，故□書不詳言者，政恐言之而公笑我不更事耳。眼前磋磨，珠翠可不必，惟衣服八套、金飾四件。看來衣服尚可再磋，但非公□誰能作主。弟意初三下定未嘗來不及，夏宅此時雖未答應者，以我無衣飾回話耳（公來信云衣飾可遵之説，至今未告夏家）。公廿八到京，尚有四五□説話，片言定約之後，則禮物亦須早定（如并□□□□□），始得從容就緒，勿俟初一二日始來也。事之原委，千條萬緒，今姑述大概耳。得書仍望早來。撥冗拉離書奉彦公先生大人台鑒。　廣生頓首。

致周仲緩二通

一

昨尊公有書來，深以夏宅親事爲念。特往夏宅晤商，云無推敦,耑等尊公來都行聘。祈得書即發一電(勿省此費,或電寄一山亦可)致尊公,免彼懸念,及過滬時又與李宅別生枝節也。此請仲緩仁兄大人刻安。　弟廣生頓首。　廿五日。

二

仲緩仁兄大人閣下:

前寄一械,屬將夏宅姻事已成電告尊公,比不審已由里門啓程否?夏閏翁分會房,昨晤云俟歸時文定,想不誤事,儘請放心。敬有託者:弟前歲由陸純伯觀察託辦順、直賑捐,數逾三萬,應得異常保舉。純伯因渠經手款項未能早清,以致保案耽閣一年之久。現有敝友楊雲史户部爲弟設法,函託總局洪翰香觀察,屬將移文及捐生開具清摺,由總局彙案先保。兹已將捐生開出,惟銀數記憶不清,不能細開。又捐生寶綱由鹽大使捐知府,弟記憶不清,不知係鹽大使抑係鹽知事,此等好在總局均可稽核。洪觀察與弟未見面,統託吾兄送去,如兄亦與洪君不熟,則託淵若兄亦可。總之,能懇求洪君通融,歸入總局先行奏辦,以刑部郎中無論咨留,遇缺即補,至爲感幸。弟行期定十六日,有信可寄河南省城天開文運街弟寓,並先將洪君處情形告知,以慰遠忱。至公文一扣,此物是慎重之件,不可寄汴,倘洪君處照辦,此件留總局,無庸寄回,若不能照辦,暫存兄處,如能代設法尤感。匆泐,敬叩春安。　弟廣生頓首。　二月十三日。

致宋伯魯

另單呈覽。可急作書促彦翕來,勿誤文定之期,女宅已預備矣。此請芝田仁兄大人刻安。　弟廣生頓首。

再,另單如有變動,則文定、婚期均改。公爲全權大臣,請早畫約。弟又拜。

致潘飛聲四通

一

屬題名圖容再報命。口占五十六字奉送,公試抗聲讀之,當知其情深於文也。 弟廣生頓首。 蘭史徵君閣下

二

家集五册,刻未竟也,並《五周先生集》二册統以奉詒。囑題《江湖載酒圖》容再搆思,或不辱命也。此致蘭史徵君史席。 弟廣生頓首。 初三日。

三

多日未晤爲念。帝國報館缺文苑一門,乞公每日書大作或朋好之作,以二二紙爲度。年節略有酧勞,束脩至薄(每節五十元),僅足謀一醉,好在執事編撰多暇,即無奉貽,當亦樂從事也。坿呈紙式一卷,餘面談,不既。 老蘭先生 弟廣頓首。

或暫任或久任,乞復示。

四

問訊潘郎鬢,新來白幾何?著書愁寂寞,説劍悔蹉跎。羅襪幺孃步,蠻箏子夜歌。相思能寄否,緘恨託微波。

久不得蘭史書作此訊之。 冒廣生。

致周慶雲二通

一

昨損書並承賜撰述多種,真不朽盛業也。弟明日往桐廬看紅葉,歸當詣教。先此布謝,并頌夢坡先生道安。 冒廣生啓。 九月十二日。

二

承賜墨機,敬謝。小詞寫奉,求雪和。彊村書來,有"不敢藏拙"語,並聞。 夢坡仁兄閣下 弟廣生頓首。 五日。

致曹元忠五通

一

君直吾兄同年賜鑒:

別時匆匆,未及再晤,歸家奉手書,懃懃懇懇,出入褏袖,不復能釋手,以兄之未嘗一刻我忘,當知我亦復如是也。七弟吉期未審何日,以臆計當在不遠。仲虎聞再遊吴,弟以移家新宅,百無一暇,不獲買舟重續舊遊,爲老伯、伯母敂頭道賀,至以爲歉。弢丈不審何時可到,已有書去,言兄頻年失館,家食亦不易,託其到後爲之想法,特未指明農工商局耳,到日兄可當面詢之也。《靈鶼閣圖》題辭已交魏仲良轉致建霞,不知已達到否。晤建霞日希爲致聲,並言王義門近有書來,言建霞前寄吴董卿書已付浮沉,須再切實作書,由彭頌翁處轉交最爲妥洽,拜懇之至。坿呈喜幛一軸,恭賀大喜也。七弟不及另函,統此致候。 年如弟冒廣生頓首。 兒女侍叩。

二

君直吾兄同年:

夏秋間兩寄書,嗣又以新刻蓮峰上人《未篩集》寄奉,序中略述吴門舊遊,度一一收到。頗聞兄亦多病,比想體中安勝。每念平生交遊,學術志節如吾兄者誠首爲屈指,白頭昆季,有日少無日多,知兄之不我遐棄也。史館寄到先慈傳稿,敬呈省覽。乾隆間汪龍莊大令以其母夫人苦節遍乞當代題詠成集,聞者矜之,先慈節行何讓汪母,今又得附名正史,何可令當代通人如吾兄者集中無一字,務懇賜題一詩,以光家乘(《墓志》爲李審言作,《墓表》爲陳劍潭作,傳文爲陳伯言作)。銜恤以後謝絶人事,不與宴,不作詩,惟日刻先世遺著及曩所撰述,吴中久欲一遊,屢行屢止,孏可知矣。匆泐,敬叩侍安。 年愚弟冒制廣生頓首。 嘉平月廿九日。

三

君直吾兄同年閣下:

不孝痛遭先慈大故,頃已遵制開缺終喪,蓋三請然後獲命焉,亦足以覘世變也。前寄赴告由郵局退還(誤書馬醫科巷),詢之鶴逸,始知兄住馬大籙巷也。累年契闊,無任馳系。去歲僅知拜學士之命,屈指同歲,如兄之艱貞完節,殆無第二人,又自媿已。誄聯由京寄到,不審哀啓曾否得見,兹再補寄一通,求兄俯念二十九年盟誼,及不孝十年來降志辱身之苦衷,或傳或誄(《墓志》已由陳伯嚴撰),錫以大文,以光家乘,庶幾先慈節行不致湮没,其爲感載,矢之世世子孫矣。不孝一月以來頭頂各偏奇痛,初疑苫塊中感受風濕,醫者診之,乃訝其脈不及寸,肝腎兩傷。鮮民之生不如死久,能俟今歲窀窆奉安,海内通人多爲傳誄,不孝即填溝壑無憾也。前在永嘉有詩人祠堂十三種之刻(刻書之因,以讀林霽山《書放翁詩後》云"來孫却見九州同,家祭如何告乃翁",爲之泣下,遂先刻《霽山集》,嗣及他作),兄鄴架曾否有之?如無則此間尚有印本也(刻板已畀甌人)。在京口有《至順鎮江志》之刻(赴淮時託陳善餘經理《校勘記》二卷,未成),在淮上有《楚州叢書》之刻(尚有二種未斷手,攜之京口足成之,秋間可畢),凡此皆政績也,兄當知其所寄矣。京口鮑太守川如前歲物化,東南遺獻垂重殆盡,嗚呼,可悲也。專泐,敬頌道安。　年如弟冒廣生稽顙。　四月十日。

四

君直吾兄同年如胞:

屢奉手書,詳悉一一。倚雯長逝,甚可哀悼,循省來告,爲之泫然。爲撰長聯,託式之兄代寫送交,祈即飭貴紀持弟械往章宅取回片。前代況老撰《蕘圃先生年譜敍》中間盛推兄及費、江兩君,不審此文倚雯彌留曾否付梓,文稿不致失落否,兄及屺褱曾否寓目?弟處似尚有草稿在,或稍暇寫二通寄兄處,轉致一通與屺褱也。閱刻《意林》第六卷其引司馬法僅一條,文云:"國雖大,戰必亡;天下雖平,天下亦危。古者國容不入軍,軍容不入國。國容入軍則軍亂,軍容入國則國亂。順命上賞,犯令上戮。"凡四十八字,特爲寫寄,盛宏之《荆州記》則此書未引及也。澤之題《話荔圖》已并兄兩稿統付裝池,如有書寄璚隱,並乞索都中諸同人一和也。金浙丈來書,甚致拳拳。冰泉和詩兄當削稿,欲佛法行,須僧贊僧也。同老今年七十整壽,弟尚擬制一詩寄之。輓倚雯聯自謂不惡,況老亦有一聯,用金陀對玉局,惜未寫寄。弟開正將遊金陵,泝江而鄂,兄或同行,冀得一當否。匆復,敬叩侍奉百安,闔潭曼茀。 年如弟廣生叩頭。 臘月四日。

五

君直同年兄如胞:

別時兄不來,初大恨,既而思之,或不忍見弟别去故不來,正是兄情深處,又思有先弟一日而去者,其用情乃不知深深深幾許也。比想㡀門益復無聊。時事決裂不可收拾,我輩日爲漆室悲嘯,正復無益,不如一意發爲詩歌古文辭,或冀傳諸異日耳。弟以十一日抵家,老母無恙,兒子輩牽衣依依問何處歸,何□不見,爲之黯然淚下。日來寢食小樓,發篋陳書,頗理舊業,文集殺青過半,當於下月寄奉。《冠柳詞集》欲兄撰一序,不没其勞。昨取《草堂詞》校一過,其《慶清朝慢》詞"鏤花撥柳""鏤"作"撩","煙郊外""郊"作"柳"。又《雨中花令・呈元厚之草堂》題作"夏景","見一派瀟湘凝緑""派"作"片"。以上《嘯餘譜》並同。又從朱氏《詞綜》補得《臨江仙》詞一闋,不知朱從何處采擇。兄試再搜尋之,如無遺漏,俟大序到亦即開雕矣。擬傳埘鑒,請兄酌定後并丹姮《字説補》一并寄還。《虎邱餞别圖記》曾否脱稿?早寄爲盼。弟返爲金心蘭撰《冷香館圖記》,尚未寫定。吴中三山人,一汪茶磨,一秦西脊,其一弟忘之,千乞寄示,《圖記》中須用之也。《白石道人歌曲考證》便當節縮衣食,早日校刊。滬上晤敬孚先生,極□爲兄揄揚,已將大名寫日記中,云一到吴即行奉訪。昌碩、鶴逸時過從否?南中友朋文字山水之樂眼前無恙,不知璚隱、彤士比復何似?瑞安全家在北,更不可言,每望燕雲,愴然流涕。近復傳言宫中已有變端,天若祚清,必無此事,此中人鼓腹而嬉,依然太平世,宜周先生謂是世外仙源也。招招舟子,兄倘能來乎。仲虎事曾否了結?殊切系忱。敬叩侍奉百安。 六月十六日如弟廣生頓首。

致汪曾武十通

一

仲虎吾兄同年賜鑒:

家居都無好懷。前接手書,值有崇川之行,闕然久不報。頃歸奉第二書,知入秋已來時復多病,甚用翹結。吾輩負倜儻權奇之氣,暫時養暇,原不足以言得失,公達人,當體此意。憂能傷人,昨得吴中書,上言靈鶼長逝,未嘗不自念也。君直兄閒居亦復無聊,來歲栖栖,正未知寄食何所。同學少年,彊半仕路,栖遲空谷,則二三子與我耳。前讀大詞,沈鬱頓挫,辛、劉繼軌,弟意兄於一切無可奈何時則託之詩歌古文詞,既足陶寫,而學術亦因之月異而歲不同。敝帚自珍,常持此意,蒭蕘之貢,或見采納。謄録議敘計在何時?鹿公處□有□其消息,不然無達官八行書則世交年誼均不可恃。弟開春或過吴,彼時當買舟婁水,一慰饑渴。敬叩侍奉百安,言不盡意。　年小弟廣生沖。　臘月四日。

二

仲虎四哥同年:

前奉還箋,云從者將之杭州,計□應在途次,遂不復以一紙通問訊。而劭介荃□□□未提兄過滬上。彤士書中□□。君直過婁,歸舟與兄同赴吴門,究未知兄杭州之行果否。納粟欲得州同,爲救貧計,亦復不謬。眼中世界,即下科狀元及第,欲循資按格,坐致卿相,恐亦歲不我與,惟省分似福建易於補缺,兄試詳探之。君直欲捐中書,曾否定議?舊年友之捐此項共用若干,由□□經手,兄如詳悉,請寄□□□□緣可凑否。善葆千金,毋過鬱鬱。年伯母萬福,嫂夫人無恙,諸惟自珍,不盡欲言。　弟廣生頓首。　三月十九日。

三

仲虎二哥同年閣下:

前奉手告,屬以塵事久稽裁答。周子迪新抱西河之痛,心緒大不佳,故以尊事託後迄未謀面,而彼已履新矣。閱報知錢觀察總辦淞滬釐捐,兄與錢公針芥相投,必能下陳蕃之榻,較勝家居寂寂也。仲弢三伯假旋,月初過滬,不審兄彼時在滬否,有無謀面?玉森家居何以消遣,平三已得差否,均切系忱。君直久無書來,不審何故。弟碌碌無一善狀,日惟居地與稚子作戲。時事日棘,正難高枕,今日割五城,明日割十城,終非策也。伯母大人福體想平安,嫂夫人無恙,已徵蘭夢否?兄肝膽過人,遇事勇敢,負才尚氣,設有齟齬,發憤至嘔血,殊非養生之道,宜少裁之。吾輩異日方望公爲頂天立地男子,好自愛也。天暑,伏惟自珍。上叩侍奉百安。　年小弟廣生頓首。　五月十九日。

四

仲虎吾兄同年足下:

久不相聞,爲念。途遇伯英,詢兄起居,知悉哮喘頗亟,甚切系忱。盈盈帶水,不獲買舟前來,握手慰勞,歉仄之至。舟人待發,不多譚,稍痊希報我,毋重我念也。　十一月九日弟廣生白。

五

仲虎四哥同年:

十六晨起至員通觀,公車已歸,曷勝悵惘。別後得徐沽三次手書,知足下惓惓於我也。《二木歎》詩已呈三伯,聞尚擬索□羲、蓮生、子培諸公和作合刻也。弟與玉森、平之、譜薰常晤,然晤必思足下。足下抵滬,所事有成否?寄來呈稿僉以明奉諭旨,各屬自當遵行,此舉反成蛇足,故未舉辦,深負委任之意,主臣主臣。中書考信近日似有端倪,姑俟之而已。前有名賢書畫局陸款聯四,值洋一元,□行後當交譜薰爲公劃賬矣。艸此,覆請行安。酷暑,不審張園之遊樂否。年伯母大人前請安,嫂夫人萬福。　年小弟廣生頓首。

六

仲虎二哥同年鑒:

騮兄到,辱手教并惠紈扇,感謝感謝。弟時匆匆北歸,不及復書,僅將册頁寫奉艾兄而已。抵家已十數日,未得吴中朋友一字,不審尊事曾否了結,中丞瀕行公事已批發否。兄與安石互揭,能排解爲妙,此輩碌碌不足與較,但於地方公事得手,便可了結,不必多求勝也。弟遠隔江表,音問殊絶,不能前來爲公作調人也,抱悳無似。敬承侍福。　年小弟廣生頓首。

七

公行後即發一書,後晤奭軒,始知瀕行辱枉顧,值門未啓,不得再晤。前晚君直宿陸褱廬,倡和達旦,家人咸目爲狂。有憶公二詩,五叠贈昌碩韻,能賜和,感甚。蕭敬夫先生約明後來吴,弟不能不稍待,約歸期須月杪矣。北氛甚警,殊切杞憂,設一旦大局縻爛,弟決計爲第二箇冒巢民,公能爲黄陶庵以答朝廷養士之恩否,何妨狂言及之。二三同好,詩文皆足成家,弟所望於公者,尤更有進,公亦宜努力自愛,爲吾黨生色。　庚子五月二十日廣生皇恐皇恐言。

八

損書甚喜。伯兄何日回婁,便望早日駕臨,以伸積愫。弟節後急須北歸,以舍妹喜期已定九月,摒擋不得不早也。餘面悉。　仲

虎四兄同年閣下　二十八日弟廣生白。

伯母暨嫂夫人前統乞請安。

九

前奉還戰，適以行李在涂，不獲裁答。頃抵滬，夔一已歸，日與柳屏、彤士遊，頗不寂寂，惜兄之隔一衣帶也。粵行勢不可緩，書此聊以相聞。　年小弟廣生白。　仲虎四兄同年侍祉。

一〇

仲虎二哥同年閣下：

久不相聞矣，惟年伯母大人萬福、賢伉儷無恙，至以爲慰。弟以山郎簽分刑部，旋得陝西司主稿，管理新疆股，甫於月初南歸。内人在甌，書來廿六七日可過滬，留此相遲。淞濱文酒排日爲懽，身世斜陽，置之度外，得過且過，想同之也。伯騮以户部監照來寄，未能核準，耽閣至今，實出意外。叔師改外，現尚留京，計須走秦王島矣。君直、玉森均趁新裕船南來，昨、今尚未進口。屈指同輩至交，兄所遭際，至以坎坷，然愈宜韜晦自愛，慎葆千金，留爲有用。交深言深，度不怪也。敬請侍安。　年小弟冒廣生頓首。　廿日。

弟寓長發棧卅三號房。又拜。

致夏敬觀十通

一

劍丞仁兄同年：

新年萬事如意。頃得復書，備諗兩兒年内應各繳丁卯補習社十元,此時匯兑萬來不及,請兄[或由兄向伯夔處(未另函)墊付]代墊廿元交去,以免誤事,至託至託。世兄吉期似在明春,不知何日(是號叔廉否? 示知)? 今年在滬所作詩足一卷,已付梓,二三月即能出板。晤拔可致意。此頌侍安,並賀年禧。　年愚弟廣生頓首。　廿七。

二

一春冥冥,頗念良友。南焦山色大好,曷云能來。近詩十二章及朋輩詩二十七章寫寄,聊慰想望。有一事煩報菊生:宗忠簡後人流寓京江,家藏高宗勅命,裝成長卷,附以世譜,虞允文書引首,後有朱子、文信國諸公題,如擬影石,弟可作緣也。新作必多,能寄示一二否? 此致劍丞仁兄同事大人。　弟冒廣生頓首。　三月廿二日。

三

兹遊匆匆,竟未及一詣尊齋,得勿罪耶。抵秣陵案頭有展堂一書,極道傾慕之意,有近作《讀廣陵集》三十首,欲引散原翁例求兄評點,並將所刻《不匱室詩》一部囑呈記室(已掛號交郵另寄)。渠去年見荔支、鹹魚拉雜成詩,乃大佩本領也。即致吷庵同年仁兄。　弟廣生頓首。　四月廿九月。

四

函悉。周信附覽,請查詢。庸庵殂謝,海内將無一個矣。秋涼冀能來,弟不能多作字,無法暢言一切也。　吷庵同年　廣生拜。　中元後一日。

五

重九兩詩當寄達。顧鶴逸日先自吴門寄爲我畫《寫經圖》長卷,筆筆龍眠,弟有長七古一章謝之。仁先亦曾許爲我作此圖,天氣已涼,不審能早交卷俾合裝否,晤希詢之。新作《秋花》十二絶句寫求教和,並示同人題康橋居詩亦改定統寄。此間無可談之人,日讀蘇詩送清晝耳。此寄劍丞同年。　弟廣生頓首。　九月十九日。

六

劍丞吾兄同年閣下:

市樓分手,舟車中亦殊難爲懷,次日到家,姬人病已新愈,但尚未離藥裹耳。得書,承紉注,至感。今日重陽,風雨中不出,成二詩寫寄。諸公有佳什當遥和,俾恍然如與弟同遊。仲可詩已收到,稍遲答之,乞先致謝。此叩侍安,世兄輩統候。　弟廣生頓首。　九月九日。

七

尊題滋蘭軒詩已寫入新撰《慕園志》,别後詩另紙全寫寄,有興可和其一二,較空函爲有味也(兩次來書均到,附告)。仲木病愈否?曾有一書詢菊生,希電詢其收到否。兩兒在校,求世兄等以弟畜之。此致映庵仁兄同年。　弟廣生白。　九月廿八日。

八

頃閲《申報》,云貞壯作古,不知碻否。究何病?文人薄命乃爾,可傷。希復我一字,尚冀東坡海上之耗屬訛傳也。伯夔夫人已葬,其墓志未見寄,便望詢之,並言弟有一復函,不知其收到否。丁卯補習所明年是否繼續,公郎仍舊貫否?此致劍丞仁兄同年。
弟廣生頓首。

九

昨久候不至,豈瘧又發耶?盍和老杜《花卿》詩驅之。子言來件送覽,請署名後交還。此致映庵五兄同年。　廣生白。　四月廿七日。

一〇

前聞貞白言,尊恙經電詢云已好轉,頃得書,至慰。驟熱不能出門,計今日爲兄閏生辰,草此代面。不晤已卅二日矣。此致映庵同年。　廣生啓。　閏五月十日。

致葉恭綽九通

一

羅浮之遊,得五古十章。今日亟擬趨談,已約桂世兄在廣同行,而候雨不止,正躊躇間,書來,誦悉。明早有蘿岡洞之約,歸途當逕造黄文裕祠,冀一晤。協之件已代交,尹桑住址不知,馮康侯刻印極精,協之云可爲代求,其寫件仍求速藻。匆復。　遐庵仁兄　弟廣生頓首。

二

向來目公詩爲摩登,公以爲輕之之詞。弟生平負氣,與人面折則有之,若語含譏諷,則亦所無也。弟所謂摩登者,無北人所謂怯,無南人所謂曲,如王謝家子弟才是真正摩登,如唐太宗裼裘而來,如蘇長公亂頭粗服,才是真心摩登,惟佳人當能解耳。頃奉來章,於曲折處無不細心檢點,而又不使人覺其喫力,此仍摩登之極則也。若夷場上所謂摩登，不過俗而已耳，不過小家相而已耳。此義久欲發明，徒以方舌不能達。今日讀公詩乃一發之，度不呵也。復上遐庵仁兄閣下。　弟廣生嘵舌。　廿三日。

三

收到李次貢來字並石象，囑寄奉。關於栖霞塔闌事，請示復。山中王滂題名是荆公次子，展堂已有詩，散老聞之，詫爲大奇，公可將拓本一分寄之。附上展堂一扇，請交程子大兄畫石（潤筆有限，不必叨光，但弟未知其數，詩代墊示繳），盼早寄回。何日來寧？至念。此頌秋祺。　弟廣生頓首。　二十年九月十七日。

四

奉書詢王旁事。元豐元年荆文有“添差男旁”句，當江寧府糧料院謝表。又有題旁詩云：“‘拙家園上好花時，尚有梅花三兩枝。日暮欲歸巖下宿，爲貪香雪故來遲’。俞秀老一見稱賞不已，云絶似唐人，旁喜作詩如此。”此詩甚工也，並采入金谿蔡氏《荆公年譜考略》。董卿曾見宋人説部載旁生前休妻事，渠頃往揚州，歸時當屬檢出以助題跋之資料。聞從者頃亦遊揚，或與董卿已譚及此矣。子大爲安定畫扇請促成見寄，並示潤貲，款雖無多，不能要公冤花錢也。石遺來江南，想已把晤，不知能偕遊秣陵否。此復。　遐庵仁兄　弟廣生頓首。　二十年九月廿五日。

五

七日、八日兩書連發（内附溥心畬畫又前寄詩五册），當收到。今日得十日親筆函，細審殊不潦草，精神尚首尾貫注，且是毛筆非鉛筆，病退可知。此後仍望節勞，勿再用心，即弟信亦不必再寫，能北來换一新鮮空氣亦佳。弟新刻詞已寄二册（一請交平子),即在册内略選三五首足矣。樊山詞近作俟晤時索之寫寄,此時亦宜暫束高閣也。 遐庵仁兄鑒。 弟廣生白。 十月十七日。

六

前交韶覺轉一書,計達。王旁栖霞題名,連同楚金兄弟兩題名,尊處如有拓本,求各檢賜一分。廬山二詩經二陳評點者請大教。賈家樓恐搬演不好,曾諷稚威勿露,不知捉鼻得免否。姬人率諸孫已赴滬,弟或日内來滬一視之。匆告。 遐庵吾兄 弟廣生頓首。 二十年十月廿一日。

七

遐庵仁兄閣下:

弟以一年來手顫,極怕寫字,大抵性愈急則愈戰,字愈小則亦愈戰,此後恐將成廢人矣。李審言遺著弟準助刻貲五十元,惟另募則殊不易,不若將弟名義附入尊募三人之一,似兩省事。《疏香集》早收到,謝謝。委選《花影》、《吹笙》兩詞當如命,惟手邊無書,盼各寄一本,當於十日内報命,並將舊撰《詞話》之語加入。至《詞話》一書,已由唐圭璋覓得送來,惟當日本非完書,擬補足成之,將來當將應補之人之詞向尊處商借,大約亦不過十數家耳。喬石林象已由榆生處轉奉否? 匆復,並頌日祺。 弟廣生頓首。 一月廿九日。

八

久不通訊,以安定故。承當事知我無政治思想,許以過從,遂時時過之,慰其岑寂,而唱和乃多。一詩奉懷,寄請哂正。既是和歆,又集碑字,真走入牛角尖裏去也。中間憶兩辱書並大稿十部,又陳師曾遺詩三册,已分送吴、靳矣。體中近日想安善,何時出院,能來秣陵一行否? 太平門外桃花極盛,今已過時,海棠則遠不及北平,或冀公來同啖櫻桃耳。朋友中見大稿者均謂詩詞宜單行,不知公有意否。平寓頃寄來字畫,尚無暇檢點,如莊方耕、錢籜石諸人象當續影出寄奉。弟小象憶去歲在瑑卿家曾拍矖,若未收到者,當於影照莊、錢諸象時多攝一紙。晚晴簃所選《詩匯》已見,中乃無先師,粤人如廖澤群、陶春海、朱棣垞等皆未載,生存人乃有汪憬吾,真屬怪事。陳子言方爲南潯劉氏撰《清詩萃》,此事兄不宜不加意補益之也。弟已遷寓鼓樓北忠實里二號,眷屬尚未來,附聞。即請遐庵仁兄春安。 弟廣生頓首。 二十年四月四日。

九

兹行殊有風景之感,海王村第一年蕭索氣象亦不可不留腦海之中。道出京口,適《招隱山志》新印成,寄奉一部,若有可加點綴之地,了兹夙願,亦結善因,可與僧輝山謀之也。刻書事已託儒清,如有委託,不妨直接通訊。附紙卷一包,是京口友人乞書者。倚裝匆寄。 遐庵仁兄 弟廣生啓。 一月三日。

書件寫就,或交後馬路潤昌棧泰源申莊王星南轉鎮江滕儒清,或直寄鎮江鎮屏街泰源莊滕儒清。

致劉承幹四通

一

屬件均題訖,敬繳。聞尊刻尚有《前》、《後漢書》,乞見惠,勿訶其不廉也。 翰怡仁兄 弟廣生頓首。 七月二十日。

二

翰怡仁兄京卿閣下:

往年歇浦屨荷過從,違闕以來,思與山積。晤子琴太守,知所刻《晉書》已經斷手,盛業不朽,彭文勤後一人而已。何時有便,得惠寄全帙,俾與《五代史注》同置案頭耶。舍親謝剛主年少才美,斐然有作者之意,頃在此間圖書館執事,借差南下,欲一觀嘉業堂藏書,擴所未見。渠到南潯,人地生疏,公如不在家衖,乞指定專人與之接洽,俾得慰其饜止之思,當不拒也。弟年來苦臂痛,多作字即楚楚不勝,滬上友人多未通問,鬱鬱久此,生意都盡,要俟時局稍稍清明,亦即歸理故園松菊耳。近刻小詩又成卷十三至十六卷,俟修改錯誤後再寄請教正,兼慰相望之意。匆匆,即頌起居佳勝。愚弟冒廣生頓首。　七月廿三日。

三

翰怡仁兄閣下:

過滬匆匆,僅託公渚代爲致意。自東事起,前涂靡知所届。太夷愔仲,乃儌倖冀孤注之擲,聞聽水翁極不以爲然。今羝羊觸藩,何以善後,杞憂無極,想復同之也。尊圖乞心畬畫,頃始交卷,即以寄奉。尊刻《王荆文公年譜》欲得者多,求寄兩部。匆此,即頌冬安。　弟廣生頓首。　十一月廿四日。

四

今日破天荒爲一貧老斷炊之孀介紹於省文史館,並致冷禦秋一書,此下不爲例之事。書中特詢館員有曹叔彦否,並言其三《禮》之學爲黄元同後一人,足稱"國寶"二字。又言滬上提名年老諸公,已有五人不及得聘而身故者,請其特别注意,早爲發表,不知有效否。尊處如有聞,隨時示知。此致翰怡仁兄閣下。　廣生病榻上。　四月廿三日。

致陳灨一三通

一

弟甫自廬山歸,它處多未通訊。檢篋得碩士侍郎致潘功甫二牋,即以奉詒。拙刻《雲郎小史》、《風懷詩案》各一卷(另郵),均可實《青鶴》及《晨報》者。晤吷庵煩告子言惠詩已收到。此致灨一先生。　廣生頓首。　九月七日。

海上同人均念。公渚歸否?

二

詩話五則(附七絶二)請刊《青鶴》,另詩煩交吷庵。前寄拙詩(並分致同好者)又由董卿奉贈雜劇,當次第收到。《青鶴》不敷,已由登雲逕函,聞曾寄百元,諒早收到。弟月内歸,並聞。　灨老　弟廣生　三月五日。

三

此間無裱現成之詩幅,喜期已近,新裱來不及,且亦難寄,請代辦,諒之。登雲閣賬已代催詢,仲澄云津貼早補算寄滬矣,附及。　灨兄　弟廣生啓。　十月廿二日。

晤吴湖帆請問題羅兩峰梅花詩收到否。

(整理者單位:上海圖書館)

遯堪書題

□ 張爾田撰　王繼雄整理

《遯堪書題》者，錢塘張爾田先生讀書題識之彙册，由其門人王鍾翰輯録成帙，其顛末王氏於卷前識語中述之已詳。書總一册，以"念黄手鈔"藍格十行稿紙抄録。封面有鄧之誠簽題："遯堪書題　王鍾翰手鈔本　戊寅十一月之誠署。"鈐有"鄧之誠"朱文方印。卷首依次有王季烈、郭則澐、余嘉錫三家親筆題辭，其中王氏題辭後鈐"王季烈印"白文、"君九長生"朱文兩方印，余氏題辭後鈐"余嘉錫印"白文、"季豫"朱文兩方印。

又是册首頁鈐有"龍沐勛印"白文、"忍寒詞客"朱文兩方印，卷端又有"榆生珍藏"朱文方印，則此册最終歸藏龍榆生。按張、龍二人雖年齒相懸，但忘年相交十數載，情誼匪淺。①兩人於詞學頗多切磋，張對龍青眼有加，有以身後文字託付之意，②則張氏於此册所録重加校訂後逕付龍氏，或即意在託其理董，如此推測，或爲不妄。

張爾田早歲以詞章名，後潛心研學，頗有造述。《書題》收録張氏讀書題識三十七種，凡二萬言。所録各則，雖屬讀書時"信筆及之"，"頗多傷時之語"，但談藝論世，文采斐然，其於明季清初史事考訂諸條，旁徵博引，更見精審。

王氏鈔竣此書，時在民國二十七年，即以全文發表於《史學年報》第二卷第五期，名曰《張孟劬先生遯堪書題》。校諸鈔本，排印本無王季烈等三家題記，蓋發表在先，諸家題辭在後，亦未施標點，惟《跋吴注梅村詩集》諸條，以落款日期先後排序，較鈔本之淩亂爲勝。

《書題》發表後，張爾田復親筆於此册重行校改增補，故是册可視爲張氏書題的修訂定稿。

今據上海圖書館所藏《遯堪書題》王鍾翰鈔本加以標點，張爾田校補文字均增入相應各條，卷前諸家題辭一併迻録，要以全帙呈覽同好，庶免遺珠之憾。

掩關辟世遣居諸，欲把遐情寄古初。宇内無多乾净地，篋中猶富未焚書。梅村品節輸斯峻，竹垞才名比有餘。往事宫闈删野語，抒忠特地注《關雎》。

孟劬先生出示大箸《遯堪書題》，見聞博洽，論斷持平，卷帙雖不及《困學紀聞》、《日知録》之富，而其遭逢世變，正學匡時，固與深甯、亭林兩先生後先同揆也。滄海塵揚，高山仰止，不能自已，爰賦小詩。　癸未仲春三日，螾廬王季烈，時年七十又一。

世非吾世也。吾世安在？在吾心史。或二三交舊，促膝抵几，縱話曩昔，亦髣髴遇之。比心史久輟，又鮮可談者，忽忽若失，聞遯堪徙居城西，亟詣之談，乃益洽。臨分出眎是册，蓋於所讀書有所觸發，輒信手筆之，其事爲前代之事，其志則遯堪之志也。連犿若《談藂》，謹覈類《心史》，吾世庽焉矣。積嘆欝(忡)中，就緑陰展卷讀之，煩襟一洗，歡喜讚嘆，因贅數言。太歲在玄黓敦牂，皋月哉生魄日，郭則澐識於遯圃。

《遯堪書題》者,錢唐張孟劬先生於所讀書偶有寄意,隨手書之簡端,雖與解題提要殊科,要亦有所發明。本遯世無悶之旨,自號曰遯堪,足以見其高尚之志矣。先生早歲詞章之名噪大江南北,既乃研讀經史諸子,兼及教乘,深入無間。晚參史局,然後專心乙部,以迄於今,巍然爲史學大師。所著書若《史微》足以見其史識,若《李義山年譜》足以見其考核史事之精,若《清后妃傳稿》尤足見史筆謹嚴,上媲班、范,非近世毛西河諸人所能望見肩背。先生之學,信可謂精且博矣,而純德篤行,尤足矜式後進。經師、人師之稱,豈偶然哉。鍾翰游學舊都,幸立門下,資性魯愚,何足仰測高深,然親炙日久,質疑問難,每受誨言而後知先生謙德尤不可及也。嘗借讀藏書,愛其題識,私録爲副,更欲廣之同人。既得三四十種,先生知之,不以爲善也,曰此乃少年信筆及之,烏足示人。堅請再三,始獲贊許,然其他題識尚多,祕弗許再窺矣。或謂此數十紙中頗多傷時之語,所謂春秋伏臘,仍懷故國之衣冠;歌詠篇章,不載興朝之歲月。然此先生一人志行,非欲强以教人,讀者分别觀之,但味其熟精經史、《騷》《選》之理,出言吐氣,雍容研鍊,未嘗非學爲文辭之一助,因進以窺先生平日讀書勤劬,考訂不倦,則所以示我後進以準的者爲更多也。　二十七年九月門人東安王鍾翰謹識。

題　辭

孟劬先生蚤爲名士,晚作逸民,際桑海之交,秉西山之節,明夷艱貞,遯世無悶,天懷高曠,悠然自得,如羲皇以上人。然而登山臨水,則百感交集,當歌對酒,則一往情深,慷慨激發,作爲篇章,莫不槪事興懷,用意深婉,其旨遠,其辭微,蓋《小雅》之遺,賢人君子發憤之所作也。此《遯堪書題》一卷,皆其平日讀書時隨筆題識,雖非所經意,然觀其低徊往復,因物託興,有憂世之心焉,非徒寫興亡之感而已。書中諸跋於梅村、牧齋頗有所獎借,而尤酷嗜梅村詩集,以爲身世之感異代同符。讀者疑先生何猥自卑下如此,余謂此蓋先生牢騷不平之氣,感於物而動,故斷章取義,隨事寄託,以抒其哀,猶之白樂天發憤於潯陽老妓云爾。不然,以彼二子之爲人,曾不足爲先生之徒隸,況肯引以自喻乎。先生跋《初學集》云:"每誦其遺篇,惜其人,未嘗不愛想其才。"可見先生之知人論世,不阿私所好,而亦不没其所長,此詩人忠厚之意也。余辱先生推許甚厚,自謂知先生者莫余若,故發其微旨如此,爲讀者告焉。　時癸未孟夏月,武陵余嘉錫題於北平寓廬。

遯 堪 書 題

錢唐張爾田撰
門人王鍾翰録

跋《吴注梅村詩集》坿補箋五十三條

余年十五,從先君行篋探得《吴詩集覽》舊槧本,愛玩永日,先母憐之,命恣所閲。生平治史,尤熟於明季故實,自兹始也。我生不辰,晚遇艱屯,改朔移朝,草間偷活,而斯編乃若豫爲之兆者。歲在癸秋,應聘蘭臺,白鶴東來,空餘華表,銅駝北望,還見長安,身世之感,異代同符,今又十五年矣。老革騰騫,纖民熾盛,寄身已漏之舟,流涕將沈之陸,舊集重温,緣纓霑臉,不知淚之何從也。丁卯七月遯堪居士題記。

陵谷貿遷,桑海一概,梅村易簀之命,茹苦含悲,殆不欲作第一流想矣。余生晚季,遭逢世革,早歲彈冠,委贄人國,今兹抱甕,屈跡泥塗,十七年中爲口奔走,鳩史東華,授經北胄,存遺獻於皇餘,庶斯文於聖滅,欲標靈預同物之勞,不潔子容詭對之跡,静言身世,與先生其何以異。所不同者,未面閏朝耳。昔姚察《陳書·序儒林傳》云:“衣冠殄盡,寇賊未寧,雖博延生徒,成業蓋寡。今之采綴,蓋梁之遺儒也。”每諷斯言,悲積陳古。異時知舊儻不死我,立一圓石,題曰“有清遺儒某某之墓”,足矣。息壤在彼,用敢附書。戊辰四月張爾田記。

聞之吾鄉邵蕙西先生言,曾見史可法奏報北都降賊諸臣有吳偉業名。《墓表》但云“丁嗣父艱”,《行狀》云“甲申之變先生里居梅村”,《年譜》於是年事亦語焉未詳,若有所諱者。然梅村南中曾登朝一月,解學龍所定逆案亦不及梅村,豈已湔雪歟。當時道路阻隔,擾攘之際,相傳有誤,容或有之,然亦南燼佚聞也。丁卯七月十八日燈下記。

《靳氏集覽》引古多舛,而搜耆本事實較詳備。程迓亭《箋》遺聞墜掌,尤資津逮,惜但有稿本未刊,後歸黃蕘圃、汪閬原兩家,近年流落坊市,余曾見之。此《注》未免太求雅簡,故世間仍行《集覽》有以也。頗思取二注及梅村家藏稿本《年譜》重治一通,而世亂方殷,經籍道熄,蟄居窟室,絶學孤危,視古人炳燭之明,用志不紛者,又一時矣。念之輒復慨然。丁卯七月遯堪再記。

生平於國朝詩極耆梅村、漁洋二家,吳詩於先母帷中讀之,故尤纏綿於心,集中名篇略能背誦。所蓄爲集覽本,枚庵箋注,徵引詳塙,遠軼靳氏,可媲惠氏《精華録訓纂》。舊得一本,旋復失去,今年於海上乃復收之。天方喪亂,小雅寖微,麥秀之感,豈獨殷墟黍離之悲。信哉周室,屬車一去,如聞黃竹之謡;華屋何存,空下雍門之泣。追懷曩緒,都成悲端,雖長歌不能當哭矣。丁卯六月張爾田記。

丁卯秋觀我生室重讀一過。集中諸作要以長慶體爲工,風骨不逮四傑,聲情駘宕,上掩元白,而蒼涼激楚過之,或疑其俗調太多,實則此體正不嫌俗,但視其驅使何如耳。陳雲伯輩效之,遂淪惡下,於此見梅村真不可及。五古若清涼山諸詩亦堪繼武,七律未脱七子窠臼,絶句則自檜以下矣。赤祲稽天,息影窮藪,輒復書之。

《吴梅村先生行狀》:"乙酉南中召拜少詹事"

談遷《北游録》:"順治乙未八月乙酉,是日御試詹翰四十八人,表一,疏一,判一。其表目上親征朝鮮,國王率其臣民降,群臣賀表。丙戌過吴太史所,太史口誦其表,極贍麗。"案梅村表文亦載《北游録·紀聞》。

"雅善書,尺蹏便面,人争藏弆以爲榮"

談遷《北游録》:"過吴太史所。昨夕上傳吴太史及庶吉士嚴子餐沅、行人張稚恭恂各作畫以進。太史方點染山水,明日共進。時朝廷好畫,先是户部尚書戴明説、大理寺卿王先士、程正揆各命以畫進。"案觀此則梅村又善畫,不獨善書也。

"葬吾於鄧尉靈巖相近"

談遷《北游録·紀聞》:"駿公先生又工詩餘,善填詞,所作《秣陵春傳奇》今行。嘗作《賀新郎》一闋:'萬事催華髮。論龔生、天年竟夭,高名難没。吾病難將醫藥治,耿耿胸中熱血。待洒向、西風殘月。剖却心肝今置地,問華佗解我腸千結。追往恨、倍淒咽。　故人慷慨多奇節。爲當年、沈吟不斷、草間偷活。艾炙眉頭瓜噴鼻,今日須難決絶。早悲若、重來千叠。脱屣妻孥非易事,竟一錢不值何須説。人世事,幾完缺。'"案孺木以順治十一年甲午入都見梅村,《録》中所記皆其時事,則《賀新郎》詞蓋早作,世以爲絶筆,非也。

《吴門遇劉雪舫》

五古長篇鋪敍如《北征》、《南山》皆風骨高騫,主賓凝互,故意境最高。梅村大都平衍,不過微之《昔游》之比耳,然而宛轉含淒,靡靡入妙,使傷心人讀之涕下,真情真景亦後來所難追步者。此首與《遇南廂叟》一篇在集中皆入妙,亦可謂異曲同工矣。

《送何省齋》

頹放冗蔓,長慶之遺。

"君家好兄弟"

《明季南略》:"何亮工南真,桐城人,宰相何如寵孫也。亮工少有逸才,爲史道鄰幕賓,史答攝政王書乃其手筆。順治丁酉舉孝廉,家南京武定橋。"

《清涼山讚佛詩》

此爲董鄂貴妃作也。妃薨於順治十七年八月,翌年正月世祖賓天,王文靖實親承末命,見於韓菼所作《行狀》。陳其年《詠史詩》:"玉柙珠襦連歲事,茂陵應長並頭花。"此紀實也。梅村此詠,鼎湖寓言,或當時傳聞之異,然詩特工麗。近有言於内閣舊檔發見順治二十一年題本者,余猶疑之。

近人陳援庵据《茚溪和尚語録》證明世祖及董鄂貴妃皆火葬,茚溪即當時下火之一僧也,吴詩疑案得此乃定。火葬本滿洲舊俗,日本傳抄《三朝實録》:"順治元年八月甲子,小祥,以國禮焚化大行皇帝梓宫。丙寅葬大行皇帝,中宫太后率衆妃及公主等詣焚所,舉哀畢,捧龍體安窀穸内,由中階升陵殿。葬畢,名昭陵,是太宗已火葬。"國初諸王如多尔衮等亦皆火葬,故外間有"焚骨揚灰"之謡。當時本不以爲嫌。後來修《實録》書,以其與中國禮教有碍,始諱之也。

"陛下壽萬年"

世祖信佛,當時必有傳爲不死之説者。木陳和尚有《骨龕侍香記》一書,乾隆間以其妖言詔燬之。梅村所詠,或具其中,恨不能一證也。

"從官進哀誄,黄紙抄名入"

徐健庵《憺園集》"送程周量出守桂林"詩註:"周量官内秘書撰文,曾進《端敬皇后誄》,爲孝陵所賞。"据此詩"從官進哀誄,黄紙抄名入"句,是當時進誄者不衹程可則一人也。

"微聞金雞詔,亦由玉妃出"

《世祖實録》:"順治十七年十一月,諭端敬皇后彌留時,諄諄以矜恤秋決爲言,朕是以體上天好生之德,見在監候各犯,概從減等;應秋決者,今年俱停止。""微聞"二句指此。

"南望倉舒墳"

倉舒墳謂董鄂貴妃所生皇四子榮親王。王生甫四月,順治十五年正月薨,見《世祖實録》。

"寄語漢皇帝,何苦留人間"

漢武學仙,章皇信佛,身局九重,神游八極,瑶池黄竹之謡,蒼梧白雲之想,寫來疑是疑非,滿紙俱化烟霧矣,不得作實事解也。

"房星竟未動,天降白玉棺"

觀"房星"二句,蓋謂乘輿未出而遽賓天也。前段假道安銜命勸其脱屣人寰,故以此兩句作轉捩,所謂"惜哉善財洞,未得誇迎鑾"也。第四首"色空兩不住"亦以此意作結,所云寓言,信矣。

"惜哉善財洞,未得誇迎鑾"

善財洞當在清涼山。此二句明言神游而非親到矣,是全詩點睛處,奈何解者不察,尚謂此山曾駐蹕耶。惜吴氏未注所出,容當詳考。《集覽》引《甬東游記》,未是。

《集覽》"房星"注引《晉書・天文志》:"房四星爲明堂,天子布政之宫也。房星明則王者明。"考《晉書・天文志》但云:"房爲天駟,亦曰天廄,主開閉畜藏。房星明則王者明。"其"明堂,布政之宫"乃指角外三星,不知《集覽》何以合而爲一,宜後人誤據解作帝星不動,而有法王行遯之疑也。吴注引《史記》注房星"主車駕",得之。

房星近心,心爲明堂,故宋均注《詩緯記曆樞》云:"房既近心,爲明堂,又爲天府及天駟也。"《晉書・天文志》:"房四星爲明堂,天子布政之宫。"實本此,但非本誼,本誼仍以主車駕爲正訓耳,注家未能分析。

"色空兩不住"

此首寫其陟降,所謂"翠華想像空山裏"也,而以"色空兩不住"一點,何等超妙。若以鴻都方士之寓言,解作西山老佛之疑史,恐非詩人本旨。

《琵琶行》

集中七古,此爲第一。中段寫琵琶聲激楚鬱盤,古音錯落,殆駕元白而上之,近人學長慶體者所不能爲。

《王郎曲》

此是長慶體之卑卑者,著語淡宕,故不惡,若更刻畫,便入魔道矣。奈何近人專喜此種。

談遷《北游録》:"過吴太史所,太史近作《王郎曲》。吴人王稼,本徐勿齋歌兒也。亂後隸巡撫土國寶,怙勢自恣。國寶死,逃入燕。今再至,年三十,而江南薦紳好其音不衰,强太史作《王郎曲》。先是,太史善病,每坐晤對,今病良已,詩繪自娱,因曰:'文詞一道,今人第辨雅俗似矣,然有用一語似雅實俗,有出於俗而實雅,未易辨也。'余聞之,瞿然有省。"案梅村此詩似雅實俗,孺木所記,其殆善於解嘲歟?

"古來絶藝當通都,盛名肯放優閒多"

都多唐韵不通,此用俗音取協。梅村詩用韵往往可議,蓋漸染明季填曲家不學之病也。

《蕭史青門曲》:"神廟榮昌主尚存"

今内閣舊檔有順治二年十二月二十四日養臣榮昌大長公主揭帖,是榮昌入本朝始薨也。

"盡歎周郎曾入選,俄驚秦女遽登仙。青青寒食東風柳,彰義門邊冷墓田。"

談遷《北游録》引孫承澤《春明夢餘録》曰:"公主名徽媞,甲申年十五,傷右臂肩際。明年九月成婚。丁亥卒。公主葬周氏宅旁,今地賜豐盛王,垣之不可入。在廣寧門内。周世顯,父國輔。"

《通元老人龍腹竹歌》

通元老人,湯若望也。談遷《北游録》:"入宣武門稍左天主堂訪西人湯道未若望,大西洋歐邏巴人,萬曆戊午,航海從江浙入燕。故相上海錢文定龍錫以治曆薦。今湯官太常寺卿,領欽天監事,敕封通元教師,年六十有三,霜髯拂領。"《疇人傳》作"敕賜通微教師",誤,當據此訂之。

彭孫貽《客舍偶聞》:"利瑪竇精天文律曆,以西洋曆法論改曆事,湯若望等續成之,名《崇禎曆書》。世祖定鼎北京,遂用之,名《時憲曆》,賜若望號通元國師,賜一品服。"

《田家鐵獅歌》

談遷《北游録》:"入宣武門大街,久之道側鐵獅二,元元貞十年彰德路造,先朝都督田弘遇賜第,獅當其門。今門堙而獅如故也。吴駿公嘗作歌。"

"盧溝城雉對西山,橋上征人竟不還。枉刻蹲獅七十二,桑乾流水自潺潺。"

《北游録·紀聞》:"蘆溝橋石獅兩行,共三百六十有八。"

《題崔青蚓洗象圖》

《北游録》:"過吴太史所,云往時大興孫清隱有高節,畫山水人物,追蹤古人,亡子。甲申遭亂,餒死。其畫多傳。太史題其洗象圖。"孫清隱即崔青蚓音訛,孺木殆聽之未審也。

《臨淮老妓行》

談遷《北游録》:"午過吴太史所,太史作《臨淮老妓行》甫脱稿,云良鄉伎冬兒善南謳,入外戚田都督弘遇家。弘遇卒,都督劉澤清購得之,爲教諸姬四十餘人,冬兒尤姝麗。甲申國變,澤清欲偵二王存否,冬兒請身往,易戎飾而北至田氏,知二王不幸,還報澤清,因從鎮淮安。澤清漁於色,書佐某亡罪殺之,收其妻。明年澤清降燕,而攝政王賜侍女三人,皆經御者,澤清不避也。居久之,内一人告變,攝政王録問,及故書佐之妻,澤清謂書佐罪當死,故妻明其非罪,且摘澤清私居冠角巾諸不法事。澤清誅,下冬兒刑部。時尚書湯嘗飲劉氏,識之,以非劉氏家人,原平康也,得不坐,外嫁焉。吴太史語訖,示以詩云云。"此梅村口述也,較注家爲詳,宜附載之。

《七夕即事》

帷簿之事,跡涉曖昧,無從證明,史多不書,乃其慎也。詩則不妨,或一事之偶聞,或一時之託興,悱惻纏綿,而以微語出之,襍事秘辛,未嘗不可與正史同傳。若欲取以證史,以若明若暗之詞,易共聞共見之實,則繆矣。箋梅村詩者當知此意。

江陰夏閏枝語余此詩詠孝莊下嫁事也。細味此詩,實無下嫁之事,乃因多爾衮納肅王妃而傳訛者,余撰《清后妃傳稿》已辨之,且其時乃順治七年正月,非七夕事也,惟順治十一年静妃廢,旋聘孝惠爲妃,六月册立爲后,與詩"重將聘洛神"相合,所謂"衹今漢武帝,新起集靈臺"也。多爾衮未正位,安得以漢武爲比。第四首"花萼"四句當有本事,今無可考,要之必非指孝莊也。

湯若望《日記》:"世祖一寵妃乃一親王亡妻,此親王□辱其妻,爲世祖所責,氣憤而死,世祖遂納其妻。"寵妃不知所指何人,似可與花□□相印證,但湯若望日記乃近日德人重譯,其真贋尚須待考耳。

程迓亭箋謂此詩詠董鄂貴妃事。第四首"淮南"二句指貴妃先喪皇子也,然董鄂妃薨逝在順治十七年八月,似與七夕無涉,仍當闕疑。

又案孝莊無下嫁事,而宫中秘事容或有之。亡友王静安曾見舊檔案審訊多爾衮黨與,有一供詞涉及無禮太后事,惜未全記。此詩所詠，殆指是歟？“重將聘洛神”謂納肅王妃也，“沈香”二句其新孔嘉之感。三首極寫深宫望幸之意，而以“夜如何”作結，所謂詩人微詞也。第四首則多爾衮薨逝，“南内無人牽牛，誰候正頂淮王”兩句也。如此解之，詩意全通。首句“西王母”一點透出作詩本旨，正不必作下嫁解也，似亦可備一説，然宫禁深嚴，外間傳聞豈能盡實。嘗見《北游録》載梅村談論，按之事實，亦多有未碻者，終不如就詩論詩，泛作宫怨，較無穿鑿耳。

《雜感》：“聞説朝廷罷上都，中原民田未全蘇。”

《甌北詩話》云：“順治七年攝政王以京師暑熱，欲另建京城於灤州，派天下錢糧一千六百萬。是年王薨，世祖章皇帝特詔免此加派，其已輸官者准抵次年錢糧。”所謂罷上都，正指此事也。

“珠玉空江鬼哭高”

《甌北詩話》云：“張獻忠亂蜀時聚金銀寶玉，測江水深處，開支流以涸之，於江底作大穴，以金寶填其中，仍放江流復故道，名之曰‘水藏’，所謂‘珠玉空江鬼哭高’也。”

“取兵遼海哥舒翰”

哥舒翰無取兵遼海事，聞之故老，“哥舒翰”乃“桑維翰”之訛。詩以桑維翰通使契丹比吴三桂之請兵我朝，當時或有所諱也，亦烏桓作烏孄之類矣。

《國學》：“伏挺徒增感遇心。”

《梁書》：“伏挺少有盛名，又善處當世，朝中勢素多與交游，故不能久事隱静。時徐勉以疾假還宅，挺致書以觀其意。”梅村之出，由海寧、溧陽二相所薦，故詩用挺事。注引《南史》，未詳詩意。

《江上》

全謝山《定西侯張名振墓表》：“癸巳，公以軍入長江，直抵金、焦，遥望石頭城，拜祭孝陵，題詩慟哭。甲午，復以軍入長江，掠瓜、儀，深入侵江寧之觀音門，時上游有蠟書，請爲内應，故公再舉，而所約卒不至,乃還。”癸巳爲順治十年,甲午順治十一年,此詩所詠者是也,非指十六年鄭成功陷鎮江事。

《李退庵侍御奉使湖南從兵間探衡山洞壑諸勝歸省還吴詩以送之》

聞之故老云,侍御之先開藥肆於洞庭東山,侍御即山居讀書,應試則仍回原籍,故注云“吾吴之洞庭人”。

《太湖備考·選舉志》中載:“東山李敬,順治二年乙酉科舉人,四年丁亥吕宫榜進士,江寧籍。”

《送趙友沂下第南歸》

談遷《北游録》:“求吴太史書二綾,蓋方庵二南所懇太史昨秋送趙生南歸詩:‘趙氏只應完白璧,燕臺今已重黄金。’二南甚愛其句,特書焉。”

《即事》

談遷《北游録》:“先是,傳詞林十四人修《順治大訓》於外宅,吴駿公太史與焉。”又云:“初正月末,太史召入南苑纂修《内政輯要》。在南苑時再被召,知其抱疴,放歸,則二月之八日也。”此詩蓋梅村召赴南苑修書時所賦。

《北游録》又一條云:“吴太史家幹至,云昨召入南海子纂修《孝經衍義》,同官六人,總裁者涿州也。”

《長安雜詠之二》

順治九年,達賴喇嘛入覲,世祖敕居黄寺。此詩所詠是也。

《思陵長公主輓詩》

《北游録》引張宸《記事》云:“甲申春,上議降主,時中選者兩周君,其一即都尉也。其一人内臣糾家嘏失謹,即掖群内侍環都尉,驩曰:‘貴人貴人,是無疑矣。’順治二年詔故選子弟,都尉君應詔赴。是時有市人子張姓者冒選應。既得之矣,召内廷,給筆札,各書所從來。市人子書祖若父皆市儈,則大叱去,曰:‘皇帝女配屠沽兒子?'命都尉書,則書父太僕公,祖儀部公,高、曾以下皆簪纓。遂大喜,曰:'是矣!'即故武清侯之第,賜金錢斗車,莊一區,田若干頃,具湯沐,成吉禮焉。時乙酉六月上浣事也。公主喜詩文,善鍼紝,視都尉君加禮。御臧獲吴語,隱處即飲泣,呼皇父皇母,泣盡繼以血,以是坐羸疾。懷娠五月,於丙戌八月十八日薨,淑齡十有七耳。都尉藏所遺像,右頰三劍痕,即上所擊也。老内侍見輒拜,曰眉似先帝云。"

《讀史偶述》

此數首皆我朝入關後禨詠,金鑾祕事,都市瑣聞,懷舊話今,咸有故實,非爲前朝捃逸也。

其十二"寂寂空垣宿烏驚"

《癸巳存稿》:"今世襲墨爾根王府在東單牌樓石大人胡同,乾隆時所立也。其舊府據《恩福堂筆記》在東安門内之南明時南城(今瑪哈噶喇廟)。吴梅村《讀史偶述》詩其地址俱合。"蓋撤封以其女及養子家産人口給信王,故詩曰"空垣"也。

"七載金縢歸掌握,百僚車馬會南城"

《甌北詩話》云:"南城本明英宗北狩歸所居,本朝攝政王以爲府第。朝事皆王總理,故百僚每日會此。"順治七年王薨,故云"七載金縢"也。

彭孫貽《客舍偶聞》:"墨勒根王初稱攝政王,次稱皇父,繼而稱聖旨,適大同堅守,九王親赴,行間道病而殂,其事甚秘。胡良輔與索尼、蘇克撒哈等合謀,盡誅九王子孫,焚王骨,揚灰,世祖始克親政。"案焚骨揚灰事亦見吴三桂反時上聖祖書。睿王實薨於哈喇城,非大同。姜瓖之役,胡良輔即内監,吴良輔其時尚未攬權,皆傳聞之誤。

《讀史有感》

《讀史》八首亦爲董鄂貴妃作,可與《清涼山讚佛詩》參觀。

其五

此首分明寫出胭脂山畔女兒狀態。近有妄人以董小宛强附會董鄂貴妃,俗語不實,流爲丹青。無論年不相及,而南人嬌弱,亦豈有射雕好身手耶。陳其年水繪舊客,其《讀史》詩亦云:"董承嬌女拜充華。"無一語涉及如皋,可以互證也。

《偶得之二》

《甌北詩話》云:"此首乃順治九年拏獲京師大猾李應試、潘文學二人正法之事。"

《題冒辟疆名姬董白小像之八》:"墓門深更阻侯門。"

結句蓋言零落之悲甚於攀折之苦耳。若果生入天家,死留青冢,複室永蒼,又豈侯門之足擬耶。梅村最講詩律,不應用典不倫,固知捫籥之談不可信也。

《古意》

《古意》六首,蓋爲世祖廢后博爾濟吉特氏作。后於順治十年八月降静妃,改居側宫,見《世祖實録》。此詩殆世祖崩後作,其時静妃當尚在也。

《仿唐人本事詩》

《世祖實録》:"順治十三年六月,諭定南武壯王女孔氏,忠勳嫡裔,淑順端莊,宜立爲東宫皇妃,候旨行册封禮。"第一首指此,《古意》六首則爲静妃作也。

跋《皇明通紀》金陵摛星樓本

此書多載野聞,不盡據《明實録》,自萬曆中葉始流布,清瀾未必盡見,故賅洽遠不及弇山,惟其敍述謹嚴,議論迂而不腐,在野史中要爲可取。乾隆時此書曾列入禁燬,故傳本絶稀,細閲之,亦殊不見違礙之處,中間所記建州兵事數條,亦復語焉不詳,不知何以罹焚坑之禍也。是本舊藏獨山莫氏,余得於滬上。甲子夏四月記。

《憺園集》謂此書本梁文康之弟億所作，故多譽兄之言，考書中惟載文康不草詔事，不無溢美，然亦本之《鴻猷録》。清瀾非盗人書者，要之，所采私家野記既多，失於勘正耳。孟劬再記。

《野獲編》："隆慶間給事中李貴和上言：'我朝列聖《實録》皆經儒臣纂修，藏在秘府，陳建以草莽僭擬，已犯自用自專之罪。況時更二百年，地隔萬餘里，乃以一人聞見，熒惑衆聽，臧否時賢，若不禁絶，爲國是害非淺，乞下禮部追焚原板，仍諭史館勿得采用。'從之。但板行已久，俗儒淺學多剽其略以誇博洽，至是始命焚毁，而海内傳誦如故也。近日復有重刻行世者，其精工數倍於前。"是清瀾此書當日已遭禁網，此萬曆刻本殆即所謂重刻精工者。清瀾理學之士，非良史才，其識議亦不過劉時舉輩一流，乃區區短書，明清兩朝再罹五厄，而仍傳於世，亦云幸已。孟劬重閲題記。

跋《郁離子》照曠閣本

青田此書已開明人摹古風氣，然較諸嘉隆小品，尚有雅趣，惟多列子目，殊乖體例。六朝以降，子學絶矣，有志成就者不過如是，資爲好文者漁獵，亦弗滅也。甲子夏得於滬上博古齋，遯堪居士記。

青田文殊有骨力，而學則襍霸，同時潛溪、正學其才皆足以著書，所成者大都短篇，學限之也。嘉隆以後一變而入於贋，高者摹周秦貌，爲有道之言；其下者江湖譎觚，榛稗弗剪。國朝考據家出，盡取矯誣者易之，涂轍一軌於正，而文事趨俗，又不如前。三百年來有意自成一子如《激書》、《潛書》等不過數種，人亦罕道之者，學無本原而勇於襲古，未有不躓者也。學是矣，而病徵於文，則亦不能以行遠，二者交譏，成家之書所由難覯與。是書雖未洞極奥微，而雋永不窮，頗可憙，爲饜芻豢者一思螺蛤時復得少佳趣。展閲竟，輒書於第一卷之尾。

跋《元遺山詩集箋注》南潯瑞松堂本

自古亡國桑海之際,歌采薇,蓐螻蟻,大都氣類相感,易於縈結。遺山不幸爲金源碩子,雪涕南冠,其言哀婉,而其志則隱矣。余生不辰,學行無似,而身世之遇乃若或同之。昔遺山慨故國舊聞,自我放失,汲汲焉欲以文獻爲己任,又上書元世祖,力護儒教。今則《實録》雖存,而仇敵罵譏,有甚於放失者,邪説殄行,猾夏之言,不出諸異族,竟見之於服古誦數之徒,比之遺山所遭,不尤酷耶。青編絶筆,誰傳擄亂之書;白首離群,遂瞑銜冤之目。惟差足自慰者,則崔立之碑少此一事耳。遺山詩刻最多,而北研箋注墜聞瑣掌,搜舂較詳,志事顯晦,賴以考見。此本曾藏丹徒趙氏,尚是初印,每一展誦,彌襟慨然。乙丑秋七月遯堪張爾田題記。

跋《定盦文集》同治七年刻本

余髫辮誦定盦文慈母帷中,中間肴饌百家,整齊六籍,籀三千年史氏之簡,與定盦涂轍或合或不。年三十矣,治文章家言斐然,不自揆度,成《史微》三十餘篇,既殺青可繕寫,世或以定盦託我,謝未遑也。雖然,定盦之文奇而吾之文正,定盦之文隱而吾之文由隱以至顯。定盦文圓而神,法天;吾之文方以智,效地。至於覃微極思,遠見前覩,則未知於定盦何如也。會稽竹箭,東南之美,得一定盦而余小子乃恢其緒,斯亦足以自慰矣。赤眚稽天,坤軸將毀,藏山之業粗成,襄陵之禍已及。魂魄一去,便同秋草,日暮塗殫,聊復書之。丁卯二月遯堪居士張爾田記。

《定盦文初集》、《續集》當出自定,故最精美。《古史鉤沈論》壬癸之際,胎觀皆非一世之言,即考訂蒙古輿地等,文類覈實,有資國掌,所謂"老波瀾"者。其後平湖朱氏刻《補編》,多少作及不經意之作,詣力未醇,可存者寡。坊間所行尚有《讀内典》諸篇,亦未能閎深，大抵皆棄滓也。當道光之季，席乾嘉豐熾之敝，舉國酣嬉，學者鑽尋故紙，苦志疲精於襞績之中，殆不知戴而游者爲何世，患氣所乘，横潰已伏。乃有人焉，發寐於天，斯亦異歟。老氏有言："前識者，道之華而亂之首也。"非亂之首，亦無以貴前識。今去定盦不及百年，吁其諭矣。愚者不察，不能原亂之何以首，而乃傳過於前識者，故夫智士所以至死而不顯於世也。定盦猶幸以其文傳，是則定盦之哲也，悲夫。丁卯二月遯堪再記。

余少好定盦文，今老矣，好益篤，嘗衡三百年文士之卓卓者，汪容甫及定盦而已。容甫文從經出，定盦文從子出。容甫學漢魏，不寫放其貌而取其神；定盦學周秦，不規橅其辭而得其意。是二家皆與古代興者也。定盦憂患來世，其言尤危苦，語極諔詭，意蘊沈悲。天方降瘥昊會，豐昌之土淪爲山越，衰病徂年，鍵户獨處，炳燭誦斯集，迴憶三十年前，又一人間世矣。所以哲者不苟作，必顯一世常然之符也，詎不信歟。丁卯元夕燈下記。

光緒庚子，余年二十餘，居舊京，遭拳寇俶擾，避地白浮邨，即集中《記昌平山水》所謂"百泉"也。行篋盡捐，獨以此書自隨，繁憂猥濊，取代萱樹轍環，所届亦未嘗一日而離，到今春丁卯，三十年矣。老逢世革，煢然草際，横政殄行，再罹赭亂，文武之道既盡，生死之路皆窮。炳燭餘光，發我寤思，斯册也。殆將與身偕殉歟。海上觀我生室讀重記歲月。

跋《定盦文集》道光原刻本

定盦史識出於天授，幼爲段金壇外孫，從受訓故，從劉申受治《公羊春秋》，又與江子蘭游，聞彭尺木佛學緒言，讀《大藏》，與程大理同文講求四裔掌故之學。學不名一家，而皆能洞入其奥藏，寤思孤創，一用以資爲文，故其文千光百怪，奔迸四出，九流諸子，靡所不涉。同時魏默深雖竭力追逐，未能或之先也。然要其得力造端,則亦實從《唐文粹》蜕化得來。凡學漢魏之文,其變也無有不匯歸於《文粹》者,特定盦天分高,不貌襲而神與之合,淺識者易爲其所怵耳。世人競尚桐城,但見八家以後之古文,詆之爲贗品,亦固其宜。文如居士得原槧本,屬陳君公睦手録蘭甫先生評語,命爲題志,余因著定盦之學術淵源如此,使後之人無徒以怪目定盦也。張爾田記。

跋《韓詩外傳》亦有生齋校刊本

《韓詩外傳》以趙校本爲最善,此味辛先生親贈合河康綸鈞者,卷首有其題識。考李申耆所作《康公太夫人顧氏神道碑》,綸鈞爲廣東巡撫紹鏞兄,官至通政司參議,一門華膴,籍甚當時。是册曾藏繆筱珊丈許,丈下世,遺書散盡,余乃得之。嗟乎,泰壇毁矣,泯夏滔天,赤祲若墨,神州奥區,淪爲鼠壤,白屋且薪,青箱何有。重是承平故物,篝燈披誦,但增衰泫。丁卯春客海上觀我生室讀記之。張爾田。

跋《陸士衡文集》明正德覆宋本

二陸集宋槧難觀,此正德影倣,所謂下真跡一等也。汪士賢本即從此出。吴興陸氏據宋刻校勘異同數處,今刊《群書拾補》中,可以迻録。此爲漁洋舊藏,余得之京肆者。世亂方殷,文藝淪喪,惵惵黔黎,傾羲靡旦,斷流之禍,劇於典午。辰且非我,遑言長物,五百年故楮,會與玄陸同盡耳。丁卯仲春蟄居山越之鄉,蒿目羅刹之化,重展舊集,輒復書之。遯堪居士張爾田記於海上觀我生室。

跋《抱朴子》嘉慶癸酉金陵道署本

《抱朴子内篇》孫校最善,《外篇》乃繼昌校刊,精審遠不逮,惟

《外篇》附校勘記及佚文，爲平津館本所無耳。稚川之學，饌飫百家，博辨是其長擅，而閎深遜之，然文極優美，有《論衡》風趣。魏晉之間，經術告謝，子學肇興，今載列《意林》等書者無慮十餘家，求其卓然與《抱朴》匹，卒亦無有，然則此書不可謂非九流之後勁也。赤熛疾威，黔首昏墊，逃名九罭，已無視月之儒，猾夏一朝，遽改經天之步。大藥未成，浩劫已及，沖舉之術無階，元素之業墜地，鑽閱終篇，龍鍾橫集。丁卯春爾田記。

跋《讒書》拜經樓正本

唐之季也，大盜移國，諸方幅裂，一時清流，群醜梁德，寄命偏朝，若韋莊、王定保、羅隱輩皆是，惟韓致光客南安依王審知，雖預上賓，皭然不滓，倏乎遠已。余昔有詩云："臥聽除書萬里天，紅巾鳳蠟淚淒然。江東衹有羅昭諫，卻説燕臺費料錢。"蓋惜之也。《讒書》五卷，其言未能閎深，大抵舉子行卷之作。隱連不得志，於有司緝之以洩憤耳。文奇崛猥濊，頗褉纖俗，晚唐之末流，而亂世之頹響也。然而有望治之思焉，是其不可磨滅也歟。丁卯秋養病海澨得此書，記之。張爾田筆。

丁卯七月晦海上觀我生室讀，適聞陪都被兵，赤徒星迸，天疾有定之威，人懷其蘇之望，幸擠蓬蓽，理亂非我。是夕微涼，病中竟數紙，頗窺文術異同，炳燭之明，蕭然室處，重親丹槧，亦餘生一樂也，因題之卷尾。孟劬記。

跋《真誥》明萬曆刻本

右《真誥》二十卷，分類七，始運題象，終翼真檢，《敍録》云："仰範緯候，取其義類，以三言爲題，曰'真誥'者，真人口授之誥也。"案紀文達《筆記》謂扶乩起於宋，或謂請紫姑爲乩之始。《夢溪筆談》言博士王綸家有《紫姑神集》，即今之乩詩。實則此術古巫覡皆優爲之,特巫覡降神,但憑口傳,祝由治病,乃其先例。祝字從口,交神會意,祝由略如西方之催眠術,再進則能符籙矣。今道家諸符似籀似篆,諗知出秦漢之際,又再進則有能章草者矣。此書載楊羲、許謐及其子玉斧所書諸真降神事,有詩有諭有問答,即乩之濫觴也。楊、許二氏殆精是術者,溺道者一切以爲真,而儒者又斥之爲妄,而豈知彼固神秘之一端歟。神仙家《漢·藝文志》載入方伎,本醫之支流,而巫又爲之源。《論語》巫醫並舉,而巫先於醫,厥理可推。後世方伎專重服食導引,或假巫覡之術以神之,張角太平道、張陵五斗米道,其始皆以治病惑愚民,尚不失其初意。漢《巴郡太守樊敏碑》云:"米巫兇虐,續蠢青羌。"《隸釋》謂米巫指張修與張魯是也。米巫之稱至當,碑立於建安十年,此當時人所目者,後乃諱巫而稱之道耳。陵造作道書,始主以五千言都習,然道書出魏晉間者,或談黄白,或演符禁,雖以長生爲歸墟,猶不甚附會老莊,老莊貴養生,理與醫通,故道書援之,又墨家古祝史之術,《抱朴子》記道書有《墨子枕中五行記》,是雖僞造之迹,尚有統緒可尋。亦絕不苦録佛經。《魏書·釋老志》稱張陵傳天官章,其稱劫數頗類佛經。案此乃依附緯候,景射内典,是竊佛最隱秀者。其後陸修静、寇謙之輩出,乃益靡耳。《隋·經籍志》著録道經三百餘部,其中當有出於神秘如乩之所爲者,故《志》云:"所説之經,皆稟元一之氣,自然而有是也。然亦有人所依託者,自昔已不能區别,蓋雜糅久矣。"六朝太平道寖亡,士流所奉皆五斗米道。此書相傳陶隱居撰輯,亦鵠鳴羽翼。書中晉代年月以長術推之多覈,《梁書》稱隱居著《帝代年曆》,又嘗造渾天象,云修道所須,非秪史官是用,是其人本長步算,至於齺齪澡累,詄蕩多文,麗詞褥旨,芬然溢目,使人尚可考見古代靈學之一斑,較之宋元方士陰陽郛廓之談,要爲近古也。戊辰閏月寫似湖南先生,張爾田書於浦上觀我生室。

跋《水經注箋》萬曆刻本

《水經注》前明行世者,以黄省曾、吴琯二刻爲最善,鬱儀王孫又據二本爲之箋校,精博實出其上。乾隆間戴東原校官本,雖依《永樂大典》,而左右采獲,擇善而從,往往與之闇合。先是,趙東潛病朱箋疏略,爲《水經注釋》,又作《刊誤》十二卷,而槧本乃在。其後别本流行,多符官校,遂有竊趙襲戴之疑。學者承習新書,怠窺舊録,飲水忘源,吁可歎矣。今春得見此本,詳碻誠不及近儒,而創通大較,厥功甚勤,不有朱氏,戴、趙二家亦不能憑藉成其業也。庶存託始之真,以備思誤之適,後之覽者或無瞢焉。戊辰三月張爾田記。

跋《晉略》道光己亥刻本

保緒此書有聲當世,鄉前輩譚復堂亦極稱之。觀其穿穴群籍,錯綜本始,敍事簡而有力,下筆質而不俚,雖襲舊典,獨見鎔裁,洵乎别史之良已。屬文律度,思規六朝,捶字造語,頗復不類,承輓季文敝俗,尚未能盡滌變流,競則有餘,追大雅而不逮,道麗之辭,無聞焉爾,斯其類歟。然當嘉道之末,嵬儒淺夫,群溺於考據餖飣之學,成家宏作,有此斐然,亦可謂不自詭隨者也。我生不天,老逢世革,横政肆威,纖民熾盛,崇非禮之言,滅禋聖之典,經籍道厄,甚於典午。昔魚豢表隗禧七人爲魏儒宗而論之曰:"處荒廢之際而能守志彌敦。"每味其言,未嘗不悲之。炳燭餘明,寄之吟諷,聊以亂思遺老,亦庶幾後之觀者知余業焉。戊辰三月遯堪居士張爾田記。

書中諸論卓有風軌,雖學六代,神思不侔,良由隸典太纖而用字近獷故也。何謂纖?陳畫餅以餽餒,集蓉裳以禦冬是已。何謂獷?鯨吞鯢啖,鼇跛揶怒是已。昌黎嘗言爲文宜略識字,而所作横空盤硬,往往失於帖妥,其流至《曹成王碑》而極矣。初唐四傑結體淺俗,然尚不至於纖,五季四六繁興,斯敝遂多。何則?獷實古文之末歧,而纖又麗詞之衰響也。必去此二失,方可與言六朝,惜周氏生嘉道間,未曾講求及此,獨其駢散不分,文筆互用,深得古人潛氣内轉之妙耳。見稱於時,固其宜也。孟劬再記。

跋《經義圖説》嘉慶己卯褱露軒本

此書蓋爲當時帖經而作,考訂不甚有法,惟徵引諸儒舊説尚不墜策括腐陋結習。塾學恥不知經,宜穆堂先生歎絶倫也。嗟乎,天步初更,侮聖滅典,今又一時矣。前經往誥,尚有墜地之痛,遑論舉業。每讀此書一過,想見士生承平服古藏修之樂,惟今之人不尚,有舊言之,歎息彌襟。南宋坊刻《重言重意九經》,世尚多寶之者,然則是書雖兔園册子,亦乾嘉文物之所繫,又安可以敝帚而棄之哉。近見此類書甚夥,輒復收存記之。戊辰夏張爾田。

此書多據《周禮》爲説,兼采及宋明諸儒舊解,每一制度必詳其義,雖所列之圖不甚可據,然較之考古家專蔽於名物度數者,轉復勝之。桐城人士治經,宗程朱而不廢義理,此書殆猶有其鄉先輩風烈者與。孟劬記。

跋《初學集箋注》玉詔堂刻本

牧齋文非駢非散,蕪音凡藻,不脱明季俳習,而詩則沈博騫翥,浩瀚流行,在當日卓然爲一大家。遭時禁燬,江漢文章,不能與梅邨斑管同其論定,要其風采自足千古,又豈區區文網所得而錮之。遵王親承硯席,藏書滿家,詩中故實,尚多有未盡舉其出處者,虞山腹笥,故應獨步。余生也晚,每誦其遺篇,惜其人,未嘗不愛想其才。滄海横流,今又改朔矣。棲閑守志之業無聞,刮語燔書之禍再見,士習舶來之文,家乏世寶之典,羽陵片蠹,流傳日希,彌足珍異。此本曾藏獨山莫氏,有其朱印,惜《有學集》缺首六卷,當由藏家畏遭時忌抽去,而《初學》一集特完,遂買得之。掃地焚香,寄之吟詠,固猶勝於《蘭亭》落水之阨也。己巳小春錢唐張爾田題記於觀我生室。

跋《綏寇紀略》時賓堂原刻本

明季野史多淩襍無體,惟梅邨此書具有史裁,敘事詳核。其述武陵功罪,不徇黨見,尤爲精采,足禆正史。全謝山譏其爲降賊之張縉彦出脱,且疑出鄒漪竄改,由今觀之,殊不盡然。大抵玄黄之際,草野愛憎,往往與當事者異趣,是非互陳,而微其詞,斯良史也。三百年來史學衰替,士皆溺於考古,成家斐然之書或不爲人所重視,甚且從而詆之,亦可慨矣。此書剪裁有法,簡絜詳盡,文尚典縟,殆非梅邨不能爲。照曠閣有重刻本,據原稿校改多處,然《虞淵沈》爲梅邨未竟之業,張氏所補亦不類,要仍以斯本爲較古也。張爾田記。

朱竹垞稱,梅邨以順治壬辰舍館嘉興萬壽宫輯此書,以三字標目,倣蘇鶚、何光遠例,蓋梅邨未官本朝,所作繫情文史,亂思遺老,出山本非其志。今者麥秀殷墟,棘埋晉陌,滔天之禍,劇於汴水,妖亂之志,誰續廣陵。篝燈勘此書一過,又不禁感慨繫之矣。張爾田海上觀我生室讀。

談遷孺木以順治十一年入都,所著《北游録》有一條云:"三月辛丑,吴太史示流寇輯略。"蓋即此書原名也,則書出梅邨手益信。孟劬再記。

明季記流寇事者多種,皆不甚傳。彭仲謀《流寇志》全謝山尚見之,然謝山摘其失實處甚夥。蓋賊情萬變,傳聞異詞,苟非身在局中,自亦不能無誤。要之,巷談道聽,恒不如朝聞者之較碻,則以邸鈔疏報雖多諱飾,終不能大遠於事實也。梅邨成書於朝,固與野紀不同,此其所以傳歟。孟劬。

全謝山述林太常蠒菴之言,謂此書一名《鹿樵野史》,出一遺老之手,梅邨得之,遂以行世,殊非覈論。案梅邨自號鹿樵生,見所作《玉京道人傳》,《鎮洋縣志》亦云梅邨有鹿樵書舍,則非出他人之手可知。大抵梅邨此書憑藉資料必有所本,而又參以邸報奏牘,精心結撰,抒軸自別,此則可信者也。余最愛其敍述精采處筆健味腴,深得《史》、《漢》神髓。法必從古而事不偕今,後惟魏默深《聖武記》有此意趣耳。惜此本有缺葉脱字,當求善本一補之。横流方羊,六籍湮阨,崦景西暧,寄諸敝帚,每覽遺篇,增我永喟。己巳十月孟劬再記。

全謝山跋此書謂:"鄒漪議論附見《綏寇紀略》者,頗爲李明睿粉飾,又譏其盛稱請南遷之疏同符吉水,幾得施行,而爲光時亨所阻。"今案鄒氏案語見之於本書者,惟首卷曾引明睿之言,稱之爲吾師,他無所見,豈謝山所譏,見其所著《明季遺聞》中歟,抑或此書别一稿本也。君子不以人廢言,謂之粉飾,亦殊過當,鄒漪生平之壞,恐不在是也。孱守生坿記。

《九江哀》

此篇敍良玉少年及從侯恂事,多本之侯朝宗所作《寧南侯傳》。朝宗之傳雖不無文飾,然神采飛動,直逼腐遷,實爲桀作。而梅邨又與朝宗交善,觀其集中《楚兩生行》及《贈蘇昆生絶句》,其嗟歎於寧南也至矣。馬、阮毆東林,反使良玉收其名,一時清議固應如是。謝山治史,好惡過情,乃謂此書不出梅邨手筆,此未細考梅邨平時言論者也。厚誣前輩,可謂疏矣。彼鄒漪者因人成事,豈可與其師較優絀,迴護梅邨而妄以竄改坐之,亦獨何哉。孟劬閲竟再誌。

鄒漪刻此書在當日幾得禍,梁曜北有跋云:"鄒流綺以故人子弟之義,賣屋剞劂,因借當事姓名參評,逮繫獄,禍幾不測。舉家號哭,悉焚他書,笥槖一空。施愚山、曹秋岳諸公力爲解捄,乃得釋。

其實書中絶無觸犯處也，蓋自莊氏史禍發生，談勝朝軼事者多懼羅織，加以官吏誅求，仇家告訐，文網之密，孰不寒心。此本無參評姓氏，殆已抽去，刻書列參評人名，本明代結習，而株連者動興大獄，鄒氏之觸忌以此，非必其書之果有違礙也。嗟乎，漢禁挾書，周設監謗，由今觀之，亦復奚益，徒爲藏家增其價值耳。"

跋《揚子法言》石硯齋重刊宋本

王逸稱雄書褋錯而無主，然論不詭於聖人。宏範依違儒玄，不寄情於一異，其於揚旨，掇之而已。群言鉤釽，亂極於今，將復欲恢弘聖緒，則此書爲先，匪獨其文之懿也。辛未首夏得本於故京記之，張爾田畏吾邨舍書。

宏範注清言溢目，大類皇侃《論語疏》，其論老氏絶學，非爲教之權，莊生妙寄，失處中之照。晉人尚玄，斯唱居然詣理音義一卷，殆是治平監學刊定所加，秦説謂五代宋初人作，未的。四月晦重記。孟劬。

子雲寂寞，既演玄文，又吐法言。兩漢篇家，純儒者寡，惟《中論》差堪庶幾耳。辛未間薄游舊京，得本於廠客。目眚彌時，鑽閲莫津，曾靡處度之，方懼罹興嗣之酷，隨身大牛篋，殆與苴潰同栖矣，絫欷奈何。孟劬。

跋《洛陽伽藍記》乙卯誦芬室本

羊衒之此書遒麗峻絜，雅與酈亭並美，劉知幾稱其有子注，今無可考。吴若準本乃依此説讀定，蓋用全謝山校《水經注》例也，不知六朝文妙正在敍事委細，脈絡蟬聯，若一簡之内正書錯注，魚貫齊行，語未斷而已生，文逐句而輒作，求諸古雋，意不其然，書缺有間矣，無爲苟便綴學，顛倒囊籍也。辛未五月，爾田書於海甸郊廬。

跋《述學》原刻本

容甫清劭之才,高漸六代,遒文澹采,懿美天然,而特多考訂之篇,豈所謂局於時者耶。集中《左氏春秋釋疑》卓有史識,《老子考異》意存翻案,純搆釀辭,斯爲最下,《墨子序》破立無準,輕彼家邱,亦非好通,而盛賞到今,信乎識曲聽真,貴在牙曠。此本原槧有江都薛氏藏印,辛未得於舊京,篋中所弆,斯爲第三本矣,記之。爾田。

容甫文出入經誥,無意寫放,而動合自然,其尤美者有魏晉之風,所次《廣陵通典》古茂似道將《華陽》,考訂諸篇吐辭温潤,不尚朴直,亦皆稱是。宋元已降,鮮能及之。余以衰晚,薄游舊輦,世方滅典,天將喪文,撫兹遺編,誰契元賞。異代相望,歎息彌襟。辛未五月爾田重記。

跋《河套志》寓園刻本

河套本中國地,自宋金淪於西夏,元滅夏,置中興等路,後廢,屬東勝等州。一代建設,史不能詳。明初因元制,設堡戍,天順後蒙古漸强,出没其間,中葉遂爲吉能俺答盤踞之區。此書略於套内駐牧情形,而於邊防險要較詳,惟好發議論,則明季餘習也。卷首有題識,署款弘謀,當是陳文恭手筆。此書成於乾隆七年,而八年文恭任陜撫,蓋陳君以贈文恭,而文恭又轉贈他人者。辛未九月爾田記。

跋《庚子京朝紀變》傳鈔本

此書又名《庚子傳信録》,湘南李希聖亦元著。李君官京曹,庚子後時從朱古微諸公游訪逸聞,筆成此書。余家曾有舊排本,無序跋,無撰人,詢諸古微丈,始知之。今此書多一序,殆後來託名歟。庚子之變,紀載頗多,惟此較翔實,能洞悉朝局。李君著有《雁影齋詩》,吴伯宛爲刻入《松鄰叢書》。壬申三月文如居士出此見示,記之。爾田。

跋《佳夢軒叢著》五石齋鈔本

《佳夢軒叢著》共十一種,宗室奕賡撰,紀先朝内廷掌故綦詳,在天潢著述中可以儷弘旺《通志綱要》、昭槤《歗亭雜録》。《清語人名譯漢》二卷爲研治國語之津梁,《侍衛瑣言》一卷多親歷之談。侍衛,滿洲語謂之蝦,而此譯作轄,典雅可誦。其餘遺聞墜掌尤草野所不能盡知者,足備史家考覈之資。書成於道光間而無刻本,文如居士得於故都人家,命精楷書者録此副墨。居士博通史乘,多藏秘笈,宜其於此編有奇嗜也。壬申孟夏張爾田校讀一過并記。

跋《春秋繁露》嘉慶乙亥蜚雲閣本

淩氏《公羊》之學當有所受,據洪梧序:"曉樓從游阮侍郎之門,誨之曰:'武進劉君申受,於學無所不窺,尤精《公羊》,與之講習,庶幾得其體要。'於是所見益廣,所業益進,三載歸,《蕃露》諸篇皆能通究本末。"則淩氏固亦常州之傳也。其後再傳而爲陳卓人實事求是,今文之學遂與古文考據家方駕。後又有皮鹿門本之以治他經,疏通西京墜誼,其源皆導於此。近有序皮氏書者,溝宋劉、龔、魏諸儒於陳、皮之外,知大誼而撥微言,殆非篤論。此注創通弘恉,統緒可尋,實較蘇輿疏證爲有家法,非徒斤斤訓詁名物者比。惟引書多不具出處,蹈明人陋習,未免貽餅師之誚耳。董仲舒書與先秦諸子頏頡,治之者必綜貫名理,觸類比物,方能窺其奥藏。惜乎淩氏章句之儒,所得僅此,然以視世之假今文家言敢於邪説誣民者,則又不可同日語矣。孟劬讀記。

跋《春秋繁露義證》宣統庚戌刊本

余曩纂《史微》,頗救正今古文家末流之失,蘇氏書與余書同時而出,其疏通《公羊》大誼,時有與余説不謀而合者,而持論多傷於固,又以改制受命新王諸口説一切素王權濟之微恉,悉舉而歸諸漢儒篤時之言,不知聖人遠見前覩,固非爲一姓告也,特一姓亦不能外耳。龔定庵有言:“大撓作甲子,一歲用之,一章一蔀亦用之。”斯爲通識,謂劉宋諸儒鑿之使深,今又矯之使淺,其爲失真也,均寧有異乎。其他類是者多,是此書之一病,要其隨文詮釋,大體完善,則固優於淩氏遠矣。《蕃露》無善本,《公羊》又易爲奇衺所託,得此差正津涂。此書舊所未見,今始獲寓目,記之壬申夏五,孟劬漫筆。

跋《元史新編》光緒乙巳愼微堂本

先朝治元史者數家,邵戒三、錢竹汀創通大例,洪文卿暨屠敬山先生多見西籍,綜理日密,然皆未遑卒業。壬申夏爲沈乙盦丈校補《蒙古源流事證》,始得見默深書,書成於洪、屠二家之前,疏舛在所不免,而文筆之優乃過之。近柯鳳蓀《新元史》名盛一時,踵事者固易爲功,以余觀之,亦未大遠於此書也。又有曾廉者著《元書》,益庳庳無足道。默深諸書皆蟠天際淵,博肆或未能盡純,自見湘儒本色,要其獨到之處不可掩也。乾嘉以來經師多,史才少,斐然之作,又豈易覯。此書爲其晚年傑著,精進不懈,前輩治學,固皆如是。爾田病中讀記。

跋《秋笳集》原刻本無卷數

漢槎詩清綺,有初唐風而體弱,沈鬱不足,當日輦下盛以才推之,哀其遇耳。柏鸞適越,歌惟《五噫》,仲悌度遼,書傳一紙,窮荒馬角，絶塞蛾眉，適以成就其名，文人遭際，非不幸也。漢槎入關有《酬健庵見贈》之作，沈歸愚所謂感激中自存身分者也。今附録於此：金燈簾幕款清關，把臂翻疑夢寐間。一去塞垣空别淚，重來京洛是衰顔。脱驂深愧胥靡贖，裂帛誰憐屬國還。酒半卻嗟行戍日，鴉青江畔渡潺湲。癸酉夏得於故京，記之。爾田。

跋《蒙古世系譜》鈔本

文如居士示我博西齋舊鈔《蒙古世系譜》，取以與《蒙古源流》相較，無大出入，惟十二强汗之名此書獨具，今略釋之。一，泰綽忒之君塔爾呼代，泰綽忒即泰亦赤兀惕。塔爾呼代，其酋塔兒忽台也。二，溪里爾都忒朱爾懇之君塞臣白溪，朱爾懇即主兒乞，一作月兒斤；塞臣白溪，其酋薛徹别乞；溪里爾都忒，莎兒哈秃對音，即拉施特書所稱莎兒哈秃月兒乞也。三，古爾頒墨爾格忒之君託克託白溪，墨爾格忒即蔑兒乞，託克託白溪則部長脱黑脱，拉施特書之託克塔别乞；蔑兒乞，三種；古爾頒，蒙古語三也。四，克雷忒之君翁汙克列惕，王罕也。五，釵溪拉忒之君扎木哈，扎木哈姓扎只剌氏，釵溪拉特即扎只剌也。六，哈爾拉古忒之君阿爾薩朗，則合爾魯兀惕阿兒思蘭汗也。七，威勒忒之君呼圖哈白溪，威勒忒即衛剌特，呼圖哈白溪則拉施特書衛剌特酋忽都哈别乞也。八，和里土默特之君布都惠達爾漢，和里土默特即豁里秃馬惕，其官人歹都秃勒，此布都惠達爾漢，音雖微異，略近之也。九，威古忒之君衣忒古忒，威古忒即畏兀種；衣忒古忒，畏兀酋亦都兀惕也。十，迺滿之君太陽，乃蠻塔陽汗也。十一，他他拉之君墨古親搜爾圖，他他拉即塔塔兒，墨古親搜爾圖則塔塔兒酋蔑古真薛兀勒圖也。十二，六朱爾漆代之君象崇，朱爾漆代即主兒只歹，爲朱里真對音，六謂六部，即《松漠紀聞》所稱女真六部。象崇、想昆對音，又作詳穩，官名，非人名，此非指翁汙子鮮昆，殆因女真愛王事而傳訛也。十二强汗之中塔兒忽台、薛徹别乞爲造攻自亳之始，扎木哈與太祖争霸，王罕塔惕雄長齊盟，皆嘗大用兵力，可謂强矣。其他諸酋未必皆是勍敵，此蓋蒙人相傳舊説如是。寫質居士，聊以備考元初掌故者之一助。甲戌秋張爾田跋。

跋《虞淵沈》中、下篇原鈔本

此梅邨《綏寇紀略》卷末《虞淵沈》原稿也。取張本勘對，殊多異同之處，而此本爲優。鄒漪刻《虞淵沈》但載災異數條，而於李自成之破燕京、烈皇之殉國概未之及，與全書殊不類。此本較詳，亦但載烈皇時事，且多漳泉海寇等，各篇體例仍覺雜亂，不能倫序，頗疑此是梅邨修書時之長編，而《虞淵沈》實未竟之緒。梅邨於順治壬辰館嘉禾輯此書，其後出山，或因有所避忌，遂絶筆歟。梅邨此書原名《流寇輯略》，見談遷《北游録》，文如先生得此於北京，假觀記之。丙子六月張爾田書於尊術顯士之室。

跋《永憲録》五石齋鈔本

此書取材似全據邸抄奏報，朝廷典禮則采自《會典》諸書，遺事則參之以舊聞，可資掌故者甚多，然亦間有誤處。惟年月前後以《東華録》對勘，頗多不符，當由隨手翦録，排比成書，未遑參照所致。今但以意校正一二，未能詳也。文如先生從舊鈔本録副見示，人間恐無第三本矣。丁丑元夕張爾田扶病記。

雍正以前有塘報，有小抄，較後來邸報爲詳。此書所采似大半取之於是。又乾隆初元亦不似後此文字禁嚴，而當日通行名詞亦尚有沿滿洲舊稱者。此書得以據事直書，不加文飾，而舊談瑣故，尤多異聞，如戴名世南山一獄係理密親王發覺，而趙申喬始劾之，此皆後人所不知者。惜多病，不能取《東華録》及各種説部一一細勘耳。

又案此書名《永憲録》，疑專紀世宗憲皇帝一朝事，其起於康熙六十一年者，以世宗即位於是年也，頗疑雍正六年後必尚有數卷，而此鈔本或有殘缺亦未可知，質之文如先生，以爲何如。爾田又記。

跋《東陵盜案彙編》鉛印本

此楊璉真伽後一大變，甲帳珠襦，一朝零落，茂陵玉椀，宛出人間，讀漁洋"君王涙灑思陵地"詩，興感又不同矣。編者據事詳録，足爲異日考冬青痛史之資，殆亦有心人也。丁丑春假之五石齋，循覽記之。孟劬。

《古微堂内外集》淮南局刻本

國朝湘學皆導源船山，實以宋儒義理爲恒幹，默深雖治今文家言，亦未能免。即其高談兵食，侈論鹽河，識局一時，亦是永康、永嘉一輩，見解去西京家法尚遠。世與定庵並稱龔魏，徒以其文耳，實則兩家從入之涂貌同心異。定庵綜貫九流，多窈眇之思。默深史才優於敍事，是其所長，然文中頗喜剽竊定庵語，殊不可解，豈默深愛其文，遂襲而用之耶？此不能以實齋"言公"例之，魏不及龔，其差數正在此，彼流俗毀譽但見其表者，固不足以知之也。孟劬燈下閲。

古老相傳，默深牧高郵時日坐一齋治元史，墻有梨樹，小兒攀枝墜死，默深兀然不知。及粤寇起，倉黄不知所爲。以書本見解而坐談經濟多類此。我朝承雍乾積威之後，以訖於道光，事變日殷，文網漸弛，朝廷已有不能統御言論之勢。考據陳言既感無用，書生乃折而講時務，放言改爲。世或以末流變法之禍歸咎龔魏，實亦時會使然。要其文章務爲恢奇，如天馬不受銜勒，一脱桐城窠臼，固自有其不朽者在，未可以悠悠之口横議之也。龔魏兩家學詣不必盡同,而思想之開放則同,今日視之已爲前魚,然在當日則亦莫能有三也已。丁丑十月重温一過,記之册尾。孟劬。

跋《秦邊紀略》同治壬申敬義齋本

此書載虜情及山川險阸出於親歷,故最詳,譯語皆從其舊,與乾隆間官本改定者不同,然頗有訛字,豈舊鈔如是未校耶?張石洲著《蒙古遊牧記》惜未見此,其《近疆西夷傳》可補官書所未備,沈乙盦丈曾注之,余爲編入《海日樓乙部叢著》中。辛未客北都,得於廠估,記之。爾田。

姚春木《晚學齋集·顧祖禹傳略》:"江夏劉湘煃嘗校祖禹書十餘年,魏禧弟子梁份著《秦邊紀略》有書無圖,湘煃得圖以校梁書宛合,疑即份舊本,顧與祖禹書頗齟齬,湘煃合訂爲《秦邊紀略異同考》。份傳禧學,不仕,爲西邊大帥上客,其書僅存。"是此書梁份著也。份字質人,明餘遺隱,抱經世之志,遭時禁忌,故不欲彰顯其名。耐安氏舊注謂江右黄君所集,黄、梁蓋音近致訛。此吴氏刻本,與《灰盡集》所載頗多詳略,蓋傳鈔非出一源也。沈乙庵丈有合校本,考之最詳,惜不得湘煃舊圖及所著《異同考》一覈之。丁丑十二月畏吾邨舍讀。孟劬。

跋《乖庵文録》光緒三十四年傳刻本

晦鳴先生余師也,泠署潛郎,窮邊塞主,晚而從事史局十餘年,夢奠而後,篋稿叢殘,遺書遂不可問。余嘗輓以一聯云:"猶及史闕文三千牘,破硯冰髭,衆生願盡知將喪;重歌妾薄命十五年,塵甑寒淚,一老天胡不慭遺。"今文如居士持示此册,仰瞻文藻,謦欬如接,師資日遠,記莂自慙,泫然書之。戊寅避俀難同客西郊。張爾田記。

跋《文心雕龍》乾隆三年養素堂本

《文心》一書六代覃奥，黄注行世最廣，而敷析淵旨多未洞微，考證疏舛，亦似稗販，蓋猶未脱明季注家結習，然視浦釋《史通》則雅絜矣。其後孫詒讓有校記，刊《札迻》中，吾友李審言有補註。聞江安傅氏藏元槧本，近燉煌新出唐寫本殘卷。往見吴興蔣氏樂地盦一明本，遠在胡孝轅本上，有明人識語，審爲正德倣元刻。亂離斯瘼，故篋叢殘，惜未能細勘也。此本初印，紙色古香可玩。爾田記。

跋《味經齋遺書》光緒八年重刻本

孟子有言："古之人所以大過人者，無他焉，善推其所爲而已矣。"七十子後學治經皆如是，惟西漢今文家學獨得其傳。莊先生深於今文家法，然亦不盡墨守今文家之言，故所著書皆攄其所自得，期符乎古聖之心，皤天際淵，與道大適，文辭古茂，賈董之儔，不必以考據家陳言議其失得，校其離合也。先生猶子葆琛氏及劉、宋諸儒皆從先生出，始以今文學起其家。其别子爲江都淩氏，傳陳卓人。先生門人有孔廣森、邵晉涵，廣森别名他師，晉涵頗究心義訓，不欲以考據學自畫，是爲先生之道與浙學棣通之始。其後仁和龔氏、邵陽魏氏皆私淑而有得者，以其所術一變至史，龔氏之後爲譚仲秀，魏氏之後又有皮鹿門，然而儗諸先生則有間矣。道之精微，通於神明，信乎弘之者在人與。余生平治學涂轍宗會稽章氏，而於先生書則服膺無間然。循誦再周，記之。爾田。

跋《東塾讀書記》原刻本

道光中葉以還，學術思想漸變，治經者感考據之無用而又無術以易之,於是宋儒義理之學乃始緣隙復萌。蘭甫溝通漢宋,亦其一也。《記》中箴砭時流,極有精到之處,而識解未融,斷案多傷於固,鄭朱並主。異中取同,自是蘭甫所見如此,兩家歸趣未必盡然。所采群書先求貫串,再下己意,頗可爲讀書法。《毛詩》、小學數卷最佳,諸子最下。然亦間有誤處,如《穀梁》宣十五年傳:"蝝,非災也。其曰蝝,非税畝之災也。非如非隱也之非,譏也。言蝝何以書?譏災也。譏何災?譏税畝之災也。"文義本甚明,乃以爲此駁公羊之説,而謂范注爲不通,殆所謂意過其通者非歟?其他類此者尚多。考古須察癥結,義解各有其方,不能綜觀而但割裂他説以就己見,最爲承學者之害。蘭甫尚不至此,然已微染考據家間執習氣,苟非通識,孰能辨之。爾田讀於觀我生室。

跋《金壇獄案》琉璃廠鉛印本

金壇通海一案起於紳與諸生交搆,而金壇令任體坤貪忍實成之。姚文僖《邃雅堂集》有《金壇十生事略》,據金壇公是録較此爲詳,云令乞邑紳蔣超、李銘常及大受明試爲介,謁撫丹陽。銘常多行不法,獨超謙恭樂善,時亦與焉。又云方明倫堂會議日,超至泮宫,失足墮溝中,乃返,故不及於難,可補此書所未備。虎臣以詞科巍望,晚耽禪帨,浪跡峨嵋,而終自謂前身老僧,蓋亦有託而逃,是又一陸講山矣。漁洋《蜀道集》有《懷蔣修撰虎臣》詩。《年譜》漁洋順治十八年三月赴江寧讞海寇陷宣城、金壇、儀真諸大案,皆於良善力爲保全,虎臣之不及於難,漁洋疑有力焉,而詩中未之及,殆諱之也。孟劬。

---

① 龍榆生回憶初識張爾田"約在一九二八年至二九年間",張氏下世在一九四五

年,兩人相交有十六七年。其實張爾田於龍榆生爲父執,龍生母亡後曾爲做家傳,且所編大學教課講義龍榆生一九一五年左右即已讀到,故張氏其名龍氏當早已熟稔。詳見張暉《龍榆生先生年譜》第7、11、261頁,學林出版社2001年版。

② 張暉:《龍榆生先生年譜》,第97頁注釋1。

(整理者單位:上海圖書館)

北京拯濟極貧京旗生計維持會第一次報告

□ 丁小明整理

《北京拯濟極貧京旗生計維持會第一次報告》與《歷史文獻》第十七期《羅振玉致金頌清書札》所涉1920年華北大饑荒的內容相關。可以説，此份《報告》既與雪堂研究密切相關，同時也是現代慈善史上頗爲重要的史料，遺憾的是，这一材料一直不曾被慈善史研究者所提及，今摘選其中部分內容，整理而出，以期得到學界的重視。

敘

本會於庚申秋倡議，荷南北諸君子協力扶助，幸得觀成，願大力微，僅得施放冬季急振，而于生計維持，亦才絀之處，所謂爲山之一簣，千里之跬步，任重道遠，將恐將懼。兹由本會科員編述，本會締構之緣始及收支款項自庚申十月起至辛酉四月上旬止。爲第一次報告，以告海內同志。

幸始終贊助，以匡不逮。幸甚、幸甚。條目如左。

一　本會紀事

二　本會收款（略）

三　本會用款(略)

四　本會收支衣物(略)

五　本會簡章附手工傳習所簡章、京旗貞苦堂暫行章程。

六　會員名録

辛酉四月,膠州柯劭忞、上虞羅振玉記。

北京拯濟極貧京旗生計維持會第一次報告

一　本會紀事

京旗生齒日繁,生計日絀,由來已久。逮辛亥以後,京餉不能按期發給,財力既匱,又不能執業自活,固已十室九空,饑寒交迫。數年來,餉發無期,加以近畿之兵禍、水旱之頻仍,物價日昂,生機益絶,轉徙溝壑,甚至闔門自盡。京旗既視死如歸,旁觀亦習爲故常,人數衆多,無從援手。膠州柯鳳蓀京卿劭忞惻然閔之,乃走天津,商之上虞羅叔言參事振玉,共籌拯救之策。柯君自願出千元爲之倡,天津李嗣香學士立捐千元以應之,羅君認□□元,然以十年流離轉徙,力且不能自贍,款實無所出也。乃邀定海方藥雨太守若爲之助,方君乃募南商在津演劇,助振之款七百餘元,合以鬻畫之資共千元。此爲本會最初之起點。

柯君返京,羅君籌進行之策,而所謀輒阻。乃設三策:一,鬻字;二,將在海東所印書籍值萬元編爲彩票萬元出售;三,將平生所藏書畫金石拓本編目,開展覽會出售。乃賣字所入,不得巨款。書籍券寄都中廠肆售之,廠肆適開書畫展覽會,三日僅售二紙。冬十月,乃請嘉興金頌清文學興祥主任于京城江西會館開會展覽,及開會,得價二萬餘元,乃以二千元充豫振,以萬八千元充京振,並邀集京津同志,設北京拯濟極貧會以施急振,設京旗生計維持會以規久遠。以先後所得二萬元有奇,以萬元放急振,以萬元爲生計維持之基礎。京會設於太僕寺街柯宅,並於津沽法界嘉樂里羅寓設分會。於是本會乃略具基礎,遂由京會同志印小啓以募義金。

京津會既粗立,北京李捷南郎中鐘凱與奕君紹敏元及商雲汀太史衍瀛創立東城事務所,以與本會相聯絡。

羅君於京津會成立後,建議北省旱災至廣募捐者林立,而應者已疲。且款項多出自南中,乃親至滬江,邀集上海同志設滬會于毘陵盛氏廣仁善堂,由金壇馮蒿庵中丞煦主之,毘陵盛莊夫人、貴陽陳小石制軍夔龍、南潯蔣孟蘋孝廉汝藻、閩中鄭蘇勘方伯孝胥諸君首出義金以爲之倡。南陵徐積餘觀察乃昌及嘉興金君頌清復爲聯絡諸善堂、各慈善家,並籌畫一切,於是南方義金乃至。

羅君北歸,京津同志以募捐啓雖散出而捐款不暢,乃相與邀集在京當道及銀行家,商集義金,毘陵董授經大理康售藏石得千元以爲之倡,銀行家繼之,於是北方義金亦日集。

十月望,經始施放急振,先從西北始,而馴及西城,及捐款日集,乃以漸推而遍。内城而外城,而三山,而東西陵,最後放密雲防營。其放西城及内城十區者,爲文星階閣學海,東城及左三、左四、東郊爲奕君紹敏,北郊爲寶沈厂侍郎熙,南郊爲舒君子寬敏,右三、右四及西郊爲京師貧民救濟會,三山爲英君斂之廉,西陵爲榮君厚丞深,東陵爲吴君新余焕章,密雲爲宋君松喬栢壽。至辛酉四月急振,乃告結束。

急振除本會直接放衣糧數次外,貧民救濟會趙牧師景芳開辦内右四區借本處,本會助以經費二千三百餘元。東城事務所亦别設貸本處,而金息侯太守梁提議京畿中讀書之士,必有忍死閉門恥於受振者,可設文課以賙之。乃於歲暮設同生文課,贈以膏火之資,嗣以經費不敷,且應考者不皆士類,乃再課而中輟。

生計維持之事，初擬農、工、移墾三事，乃移墾一事，京旗安土重遷，不能遽行，且需費亦巨，農則無相當之土地，惟教以簡易之手工事尚易舉。乃於歲暮，先於津沽設博愛第一工廠，容工徒百人，分織布、織帶、織簾、漆布、沙紙紙工等科，三月以後，成績漸著，乃於北京增設織布廠二所，東西城各一，東城事務所設毛線傳習所一。金君倡議，維持生計，無論何方皆須由銀行入手，財力乃有基礎，於義金中提出五萬元並招集商股爲東華銀行，推金君主任。

本會籌辦急振時，會中諸人各盡義務，初無會之形式，不立會長、會員，亦不分職務，及本年正月會事漸有端緒，乃草創會章，公推馮中丞爲會長，並撰貞苦堂章程，擬收養孤寡，且教以手工，但以非謀恒久之經費，不敢輕遽設立，現方在締構中。

五　本會簡章

甲　京旗生計維持會暫行章程

第一条　本會專謀維持京旗貧民籌設各種生計，俾得自食其力爲宗旨，不關係政治。

第二条　本會分設於北京、上海兩處，並於天津設支會。

第三条　凡慈善家贊助本會者，皆得爲本會會員。

第四条　本會會員分通常會員、特别會員二種。

第五条　通常會員由發起人中充選設會長一人，主持全會事務；幹事十人，分任會務；評議十人，評議本會進行各事；常務員三十人，常駐會中執行各事。其以資力贊助本會與辦理慈善事業資望夙者，有名位提倡本會及於本會有成勞者，爲特别會員。

第六条　會中設總務、會計、文牘、調查四科，其科長以幹事任之，每科或二人、或三人，科長以下各設科員，其員數依事之繁簡隨時酌定。

第七条　會員皆盡義務，不開支薪水，至各科科員則相事之繁簡酌贈薪水。

第八条　本會經費募諸慈善家所籌生計,約分五項,曰銀行,以孳生財力;曰移墾,以圖根本救濟;曰手工傳習所,教以藝術;曰介紹職業,導以食力;曰貞苦堂,以養孤寡。各項辦法另訂專章。

第九条　除以上五項外,更有臨時救濟,或設借本處,或設文課所,以助一時之生計,不爲常例者,得隨時相宜行之。

第十条　會中每年進行各事項及收支出入,於次年春編印報告,以供衆覽。

以上十則乃暫行章程,其有未盡事宜,得隨時增訂。

乙　博愛手工傳習所簡章

第一条　定名爲博愛手工傳習所,先於北京、天津各立一所,以後逐漸推廣,在北京者冠以北京,在天津者冠以天津,將來東、西陵等處即冠以東陵、西陵等字。

第二条　本所以維持京旗窮民生計,由京旗生計維持會捐募設立,以教養工徒,俾能自食其力,養成勤勉,足以生存爲宗旨。

第三条　所中工徒由會中協同本管區警署調查窮苦之少壯男女,充之男女,分别教藝,此刻先從男所入手,而徐及女所。

第四条　本所所教工藝,爲人生日用所必需,且銷售速、學習易,男女皆可從事者,一所或設一二科、四五科不等,其科目略舉如下,以後續增隨時定之:紡紗、織布、織巾、織襪、毛線、漆布、紙工、印刷、板金。

第五条　所中職員設經理一人,管理所中一切事務,工師每科一人,工徒每班約二十人。設立工監一人,以京旗窮民中年長不能執業而老成穩練者充之,監察工徒,並收發各科製品及材料。並設售品所,設會計主任一人,以品行端正老成者充之。管售品入款,兼管所中一切度支。

第六条　工徒在所食宿,由所供給。生徒學習一月後成績勤勉並優良者,每月酌給獎金。

第七条　工徒約二個月卒業,另招新班工徒藝未精熟者留所補習,俟精熟再行出廠,其怠惰不能成學者斥之,並追還在所中食費。

第八条　工徒在所作工以每日十小時爲限,春秋酌增,炎暑酌減。每十日休沐放假三小時,年假放工十日。端午、中秋各放假一日。工徒非有大故,不得請假,平時不得外出。

第九条　俟所中工徒卒業漸多,即開辦博愛工廠,各就所習從事工作。每月依作工之多寡而給以工資,以後卒業人數日增,即行增設工廠。初辦者稱博愛第一工廠,續立者依序稱第二、第三工廠。

第十条　工廠設立後除給工值外,所贏之利以充傳習所費用,而提出十分之二以充傳習所及工廠職員及工師花紅,以旌成勞。若各職員工師怠於職務,成績不良,即行停止此項花紅,以示懲戒。

以上十條系試辦時簡章,以後隨時體察情形,酌量增訂。

丙　京旗貞苦堂暫行章程

第一条　此堂專謀京旗孤寡之生全,附屬於京旗生計維持會,其經費由會中募集,但京旗孤寡爲數衆多,此刻先設第一堂,俟籌款稍裕,再行設第二、第三等堂。

第二条　本堂暫以嫠婦六十名爲定額,由本會調查確實定期入堂,並准攜帶所生孤幼入堂就餐。

第三条　嫠婦年老衰病,有親戚可依而貧不能自給,又不能入堂者,准其在堂外領受月餼。

第四条　嫠婦年四十以下者,教以紡織等手工;五十以下體力漸衰者,亦一同學習,然得減工作之半;五十以上體力尚健者,授以輕便之手工,其體力衰而不能工作者,聽其自便。

第五条　凡嫠婦孤幼在堂食宿,年老不能工作者,由堂供給;

其少壯者,手工所得,除扣膳金外,其餘所得以供本人用度;年五十以上,工作所贏,但扣膳金三分之一,其餘皆給與本人,以示格外矜恤。

第六条　老病不能入堂,在堂外受廪者,大口月給三元,小口二元。

第七条　本堂嫠婦所攜孤兒,年至七八歲以上,爲設塾讀書,男兒以授人倫大意及書算,女兒兼授針黹,選嫠婦中讀書通大義者爲塾師,酌送修金。若堂中無相當可任,即别聘女師充之。孤兒年十三以上,即送孤兒院學藝,不得留堂。

第八条　本堂設女堂長一人,以德行端淑、品望夙著者充之,主持堂内各事。並設董事一人,於本會幹事中推選年德高劭者兼充,主持堂外各事。堂長以下設職員二三人,助理各事,即由住堂嫠婦中選充,由堂長任之而給勞金。

第九条　堂長及職員與塾師之薪金,由本會酌定支給,董事但盡義務,不支薪金。

第十条　堂中所用材料及所成工藝品,由本會購買銷售,所得之價交堂長經收支配,至堂中每年出入度支,由會中編印征信録分送捐款之慈善家,以昭憑信。

以上十條爲暫行辦法,其未盡事宜,當隨時酌量增改,乃爲定章。

六　會員名單

通常會員

會長:馮煦

幹事員:柯劭忞　羅振玉　文海　寶熙　徐乃昌　商衍瀛　三多　羅爵善　金梁　奕元

評議員:沈曾植　王潛　鄭孝胥　吕景端　章鈺　方若

李鐘凱　陳毅　李文焕　王季烈

常務員：吴焕章　金興祥　柯劭顧　榮瀚　榮深　段世澄　趙景芳　柯昌泗　孫若曾　宋柏壽　周明泰　劉大紳　王安　張衡霈　張朗軒　陳達夫　郭耆齡　鄭際平　定保　劉德緒　奎珍　李鍾斌　李曾粤　李曾翁　裴緒昌　關音勳　吴鈺祥　張紹銓　洪恩惠　周文懋

特别會員：貢桑諾爾布　趙爾巽　張勳　孫寶琦　增韞　鐵良　李士鉁　王迺斌　葉恭綽　汪大燮　張景惠　傅增湘　陳邦瑞　于沖漢　榮厚　李經方　朱祖謀　溥侗　耆齡　廣蔭　廣壽　江朝宗　董康　田文烈　周自齊　達壽　劉若曾　志錡　吴籛孫　奎濂　張弧　朱佩蘭　魏紹周　王鴻陸　信勤　袁祚廙　萬繩栻　惲毓齡　惲毓良　惲毓珂　惲寶惠　辜湯生　章梫　傅蘭泰　陳樹屏　陶葆廉　劉世珩　劉承幹　張元濟　馮祖植　陶湘　吴鼎昌　周作民　朱邦獻　談荔孫　徐鴻寶　范兆昌　劉恩格　毓善　張文治　張美翊　李雲書　恩華　烏澤聲　劉經繹　周慶雲　龐樹典　哈麐　朱佩珍　施則敬　徐乾麟　陸維鏞　陸伯鴻　葉慎齋　聶其傑　姚紫若　姚福同　顧履桂　王震　張賢清　朱芑臣　夏偕復　盛恩頤　盛春頤　龐鍾璘　莊録　狄葆賢　蔣汝藻　龐元濟　張繼曾　盛炳紀　沈銘清　蔣鴻林　陳士奎　丁仁　王國維　潘睦先　何福謙　熙鈺　顔勒　林紓　賈鴻賓　斌循　李孺英華　袁世傳　舒敏　孟廣坫　魏掝　陸紹鄂　王景福　范一僡　周漢章　李慶芳　周永峰　車乃光　李德普　郭鴻逵　吴迪升　吴遠昭

（整理者單位：華東師範大學古籍研究所）

胡介年譜簡編

□ 胡春麗

胡介,初名士登,字彦遠,號旅堂,浙江仁和人。

胡介《旅堂詩文集》卷首陸嘉淑傳曰:“彦遠胡姓,初名士登。”

孫治《孫宇台集》卷一五《亡友陸彦龍、趙明鑣、胡介合傳》:“胡介,字彦遠,仁和人。”

吴慶坻《蕉廊脞録》卷四:“胡介,初名士登,字彦遠,號旅堂,錢唐諸生。”

錢林《文獻徵存録》卷六:“胡介,字彦遠,初名士登,錢塘人。”

乾隆《杭州府志》卷九四:“胡介,字彦遠,錢塘人。”

其先出於胡瑗,已遷錢唐,家世中衰。

胡介《旅堂詩文集》卷首陸嘉淑傳曰:“其先系出安定,已遷錢唐,家世中衰。”

少穎異,父督之甚嚴。

胡介《旅堂詩文集》卷首陸嘉淑傳曰:“父静庵公讀書不過,督彦遠甚嚴。彦遠少特穎異,殊常兒。”

乾隆《杭州府志》卷九四:“幼穎異,爲博士弟子。”

國變後,棄諸生,更名介,自河渚徙宅一畝田,以教授養父。

胡介《旅堂詩文集》卷首陸嘉淑傳曰:“久之,江上兵起,則並謝諸生。入城僦居西北偏一畝田，以教授博修脯供静庵公甘旨。更其名曰介。”

爲詩自成一家，不屑效西陵派。

朱彝尊《静志居詩話》卷二二“胡介”條：“其詩不屑效西陵派，謂吾盡吾意，免俗而可矣！”

與高兆、丘象隨、陸嘉淑爲莫逆之交。

孫治《孫宇台集》卷一五《亡友陸彦龍、趙明鑣、胡介合傳》：“其交遊最盛，晉安高雲客兆、鹽官陸辛齋嘉淑、山陽丘季貞象隨爲尤莫逆。”

胡介《旅堂詩文集》卷首陸嘉淑傳曰：“交季貞、雲客爲最晚，其相得最歡。”

妻翁桓，汝遇女，能詩，有賢名，著有《秋水堂稿》。

孫治《孫宇台集》卷一五《亡友陸彦龍、趙明鑣、胡介合傳》：“介娶於翁，名少君，閨中唱和，又往來贈答，頗有秦嘉、徐淑之風。”

胡介《旅堂詩文集》卷首陸嘉淑傳曰：“娶同郡翁憲副汝遇女桓，字少君。”

潘衍桐《兩浙輶軒續録》卷五二：“翁桓，字少君，錢塘人。汝遇女，胡介室。著《秋水堂稿》。”

乾隆《杭州府志》卷九四：“與其妻翁氏笑傲溪山間，翁賢而能詩，夫婦倡和，欣欣自得。”

有妾二人：唐山、鳳姬。

蔣薰《留素堂詩删》卷一《夢胡介》詩中注曰：“妓唐山與鳳姬皆胡子妾。”

無子，以從子映璧爲後。

孫治《孫宇台集》卷一五《亡友陸彦龍、趙明鑣、胡介合傳》：“介無子，以從子映璧爲後。”

女一：胡蕙，知書，適汪棨，亦能詩。

胡介《旅堂詩文集》卷首陸嘉淑傳曰："女蕙，季貞以妻汪定武棨，知書。"

孫治《孫宇台集》卷一五《亡友陸彦龍、趙明鑣、胡介合傳》："有一女慧哥，適汪生棨。汪生故奇才。"

明神宗萬曆四十四年丙辰(1616)　　一歲

二月初六日，生。

胡介《旅堂詩文集》卷首《陸嘉淑傳》："蓋彦遠生丙辰。"

按，《詩餘》之《芳草渡二月六夜大醉，讀歐陽永叔芳草渡詞，亦宋廣平梅花賦也，知情之所傷，不獨在我矣。是夕，適予初度，漫次其調》，《旅堂詩集》(以下簡稱《詩集》)七言古《二月六日醉中作兼寄程二、丘四》有"二月六日雞初鳴，胡介襆被淮南行。是月是日介始生，春帆細雨難爲情"句，知先生二月初六日生。

是年，親友年歲之可考者：

王猷定十九歲，吴穎二十七歲，王崇簡十五歲，萬壽祺十四歲，江浩十三歲，林嗣環十歲，梁以樟九歲，紀映鍾八歲，吴偉業八歲，陸世儀六歲，黄機五歲，周亮工五歲，陸圻三歲，曹溶三歲，俞汝言三歲，龔鼎孳二歲。魏裔介生。

明熹宗天啓七年丁卯(1627)　　十二歲

仁和縣知縣王永吉課童子試，先生七試皆冠軍，補諸生。

孫治《孫宇台集》卷一五《亡友陸彦龍、趙明鑣、胡介合傳》："胡介，字彦遠，仁和人。……高郵王永吉爲仁和令，課童子試，介年十二，取以冠軍。"

胡介《旅堂詩文集》卷首陸嘉淑傳曰："年十二，以童子受知於邑令秦郵王公永吉，七試皆冠軍，遂補邑諸生。"

八月，明熹宗病死，弟朱由檢即位，是爲明思宗。十一月，宣布魏忠賢罪狀，其主要黨羽依次伏法，天下稱快。陝西白水縣農民起義。地處山海關外的後金政權屢挫明軍，虎視關内。

明思宗崇禎四年辛未（1631）　十六歲

卜居城西之河渚，絶應酬賓客。

胡介《旅堂詩文集》卷首陸嘉淑傳曰："而彦遠獨卜居城西之河渚，去城四十里，幽谷僻阻，城中人迹罕至，絶應酬賓客。"

丘象隨生。

八月，皇太極攻破明大凌城（遼寧錦縣）。是年，以洪承疇總督三邊軍務，並派太監監邊鎮。

明思宗崇禎七年甲戌（1634）　十九歲

母卒。

《文集·祭江妹文》："我生十九而痛失母。"

正月，尚可喜降清。三月，山西、河南大旱，人相食。十一月，高迎祥部入河南。是年，後金軍入宣府，威脅京師。

明思宗崇禎八年乙亥（1635）　二十歲

冬，交祝鐸。

《文集·祭傅雲台先生文》："乙亥冬，交公館甥祝鐸。"

《文集·英潭舟次記》："余以崇禎乙亥交東海祝子。"

祝鐸，生平不詳。

春，張獻忠部農民軍攻克鳳陽，焚皇陵。明廷震動。

明思宗崇禎九年丙子（1636）　二十一歲

與祝鐸掩關南湖，傅雲台過訪。

《文集·祭傅雲台先生文》:"乙亥冬,交公館甥祝鐸。……明年,予與鐸掩關南湖,公扁舟見訪。"

下帷。

《文集·英潭舟次記》:"余以崇禎乙亥交東海祝子。丙子,與下帷。"

二月,清兵攻朝鮮。四月,皇太極即帝位,後金政權改國號爲清,改元崇德,與朱明王朝形成敵國。七月,高迎祥被俘見殺,李自成被擁戴爲"闖王"。十一月二十六日,山陰、會稽地震。

明思宗崇禎十一年戊寅(1638)　　二十三歲

八月,祝鐸卒。

《文集·英潭舟次記》:"戊寅八月,祝子中道逝去。"

十月,自江西歸,就姻翁氏。

《文集·英潭舟次記》:"戊寅八月,祝子中道逝去。十月,余歸就姻。"

交屠爌、葉雷生、陸嘉淑。

《文集·復陸冰修》:"丑、寅以還,獲交闇伯、蕃仙與吾冰修,謂可與定心期要平生之言者也。"

明思宗崇禎十二年己卯(1639)　　二十四歲

二月二十七日,英潭舟次,感祝鐸共學之地,作《英潭舟次記》。

《文集·英潭舟次記》:"時崇禎己卯春二月二十七日,早發貴溪……花石奇麗,詢之長年,云名英潭。英、鷹同音,因感祝子共學之地,倚柱記之如此。"

正月,清兵破濟南,屠城六日始退。六月,北畿、山東、山西、河南旱蝗。

明思宗崇禎十三年庚辰(1640)　二十五歲

周亮工中進士。

七月,清兵在錦州一帶數與明軍戰。十二月,李自成部進軍河南,災民群起依附。

明思宗崇禎十四年辛巳(1641)　二十六歲

秋,徙家河渚,有詩感懷。

《詩集》五言古《前感懷十首》。

按,據《詩集》五言古《後感懷十首》序曰:"往予傷於時,會徙家河渚,乃有感懷之作,時辛巳秋也。"知《前感懷十首》作於本年。

正月,李自成部農民軍攻破洛陽,殺福王朱常洵。二月,張獻忠部農民軍攻破襄陽。七月,清兵攻錦州,圍松山。八月,陷錦州。是年,兩浙大旱,飛蝗蔽天,人相食。

清世祖順治元年甲申(1644)　二十九歲

入橫山,尋江浩。

《詩集》七言律《早入橫山,尋江十一道闇》。

萬曆《紹興府志》卷五《山川志二》:"橫山在縣北五十里。其峰列九,亦名九峰山,橫枕夏蓋湖左。"

民國《杭州府志》卷一四八《人物》一〇《隱逸》:"江浩,字道庵,錢塘人。明諸生。讀書舉大要,不屑事章句,同社諸子皆推重之。後隱於方外,究心禪宗。"

秋,與江浩掩關橫山,江浩餉以菌羹。

《文集·戒食菌記》:"甲申之秋,予掩關橫山,江子道闇偶以菌羹見餉。"

孫治《孫宇台集》卷一五《亡友陸彦龍、趙明鑣、胡介合傳》:“江道闇浩與介隱於横山,講求用世之學,絶足不聞人事。”

棄諸生,自河渚徙居一畝田,更名曰介。

胡介《旅堂詩文集》卷首陸嘉淑傳曰:“久之,江上兵起,則並謝諸生。入城僦居西北偏一畝田,以教授博修脯供静庵公甘旨。更其名曰介。”

按,旅堂,在杭州城西北。周亮工《賴古堂集》卷九《介壽以胡彦遠見慰劄子相示卻寄》詩中注云:“彦遠旅堂,在虎林一畝田中。”

三月,李自成部攻陷北京,崇禎帝自縊於萬壽山。四月,吴三桂聯合清軍破李自成部於山海關。二十九日,李自成在北京即皇帝位。次日,棄城西撤。五月三日,多爾衮率清軍入京,頒剃髮令。五月十五日,馬士英、阮大鋮奉明福王朱由崧監國於南京,首建南明政權,以明年爲弘光元年。六月,清廷遣官祭先師孔子,是爲入關後首次祭孔。十月,順治帝自瀋陽遷北京,恢復科舉取士制度,會試定於辰、戌、丑、未年。各直省鄉試,定於子、午、卯、酉年。

清世祖順治二年乙酉(1645)　三十歲

江浩棄妻子,削髮爲僧。

孫治《孫宇台集》卷一五《亡友陸彦龍、趙明鑣、胡介合傳》:“已經變革,浩遂棄妻子,削髮爲僧。”

按,《文集·蝶庵先生傳》:“吾友蝶庵先生者,生武林之江氏,當神廟三十二年甲辰歲也。其後年四十一,逢甲申變。明年乙酉,去爲僧。”知江浩本年爲僧。

正月,豫親王多鐸率兵陷西安,移師江南。四月二十五日,清兵陷揚州,史可法殉難。清兵殘酷屠殺揚州軍民,史稱“揚州十日”。五月,清兵入南京,明弘光帝走蕪湖,被執。六月,清軍下蘇、杭。六月，李自成被殺於通縣九宫山。閏六月，南明魯王朱以海監國於紹興，統諸軍。

清世祖順治四年丁亥（1647）　三十二歲

夏，爲文祭傅雲台。

《文集・祭傅雲台先生文》："丁亥夏五，河渚胡介謹以村醪雞黍之奠爲文以告於雲台先生之靈。"

正月，清兵陷肇慶、梧州，永曆帝走桂林，又奔全州。三月，張獻忠部將孫可望、李定國從四川退入貴州、雲南，聯明抗清。十一月，南明軍大破清兵於全州。清兵在近京府、州、縣内大規模圈地，被圈之民，流離失所。

清世祖順治五年戊子（1648）　三十三歲

秋冬之交，渡揚子江，次山曉晳禪師韻。

《詩集》七言律《月下渡揚子，次山曉晳禪師韻》。

乾隆《鄞縣志》卷二〇："本晳字山曉，號嘯堂，蜀長壽魏氏子也。母夢梵僧授如意而生。參木陳忞於雲門，得契，遂結茅東海郁州山中。忞再主天童，招充首座，傳以衣鉢。康熙十年，繼席天童。"

渡江涉淮，訪朱日升於山陽、萬壽祺於公路。

《文集・張胎簪先生六十壽序》："介猶記戊子之役矣，秋冬之交，渡江涉淮，訪桐軒於山陽、年少於公路。"

《文集・宋射陵詩序》："介以戊子渡江，薄遊淮揚間。"

宣統《續纂山陽縣志・山陽藝文志》卷七："朱日升，字君旭，號蓼庵，字桐軒。崇禎癸未進士，官烏程縣。"

同治《重修山陽縣志》卷一五《人物五》："萬壽祺，字年少，徐州人。崇禎三年，舉於鄉。甲申，京師陷，壽祺被執，有救之者，得脱。攜妻子居山陽,再徙清江浦,號所居曰隰西草堂,曰南村。嘗自負甕,妻徐子睿荷鍤隨之,灌園自給。晚被僧服,自稱明志道人……黄冠紫衣,蕭然物外,每與遺民避人嘯歌,泫然泣下。……所爲詩最工,與陳子龍、夏允彝相上下也。卒殯南村,或曰歸葬於徐州。著有《隰西草堂集》。"

萬壽祺作詩贈之。

萬壽祺《隰西草堂詩集》卷三《贈胡大介》。

與萬壽祺、朱日升、王猷定飲沈嗣宗園。

《詩集》五言律《與萬大年少、朱三蓼庵、王二于一飲沈嗣宗園》。

沈德潛《清詩别裁集》卷七:"王猷定,字于一,江西南昌人。選貢生。著有《四照堂集》。"

在淮陰,得康范生信。

《詩集》五言律《淮陰得吉州康小范信》。

康熙《江西通志》卷七十九《人物》:"康范生,字小范,元穗子。明崇禎鄉舉,下筆千言立就,海内知名。慷慨重然諾,遇通邑大利弊,侃侃議論。……性孝友,撫教諸弟,每以先世忠厚相勸勉。"

有詩和萬壽祺韻。

《詩集》七言律《和萬大年少》。

夜雨,初聞江警,同萬壽祺作詩志感。

《詩集》五言絶句《夜雨初聞江警,同萬大年少作》。

遇蔣同庵,作詩贈之。

《詩集》七言律《贈蔣同庵》。

蔣同庵,生平不詳。

將歸,有詩贈别蔣臣。

《詩集》七言律《贈别蔣誰庵》。

光緒《重修安徽通志》卷一七九:"蔣臣,字一個,桐城人。崇禎時舉賢良……范景文、倪元璐前後皆薦之，授户部司務。明亡，自經，爲人所救，遂間道歸史可法……史欲以監軍薦，固辭。歸里，鬱鬱而卒。"

將歸，以詩留贈朱日升。

《詩集》七言律《留贈朱三桐軒》。

十二月二十日，江浩卒。

《文集·蝶菴先生傳》："吾友蝶菴先生者，生武林之江氏……年四十五，以疾殁於皋亭之佛日寺，歲戊子十二月二十日也。"

二月，永曆帝以部下互訌，奔南寧。江西總兵金聲桓以江西歸桂王。四月，廣東提督李成棟以廣東歸桂王。八月，永曆帝還肇慶。年底，鄭成功與魯王分兵攻擊閩沿海。時湖南農民軍連勝清兵，進圍長沙；山西、陝西農民軍亦紛紛發動進攻。是年，清廷禁民間養馬及收藏兵器。

清世祖順治六年己丑(1649)　　三十四歲

早春，張�若過訪河渚。時先生有吴興之行。

李漁《尺牘初徵》卷一〇胡介《答彭城萬年少》："早春，伯玉見訪河渚。……時弟適有吴興、檇李之役。"

光緒《淮安府志》卷二八："張瑛若，字伯玉，郭允觀之甥。幼負才氣，曾以白衣參某閣部軍事，後辭去，鏟名匿跡，而吟諷不衰。"

三月，寓吴興光孝觀，晨起理髮，作《理髮記》。

《文集·理髮記》："己丑辰月一日，寓吴興光孝觀。早起理髮。"

父至吴興，即往烏戍，憮然有作。

《詩集》五言古《客吴興，喜家大人到寓，明日即往烏戍，憮然作》。

吕潛過訪,作詩贈之。時吕潛流寓吴興桑苧村。

《詩集》七言律《吕半隱過訪賦贈》題下注曰:"諱潛,遂寧人。弱冠成進士,授太常博士。是時流寓吴興桑苧村。"

張庚《國朝畫徵録》卷上:"吕潛,字孔昭,號半隱,遂寧人。崇禎癸未進士,官行人。善花草。……入國朝,遂不出,以詩畫娱老。有《懷歸草堂》、《守閒堂》、《課耕樓》三集。"

與吕潛、彭賓小集郭奎先撫軍亭。

《詩集》七言律《與吕半隱、彭燕又小集郭汾又撫軍亭賦贈》。

嘉慶《松江府志》卷五六:"彭賓,字燕又,華亭人。前明崇禎庚午舉人,入國朝,選授汝寧府推官,爲周端臣屬吏,仍以舊時名紙投之,端臣怒,因免歸。"

同治《長興縣志》卷二六《寓賢》:"郭奎先,字光宸,四川羅江人。少攻詩文,復閑騎射。流寇薄羅江,與鄉人拒守,應弦斃數賊,賊遁去。崇禎間以拔貢授松江府通判,立修水利。署華亭知縣,有能聲。會鼎革,避地苕霅。"

登蘇公臺,次彭賓韻,兼柬吕潛。

《詩集》七言律《登蘇公臺,次彭燕又韻柬吕半隱》。

彭賓還華亭,作詩送之。

《詩集》七言律《飛英塔院送彭燕又還華亭》。

在吴興,得妻翁桓詩,作詩和之。

《詩集》七言絶句《吴興得婦詩,有"數到春歸又夏除"句,用以和之》。

初夏,自嘉興歸里。

李漁《尺牘初徵》卷一〇胡介《答彭城萬年少》:"及初夏歸自檇李,而伯玉行矣,悵惘欲絶。"

仲夏,積勞成病,掩關不見客。

李漁《尺牘初徵》卷一〇胡介《答彭城萬年少》:"仲夏,遂以積勞成病，因病掩關，不見一客。"

與諸友葬江浩，爲作傳。

《文集·蝶庵先生傳》："吾友蝶庵先生者，生武林之江氏。……其弟之漸、其友胡介、其門人陳參、其方外交習欲與同社建塔五寺橋之西，葬以僧禮，之漸爲狀，老友仁庵義銘之，而屬介爲之傳。"

有書答萬壽祺。

李漁《尺牘初徵》卷一〇胡介《答彭城萬年少》："早春，伯玉見訪河渚，展讀手書及所惠詩，惘然如一見故人耳。"

清世祖順治七年庚寅(1650)　　三十五歲

仲春，與公和尚入天台，索先生詩爲別。

《詩集》七言絶句《詶别與公入天台》。

《文集·書巖客扇後寄與公》："庚寅中春，與頭陀入天台，索詩爲別。"

與公，無考。

春，掩跡河渚，史可程相期爲河渚遊。

《文集·張胎簪先生六十壽序》："庚寅之春，胡子掩跡河渚，薊門史赤豹相期爲河渚遊。"

徐世昌《晚晴簃詩匯》卷二二："史可程，字赤豹，號蘧庵，大興人。明崇禎癸未進士，改庶吉士。有《浮叟詩集》。"

吴景旭、朱儉過訪。

吴景旭《南山堂自訂詩》卷一《同朱君儉過胡彦遠》。

光緒《歸安縣志》卷三七《人物傳五》："吴景旭，字旦生，號仁山，歸安人。明諸生。耆德篤學，由前丘移城内之蓮花莊，築堂名南山，即趙子昂故宅。景旭於此嘯詠終日，有詩集。著《歷代詩話》八十卷。”

朱儉,生平不詳。

秋,葉青陽七十,爲文賀壽。

《文集·青陽翁七十壽序》:“庚寅之秋,信安石唐里青陽葉翁年七十,錢唐陳參、胡介與翁子良爲友,率其同學遥頓首以介曰……”

葉青陽,生平不詳。

八月,鄭成功取金門、廈門。十一月,清兵陷桂林,破廣州,明督師瞿式耜被俘,不屈死。永曆帝奔南寧。十二月,清攝政王多爾衮病逝。

清世祖順治八年辛卯(1651)　　三十六歲

與陸嘉淑交,作詩酬之。

《詩集》五言古《酬陸大冰修》。

阮元《兩浙輶軒録》卷一:“陸嘉淑,字冰修,號辛齋,海寧人。著《辛齋遺稿》。”

冬,金漸皋計偕北上,作詩送之。

《詩集》五言古《送金夢蜚北上》。

阮元《兩浙輶軒録》卷三:“金漸皋,字夢蜚,仁和人。順治壬辰進士,官漢陽知縣。有《怡安集》。”

正月十二日,順治帝親政。三月,張獻忠舊部孫可望、李定國聯合永曆政權抗清,永曆帝封孫可望爲秦王。九月,清兵陷舟山。

清世祖順治九年壬辰(1652)　　三十七歲

花朝,萬壽祺至自淮南。

《詩集》七言律《花朝,喜萬大年少至自淮南》。

按，萬壽祺卒於本年五月。據孫治《孫宇台集》卷二五《祭萬年少文》："君之去予輩而歸也，不過三旬，抵家不過七日，而竟溘焉以死。"知萬壽祺本年春遊杭。

爲萬壽祺隰西草堂題詩。

《詩集》七言律《題萬大年少隰西草堂二首》。

有詩答萬壽祺過訪，兼作詩贈行。

《詩集》五言古《答萬大年少見訪四詩，兼以贈行》。

與萬壽祺遊西湖，相與聯句。

《詩餘·望江南·湖上同萬大年少聯句》、《詩餘·西江月·再同萬大年少湖上聯句》。

與萬壽祺、陳參宴飲，賦如意牡丹。

《詩餘·望江南·即席與萬大年少、陳大平遠聯句賦如意牡丹》。

按，孫治《孫宇台集》卷一五《亡友陸彦龍、趙明鑣、胡介合傳》："有陳平遠者，家故高貲，與介同學，兩人相爲引重，資介用費，故得不乏。"知陳平遠爲胡介同學。

按，陳參，字平遠，錢唐人，胡介友。生平不詳。

屠爌母六十，爲文賀壽。

《文集·屠母六十序》："客之過河渚者，輒言禾有隱君子曰屠爌，性忠孝，有貧賤之節。家梅里，以授經養母，母志安之，其母固禾所稱節孝屠太君也。……介貧賤人也，于君子也貧賤之交也，故敢以貧賤爲太君壽。"

按，陳確《乾初先生遺集》卷一《復蕭山徐徽之書》："歲壬辰，鴛水屠闇伯之母壽六十。"知屠母本年六十，胡文當作於本年。

夏，掩關旅堂，惕道人請胡先生爲邵母作壽文。

《文集·姚江邵母六十序》："壬辰夏，胡子掩關旅堂，惕道人渡江來再拜堂下，出姚江邵子書並其爲母求文。"

愓道人,生平不詳。

五月三日,萬壽祺卒,年五十。

王猷定《四照堂文集》卷五《祭萬年少文》:"維歲在壬辰夏五月,萬君年少卒於清江浦之邸舍。"

孫治《孫宇台集》卷二五《祭萬年少文》:"今兹壬辰,君又何逃?"

羅振玉《萬年少先生年譜補正》附録亦載。

聞萬壽祺卒信,與陳參、葉雷生爲位草堂哭之。

李漁《尺牘初徵》卷一〇胡介《與萬道心》:"訃到,即與平遠、蕃仙爲位草堂哭之。"

有書覆萬壽祺子道心。

李漁《尺牘初徵》卷一〇胡介《與萬道心》:"介頓首道心賢侄足下,僕自五月接足下所寄訃音,直使五内摧裂。……今年,辱令先子千里見訪,留敝廬者彌月。聯床深話,每每達旦,或至泣下,覺心理冥合,又有進焉。方期嗣後作伴行遊,結茆偕隱,豈憶笑言如昨,遂永隔泉壤。……今他無所望,唯足下知持身擇交,能杜門讀父書,善繼述先人平生之志,足矣!父執如祖命、伯玉、公狄、師虞諸君子,定能古道相勗。"

蔣臣卒。

正月,鄭成功收復澄海。二月,孫可望迎永曆帝至安龍府。七月,李定國攻復桂林,清定南王孔有德自殺。十一月,李定國收復衡州,清廷震動。

清世祖順治十年癸巳(1653)　　三十八歲

夏,接葉雷生書,覆書答之。

李漁《尺牘初徵》卷三胡介《復葉蕃仙》:"今夏,又接故人上巳書並惠詩,讀之。……秋冬之交,擬重渡江,一看朱、萬。"

阮元《兩浙輶軒録》卷四："葉雷生，字蕃仙，山陰人。著《遊滁草》。"

九月，吴偉業被徵入都，作詩贈之。

《詩集》七言律《吴宫詹梅村被徵入都，奉投四首》。

按，顧師軾《吴梅村先生年譜》卷四"十年癸巳四十五歲"條："九月，應召入都，授秘書院侍講。"介詩當作於本年。

乾隆《江南通志》卷一六六："吴偉業，字駿公，太倉人。明崇禎辛未會試第一，殿試第二，授編修。……入國朝，薦授秘書院侍講，遷國子祭酒。會丁嗣母憂，歸。益肆力於學問，家居十餘年乃卒。偉業以文學負重名，尤好引掖後進，詩文弘麗。所著有《梅村集》、《綏寇紀略》等書。"

晚秋，赴京投奔恩師王永吉。時永吉官兵部尚書。

孫治《孫宇台集》卷一五《亡友陸彦龍、趙明鑣、胡介合傳》："一日與少君詔曰：'身既隱矣，無買山之資，奈何？'少君曰：'君第如北遊，公卿貴人重君，此區區者不予□乎？'於是之燕臺。而舊令王公又已膺卿貳，登三事。"

李漁《尺牘初徵》卷三胡介《與婦》："旅人介再拜少君夫人妝閣，是日十月廿四日，舟次黄河之第八閘韓莊，記别少君四十有二日。"

途經太倉，訪陸世儀、郁存齋，相得甚歡。

陸世儀《桴亭先生詩集》卷八《西安葉静遠訪道過予，招同學諸子集尊道堂小飲即事》："癸巳，彦遠過婁東，訪予與郁子存齋，信宿静觀樓，相得甚歡。"

乾隆《江南通志》卷一六四《人物志》："陸世儀，字道威，太倉人。少穎悟，尤究心先儒語録及經濟諸書。順治間，督學張能麟聘輯《儒宗理要》。後嘗講學於錫山東林書院，説《易》於毘陵大儒祠，受業者數百人。著有《思辨録》、《論學酬答》。"

郁存齋,生平不詳。

過江陰,休夏敔山庵,睹村人食菌而亡,作《戒食菌記》。

《文集·戒食菌記》:"癸巳,游澄江,因休夏敔山庵。敔山雨後,其村居僮婦率提筐合沓穿林躡嶺而去,詢之敔老,云拾菌也。……諸山之食菌毒而死者不下百餘人,至有盡庵而死委屍數日者。"

十月,過淮安,有詩酬朱日升。

《詩集》五言古《酬朱三桐軒》。

十月十四日,至公路哭萬壽祺。時萬家已扶柩還東徐,先生作文祭之。

《文集·祭萬隰西友兄文》:"癸巳十月十有四日,隰西之故人錢唐胡介再拜隰西堂下。"

李漁《尺牘初徵》卷三《與婦》:"旅人以十月五日渡江,爲淮揚舊遊淹留十日,中間詩酒唱酬。旅况未惡,獨恨至公路哭萬大哥,其家已扶柩還東徐,比造隰西,已爲異姓。"

過淮安,宿胡從中宅。

《文集·贈程婁東序》:"癸巳之冬,旅民遊河朔,道過楚,主於宗人師虞氏之家。"

馬麟《續纂淮關統志》卷一三:"胡從中,字師虞,明崇禎壬午舉人。爲人内和外介,嘗避跡鄉里,不以仕進爲榮。其詩磅礴縱横有真氣,書法絶類蘇長公。……晚年築舍缽池山側,繞屋種楝,顔其居曰楝居,即以自號,年八十餘卒。"

介胡從中識程淞、程涞、程軒三兄弟。

《文集·贈程婁東序》:"程子遊學吴會,匿其姓氏而爲王潛也,與吴國旅民交,旅民兄事之,吴人士亦争下潛也。……癸巳之冬,旅民遊河朔,道過楚主於宗人師虞氏之家,師虞氏曰:'子識程婁東乎?'予謝不識。師虞笑曰:'子交滿天下,率名下士而何不識吾婁東？……'而婁東直入，再拜，則固吴客王潛也也。……予宿其館下，見其孟維東、季扶東，飲三日而去。"

北渡河，發故園書，題詩其上。

《詩集》七言絶句《北渡河，發故園，書題椷上》。

宿河口，有懷萬壽祺。

《詩集》七言絶句《宿河口，懷萬大年少》。

再發故園書，題詩其上。

《詩集》七言絶句《再發故園書題椷上》。

渡河，有詩抒懷。

《詩集》七言絶句《黄河口號》。

守閘望滕縣諸山，有詩寄弟會。

《詩集》七言絶句《守閘望滕縣諸山寄會弟》。

清源道中，有詩志感。

《詩集》七言絶句《清源道中》。

南和道上，憶旅園。

《詩集》七言絶句《南和道上憶旅園》。

歲末，抵京。

《文集·爲戇叟書有字詩跋尾》："此巳、午之歲與戇叟同客燕市時作也。"知胡介本年末抵京。

二月，孫可望忌李定國功高，定國走廣西。前所復州縣先後失陷。三月，張名振以鄭成功之師入長江，破京口。四月，清廷嚴科歲考，定"崇儒重道"爲基本國策。十一月，清廷封鄭成功澄海公，鄭拒受。十二月，張名振、張煌言敗清軍於崇明。

清世祖順治十一年甲午(1654)　三十九歲

初春，客燕邸，有詩抒懷。

《詩集》七言律《燕邸三首》。

立春夜,龔鼎孳招韓詩、紀映鍾小集。

《詩集》七言律《立春夜,龔侍郎芝麓招同韓舍人聖秋、紀大伯紫小集》。

龔鼎孳《定山堂詩集》卷二三甲午《長安初春,同諸子賦》。

嘉慶《合肥縣志》卷二四:"龔鼎孳,字孝升,生時庭產紫芝,因號芝麓。前明崇禎癸酉、甲戌聯捷成進士,出爲蘄水縣知縣。……行取入覲,拜兵科給事中。……本朝以原官起吏科右給事中,升禮科都給事中……旋擢太常寺少卿。丁父憂,服闋,擢爲刑部右侍郎,轉刑部左侍郎,未匝月,又特簡都察院左都御史……補上林苑監署丞,量移太僕寺主簿,再移上林苑丞,補國子監助教。丁繼母憂,服闋,仍起左都御史,歷刑、兵、禮三部尚書。庚戌、癸丑兩主會試,即以癸丑九月卒。"

在京師,結識韓詩,作詩贈之。

《詩集》七言古《贈韓舍人聖秋》。

嘉慶《餘杭縣志》卷二八《寓賢傳》:"韓詩,字聖秋,號固庵,陜西涇陽籍,三原人。舉孝廉,官兵部職方司郎中。嘗住餘杭石盂山,著書兼參禪學,有《石盂山寺記》。"

暴病燕邸,王永吉爲深夜延醫,作詩酬謝。

《詩集》五言律《燕邸暴病欲絶,遣僕馳告王鐵山先生,時深夜,延醫枉看,奉酬》。

阮元《淮海英靈集》丁集卷一:"王永吉,字修之,號鐵山,高郵人。明天啓進士,官薊遼總督。本朝順治二年,順天巡撫宋權薦授大理寺卿。四年,奏請遣官往直省恤刑,尋擢工部右侍郎。旋罷歸,復起户部右侍郎。……十年,擢兵部尚書。十一年,轉都察院左都御史。四月,授秘書院大學士,尋罷,補總督倉場户部侍郎。十二年,仍授國史院大學士,加太子太保,兼管吏部尚書事。……十五年四月,以侄樹德私通科場關節事發,降補太常寺少卿,遷左都御史。十六年二月卒,贈少保兼太子太保吏部尚書,謚文通。”

在京,晤曹溶。

《詩集》五言古《答曹太僕秋嶽》。

光緒《嘉興府志》卷五二:“曹溶,字潔躬,號秋嶽。……本朝以御史視學畿内,歷户部侍郎,出爲廣東布政使,左遷山西陽和道。……三藩叛,從征福建。丁母憂,歸。己未,以博學鴻詞徵,復薦修《明史》,因疾不赴。”

春夜,過龔鼎孳龍松館夜話,有詩贈龔鼎孳,兼示曹溶。

《詩集》七言古《春夜龍松館醉歌,贈龔侍郎芝麓,兼呈曹太僕秋嶽》。

龔鼎孳《定山堂詩集》卷一〇《彦遠過龍松夜話》。

晤吴偉業,有書寄之。

李漁《尺牘初徵》卷三胡介《與吴駿公先輩》:“昨坐對竟日,見先生神意不佳。……介以十日行矣……唯萬萬審時珍重。”

晤張王治,有詩贈之。

《詩集》七言古《黄門酒歌爲張敉庵賦》。

嘉慶《直隸太倉州志》卷二八《人物》:“張王治,字無近。幼從兄溥學,弱冠貢入太學。順治四年成進士,授桐廬知縣。……擢工科給事中……會江南通賊案起,多所株連,王治引例陳乞,保全甚衆,卒以峭直爲衆所忌,削籍歸里。居十八年,卒。”又吴偉業《梅村家藏稿》卷二四《清河家法述》:“王治無近,一號敉庵,官刑科右給事中。”

妻翁桓寄詩相訊,作詩答之。

《詩集》五言律《答婦用來韻》。

思歸,有詩志感。

《詩集》五言律《懷歸》。

移寓慈仁寺,雨坐,有詩抒懷。

《詩集》五言律《移寓慈仁寺,雨坐》。

夢大雄老人,作詩懷之。

《詩集》五言律《夢大雄老人》。

寒食,與馬之瑛同寓慈仁寺,作詩贈之。

《詩集》五言律《酬桐城馬倩若,時同寓慈仁寺》。

道光《陽江縣志》卷四《官師志》:"馬之瑛,字倩若,江南桐城人。庚辰進士。崇禎十四年,知陽江縣事。"

養疾慈仁寺,有書寄曹溶。

李漁《尺牘初徵》卷一〇胡介《與曹秋嶽先輩》:"麋鹿之性,淹迹京華,自應發病而病發不已。……飽飯後,經行松下數周,顧影自笑,竟似慈仁寺一掛搭僧矣。"

在京,結識吴穎,作詩贈之。

《詩集》五言古《詶吴比部見末》。

乾隆《江南通志》卷一百六十六:"吴穎,字見末,溧陽人。順治壬辰進士,授刑部主事。…… 出知湖州。所著有《蓴羹堂集》、《湖州志》、《溧詩閣史》。時有瀨江文獻之目。"

魏裔介以詩贈之,作詩答之。

《詩集》五言古《答魏給諫石生》。

民國《柏鄉縣志》卷六:"魏裔介,字石生,號貞庵,又號崑林。……壬午舉於順天,清順治三年進士,選庶吉士,改授工科給事中。……改吏科…… 陞太常少卿,方三月,擢副憲。……丁酉,擢總憲。……康熙御極,復居御史臺。踰年,復宫保,晉冢宰,拜保和殿大學士兼禮部尚書,入贊機政。……辛亥,亟以病請,情辭懇切,優詔許之。……優遊林泉者十餘年,潛心理學,著作等身,不下數千百卷,以疾卒於家。"

有詩贈王崇簡,兼贈王熙。

《詩集》五言古《酬王學士敬哉,兼贈胥庭太史》。

陶樑《國朝畿輔詩傳》卷七:"王崇簡,字敬哉,宛平人。明進士。國朝歷官禮部尚書,謚文貞。有《青箱堂集》六十六卷。”

雍正《畿輔通志》卷七一:“王熙,字子雍,宛平人,崇簡子。順治丁亥進士,改國史院庶吉士,授檢討,歷遷春坊諭德。十三年初,置日講官,熙首膺選,進翰林院掌院學士,加禮部尚書。時熙父崇簡方以尚書長禮部,父子皆大宗伯,朝士榮之。十八年,世祖章皇帝疾大漸,召入養心殿,撰遺詔。……聖祖仁皇帝即位,改弘文院學士,仍兼禮部尚書。康熙五年,拜左都御史。……尋轉工部尚書,改兵部,以丁父艱,家居,特拜保和殿大學士。……蓋居相位者二十餘年,恩眷始終如一,君臣際遇,尤爲漢唐以來所僅見。……後以疾篤,特加少傅,致仕。康熙四十二年,卒於家。賜謚文靖。”

暮春,將歸,有詩留别紀映鍾,紀作詩送之。

《詩集》五言古《留别紀大伯紫》。

陳維崧《篋衍集》卷二紀映鍾《送胡彦遠南歸》。

吴偉業作詩文送之。

吴偉業《梅村家藏稿》卷九《題河渚圖送胡彦遠南歸》、同書卷一五《送胡彦遠南還河渚》、同書卷三五《送胡彦遠南歸序》。

有詩答别龔鼎孳,龔作詩送之。

《詩集》五言古《答别龔侍郎芝麓二首》。

龔鼎孳《定山堂詩集》卷二《胡彦遠歸武林,吴梅村、紀伯紫各有詩贈别,步原韻二首》、同書卷四《雨集慈仁海棠花下,再送彦遠同伯紫作》。

有詩答别黄機。

《詩集》五言古《答别黄侍讀次辰》。

阮元《兩浙輶軒録》卷一:“黄機,字次辰,號雪臺,錢塘人。順治丁亥進士,由庶吉士歷官至文華殿大學士。謚文僖。著《浥露堂詩文集》、《樞鏡録》、《黄氏家鑑》。”

曹溶作詩送行。

曹溶《静惕堂詩集》卷一一《送胡彦遠還錢塘歌》、同書卷四《酬胡彦遠兼以送别四首》。

以詩贈别韓詩。

《詩集》五言古《别韓舍人聖秋》。

途經定州,遇雨。

《詩集》五言律《定州道上遇雨》。

鄗南雨行,有詩寄故人。

《詩集》五言律《鄗南雨行,寄故人二首》。

在鄗南,有詩寄陳參。

《詩集》五言律《鄗南寄陳大平遠》。

至邢州,題金漸皋署壁。時金官邢臺知縣。

《詩集》五言律《南還邢州,題金夢蜚署壁》。

逢盧奉若,作詩贈之。

《詩集》五言律《酬永年盧奉若》。

盧奉若,河北永年人,生平不詳。

雨夜,懷張遂辰。

《詩集》五言律《雨夜懷張卿子》。

阮元《兩浙輶軒録》卷一:"張遂辰,字相期,號卿子,又號西農,仁和人。有《白下》、《蓬宅》、《衰晚》、《湖上》四編。"

邢州度除夕,有詩志感。

《詩集》五言律《邢州除夕》。

正月,張名振、張煌言率師抵江寧近郊,望祭明孝陵,旋退。九月,清廷嚴隱匿逃人事。十月,李定國收復羅定、新興等縣,攻新會,尚可喜飛書告急。十二月,李定國爲清兵所敗。

清世祖順治十二年乙未(1655)　　四十歲

遲陳參,適侯汸過訪,共飲。

《詩集》七言律《雪邸遲陳平遠，適侯六研德見過，留共小飲，限字》。

張維屏《國朝詩人徵略》卷五："侯涵，初名泫，字研德，後更名涵，字中德，江南嘉定人。諸生。有《掌亭集》。"生平詳汪琬《堯峰文鈔》卷一三《貞憲先生墓誌銘》。

立春夜，與陳參過金道庶小飲。

《詩集》七言律《立春夜，同陳平遠過金道庶小飲，還寓有懷》。

金道庶，生平不詳。

春，與韋人龍同客邢臺知縣金漸皋署，遇蔣薰。

蔣薰《留素堂詩删》卷一乙未《道出邢臺，飲金明府署中》，詩中注曰："座間韋人龍、胡介皆知。金解任將南還。"

阮元《兩浙輶軒録補遺》卷二："韋人龍，字劍威，武康人。諸生。"

阮元《兩浙輶軒録》卷二："蔣薰，字聞大，號丹崖，海寧人。由縉雲教諭遷知伏羌縣。著《留素堂詩集》。"

南還，有詩留別金漸皋。

《詩集》五言古《南還留别金夢蜚》。

途經洺州，訪申涵光。

《詩集》五言古《洺州訪申凫盟》。

錢林《文獻徵存録》卷一〇："申涵光，字和孟，一字元孟，號凫盟，一號聰山，永年人。節湣公佳允之子。博學能文，尤長於詩。……以父殉難，遂絶意仕進，日事詩文，晚年名益重。"

有詩酬馬之驌、房循艭。

《詩集》七言古《酬馬旻徠、房擴原二廣文》。

同治《元城縣志》卷之四："國朝馬之驌，字綿徠，雄縣人。由拔貢任元城教諭。少年博學，與諸生爲詩文之會。所著有《古調堂集》行世。國朝房循艭字擴原，安州人。由拔貢任元城訓導。前太宰素菴公之子也,家學淵源,博通淹雅,稱一代著作。且課士有法,不屑屑爲卑近之習。陞浙江淳安知縣。著有《致遠齋集》行世。”

五月,抵淮陰,爲文祭亡友朱日升。

《文集·祭朱桐軒友兄文》:“乙未之歲,錢唐胡介南還,道過淮陰,以屈大夫沉汨羅之後二日,與同人某某謹將隻雞斗酒呼亡友朱桐軒兄之靈。”

二月,李定國敗走南寧,舊所收復諸地皆失。五月,張名振克舟山。十一月,張名振病卒,張煌言領其衆。

清世祖順治十三年丙申(1656)　　四十一歲

之吴,逢陳廷會,作詩酬之。

《詩集》七言律《吴門逢陳際叔奉酬》。

阮元《兩浙輶軒録補遺》卷一:“陳廷會,字際叔,一字瞻雲,錢塘人。”

過吴,始識袁駿,爲其《霜哺篇》作序。

《文集·霜哺篇序》:“介自弱冠遊於吴,即知吴有袁生者以傭書養母稱於士大夫間,士大夫争爲袁生賦《霜哺》,以相誇重。介心異之。又二十年,介重遊於吴,袁生與客過邸舍,始識所謂袁生者。是時袁生之頭已蒼矣,所謂袁母者已七十又二矣。……袁生名駿,字重其。”

同治《蘇州府志》卷八八《人物十五》:“袁駿,字重其。早喪父,傭書養母。以貧甚,母節不能旌,乃徵海内詩文曰《霜哺篇》,多至數百軸。凡士大夫過吴門者,無不知有袁孝子也。”

陳孝則歸還雲間,作文送之。

《文集·送陳孝則還雲間詩序》:“是日,孝則且還,吴之諸君子祖道集送,復有飲酒賦詩之事,屬介爲之序。”

陳孝則,生平不詳。

在吴,有詩贈宋德宜。

《詩集》七言古《揖客行贈宋太史右之》。

同治《蘇州府志》卷八八:"宋德宜,字右之,學朱子。順治乙未進士,選庶吉士,授編修,遷司業,累官至左都御史。……進兵部尚書……尋轉吏部。康熙二十三年,拜文華殿大學士,加太子太傅。二十六年,以疾卒於官,年六十二。……與兄德宸、弟德宏蚤著文譽,一時有'三宋'之目。"

遇梅磊,作詩贈之。

《詩集》七言古《贈梅杓司》。

沈德潛《清詩别裁集》卷八:"梅磊,字杓司,江南宣城人。著有《響山齋集》。"

梅磊與陳維崧過訪。

《詩集》七言律《梅杓司與陳其年過從述懷》。

秦瀛《己未詞科録》卷二:"陳維崧,字其年,號迦陵,江南宜興人。諸生。明左都御史謚恭定于廷孫,副貢貞慧子。由都御史宋德宜薦舉,授檢討。著有《迦陵集》二十卷、《湖海樓集》三十卷、《兩晉南北史集珍》六卷、《陳檢討集》二十卷、《烏絲詞》四卷、《陳迦陵詞集》三十卷、《陳檢討四六》二十卷。"

吴下逢紀映鍾,互有詩贈答。

《詩集》七言律《紀大伯紫訪予錢唐不遇,還過吴門,賦詩見贈,次韻奉答》。

爲紀映鍾有字詩跋尾。

《文集·爲戇叟書有字詩跋尾》:"此巳、午之歲與戇叟同客燕市時作也。其後二年,遇叟於吴下。風雨信宿,重屬書是詩。時楚黄萬康留、宣城梅杓司、宜興陳其年、吴門施又王、袁重其皆來集邸舍。明日,叟與杓司去京口,予亦隨家大人南還。"

與魏耕、陳維崧、朱朗詣、陳三島看花含緑堂。

《詩集》七言律《吴門同人招集含緑堂牡丹花下分韻》。

魏畊《雪翁詩集》卷一〇《含緑堂牡丹盛開集胡介、陳維崧、朱士稚、陳三島諸子作二首》。

按,陳維崧《湖海樓詩集》卷五《侯六丈宅看牡丹五首》詩中注曰:"丙申春,同吴門諸子看花于薛偉楚含緑堂。"介詩當作於本年。

温睿臨《南疆逸史》卷四五:"魏耕,字雪竇,慈谿人。國變,棄諸生服,交豪俠士,以起義敗,亡命江湖。……與歸安錢纘曾習爲詩歌,一時吴越士人翕然宗之。又與張近道、朱士稚交善……耕上書鄭成功,請乘南風入京口。己亥夏六月,成功果以戰艦千艘入江南,既而師潰。頃之,耕復上書張煌言,備陳金陵虚實,請以舟師再舉。有孔孟文者……以耕所言上煌言書告耕及纘曾,被執,俱死於獄,妻子田宅没官。其友祁班孫亦坐戍瀋陽。耕所著有《息賢堂集》。"生平詳魏霞《明處士雪竇先生傳》、全祖望《鮚埼亭内編》卷八《雪竇山人墳版文》。

嘉慶《山陰縣志》卷一四:"朱士稚,字朗詣。……與同邑張宗觀朗屋交最善,號'山陰二朗'。遭亂,散千金結客,宗觀死於盜,士稚往來吴越,以詩古文稱於時。卒年四十七。"

沈季友《檇李詩繫》卷四一:"陳三島,字鶴客,長洲人。有《雪圃遺藁》。"

有詩寄侯汸。

《詩集》五言古《述舊寄侯二記原三首》。

嘉慶《直隸太倉州志》卷四〇《人物》:"侯汸,字記原,岐曾之子。崇禎十五年順天副榜貢生。少好學,博極群書,究心經術。……甲申後,屏跡園居,學道張能鱗以高士旌其廬。"

梁以樟貽書見招,作詩寄之。

《詩集》五言古《梁四公狄貽書見招卻寄》。

乾隆《江南通志》卷一七二《人物志》:“梁以樟,字公狄,清苑人。明崇禎己卯舉鄉試第一,庚辰成進士。與兄以枏寓居寶應,纘言著書以老。有《忍冬軒集》。”

渡江訪祝文震。

《詩集》七言古《渡江訪祝兵備天虞》。

民國《杭州府志》卷一三五《人物四》:“祝文震,字稚明,海寧人。順治九年進士,累官淮海兵巡道。”

在揚州,遇李楷,作詩贈之。

《詩集》七言古《河濱叟行贈李叔則》。

錢林《文獻徵存録》卷四:“李楷,字叔則,陜之朝邑人。少讀書朝萊山中。天啓甲子舉人。入國朝,爲寶應知縣。解職,居揚州,與江西李明睿著《二李珏書》。久之,歸里。工書畫,通釋典道藏。嘗修《陜西通志》,又著《河濱全書》一百卷。”

在淮,交宋曹,作詩贈之。

《詩集》七言律《贈宋大射陵》。

光緒《鹽城縣志》卷一〇:“宋曹,字彬臣,一字邠臣,號射陵。……曹少受業於欒大章之門,福王時,由辟薦授中書舍人。……鼎革時,年甫二十有六。不樂仕宦,退隱射陽之瀕,號耕海潛夫,築蔬枰養母。……舉山林隱逸、博學鴻詞,俱以母老固辭。工詩,善書法。高才絶學,炳耀一時。文長於論事,客遊四方,多識遺民故老。……康熙四十年卒。所著有《杜詩解》、《會秋堂詩文集》、《真草書石刻》行世。”

爲宋曹詩集作序。

《文集·宋射陵詩序》:“丙申,介再渡江,客淮,始得見所謂宋生射陵者於淮陰市上。短褐蕭條,退然若處子。宋生亦從隰西道人、桐軒子識介生平甚悉。是日,南北知名士數十人會食丘生季貞家,兩人從賓筵廣座中對揖階下,神意相射,翕然而親。時宋生以歲暮將還鹽,重解裝爲予留二十七日始去。……故平生獨好爲詩,瀕行,出其平生所著詩命介爲之序。"

宋曹母八十,作詩祝壽。

《詩集》七言古《有客行贈宋大射陵,兼壽其母八十》。

與楊三開述别。

《詩集》七言律《與楊三開兼述别》。

按,楊三開,生平不詳,據曾王孫《清風堂文集》卷二《留别楊三開司李》,知其官掌刑獄。

訪靳應升,留飲,作詩贈之。

《詩集》七言律《訪靳茶坡留飲即贈》。

同治《重修山陽縣志》卷一三《人物三》:"靳應升,字璧星,號茶坡。歲貢生。博學工詩,與張養重、閻修齡相倡和。有《渡河集》行世。"

張養重贈詩見懷,先生作詩酬之。

《詩集》七言律《酬張虞山見懷》。

同治《重修山陽縣志》卷一二《人物二》:"張養重,字斗瞻,號虞山。國變後,不復應試,與里人靳應升、閻修齡相唱和。晚年家益困,遂客遊,北極燕雲,南踰瓊海。其詩纏綿淒悱,有風人之遺。著有《古調堂集》。"

曹溶赴粤東布政使任,作詩送之。

《詩集》七言古《君不見贈别曹侍郎秋嶽赴粤東布政》。

按,道光《廣東通志》卷四四《職官表》:"曹溶,浙江人,進士,十三年任左布政使。"胡詩當作於本年。

閻若璩有詩相贈,作詩答之。

《詩集》五言律《酬閻百詩見贈》。

道光《太原縣志》卷一〇《人物》:"閻若璩,字百詩,號潛丘,修齡子。僑淮安。若璩生有異稟,讀書一過目,終身不忘。十五補諸生,益肆力經籍。……康熙戊午,舉博學弘詞科,不遇,歸太原。……成《四書釋地三續》共五卷,《重校困學紀聞》二十卷,《孔廟從祀末議》一卷,《孟子生卒年考》一卷。晚年名動九重,世宗在藩邸,手書延請,復至京師。"

結識閻修齡,作詩贈之,兼爲其眷西堂題詩。

《詩集》七言古《青溪行爲閻再彭賦》、《詩集》五言律《題閻牛叟眷西堂》。

道光《太原縣志》卷一〇《人物》:"閻修齡,字再彭,世科子。僑淮安,爲郡學生。性篤孝……甲申後棄諸生,以詩名江淮間,自號牛叟,寧都魏禧雅重之。"

阮葵生《茶餘客話》卷二二:"眷西堂在新城東門。"

同程淞訪丘象隨,不值,戲題壁上。

《詩集》七言絶句《同程二婁東訪丘四季貞不值,戲題壁上》。

同治《重修山陽縣誌》卷一三《人物》:"丘象隨,字季貞。年十四,工詩,與兄象升有'淮南二丘'之目。父殁,廬墓三年。康熙十八年,以拔貢生□□□學鴻辭授翰林檢討,纂修《明史》,歷司經局洗馬,卒。"

沈光裕隱於淮,以教授爲生,先生作詩贈之。

《詩集》五言律《贈沈司李仲連》。

按,此詩題下注曰:"名光,庚辰進士,燕人,隱於淮,以教授自食。"

康熙《大興縣志》卷五下:"沈光裕,字仲連,大興人。崇禎庚辰進士,授贛州推官。……國變,又喪子。無後,乃遨遊南北,無常居,多隱跡江淮間。年七十六卒於海鹽,歸葬於北。光裕好奇負氣,晚年輒軻雄談縱飲,目光如炬,發爲詩歌,奇氣勃勃不可遏。尤篤志字學,手不釋卷。"

十一月,程之璿由陝西督糧道參政遷福建按察使。

王先謙《東華録》:“(順治十三年丙申十一月)以程之璿爲福建按察使,由陝西督糧道參政遷。”

至日,范良招李楷、徐振芳、沈光、方文、顧萬祺、靳應升、陳台孫、嵇宗孟、閻修齡、張養重、程淶、程淞、丘象隨、趙朗、胡天仿分韻賦詩。

《詩集》七言律《至日,范眉生招同李叔則、徐大拙、沈仲連、方爾止、顧庶其、靳茶坡、陳階六、嵇淑子、閻再彭、張虞山、程濰東、婁東、丘季貞、趙天醉、家師虞分韻》。

范良《幽草軒詩草》卷二《淮瀆敕》注曰:“同沈仲連、李叔則、方爾止、胡彦遠、顧庶其、徐大拙、程穆倩、靳茶坡、胡天仿、陳階六、程維東、婁東、張虞山、閻再彭、百詩、馬圖求、丘季貞、趙天醉社集賦。”詩云:“丙申子月逢長至,哀雁横天雪照地。同人懷古過荒祠,淮瀆祀典原敕賜。中有道書三百篇,頒來乃自神宗年。煌煌天語群瞻仰,龍鳳盤旋猶儼然。同人讀罷色慘澹,朔風蕭條白日暗。歸來對酒悲如何,仰天不飲空長歎。”

宣統《續纂山陽縣志》卷一〇:“范良,字眉生,歙人。嘗以五日招同人於淮之珠湖舟中,舉社事曰舟社,唱予和汝,歌管聲聞數里,岸上觀者如堵牆。”另據李聖華《方文年譜》卷四,范良,一字縻生,寓淮安,築幽草軒,廣交隱逸,著有《幽草軒詩草》。

光緒《日照縣志》卷八:“徐振芳,字大拙,樂安人。明貢生。幼負異才,工詩。……詩初學竟陵、公安,久之,乃折衷於李、杜,獨闢堂奥,由是海内多知振芳名。”另據李聖華《方文年譜》卷四,徐振芳於北都亡後,起義旅淮上。變亂後,徙家安東。順治十四年卒,年六十。有《徐大拙詩稿》三卷。

道光《續修桐城縣志》卷一五:“方文,字爾止,又名一來,字明農,號嵞山,大鋐少子。明季諸生。遊歷南北,詩名震天下。……晚年居樅陽以終。”

沈德潛《清詩别裁集》卷八:"顧萬祺,字庶其,江南吴江人,諸生。"

同治《重修山陽縣志》卷一三:"陳台孫,字皆六。進士,知富陽縣,積官禮科給事中。抗直敢言……詩古文皆有名。"

乾隆《江南通志》卷一六六:"嵇宗孟,字淑子,山陽人。天資穎異,善屬文,詞采壯麗。由乙榜歷守杭州郡,乞歸。未久,薦舉博學鴻儒,堅以疾辭。著有《立命堂集》、《楚江蠡史》諸編。"

道光《歙縣志》卷七之二:"程涞,字維東,荷池人,山陽籍。辛丑進士,平谷知縣。"另據李聖華《方文年譜》卷四,程淞字婁東,號寓庵,山陽人。

李聖華《方文年譜》卷四,趙朗字天醉,一字天民,休寧人。流寓淮安,從范良遊。書畫皆妙。有《古冥齋詩》、《嘯虹日記》。

顧萬祺南還,作詩送之,兼訊顧有孝等。

《詩集》七言律《送顧庶其南還,兼訊茂倫諸子》。

丘象隨《西軒詩集》卷三丙申《送顧庶其歸吴江》。

宋曹還鹽城,與丘象隨作詩送之。

《詩集》七言律《送宋大射陵還鹽城》。

丘象隨《西軒詩集》卷三丙申《與錢唐胡彦遠送宋射陵歸鹽城》。

丘象隨過客舍,與方文、李楷飲。

丘象隨《西軒詩集》卷三丙申《過胡彦遠客舍醉同方明農、李叔則作》。

除夕前二日,與方文、程邃留淮安守歲。

方文《嵞山集》卷九丙申《除夕前二日柬胡彦遠、程穆倩》。

除夕,與方文守歲丘象隨西軒。

丘象隨《西軒詩集》卷三丙申《除夕與方明農、胡彦遠西軒守歲二首》。

除夜,有詩寄韋人龍,兼柬祝天震。

《詩集》七言律《除夜,寄韋大劍威兼柬祝兵備天虞》。

清世祖順治十四年丁酉(1657)　　四十二歲

初春,與方文、顧萬祺飲宿西軒。

丘象隨《西軒詩集》卷三丁酉《初春,胡彦遠、方明農、顧庶其飲宿西軒》。

正月十四夜,丘象隨作感舊詩,先生作詩慰之。

《詩集》七言絶句《慰丘四季貞正月十四夜感舊》。

正月十五夜,丘象隨病中贈詩,先生和其原韻。

丘象隨《西軒詩集》卷三丁酉《燈夕,病中與胡彦遠》。

《詩集》七言絶句《和丘四季貞燈夕寄答原韻》。

正月十六夜,同徐雲吉、方文宿徐梁瑞家。

方文《嵞山集》卷六丁酉《十六夜,同徐雲吉、胡彦遠宿徐梁瑞家》。

按,徐雲吉即秦同五。方文《嵞山集》卷九《喜徐雲吉至》詩中注曰:"雲吉改姓秦,字同五。"

正月,方文聞母訃還樅陽,作詩送别。

《詩集》七言律《送方爾止聞訃還樅陽》。

淮陰僧舍訪徐雲吉。

《詩集》七言律《淮陰僧舍訪秦同五》。

丘象隨赴漢陽省親,先生作詩送之,丘有答詩。

丘象隨《西軒詩集》卷三丁酉《答别胡彦遠二首》、同書同卷丁酉《贈胡彦遠》。《詩集》七言律《送丘四季貞漢陽省父二首》、《詩集》七言絶句《追和丘四季貞紀别送答詩》、《詩集》七言絶句《再送丘四季貞入楚》。

妻翁桓寄詩,作詩答之。

《詩集》七言絶句《答婦寄詩》。

杜首昌遊吴門,作詩詞送之。

《詩集》七言絶句《送杜湘草遊吴門二首》、《詩餘·送杜湘草渡江二闋調寄如夢令》。

同治《重修山陽縣志》卷一三:"杜首昌,字湘草。……首昌篤嗜書史,不計生業,家爲之耗。工詩詞,善草書。著有《杜稿編年》數十卷。"

龔鼎孳適嶺外,以詩留别先生。

龔鼎孳《定山堂詩集》卷二五《留别彦遠》。

淮陰郊行,有詩寄懷龔鼎孳、曹溶。時兩人俱在嶺外。

《詩集》七言律《淮陰郊行,奉懷龔芝麓、曹秋嶽俱在嶺外》。

客路,丘象隨有詩寄懷。

丘象隨《西軒詩集》卷三丁酉《客路寄胡彦遠》。

淮陰逢金漸臯北上,作詩志感。

《詩集》七言律《淮陰逢金夢蜚北上,詩以識感》。

陳台孫被徵北上,作詩送之。

《詩集》七言律《送陳階六被徵北上》。

唐允甲還里,作詩送之。

《詩集》七言律《送唐大祖命還太平》。

夏,將返里,有詩留别張璵若、胡從中。

《詩集》五言古《留贈張大伯玉、胡四師虞》。

有詩留别程淶、程淞兄弟。

《詩集》七言古《留别程濰東、婁東》。

歸里,方文作詩送之,兼壽父六十。

方文《嵞山集》卷九丁酉《送胡彦遠歸杭州並壽其尊公》。

父六十,陸世儀作詩賀壽。

陸世儀《桴亭先生詩集》卷六丁酉《壽胡彦遠尊人静庵先生六

十長歌》。

山曉晳禪師還天童,作詩送之。

《詩集》五言古《送山曉晳禪師還天童》。

程之瓘過訪旅園。

《詩集》七言律《程觀察仲玉見訪旅園卻贈》。

孫治、梁以樟、吴鏘、陳晉明集旅堂。

孫治《孫宇台集》卷三六《胡彦遠齋集同梁仲木、吴聞瑋、陳康侯》。

阮元《兩浙輶軒録》卷七:"孫治,字宇台,錢塘人。著有《鑒庵集》。"

阮元《兩浙輶軒録補遺》卷一:"陳晉明,字康侯,一字德公,錢塘人。"

同牧雪上人夜坐湖上,懷龔賢。

《詩集》五言律《同牧雪上人湖上夜坐,懷龔半千》。

牧雪上人,無考。

牧雪上人渡江,作詩送之。

《詩集》五言律《送牧雪上人渡江》。

九月,之閩,孫治作詩送行。

孫治《孫宇台集》卷三六《胡彦遠之閩》。

雨發九牧,有詩志感。

《詩集》五言律《雨發九牧》。

初行建溪,有詩抒懷。

《詩集》五言律《初行建溪》。

泊信安,有詩寄懷侯汸。

《詩集》七言律《泊信安寄侯記原、研德》。

度僊霞嶺,有詩志感。

《詩集》七言律《度僊霞嶺》。

客劍州，有懷金漸皋。

《詩集》七言律《劍州懷漢陽令金夢蜚》。

入閩，訪其前身。

孫治《孫宇台集》卷一五《亡友陸彦龍、趙明鑣、胡介合傳》："介嘗夢二浮屠至其牀前，噂而詔之曰：'子欲知而前身乎？'介曰：'諾。'曰：'子前身在福建某府某邑某村，姓吴，爲監司者，是而前身也。'已而入閩，訪求其處，果有吴姓爲監司者，計其去世，正與介之年歲相等。所存遺筆，又與介書法無異，於乎奇矣！"

與周亮工集飲。

《詩集》七言律《集飲周司農櫟園》。

錢林《文獻徵存録》卷二："周亮工，字元亮，一字減齋，號櫟園，學者稱櫟下先生。金溪人，籍祥符。……櫟園嗜飲喜客，客日满坐，坐必設酒，談諧辨難，娓娓不倦。……崇禎庚辰進士，授濰令，以守城功擢御史，十日而京師陷，間道歸里門。入國朝，順治二年，以御史招撫兩淮授鹽法道，請削舊餉……升淮揚海防兵備道副使。……四年，遷閩臬。……六年，擢右布政使。……踰年，升右轄，尋轉左。又權督學及兵備海道，以才能稱，遷都御史。上章言閩事，輒報可，驟擢少司農……督糧江淮間，四方之士慕之者争願見司農，舟車輻輳，道路爲隘。……康熙二年，起青州海防道，轉江安糧道，再被論，事白而卒。有《賴古堂集》，又有《讀畫録》四卷、《印人傳》三卷、《因樹屋書影》十卷、《同書》四卷、《鹽書》四卷、《字觿》一卷。"生平事蹟詳《賴古堂集》附録錢陸燦撰《墓誌銘》、姜宸英撰《墓誌銘》、黄虞稷撰《行狀》及周在浚撰《周櫟園先生年譜》等。

葉灼棠出巡泉州，作詩送之，兼訊韓詩、鄧叔奇。

《詩集》七言律《送葉函公出巡泉州，因訊韓聖秋、鄧叔奇》。

乾隆《泉州府志》卷三二："葉灼棠，字函公，江南六合人。順治十二年,以中翰隨定遠大將軍征閩,委署興泉道事。時瘡痍未起,灼棠務與民休息。未幾,還京改授。十五年,復爲興泉兵備。……踰年,丁父艱去郡。……著有《興泉政略》六卷。”

與遊漢叟遇於閩,即送其入楚。

《詩集》五言律《送遊漢叟入楚二首》。

按,游漢叟,生平不詳,周亮工《賴古堂集》卷五《送遊漢叟入楚》亦作於此時。

十二月十八夜,道山月下寄周亮工。

《詩集》七言律《十二月十八夜,道山月下柬周司農櫟園》。

福州度除夕,有詩志感。

《詩集》五言律《福州除夕》。

十月,順天鄉試科場弊案發。十一月,江南鄉試科場弊案發。十二月,河南鄉闈事發。

清世祖順治十五年戊戌(1658)　　四十三歲

正月四日,與許友、高兆、陳叔舉、陳季均集道山亭。

《詩集》七言律《戊戌四日,同許有介、高雲客、陳叔舉、季均集道山亭》。

周亮工《賴古堂集》卷九《雨中聞有介攜具過彦遠道山亭子,彦遠初至,有介亦甫自秣陵返》。

乾隆《福州府志》卷六〇:“許友,字有介,號甌香,侯官人。爲詩清新俊逸。……又工書畫。”

民國《閩侯縣志》卷七二:“高兆,字雲客,號固齋,崇禎間邑諸生。恬澹有大度,海寧陸水修,西陵汪魏美、沈甸華、應嗣寅諸名勝皆推爲當世士。嘗著《六經圖考》。”

陳叔舉、陳季,生平不詳。

爲高兆《續高士傳》作序。

《文集·續高士傳序》:"吾友高子雲客,閩南高士也。天才至性,篤於人倫,讀晉玄晏先生《高士傳》而有感也,爲傳繼之。其文雅馴,其事核,其義嚴,其取予慎,其寓意遠。"

早春,偶過陶瓶齋,值周亮工、葉欣攜妓妙音宴集,遂飲盡夜。

《詩集》七言律《早春,偶過陶瓶齋,會周櫟園、葉榮木攜妓妙音先後俱集,遂小飲盡夜,得醒字》。

周亮工《賴古堂集》卷九《偶過陶瓶,值胡彦遠小飲,得酸字》。

爲程之璿南郭草堂題詩。

《詩集》七言律《遥題程仲玉南郭草堂》。

上元,王顯祚、程之璿、蕭雲律、耿介過訪道山亭,夜分,王顯祚重邀諸人過東白堂看燈。

《詩集》七言律《上元,王襄璞方伯,程仲玉觀察,蕭含之、耿逸庵兩副使過訪道山亭,留飲,夜分,襄璞重邀諸公走馬過東白堂看燈》。

王昶《國朝詞綜》卷一一:"王顯祚,字湛求,曲周人。官至山西布政使。"

光緒《重修安徽通志》補遺:"崇禎壬午科蕭含之,蕪湖人,蕭雲從弟。……三人雲從、雲律、雲倩,含之其即雲律字。"

民國《大名縣志》卷一三:"耿介,字介石,號逸庵,河南登封進士。康熙五年,授大名道。……未幾,丁内艱去。"

弘治《八閩通志》卷七三:"道山亭在烏石山之西,宋熙寧中郡守程師孟建。以其前際海門,回覽城市,可比道家蓬萊山,故名。曾鞏爲記。"

花朝,周亮工登煙雲過眼樓,有詩簡先生。

周亮工《賴古堂集》卷九《花朝,登煙雲過眼樓簡彦遠初茘》。

春,程之璿以春燈分寄,先生報以詩。

《詩集》七言絶句《程觀察仲玉以春燈分寄,率成二絶句報之》。

同許友、高兆題妙音妓壁。

《詩集》五言律《同有介、雲客題妙音妓壁》。

清明,雨中得耿介近詩,未竟讀,夜還,馬上口占報耿介。

《詩集》七言律《清明雨中得耿逸庵近詩,未竟讀,程仲玉諸公見過,即邀集王逸庵公廨,夜還,馬上口占報耿》。

四月,程之璿由福建按察使遷浙江右布政使。

王先謙《東華録》順治三十:"(順治十五年夏四月)以程之璿爲浙江右布政使,由福建按察使遷。"

周亮工被逮北上,作詩送之。

《詩集》七言律《送周櫟園被逮北上》。

得韓詩書,酬其見訪不值之作。

《詩集》七言律《榕城得韓舍人聖秋書,酬其見訪不值之作》。

將歸,高兆榷其歸橐,約有數千。

孫治《孫宇台集》卷一五《亡友陸彦龍、趙明鑣、胡介合傳》:"當其自閩而歸也,高雲客兆榷其歸橐,約有數千。"

舟次,寄别許友、高兆。

《詩集》七言律《舟次,寄别許有介、高雲客諸子》。

玄妙觀前坐月,懷周亮工、程之璿被逮。

《詩集》七言律《玄妙觀前坐月,懷周櫟園、程仲玉被逮》。

以詩慰周亮工,周有詩寄先生。

周亮工《賴古堂集》卷九《介壽以胡彦遠見慰劄子相示卻寄》。

鐔州道中,有詩寄懷高兆。

《詩集》五言律《鐔州道中寄懷高大雲客》。

在建州,有詩酬龔鼎孳。

《詩集》七言律《建州酬龔中丞芝麓二首》。

早度梨嶺,自傷頻年旅行,有詩抒懷。

《詩集》七言律《早度梨嶺,自傷頻年旅行作》。

中秋,還家,病起,有詩抒懷。

《詩集》五言律《中秋病起》。

七月,明張煌言、鄭成功會師,下浙東數城,遭風,退舟山。十月,吴三桂攻雲南。十二月,清兵取安隆、曲靖,永曆帝出走永昌。

清世祖順治十六年己亥(1659)　四十四歲

春,有詩答山曉皙禪師,兼寄鄒叔夏、張辭奇。

《詩集》五言律《答山曉皙禪師,兼寄鄒叔夏、張辭奇諸子》。

鄒叔夏、張辭奇,生平不詳。

同鄒叔夏、張辭奇龍歸塢看梅。

《詩集》五言律《同鄒叔夏、張辭奇龍歸塢看梅》。

夏,丘象隨久不得先生消息,有詩寄懷。

丘象隨《西軒詩集》卷四己亥《久不得胡彦遠消息》、同書同卷己亥《寄懷胡彦遠五十韻》。

夏,方文遊杭州,訪先生於旅堂。

方文《徐杭遊草・訪胡彦遠》。

犀公見訪旅堂即還西巖。

《詩集》五言律《犀公見訪旅堂,即還西巖》。

冬,妻初度,作詩贈之。

《詩集》七言絶句《己亥冬,贈婦初度四首》。

除夜,丘象隨得先生丁酉閩南除夜見懷詩,以原韻寄懷。

丘象隨《西軒詩集》卷四己亥《除夜,得胡彦遠丁酉閩南除夜見懷詩,愴然,即用來韻奉寄》。

是年,張煌言與鄭成功會師北上,幾下江陵,江南半壁震動。

清世祖順治十七年庚子(1660)　四十五歲

正月一日,沈允升母華氏六十,爲文賀壽。

《文集·沈母壽序》:"歲庚子端月之元日,同里沈母華孺人六十初度,其子允升造旅堂胡介之廬。"

二月初一,孫山臒七十,爲文賀壽。

《文集·贈孫山臒處士七十序》:"庚子二月之朔,吾友山臒先生七十初度。"

春,爲楚攸陳母江氏誌墓。

《文集·楚攸陳母江孺人墓誌銘》:"庚子春,有頭陀敝衣楚音直入旅堂。……孺人生萬曆戊戌六月二十五日,歿天啓辛酉五月十九日。後一月,葬於青陽鄉重興橋祖田上月形。其後四十年庚子,錢唐胡介始補之志並書銘。"

林嗣環攜周亮工詩過訪。

《詩集》七言律《林學使鐵厓攜周櫟園詩見訪奉贈》。

民國《杭州府志》卷一七〇:"林嗣環,字鐵崖,福建泉州人。順治六年進士,仕至海南副使,攝學政。……歸田後,慕武林山水,僑居湖上,卒,葬西湖白沙泉。"

爲周亮工《獄中倡和詩卷》題詩。

《文集·爲周少司農題獄中倡和詩卷》:"少司農周子櫟園繫司寇獄三歲矣,客自都門來者,司農必緘詩見寄,且傳寫司農獄中他詩古文詞甚盛。"

林嗣環還里,作詩贈別。

《詩集》五言古《贈别林副使鐵厓》。

遊蘇州,喜逢丘象隨。

丘象隨《西軒詩集》卷四庚子《喜逢胡彦遠》。

《詩集》五言律《吴門喜遇丘四季貞》。

與姚佺結識於丘象隨舟中,悲感百集。

《詩集》五言律《酬姚大辱庵》。

丘象隨《西軒詩集》卷四庚子《姚山期、胡彦遠聞聲相思垂三十年，是日，始相見予舟中，悲感百集，因紀以詩》。

光緒《嘉興縣志》卷二五："姚佺，字仙期。……佺著有《歷代詩選》及《國朝詩古文源》。"

金漸皋招丘象隨、姚佺遊支硎山。

丘象隨《西軒詩集》卷四庚子《金夢蜚道庶招同姚山期、胡彦遠遊支硎》。

與丘象隨、姚佺遊楞伽。

丘象隨《西軒詩集》卷四庚子《同姚山期、胡彦遠遊楞伽作》。

晚同姚佺、丘象隨過訪顧有孝，即招朱鶴齡、吴鏘共飲盡夜。

丘象隨《西軒詩集》卷四庚子《晚同姚山期、胡彦遠過訪顧茂倫，即招朱長孺、吴聞瑋共飲盡夜》。

朱鶴齡《愚庵小集》卷三《茂倫席上晤胡彦遠、丘季貞、姚仙期漫賦》。

同治《蘇州府志》卷一〇六："顧有孝，字茂倫。少任俠，遊華亭陳子龍之門，子龍死國難，有孝亦謝諸生，隱去。……長身玉立，善談論，喜交遊。家釣雪灘。陋巷蓬門，四方賓至無虚日，有孝傾身攬接。"顧有孝有"窮孟嘗"之稱，薦博學弘詞，不就。有《雪灘釣叟集》。生平詳徐釚《南州草堂集》卷二五《雪灘頭陀傳》、潘檉章《松陵文獻》卷一〇《人物志》、乾隆《吴江縣志》卷三三等。

錢林《文獻徵存録》卷三："朱鶴齡，字長孺，吴江人。明季諸生，國變後屏居著述。……與同邑陳啓源善。其《毛詩通義》頗采啓源説，蓋與啓源相對定也。鶴齡説經鏗鏗，長於箋疏之學，又練習史事。"

丁紹儀《國朝詞綜補》卷五："吴鏘，字聞瑋，吴江人。"

與姚佺、丘象隨泛舟石湖，兼懷侯月鷺、歸莊、陸世儀。

《詩集》七言律《同姚大辱庵、丘四季貞泛舟石湖，兼懷侯月鷺、歸玄恭、陸桴亭諸子》。

侯月鷺,生平不詳。

同姚佺、丘象隨笠澤舟中,各有詩。

丘象隨《西軒詩集》卷四庚子《同姚山期、胡彦遠笠澤舟中用山期起句》。

嘉興舟中,與丘象隨讀高兆手書。

丘象隨《西軒詩集》卷四庚子《禾城舟中,從旅堂讀高雲客手書感寄》。

閩南諸人送先生竹枝詞,丘象隨以詩和之。

丘象隨《西軒詩集》卷四庚子《和閩南諸子送胡彦遠竹枝詞》。

丘象隨抵旅堂。

丘象隨《西軒詩集》卷四庚子《抵胡彦遠旅堂二首》。

嚴沆招同顧宸、丘象隨、朱升等飲湖上。

丘象隨《西軒詩集》卷四庚子《嚴灝亭招同顧修遠、胡彦遠、朱方庵、徐子宗飲湖上》。

乾隆《杭州府志》卷八二:"嚴沆,字子餐,錢塘人。順治乙未進士,授庶吉士,改給事中。丁酉,典試山東。……康熙初,擢吏科掌印給事中。……歷陞太僕少卿、僉都御史,擢副都御史。踰年,任總督倉場、户部右侍郎。……乞養母,歸,卒。"

乾隆《江南通志》卷一六六:"顧宸,字修遠,無錫人。明崇禎己卯舉人。有文名,蓄書尤富。晚輯《宋文選》、《杜律批註》。"

阮元《兩浙輶軒録》卷二:"朱升,字方庵,海寧人。順治己亥進士,授東昌府推官,以裁缺,改峨嵋知縣。著《蜀中草》一卷。"

丘象隨、孫治宿旅堂。

丘象隨《西軒詩集》卷四庚子《與孫宇台同宿旅堂》。

丘象隨有詩贈先生妻翁桓。

丘象隨《西軒詩集》卷四庚子《爲旅堂贈翁少君六首》。

與丘象隨、弟胡會晚宿湖上。

丘象隨《西軒詩集》卷四庚子《同胡彦遠、懋遠兄弟晚宿湖上二首》。

招同丁耀亢、張揔、孫治、李漁、毛先舒、諸九鼎、僧南雲暨弟會泛舟西湖。

丘象隨《西軒詩集》卷四庚子《胡彦遠招同丁野鶴、張僧持、孫宇台、李笠翁、毛馳黄、諸駿男、僧南雲暨懋遠泛舟西湖二首》。

沈德潛《清詩别裁集》卷一四:"丁耀亢,字西生,山東諸城人。由貢生官惠安知縣。"

乾隆《江寧新志》卷二一:"張揔,字僧持。爲諸生,棄舉子業。翱遊名山,恣情詩酒。"生平詳張潮《虞初新志》卷一六《張南邨先生傳》。

阮元《兩浙輶軒録》卷八:"李漁,字笠翁,蘭溪人。著《一家言》。"

乾隆《杭州府志》卷九四:"毛先舒,字稚黄,一名騤,字馳黄,錢塘諸生。六歲能辨四聲,八歲能詩,十歲屬文,十八著《白榆堂集》,鏤之版。陳子龍爲紹興推官,見而諮嗟,赴省城,特詣之。先舒感其知己,師事焉。劉宗周講學蕺山,先舒執贄往問性命之學。"先舒另著有《韻學指歸》、《東苑文鈔》、《東苑詩鈔》、《思古堂集》等。生平詳毛奇齡《西河合集·毛先舒墓誌銘》、《清史列傳》卷七〇《文苑傳一》、谷輝之《毛先舒年譜》。

阮元《兩浙輶軒録》卷八:"諸九鼎,字駿男,錢唐人。"

王岱《了庵文集》卷一三《南雲和尚遺詩引》:"南雲,號拾殘,俗姓陳,諱五簋,字逸子,長沙攸縣人。少補弟子員。……剃髮爲僧,行腳四方。兼工詩。"

秋,還旅堂,尋遊江西。

《文集·吴母節壽序》:"庚子三夏,胡介掩關龍淵十一峰。入秋,還旅堂,尋擔簦杖將遊匡廬。"

秋,吴母節壽,爲文賀壽。

《文集·吴母節壽序》。

八月十四夜,酌酒與家人别,時妻病未愈。

《詩集》七言律《八月十四夜,酌酒與家人别,時婦病未愈》。

十五夜,至江上。

《詩集》五言律《十五夜,至江上作》。

宿岑山寺,有詩抒懷。

《詩集》五言律《宿岑山寺》。

途經軒駐溪,有詩寄孫治、陸嘉淑、陳晉明、江爾慈。

《詩集》七言律《軒駐溪寄孫宇台、陸冰修、陳康侯、江爾慈諸子》。

江爾慈,生平不詳。

龔鼎孳以詩寄懷,先生有答詩。

《詩集》七言律《答龔中丞芝麓見懷》。

九月,至饒州司理章國佐署,章招同陳晉明、潘梅臣集月波樓。

《詩集》七言律《九日,章司李翊兹招同陳康侯、潘梅臣集月波樓》。

蔣薰游江西,與之重逢於章國佐署,幾不相識。

蔣薰《留素堂詩删》卷三庚子《章司理署中逢胡彦遠》:"憶昔邢臺日,逢君又七年。聞聲一見後,半面竟茫然。邢臺金令署中遇胡子,今各不相識。南北人云老,風霜路幾千。隨陽江上雁,來去總堪憐。"

蔣薰有詩贈先生。

蔣薰《留素堂詩删》卷三庚子《贈彦遠》。

與蔣薰登淮王宫中山。

蔣薰《留素堂詩删》卷三庚子《同胡彦遠登淮王宫中山》。

蔣薰索箋,贈之。

蔣薰《留素堂詩删》卷三庚子《與彦遠索箋》。

十月初八,在章國佐署中,對月有懷。

《詩集》五言律《章司李翊兹署中十月初八夜對月》。

十月二十五夜,大雷雨,有懷章國佐、陳晉明。次日,得章國佐書。

《詩集》七言律《芝山十月二十五夜大雷雨,懷章翊兹、陳康侯,明日得翊兹書》。

識史簡,作詩贈之。

《詩集》七言律《贈史孝廉簡》。

同治《鄱陽縣志》卷之一一:"史簡,字文令,乘古第三子。幼負大志,湛深經術。崇禎己卯舉於鄉,時年甫弱冠,兩上春官不第,遂絶意進取,杜門著述。選教諭,不赴。……所著有《書經旨要》六卷、《越芝堂日記》二卷。"

與史簡、蔣薰登月波樓。

蔣薰《留素堂詩删》卷三庚子《同史文令、胡彦遠登月波樓》。

冬,遊芝山,有詩志感。

《詩集》五言律《芝山寺》。

遊康山,謁忠臣廟。

《詩集》七言律《康山謁忠臣廟》。

遊滕王閣,有詩志感。

《詩集》七言律《滕王閣》。

閻若璩入都,遂還山西,作詩送之。

《詩集》七言律《送閻百詩入都,遂還太原故里》。

潘崍卒,作詩哭之。

《詩集》七言絶句《哭潘崍》。

潘崍,生平不詳。

陳晉明東歸,作詩送之。

《詩集》七言絶句《饒南送陳四康侯東歸二首》。

雨中,懷陳晉明東歸。

《詩集》七言絶句《雨中懷陳四康侯東歸》。

與蔣薰集章國佐署中,聞雁,章先有詩,蔣薰與先生有和詩。

《詩集》七言絶句《聞雁,同章司李翊兹作二首》。

蔣薰《留素堂詩删》卷三庚子《聞雁》注云:"冬日,同胡子彦遠集饒陽章司理署中聞雁,章先有作,續以四題,屬余與胡子賦之。"

蔣薰有詩贈先生妻翁桓。

蔣薰《留素堂詩删》卷三庚子《爲胡彦婦少君賦》。

十一月,蔣薰歸里,有詩贈别先生。

蔣薰《留素堂詩删》卷三庚子《鄱陽歌别彦遠》。

程之璿卒,作詩哭之。

《詩集》五言律《程觀察仲玉諱日酬之酒,而哭以詩》。

爲蔣薰《留素堂詩》作序。

《文集·留素堂詩序》:"庚子之冬,與予同客芝山,見予方删定三唐詩,丹厓亦且揶揄去之……既與予登高臨流,俯仰陳跡,徘徊舊宫,分題紀遊,間有所作。丹厓見而奇之,始稍稍就予論詩,則又奇之,於是盡出其《留索堂詩》屬予芟定。"

饒署度除夕,有詩。

《詩集》五言律《饒署除夕》。

五月,清軍攻廈門,鄭成功卻之。

清世祖順治十八年辛丑(1661)　　四十六歲

元日,有詩寄弟胡會。

《詩集》五言律《辛丑元日,寄舍弟會》。

人日,臥病。

《詩集》五言律《人日,臥病》。

元夕夜,病起,有詩寄妻及妾。

《詩集》五言律《試燈夜,病起,寄婦兼示二姬》。

渡章江,有詩寄姜圖南。

《詩集》五言律《雨下渡章江,率簡姜侍御真源》。

阮元《兩浙輶軒録》卷二:"姜圖南,字滙思,山陰人。順治己丑進士,官至御史。"

雨中滕王閣,有懷章國佐、陳晉明。

《詩集》五言律《雨登滕王閣,懷章翊兹、陳康侯》。

上巳日,喜章國佐過客舍。

《詩集》五言律《上巳日,喜章翊兹過客舍》。

寒食,客舍有詩寄李以篤。

《詩集》五言律《寒食,客舍柬李雲田二首》。

廖元度《楚詩紀》卷二〇:"李以篤,字雲田,自號老蕩子,漢陽人。"

有詩贈陳弘緒。

《詩集》七言古《章貢讀書樓歌贈陳徵君士業》。

康熙《江西通志》卷七〇:"陳弘緒,字士業,新建人。道亨子。性警敏好學,家集書萬卷,兄弟友朋日夜講習,以任子薦授晉州守。……謫湖州經歷,署長興、孝豐二縣事,有惠政。尋爲巡按劾罷,後屢薦不起,移居章江。輯《宋遺民録》以見志。"

客江西,交周令樹。

《文集·題丘龍標册》:"辛丑,客豫章,以此意交河朔周郎。……河朔周郎字計百,名令樹,今司李贛州者也。"

魏憲《百名家詩選》卷三四:"周令樹,字計百,延津人。"

有詩留别周令樹。

《詩集》七言古《贛水行留别周司李》。

清明,有詩抒懷。

《詩集》五言律《清明旅懷》。

丘象隨以詩寄懷。

丘象隨《西軒詩集》卷五辛丑《行春橋寄胡彦遠》。

夏秋之交,從南昌歸,張丹贈以詩。

張丹《張秦亭詩集》卷八《喜胡彦遠歸自南昌,予去秋先還》。

七夕,周亮工棲西湖昭慶寺,招袁于令、陳伯璣、余懷、嵇仲舉、魏耕舟集。

許楚《青岩集》卷三《辛丑七夕,喜逢周櫟園於西湖昭慶寺,是夜,櫟園呼舟命酒,集諸君話舊達旦,即席屬和龔芝麓送歸白門之作,同搦管者吴門袁籜庵,南州陳伯璣,建業余澹心、嵇仲舉,武林胡彦遠,四明魏雪竇》。

梁廷柟《曲話》卷三:"袁于令,字令昭,號籜庵。……于令官荆州知府。"

爲丘象升、張養重《嶺海詩》作序。

《文集·丘曙戒、張虞山嶺海詩序》:"子、丑之間,侍講左遷瓊州司馬,而處士從之遊。"

《文集·張丘同調集序》:"壬寅之秋,胡子疽發於膝。……張子客歲從丘侍講遊瓊……有丘、張《嶺海集》,僕序之。今年復與季貞南渡吴宫、宋苑,窮東南之勝,又爲序《同調集》。"

弟胡會卒。

《旅堂詩文集》卷首丘象隨序:"同父弟懋遠亦能詩,先旅堂三歲而没。"

正月,玄燁幼齡登基,四大臣同秉國政。三月,清遷界封海,海上大困,鄭成功移兵外向,逐荷蘭人,取臺灣自立。十二月,吴三桂率清軍入昆明,明桂王被執於緬甸,南明永曆政權滅亡。

清聖祖康熙元年壬寅(1662)　　四十七歲

過陸嘉淑池館,作詩贈之。

《詩集》五言律《過陸冰修池館有感》。

二月一日,同俞汝言訪曹溶,曹溶留飲倦圃。

《詩集》五言律《二月一日,同俞右吉過曹侍郎秋岳,留飲倦圃二首》。

與陸嘉淑宿俞汝言館。

《詩集》七言律《同陸冰修夜宿右吉館》。

曹溶補陽和兵備道,信宿旅堂。

《詩餘·賀新郎·曹侍郎秋嶽備兵陽和,信宿旅堂》。

按,據朱彝尊《曝書亭集》卷五《送曹侍郎備兵大同二首》,介詞亦當作於本年。

訪曹溶,時先生將渡江。

曹溶《静惕堂詩集》卷四二《胡彦遠見訪云將渡江》。

發揚州,有詩寄丘象隨、宋曹,兼傷萬壽祺、朱日升。

《詩集》五言律《發邗上,寄丘四、宋大,兼傷萬大、朱三》。

有詩懷高兆、丘象隨。

《詩集》五言律《懷高大雲客、丘四季貞》。

過揚州,訪龔賢。

《詩集》五言律《蕪城訪龔大半千二首》。

陳田《明詩紀事》辛籤卷二七上"龔賢"條《胡介再過邗上》。

二月六日,再遊淮南,作詩寄程淞、丘象隨。

《詩集》七言古《二月六日,醉中作兼寄程二、丘四》。

上巳,集張新標東溪草堂。

《詩集》五言律《上巳,集張考功鞠存東溪草堂》。

將歸里,丘象隨作詩送之。

丘象隨《西軒詩集》卷五壬寅《上巳,東溪席上送胡彦遠歸西陵》。

丘象隨送之河干。

丘象隨《西軒詩集》卷五壬寅《河干疊前韻送胡彦遠》。

移居門張藥肆,曹溶作詩戲之。

曹溶《静惕堂詩集》卷四二《胡彦遠移居門張藥肆,作此戲之》。

有詩贈孫枝蔚。

《詩集》七言古《贈孫八豹人》中有"我年四十七,忍恥人間覓衣食"句,知作於本年。

乾隆《江都縣志》卷二六:"孫枝蔚,字豹人,陝西三原人。幼爲諸生,遭流寇,與其鄉少年奮戈逐賊,落深塹,得不死。乃走江都,從賈人遊,三致千金三散去。既而閉户讀經史,肆力於詩古文辭,名噪海内。康熙己未,以博學鴻儒徵,授中書舍人,歸。著有《溉堂》前、後、續集。"

秋,疽發於膝。

《文集·張丘同調集序》:"壬寅之秋,胡子疽發於膝。"

九月,丘象隨過訪,宿旅堂。

丘象隨《西軒詩集》卷五壬寅《雨中訪胡彦遠》、《宿旅堂》。

與程震雨招丘象隨泛舟西湖。

丘象隨《西軒詩集》卷五壬寅《胡彦遠、程震雨招泛西湖》。

程震雨,生平不詳。

爲張養重、丘象隨《同調集》作序。

《文集·張丘同調集序》:"壬寅之秋,胡子疽發於膝。……乃丘子季貞與張子虞山渡江偕來,平生好友,千里在門,驚喜而起,欲忘其痛。明日,因扶舁上籃輿,與二子泛舟湖上。"

秋,丘象隨渡錢唐江,以詩留别,先生作詩送之。

丘象隨《西軒詩集》卷五壬寅《留别彦遠渡錢唐江》。

《詩集》五言古《送别丘四季貞至唐棲,用子建贈白馬王彪韻》。

冬初,丘象隨再宿旅堂。

丘象隨《西軒詩集》卷五壬寅《再宿旅堂》。

丘象隨歸里，作詩留别。

丘象隨《西軒詩集》卷五壬寅《既别彦遠次唐棲卻寄》。

丘象隨作詩弔弟胡會。

丘象隨《西軒詩集》卷五壬寅《弔胡懋遠》。

周令樹與丘龍標遊杭，因交丘龍標。

《文集·題丘龍標册》："辛丑，客豫章，以此意交河朔周郎。其後一年，又見琅琊丘子。丘子讀書成進士，年未滿三十，與周同以司李佐郡，與周同乘軒擁蓋而來。"

丘龍標，生平不詳。

周亮工南還，作詩贈之。

《詩集》五言律《喜周司農櫟園南還二首》。

陸圻以明史案繫獄，胡介與丘象隨竭力營救。

《旅堂詩文集》卷首陸嘉淑傳曰："麗京晚罹無妄以北，彦遠、季貞相去千餘里，不謀而合爲營救。"

阮元《兩浙輶軒録》卷一："陸圻，字麗京，又字景宣，號講山，仁和人。著《從同集》、《威鳳堂集》、《西陵新語》。"生平事蹟詳見全祖望《鮚埼亭集》卷二六《陸麗京先生事略》、《清史稿》卷四八四《文苑一》等。

四月，永曆帝被吴三桂殺害於雲南。五月，鄭成功卒於臺灣，子鄭經嗣主臺灣。

清聖祖康熙二年癸卯（1663）　四十八歲

夏，陸嘉淑、高兆、孫治同客旅堂，孫治作《三子詩》。

孫治《孫宇台集》卷三二《三子詩》。

按，王簡可編《陸辛齋先生年譜擬稿》"康熙二年癸卯"條："癸卯之夏，與孫宇台、高雲客共坐胡子旅堂，宇台作《三子詩》。"

陸圻脱禍，視胡介於病榻之前，相向慟哭。

《旅堂詩文集》卷首陸嘉淑傳曰:"麗京既脱禍患,拜彦遠於病榻之前,相向慟哭。"

病中,孫枝蔚過訪。

孫枝蔚《溉堂前集》卷六癸卯《胡彦遠病榻蕭然相對有贈》。

清聖祖康熙三年甲辰(1664)　　四十九歲

二月初六日,作詩自壽。

《旅堂詩文集》卷首陸嘉淑傳:"先是中春生日,爲詩自壽,有曰'四十九年人,意愴焉不懌',投筆而罷。"

春,孫治病,先生數往視其病。

孫治《孫宇台集》卷一五《亡友陸彦龍、趙明鑣、胡介合傳》:"先是甲辰春,余病甚,介時亦病,然數數乘輿視我,相慰勞不已。"

病篤,囑陸嘉淑定其詩文。

《旅堂詩文集》卷首陸嘉淑傳:"彦遠且易簀,招余屬定其詩文。"

夏六月,卒。友陸嘉淑襄治喪事。

《旅堂詩文集》卷首陸嘉淑傳:"自是且病,病竟不起,甲辰夏六月也。……迨易簀後二日,余始至,爲襄治喪事。事粗畢,求其遺稿,入皋亭山,編次甲乙,歸彦遠方外友山曉晳禪師,令郵寄季貞。"

卒後,方外友天童桂公葬之佛日山右。

孫治《孫宇台集》卷一五《亡友陸彦龍、趙明鑣、胡介合傳》:"介之方外友,則天童桂公。介死而葬於佛日之右者,桂公也。"

民國《杭州府志》卷三九《塚墓一》:"處士胡介墓,介字彦遠,死無子,其方外友天童桂公葬之佛日山右。"

山曉晳禪師馳書告丘象隨先生卒信。

丘象隨《西軒詩集》卷五甲辰《山曉晳禪師馳書告胡彦遠凶問四首》。

丘象隨之旅堂，作詩哭之。

丘象隨《西軒詩集》卷五甲辰《登旅堂哭胡彥遠四首》。

丘象隨書詩旅堂壁，贈先生妻翁桓。

丘象隨《西軒詩集》卷五甲辰《書旅堂壁貽翁少君》。

丘象隨有詩贈先生女胡蕙。

丘象隨《西軒詩集》卷五甲辰《示蕙女》。

丘象隨、林嗣環、姜圖南、沈甸華、諸駿男晚集旅堂。

丘象隨《西軒詩集》卷五甲辰《與林鐵崖、姜真源、沈甸華、諸駿男晚集旅堂》。

孫枝蔚作詩哭之。

孫枝蔚《溉堂前集》卷七甲辰《挽胡彥遠處士》。

葉雷生作詩哭之。

魏憲《百名家詩選》卷八一葉雷生《哭胡大彥遠》。

歲暮，方文作詩哭之。

方文《嵞山再續集》卷三《歲暮哭友》其三《胡彥遠高士》。

康范生卒。范良卒。錢謙益卒。

七月，張煌言在南田懸嶴島被捕。十月，被害於杭州。

參考文獻

胡介：《旅堂詩文集》，清康熙刻本

孫治：《孫宇台集》，清康熙二十三年孫孝楨刻本

龔鼎孳：《定山堂詩集》，清康熙十五年吴興祚刻本

吴偉業：《梅村家藏稿》，《四部叢刊》景清宣統武進董氏本

蔣薰：《留素堂詩刪》，清康熙刻本

周亮工：《賴古堂集》，清康熙十四年周在浚刻本

朱鶴齡：《愚庵小集》，清文淵閣《四庫全書》本

萬壽祺：《隰西草堂詩集》，民國八年明季三孝廉集本

吴景旭：《南山堂自訂詩》，清康熙刻本

陸世儀:《桴亭先生詩集》,清光緒二十五年唐受祺刻陸桴亭先生遺書本
魏畊:《雪翁詩集》,民國四明叢書本
許楚:《青岩集》,清康熙五十四年許象縉刻本
朱彝尊:《曝書亭集》,《四部叢刊》景清康熙本
陳維崧:《湖海樓詩集》,清刊本
丘象隨:《西軒詩集》,清稿本
孫枝蔚:《溉堂前集》,清康熙刻本
方文:《嵞山集》,清康熙二十八年王槩刻本
陳確:《乾初先生遺集》,清餐霞軒鈔本
陳維崧:《篋衍集》,清乾隆二十六年華綺刻本
曾王孫:《清風堂文集》,清康熙四十五年曾安世刻本
范良:《幽草軒詩草》,清康熙刻本
王猷定:《四照堂文集》,清康熙二十二年刻本
張丹:《張秦亭詩集》,清康熙石甑山房刻本
曹溶:《静惕堂詩集》,清雍正刻本
王岱:《了庵詩文集》,清乾隆刻本
弘治《八閩通志》,明弘治刻本
萬曆《紹興府志》,明萬曆刻本
康熙《江西通志》,清文淵閣《四庫全書》本
康熙《大興縣志》,清康熙二十四年刻本傳鈔本
雍正《畿輔通志》,清文淵閣《四庫全書》本
乾隆《杭州府志》,清乾隆刻本
乾隆《江南通志》,清文淵閣《四庫全書》本
乾隆《江都縣志》,清乾隆八年刊、光緒七年重刊本
乾隆《泉州府志》,清光緒八年補刻本
乾隆《鄞縣志》,清乾隆五十三年刻本
乾隆《江寧新志》,清乾隆十三年刻本
乾隆《福州府志》,清乾隆十九年刊本
嘉慶《松江府志》,清嘉慶松江府學刻本
嘉慶《合肥縣志》,清嘉慶八年修、民國九年重印本
嘉慶《餘杭縣志》,民國八年重刊本
嘉慶《直隸太倉州志》,清嘉慶七年刻本
嘉慶《山陰縣志》,民國二十五年紹興縣修志委員會校刊鉛印本
道光《廣東通志》,清道光二年刻本
道光《太原縣志》,清道光六年刊本
道光《續修桐城縣志》,清道光七年修、十四年刻本
道光《歙縣志》,清道光八年刻本

道光《陽江縣志》,清道光二年刊本
同治《鄱陽縣志》,清同治十年刻本
同治《重修山陽縣志》,清同治十二年刻本
同治《長興縣志》,清同治修、光緒增補本
同治《元城縣志》,清同治十一年刊本
同治《蘇州府志》,清光緒九年刊本
光緒《鹽城縣志》,清光緒二十一年刻本
光緒《重修安徽通志》,清光緒四年刻本
光緒《淮安府志》,清光緒十年刊本
光緒《歸安縣志》,清光緒八年刊本
光緒《嘉興府志》,清光緒五年刊本
光緒《嘉興縣志》,清光緒三十四年刻本
宣統《續纂山陽縣志・山陽藝文志》,民國十年刻本
民國《閩侯縣志》,民國二十二年刊本
民國《杭州府志》,民國十一年本
民國《柏鄉縣志》,民國二十一年刻本
民國《大名縣志》,民國二十三年鉛印本
陳田:《明詩紀事》,清陳氏聽詩齋刻本
李漁:《尺牘初徵》,清順治十七年刻本
魏憲:《百名家詩選》,清康熙魏氏枕江堂刻本
沈德潛:《清詩別裁集》,清乾隆二十五年教忠堂刻本
廖元度:《楚詩紀》,清乾隆十八年際恒堂刻本
張庚:《國朝畫徵録》,清乾隆刻本
阮元:《兩浙輶軒録》,清嘉慶刻本
阮元:《兩浙輶軒録補遺》,清嘉慶刻本
阮元:《淮海英靈集》,清嘉慶三年小琅嬛僊館刻本
朱彝尊:《静志居詩話》,清嘉慶扶荔山房刻本
秦瀛:《己未詞科録》,清嘉慶刻本
王昶:《國朝詞綜》,清嘉慶七年王氏三泖漁莊刻增修本
陶樑:《國朝畿輔詩傳》,清道光十九年紅豆樹館刻本
張維屏:《國朝詩人徵略》,清道光十年刻本
錢林:《文獻徵存録》,清咸豐八年有嘉樹軒刻本
吴灝:《國朝杭郡詩輯》,清同治刻本
丁紹儀:《國朝詞綜補》,清光緒刻前五十八卷本
潘衍桐:《兩浙輶軒續録》,清光緒刻本
吴慶坻:《蕉廊脞録》,民國求恕齋叢書本
徐世昌:《晚晴簃詩匯》,民國退耕堂刻本

清國史館編,王鍾翰點校:《清史列傳》,《清代傳記叢刊》本,中華書局 1987 年版
王先謙:《東華録》,清光緒十年長沙王氏刻本
温睿臨:《南疆逸史》,清傳氏長恩閣鈔本
王簡可編:《陸辛齋先生年譜擬稿》,《北京圖書館藏珍本年譜叢刊》第 75 册,北京圖書館出版社 1999 年版
吴騫:《陳乾初先生年譜》卷上,民國刻雪堂叢刻本
羅振玉:《萬年少先生年譜補正》,民國八年上虞羅氏鉛印本
顧師軾:《吴梅村先生年譜》,光緒三年太倉吴氏重刻光緒印本
李聖華:《方文年譜》,人民文學出版社 2007 年版
江慶柏編著:《清代人物生卒年表》,人民文學出版社 2005 年版
張慧劍編:《明清江蘇文人年表》,上海古籍出版社 1986 年版
朱保炯、謝沛霖編:《明清進士題名碑録》,上海古籍出版社 1998 年版
錢實甫編:《清代職官年表》,中華書局 1980 年版

(作者單位:復旦大學出版社)

明初袁凱詩集考辨

——兼論其卒年

湯志波

袁凱字景文,號海叟,其先蜀人,占籍松江華亭。元末爲府吏,博學有才辯,洪武三年(1370)授監察御史。因忤太祖,佯狂告歸,卒於家。凱工詩,嘗在楊維楨座賦《白燕詩》,名動一時,人呼爲"袁白燕"。目前袁凱詩集整理,已有賀聖遂點校《袁凱詩集》、孫曉飛《袁凱〈海叟集〉校注》、萬德敬《袁凱集編年校注》等著作問世,對其詩集版本考辨亦有范傳賢、范喆《袁海叟詩版本考略》,萬德敬《袁白燕詩歌的刊刻和典藏述略》等論文,[①]可謂成果頗豐。然其中仍有重要版本遺漏及著録錯訛,本文在上述論著基礎上,梳理其詩集版本系統,考辨歷代著録之誤。可以看出,袁凱現存詩集主要有《海叟集》(又作《海叟詩》、《海叟詩集》、《袁海叟詩集》)與《在野集》兩種,而《海叟集》又可分爲四卷本系統與三卷本系統,此外還有孫應鼇序刻本等多種已亡佚。至於所謂《瓦缶集》、《既悔集》、《海叟手定集》並不存在,或是斷句傳鈔之誤。通過梳理版本系統可知,康熙刻本《海叟詩集》中始混入僞作,以致袁凱有"享年在百歲上下"之誤解。

一、《海叟集》版本考

袁凱四卷本《海叟集》收詩四百餘首,是袁凱詩全集,現有明刻本、明隆慶活字本、明萬曆刻本、清康熙刻本、清光緒刻本、清宣統石印本及多種鈔本存世。

1.《海叟集》四卷,明刻本。半葉十二行,行二十一字,黑口,四周雙邊,四魚尾,版心不鐫書名,卷端題"雲間袁凱景文著",無序跋。國家圖書館藏。該書或是現存袁凱詩集的最早版本,然上述論著均未提及。該書亦非新近發現,早在1933年傅增湘就曾經眼并著録爲"明正統刊本",其《藏園群書經眼録》載:"《海叟集》四卷,明正統刊本……全書以詩體分類,卷一琴操、樂府、四言古詩,卷二五言古詩、七言古詩,卷三五言律詩、七言律詩,卷四五言絶句、六言詩、七言絶句。……癸酉二月二十四日,趙萬里攜來,因校一過。"②其《藏園群書題記》又載:"趙斐雲來訪藏園,出舊刊本見示,半葉十行,行二十一字,版心三黑口,四周雙欄。刊工極爲粗率,然古致盎然,絶非成、弘以後所及。據嘉靖本董宜陽序言,海叟手訂全集,國初刻於張氏者久毁。何玄之活字本序亦謂其集舊刻於祥澤張氏,歲久不傳。今,覩兹帙,其筆跡疏古,刀法樸拙,猶是正統以前風氣。"③

按,《藏園群書題記》所載"半葉十行,行二十一字"當是誤記,核對原書,應爲"半葉十二行,行二十一字",與《藏園群書經眼録》所載吻合。

2.《海叟集》四卷,明隆慶四年(1570)何玄之木活字印本。半葉九行,行十八字,白口,四周單邊,單魚尾,版心鐫"海叟集",卷端題"雲間袁凱景文著",前有嘉靖四十三年(1564)董宜陽序,隆慶庚午(四年,1570)何玄之序,清楊引傳跋。南京圖書館藏。何序云:"今春暇日,與紫岡董君論及叟詩,董君出余師西谷張公家藏祥澤舊刻,即叟所自編訂者,喜出意外,因取活字板校印百部,傳之同好。"

3.《海叟集》四卷,明萬曆三十七年(1609)張所望刻本。半葉九行,行十八字,白口,四周雙邊,單線魚尾,版心鐫“海叟集”,卷端題“雲間袁凱景文著　張所望叔翹校訂”,前有萬曆己酉(三十七年,1609)鄭懷魁《袁海叟集序》、張所望《重刻袁海叟集引》,李夢陽、何景明、陸深、董宜陽、何玄之等序跋均存,卷末有萬曆庚戌(三十八年,1610)張所敬《書袁海叟詩集後》。國家圖書館、南京圖書館、中國社科院歷史所有藏。張所望引曰:“陸文裕公始購得寫本刻之京師,其後柘林何氏復得祥澤舊刻以活字板印行焉,顧傳布猶未廣也。余守衢,偶攜二刻,退食之暇,恒自披覽。陸本頗多殘闕,何本稍完,而字畫不甚整暢。中間亦間有異同者,輒手爲校訂,更授剞劂。”

按,臺北故宫博物院藏清桐鄉汪氏裘抒樓鈔本《海叟集》四卷、上海圖書館藏清鈔本《海叟集》四卷,均出自萬曆本,核其正文,版式、行款完全一致。

4.《海叟詩集》四卷、《集外詩》一卷、《附録》一卷,清康熙六十一年(1722)曹炳曾城書室刻本。半葉九行,行十九字,白口,左右雙邊,單魚尾,版心上鐫“海叟詩集”,下鐫“城書室”,卷端題“雲間袁凱景文著　後學曹炳曾學南重輯　姪曹一士諤廷　男曹培廉敬三校”,前有康熙壬寅(1722)姚弘緒、曹炳曾、李夢陽、陸深、何景明、董宜陽、何玄之、王俞、林有麟、鄭懷魁、張所望、張所敬等人序跋。曹序云:“向愛讀海叟先生詩,購得鈔本一帙,苦未見其自定原本,求之數年,始獲我鄉張叔翹先生所重刊四卷,計三百十三首。叟之詩於是爲備,而間有譌字。年來參閲諸本,正其筆誤,俾還舊觀,從叟志也。”姚跋云:“海上曹子巢南,夙擅風雅,酷嗜叟集,其所輯依張方伯叔翹原本,視余手録者較備。客冬,嗣君敬三寓書余猶子平山,索鈔本校對開雕,余不禁欣然色動,喜曹子之與余猶同志也,并喜叟集之歷久未全者,自此有完本也。”可知其出自萬曆刻本。《集外詩》共五首,據《在野集》輯出《送貢先生入閩》、《沈德輝竹庭》兩首,據府志輯出《沙塗行》、《一覽樓和韻》兩首,據"家藏手跡"輯出《題范寬畫石欄江月》一首。《附録》卷端題"上海後學曹炳曾巢南輯　男曹培廉敬三　姪曹傑士電發校",收録袁凱諸家傳記、楊維楨《袁景文改過齋記》、《在野集》序跋及諸名家評論。康熙刻本多家有藏,值得一提的有國家圖書館所藏傅增湘批校本、社科院文學所所藏清曹堉批校本、雲南師範大學所藏清王鳴盛批校本等。

按,清文淵閣四庫全書本收録《海叟詩集》四卷,其底本即康熙本,但删除了《集外詩》與《附録》,僅將《集外詩》中《送貢先生入閩》一詩移入卷一。復旦大學圖書館藏有鈔本《海叟詩集》四卷、《集外詩》一卷,缺《附録》一卷,亦出自康熙刻本。然《中國古籍總目》將四庫本、復旦大學藏清鈔本與隆慶本、萬曆本歸併爲一書,將康熙本單列,④當是考察不細所致。

5.《袁海叟詩集》四卷、補一卷、《附録》一卷,清光緒石埭徐氏刻觀自得齋叢書本。半葉十行,行二十一字,黑口,左右雙邊,版心上鐫"袁海叟詩集",下鐫"觀自得齋徐氏校刊"。前有光緒十六年(1891)閔萃祥《重校刊袁海叟詩集》及李夢陽、何景明、張所望三序,其後爲姚弘緒《城書室刊本序》,目録後附七香改琦摹海叟先生像及顧子嬴所作象贊。每卷卷末署"光緒十有九年歲在癸巳孟夏之月石埭徐士愷校刊"。

按,有研究者誤認爲光緒本"是據康熙壬寅春城書室刊本校刊"。⑤閔萃祥跋云:"癸巳季秋,余佐徐觀察子静校刻《袁海叟集》既竣,寶山陳同叔先生以康熙間上洋曹巢南炳曾城南室刻本殘帙見詒。祇兩卷,目次前後微異,蓋爲寫刻時所亂。首有改玉壺所寫像,姚聽巖先生爲序……"可知光緒本刊刻完成後才見康熙本殘帙,不可能出自康熙刻本。從内容來看,光緒本《海叟詩補》收詩十四首,多輯自筆記,其中與康熙本《集外詩》僅一首相同。其《附録》多載袁凱奇聞異事，與康熙本《附録》差異甚大。至於閔氏所云“首有改玉壺所寫像”，當是後人竄入，改琦生於乾隆三十八年(1773)，康熙本刊刻時尚未出生。

6.《海叟詩集》四卷、《集外詩》一卷、《附録》一卷，清宣統三年(1911)江西印刷局石印本。版式特徵與康熙刻本一致，較康熙刻本前增《海叟集》四庫提要，目録後插入光緒本中改琦摹海叟先生像及顧子嬴所作贊。後附李鳳高跋云：“國初上海曹氏復就張、何二本詳加審定，俾還舊觀，并增《集外詩》與《附録》各一卷，是書益增完善，四庫即據以入録。沿及近今，曹本亦散佚無傳。昔張文襄師著《書目答問》，謂叟集爲明詩家最著者，有刊本不常見，故不列於目。今年夏，張玉叔廉訪購得此本，因慫恿付石，餉遺同志。”

按，學界多誤認爲宣統本“影印”康熙刻本，如《中國古籍總目》著録：“清宣統三年江西印刷局影印康熙六十一年曹炳曾城書室刻本。”⑥然宣統本多避諱“弘”、“曆”、“寧”等字，與康熙本不同。實宣統本只據康熙本抄録上石，並非影印，因版式、行款完全一致，字跡逼肖，故有此誤解。

《海叟集》三卷本收詩二百餘首，現存明正德刻本、明范欽陳德文刻本兩種。

1.《海叟集》三卷，明正德刻本。半葉十二行，行二十字，黑口，四周雙邊，雙魚尾，版心上鐫“海叟詩”，卷端題“雲間袁凱景文著”，前有正德元年(1506)李夢陽撰《海叟集序》。國家圖書館、社科院文學研究所有藏。李夢陽《海叟集序》云：“叟名行既晦，集亦罕存。子淵購得刻本於京師士人家，楮墨焦爛，蠹涅者殆半。乃删定爲今集，仍舊名者，著叟志也。”

按，是書亦是據四卷本而來，因陸深所見“楮墨焦爛，蠹涅者殆半”，故有所删定。萬曆本卷首載何景明、陸深序跋，當亦出自正德刻本。陸深《題海叟集後》：“《海叟集》舊有刻，又别有選行《在野集》者。暇日因與李獻吉員外共讀之,又選次爲今集云。”何景明序:“吾郡守孫公懋仁篤於好古,其子繼芳者,從余論學,大有向往,嘗索古書無刻本者以傳。……乃以授之而并繫以鄙言,觀者亦將以是求叟意矣。叟姓袁氏,名凱,其集陸吉士深所編訂者,李户部夢陽有序。”可知是書爲陸深、李夢陽所編訂,何景明授其門人孫繼芳刊刻。

2.《海叟詩》三卷,明范欽陳德文刻本。半葉九行,行二十字,白口,左右雙邊,單魚尾,版心鐫“海叟詩”,卷端題“雲間袁凱著鄞范欽吉陳德文校刻”,卷前有清人林佶手録何景明序。臺灣“國家圖書館”藏。

按,該書内容與正德刻本一致,當是據正德刻本刊刻。其中部分有闕頁,由清人手補。范欽(1506—1585),字堯卿,號東明,浙江鄞縣人。嘉靖十一年(1532)進士,官至兵部右侍郎。范欽以藏書樓“天一閣”聞名,該書當是其官江西袁州府時所刻。

二、《在野集》版本及亡佚詩集考

《在野集》現存明正德刻本、明祁氏淡生堂鈔本、清初王基尚鈔本、清汪文柏鈔本等。前三種内容一致,收詩百餘首,而汪文柏鈔本做了較大增補,收詩三百餘首。

1.《在野集》二卷,明正德元年(1506)鄢陵劉氏山東刻本。半葉九行,行十八字,黑口,四周雙邊,雙黑魚尾,前有天順甲申(八年,1464)張璞序,後有正德元年陳鎬題後。臺灣“國家圖書館”藏。陳鎬《題重刊〈在野集〉後》:“今大方伯鄢陵劉公守松時,於是集尤極珍慕,攜以自隨。頃至山東,捐俸重刊以傳。”

2.《在野集》二卷,明祁氏淡生堂鈔本。半葉十行,行二十字,白口,四周單邊,無魚尾,版心鐫“在野集”,卷端題“雲間袁凱景文著 後學張璞校選 後學朱應祥評點”。[⑦]前有丁丙跋、張璞序,後有陳鎬跋。南京圖書館藏。丁丙跋云:"《四庫提要》稱此書多以己意更竄,然當原本未見之時,刊餉後學,似未可遽廢也。"

3.《在野集》二卷,清初王基尚鈔本。半葉八行,行十八字,白口,無板框界行,卷端題"雲間袁凱景文　吴郡後學王基尚敬書",前有張璞序,後有陳鎬跋、黄丕烈跋。北京大學圖書館藏。黄跋云:"竹垞《明詩綜》載有《在野集》,此是也。余以明初人集收之,且爲王蓮涇舊藏,尤所珍重。卷中紅筆校改,皆蓮涇筆也。"可知此書爲王聞遠(號蓮涇)校改。

4.《在野集》不分卷,清汪文柏鈔本。半葉八行,行十九字,白口,左右雙邊,版心下鐫"屐硯齋",卷末有康熙丙戌(四十五年,1706)汪文柏識記。國家圖書館藏。汪氏識記云:"袁景文有《在野集》二卷,又有《海叟集》四卷,其詩大抵相同而小有互異。明萬曆三十三年,長水樂爾律氏合而梓之,共得古今體二百六十首。予搜諸選本及雜書所載,復得七十九首,共三百三十九首。前後錯置者稍爲編定,校其訛字,仍分體而不分卷,以俟所得遺逸爲補入焉。"可知汪文柏作了較大增補。傅增湘亦指出:"此本既非朱應祥評選之本,亦非嘉靖時劉詵補録之本,乃汪氏取諸本彙輯而重爲釐定者。"⑧

總集中單獨成卷之袁凱詩集亦有數種,略論之。明嘉靖、隆慶間無錫俞憲刻《盛明百家詩》,收《袁海叟集》一卷,前有俞憲小序曰:"今讀其詩,蓋玄澹先幾之士也,宜刻以傳,詩共百首。鄰郡後學俞憲識。"清康熙己巳董昌衢編《藜照樓明二十四家詩》,收《袁海叟詩》一卷,選詩一百三十餘首。清顧有孝編《五朝名家七律英華》,收《袁景文七律鈔》一卷,清康熙二十六年(1687)金閶寶翰樓刊刻。國家圖書館亦藏《袁景文七律鈔》一卷,清灰絲欄抄石研齋七律鈔選本。此外上海圖書館藏舊鈔本《袁高合集》,爲袁凱與高啓詩總集,無序跋,收袁凱詩二百五十餘首,其編排順序與《海叟集》、《在野集》均不一致,或是據兩書拼湊而成,收詩數量甚多,亦有校勘價值。

袁凱詩集尚有多種亡佚,今就考察所得,列敘如下。

1.《海叟集》孫應鼇序刻本。孫應鼇《重刻海叟集序》云:"雲間袁凱所著《海叟集》,空同李子、大復何子俱爲敍以傳,亦俱稱其詩冠國初諸作者,顧世罕覯見,余因再梓之。"⑨孫應鼇(1527—1586),字山甫,號淮海,貴州清平衛人。嘉靖三十二年(1553)進士,官至工部尚書。該序是孫應鼇詩學思想的重要體現,曾與張四維論争,刊刻時間俟考。⑩

2.《海叟集》萬曆間華亭林有麟翻刻本。康熙刻本《海叟集》卷首載林有麟序云:"李獻吉起成、弘之際,虎視詞壇,於本朝詩罕所推讓,顧獨重袁公,而陸文裕爲梓其《瓦缶集》而行之……余懼後之若三公者寥寥也,遂重刻布之同好。"林有麟(1578—1647),字仁甫,號衷齋,松江華亭人。承父蔭仕至四川龍安府知府。

3.《在野集》天順甲申張璞序刻本。明正德刻本《在野集》卷首張璞序云:"嘗得吾友朱岐鳳氏評點先生之詩,校選手録,録畢深歎舊無刻本,使先生詩道鬱堙,是遺吾松之愧。適吾故人楊瑛之仲子傳聞吾嘆而走謁,慨然曰:'傳請於父刻之,嘉惠後學。'吾喜傳之有志斯道,又喜吾故人之有子也,遂僭序於先生《在野集》端。"正德刻本《在野集》即據此重刊。

4.萬曆三十三年(1605)樂爾律刻本。汪文柏鈔本《在野集》卷首汪氏識記云:"袁景文有《在野集》二卷,又有《海叟集》四卷,其詩大抵相同而小有互異。明萬曆三十三年,長水樂爾律氏合而梓之,共得古今體二百六十首。"

5.嘉靖八年(1529)劉詵補刻《在野集》。劉詵《補刊在野集跋》云:"先司寇怡門公守松日,得袁海叟詩,愛誦之。後居東省,託矩庵陳公校刊,今逾廿餘稔。偶於南都又得叟全集,觀者謂亦重刻。詵以板存手澤,弗忍廢,因録遺别刊,并藏家書。”晁瑮《晁氏寶文堂書目》載“袁海叟詩選詩補,新刻”,或即此書。上述亡佚刻本或有重複,有待進一步考證。

最後需要提及袁凱詩集書名之誤問題。康熙刻本前載曹炳曾序云:“前此陸文裕公刻《瓦缶集》、《既晦集》,有前此朱氏刻《在野集》,今皆罕傳。”四庫館臣延續曹氏之説,《海叟集》提要曰:“弘治間,陸深得舊刻不全本,與何景明、李夢陽更相删定,即所刊《瓦缶集》、《既悔集》是也。”[11]學界遂誤認爲袁凱尚有《瓦缶集》、《既悔集》兩書。《既悔集》之誤,實乃曹炳曾句讀之誤,將李夢陽序中“叟名行既晦,集亦罕存”誤斷爲“《既晦集》亦罕存”。姚弘緒在《松風餘韻》中已指出:“後人句讀之誤,遂謂叟有《既晦集》,爲文裕公購其遺闕而刻之者。”[12]傅增湘、余嘉錫對此論述甚詳,不再贅述。至於《瓦缶集》之説,亦首見於康熙刻本中林有麟之序:“李獻吉起、弘之際,虎視詞壇,於本朝罕所推讓,顧獨重袁公,而陸文裕爲梓其《瓦缶集》而行之。”由於林有麟序刻本今已不存,且未見明清書目中著録袁凱有《瓦缶集》一書,《瓦缶集》或是《在野集》形近而訛之誤,[13]有待進一步考證。亦有學者云袁凱最早祥澤刻本名《海叟手定集》,[14]當是將董宜陽序“是編爲海叟手定全集,國初刻於張氏者久燬,陸文儼山因編次爲别本,蓋急於流布者也”斷爲“海叟手定集”。陸深編刻者名《海叟集》,李夢陽在序中已經明確指出:“乃删定今集,仍著舊名者,著叟志也。”可知最早刻本即名“海叟集”,而非“海叟手定集”。

三、袁凱卒年辨

袁凱生年,楊維楨《改過齋記》有明確記載:“至正九年春,予遊淞之明日,邢臺張叔温攜數客來見。中一人昂然長,臒然清,言議風發可畏。問爲誰,則曰:‘袁景文氏也。’明日景文來請曰:

'……今年歲已强矣,欲改是過,故自顔其燕居之所曰"改過",而日自省焉。'"[15]古者"四十曰强",故自至正九年(1349)逆推之,袁凱當生於至大三年(1310)或稍前。袁凱卒年,學界多據其《一覽樓和韻》詩,斷定其卒於永樂二年(1404)以後,享年在百歲上下。《一覽樓和韻》首見於清康熙六十一年曹炳曾刻本《集外詩》,乃是從府志中輯出,兹將《(正德)松江府志》所載《夏原吉一覽樓詩并序》全録如下:

永樂甲申,予奉命發廩賑華亭民,假館超果西軒,乘暇攜虚中法師百和香登一覽樓。闢窗遐眺,三泖九峰,舉在目睫,真雲間第一境也。惟金鰻不躍,青虎無聲,可爲悵恨。遂命筆爲七言律詩一首,屬掌書者,他日再過,當執此以爲歲月計。"我愛雲間第一山,登臨直倚最高闌。金鰻不起泉光暗,青虎長眠墓草寒。雨歇九峰争獻翠,風回三泖遠呈瀾。翛翛白髮堅公子,還肯分煨似嬾殘。"知府黄子威和:"樓外湖光燭九山,偶因公暇得憑闌。仰思任重恩難報,俯爲民憂膽易寒。煙散林梢懸霽日,風和江澳偃狂瀾。尚書詞翰存芳潤,屬我登臨興未殘。"錢溥和:"金鰲海上湧三山,紫翠平分到畫闌。景撫鶴亭秋唳斷,草封鰻井夜光寒。不才自擬將頹日,有力誰回既倒瀾。感慨一時歸去後,祇園僧定鳥啼殘。"夏寅和:"相國南巡愛九山,詩情爛漫此憑闌。一言熙主民財旱,三尺持公吏膽寒。玉業有才先翊運,道原無力後揚瀾。尋僧幾度觀詞翰,重惜銀光片紙殘。"袁凱和:"湖上雲帆泖上山,無邊風景屬憑闌。波涵秋影鴻雅遠,天接瑞光鰻井寒。花雨滿臺霏白晝,石樑當寺障清瀾。老僧留我登臨久,不覺楓林日又殘。"[16]

永樂二年夏原吉出賑華亭,登一覽樓有詩,其後黄子威、錢溥、夏寅、袁凱等均有和作。筆者認爲,黄子威所作和詩或是同時唱和之作,[17]而錢溥、夏寅、袁凱等人和詩,則是其後追和。錢溥(1408—

1488),字原溥,號九峰,松江華亭人,正統四年(1439)進士。夏寅(1423—1488)字時正,改字正夫,松江華亭人。正統十三年(1448)進士。永樂間夏原吉作此詩時,錢溥、夏寅尚未出生,是追和無疑。而袁凱若在永樂二年尚存,已是九十五歲高齡,其所作和詩排在錢溥、夏寅和詩之後,於理無據。

正德《松江府志》中所録袁凱之詩,或是景泰二年(1451)進士袁凱(字舜舉)所作,而非明初袁凱。同書載其傳記:

> 袁愷字舜舉,其先安丘人,占籍華亭。愷少貧獨學,時出事賈販,不爲人知。年二十七始棄去,厲志讀書,入府學爲弟子員。教官以其晚學易之,愷自若也。未幾,擢進士,授刑部主事。推總三法司事,陞江西按察僉事,改廣東。所至有聲,人始奇之。……都御史韓雍征大藤峽,愷躬擐甲胄,冒矢石以從,時皆壯之。賊平,録功有寶鈔文綺之賜,擢廣東按察使,進右布政使,遷雲南左布政使。未至,卒。……⑱

按,《明清進士題名碑録》載景泰二年辛未科進士有直隸華亭人"袁凱",⑲《明實録》亦作袁凱,所載生平事跡亦與《松江府志》吻合,⑳成化間其所作詩文亦自署"袁凱",㉑故本文統一作"袁凱"。據此可知,袁凱(字景文)與袁凱(字舜舉)同爲華亭人,前者生活在元末明初,後者生活在正統至成化間。而夏寅和《一覽樓詩》,亦作於成化間,㉒《松江府志》所載袁凱和詩,爲袁舜舉可能性更大。袁景文可靠最晚繫年詩爲洪武十八年(1385)所作《偕黄叔明、王元吉、錢伯雲、張夢辰、金彦振元夕觀燈會於蕭塘吴隱居景元家,舉酒屬客曰"七人四百九十歲爲首句,燈字爲韻"。予賦此,時洪武乙丑也》:"七人四百九十歲,吴家堂上看花燈。皓首龐眉方滿座,金杯玉碗出清冰。三寸黄柑渾似蜜,百壺春酒況如澠。今日相逢總知己,老夫歡喜欲飛騰。"其歸田後或任縣學訓導,正德《松江府志》載"洪武二十年九月吉日訓導袁凱"撰《華亭縣儒學重修大成殿碑》,[23]袁凱是年約七十八歲,若《府志》所載無誤,可推定其卒於1387年以後,享年約八十歲,而非百歲。

袁凱以詩名雲間,被譽爲“明初詩人之冠”,然不得與高啓、楊基、張羽、徐賁“吴中四傑”並列,明前期其詩集傳播不廣,李夢陽所謂“叟名行既晦,集亦罕存”是也。弘治後其詩集刊刻,多爲郡人所爲,如正德元年陸深編刻《在野集》,自稱:“深,先生鄉人也,恨相去遠,無從考論,姑誦其詩,以附孟氏私淑之義云。”隆慶間何玄之印行《海叟集》,亦是因“邇來吾松藝苑之士鮮有知叟者”,出於保存鄉賢文獻之目的,故“取活字板校印百部,傳之同好,數十年後,倘此本尚存,則叟之名因以不墜,而吾松文獻亦庶幾有徵哉”。林有麟、張所望、曹炳曾等編刻袁凱詩集,均是如此。姚弘緒云“叟與海上有夙契”,其康熙刻本卷首序曰:“夫叟著籍華亭,時時往來黄浦,流連吟眺,故海上爲叟舊游地。前朝陸、張兩刻較他本爲善,皆上海人也。今曹子亦居上海,……叟殆與海上有夙契乎?”曹炳曾刊刻袁凱詩集時搜羅集外佚詩“别爲一册”,因唱和《一覽樓詩》者錢溥、夏寅、袁舜舉均爲松江華亭人,出於對鄉邦文獻的重視,加之其“吉光片羽,不忍其零落”的求全心態,將袁舜舉和詩誤作袁景文之詩而收入《海叟集》中。因康熙刻本“校訂精核,考據周詳”,且多出《集外詩》一卷、《附録》一卷,遂爲袁凱詩集通行本。明正統刻本、隆慶活字本、萬曆刻本《海叟集》及《在野集》儘管未收僞作,仍爲研究者所忽視,而輕信“通行本”康熙刻本之詩,以致對袁凱卒年産生誤解。

本文係國家社科基金青年項目“沈周與吴中文壇研究”(項目批准號:15CZW036)階段性成果。

---

① 賀聖遂點校:《袁凱詩集》,《全明詩》第2册,上海古籍出版社1993年版;孫曉

飛:《袁凱〈海叟集〉校注》,廣西大學碩士學位論文,2008 年;萬德敬:《袁凱集編年校注》,上海古籍出版社 2015 年版;范傳賢、范喆:《袁海叟詩版本考略》,《歷史文獻研究》第 19 輯,華中師範大學出版社 2000 年版,第 320—330 頁;萬德敬:《袁白燕詩歌的刊刻和典藏述略》,《太原師範學院學報》2006 年第 5 期。

② 傅增湘:《藏園群書經眼録》,中華書局 1983 年版,第 1392 頁。

③ 傅增湘:《藏園群書題記》,上海古籍出版社 1989 年版,第 839 頁。

④《中國古籍總目》集部集 20205994 條爲"海叟集(海叟詩集)四卷",下列隆慶活字本、萬曆刻本、明刻本、四庫全書本、清桐鄉汪氏裘抒樓鈔本、復旦大學所藏清鈔本;集 20205996 條爲"海叟詩集四卷集外詩一卷附録一卷",下列清康熙刻本與清宣統石印本。中國古籍總目編纂委員會編:《中國古籍總目》集部,上海古籍出版社 2012 年版,第 529 頁。

⑤ 孫曉飛:《袁凱〈海叟集〉校注》,廣西師範大學碩士學位論文,2008 年,第 14 頁。

⑥ 中國古籍總目編纂委員會編:《中國古籍總目》集部,第 529 頁。

⑦《明别集版本志》著録該書版心鐫"淡生堂鈔本","張璞"均作"張樸",誤。見崔建英輯《明别集版本志》,中華書局 2006 年版,第 469 頁。

⑧ 傅增湘:《藏園群書題記》,第 843 頁。

⑨ 孫應鼇:《孫山甫督學文集》卷一,《叢書集成續編》第 117 册,上海書店出版社 1994 年版,第 512 頁。

⑩ 張四維《復李少莊》云:"孫淮海示我《海叟詩序》,弟不以謂然,曾作札訊之。淮海爲説甚辯,要之未窺風雅真際,謬爲大言,反以吾言爲詆斥彼耳。今其序刊《海叟集》端,兄試取一觀之,何異癡人説夢也。"亦可參見同卷《寄孫淮海》。張四維:《條麓堂集》卷一六,明萬曆二十三年張泰徵刻本。

⑪ 紀昀等:《欽定四庫全書總目提要》,中華書局 1997 年版,第 2280 頁。

⑫ 姚弘緒:《松風餘韻》卷一四,清乾隆九年寶善堂刻本。

⑬ 高儒:《百川書志》卷一六載"補刊袁海叟《在野集》二卷,袁凱著,翰林吉士同郡陸子淵删",上海古籍出版社 2005 年版,第 237 頁。

⑭ 施蟄存:《北山詩文叢編》,《施蟄存全集》第十卷,華東師範大學出版社 2012 年版,第 339 頁。

⑮ 楊維楨:《東維子文集》卷一九,《四部叢刊》景舊鈔本。

⑯ 顧清:《(正德)松江府志》卷一八,明正德七年刊本。

⑰《(正德)姑蘇志》卷四一載黄子威生平:"黄子威,進賢人。洪武三十三年以儒士授長洲丞,莅事勤敏,刑罰清簡,民甚安之。永樂元年秩滿,陞刑部員外郎,歷松江知府。"

⑱ 顧清:《(正德)松江府志》卷二九,明正德七年刊本。過庭訓《本朝分省人物考》卷二五、焦竑《國朝獻徵録》卷一〇二均有袁凱傳記,可參見。

⑲ 朱保炯、謝沛霖編:《明清進士題名碑録索引》,上海古籍出版社 1979 年版,第 1346、2451 頁。

⑳ 李賢等:《大明英宗睿皇帝實録》卷二三〇:“景泰四年六月……擢進士袁凱、陳鴻漸、陳蕙、程宗、王佐俱爲刑部主事。”卷二八〇:“天順元年六月,升刑部廣東司主事袁凱爲江西僉事。”臺灣中研院史語所校勘本。

㉑ 成化十九年(1483)袁凱序葉顒《樵雲獨唱集》,末署:“賜進士出身、通奉大夫、廣東等處承宣布政使,安丘袁凱書。”見葉顒《樵雲獨唱集》卷首,臺灣“國家圖書館”藏舊鈔本。成化間袁凱官廣西時有《龍隱岩題詩》等詩,詩後題“右和江憲使題龍隱岩,賜進士廣西按察司按察使雲間袁凱書”。見桂林市文物管理委員會編《桂林石刻》,内部出版物,1977年版,第26頁。

㉒《(正德)松江府志》載夏寅《重建寺志》云:“寺故有一覽樓,永樂中尚書夏公原吉治水時常居之,賦《一覽樓詩》。成化八年,予還自西江,過受公,覩夏公詩,墨妙宛然,而樓則改建宏壯,非舊觀矣。又後七年,爲成化己亥,予再過受公,則巍然一覽樓前剗爲荒墟,左右皆積巨木,而衆工斲削之聲傾耳。……又明年庚子八月,受公以畢工請記……”顧清:《(正德)松江府志》卷一八,明正德七年刊本。

㉓ 顧清:《(正德)松江府志》卷一三,明正德七年刊本。按,宋如林《(嘉慶)松江府志》卷七三、楊開第《(光緒)重修華亭縣志》卷二〇均誤作“洪武二十九年九月訓導袁凱撰”。

(作者單位:華東師範大學中文系)

程高本《紅樓夢》序敍和正文版本新考

拓曉堂

程高本《紅樓夢》，是乾隆末程偉元、高鶚萃文書屋系列《紅樓夢》印本的統稱，包括乾隆五十六年排印的所謂"程甲本"、乾隆五十七年排印的"程乙本"，以及後來發現的所謂日本藏"倉石本"、臺灣藏"程丙本"和"程丁本"、上海圖書館藏"滬本"等等。可謂版本繁多，源流不清。筆者通過對這些現存程高本《紅樓夢》的考察，認爲在以往的研究過程中存在某些缺憾。在此依據對程高本《紅樓夢》序敍和正文的研究和考訂，冀望另闢蹊徑，對程高本《紅樓夢》的版本問題重新加以釐定。不妥之處，敬請讀者和方家不吝指教。

筆者所考訂依據的底本，包括以下諸種：(1) 書目文獻出版社《紅樓夢程甲本》1992 年版，以下簡稱"文獻本"；(2) 日本倉石武四郎藏《程乙本紅樓夢》，以下簡稱"倉石本"；(3) 1993 年中國嘉德古籍拍賣專場第 1570 號俞平伯藏《紅樓夢程甲本》殘本，以下簡稱"俞藏本"；(4) 2008 年中國嘉德古籍拍賣專場第 2658 號《程甲本紅樓夢》，以下簡稱"嘉德本"；(5) 中國書店出版社《程乙本紅樓夢》，2011 年出版，以下簡稱"中國本"；(6) 臺灣廣文書局 1977 年 4 月影印出版"紅樓夢叢書"本《程丙本紅樓夢》，以下簡稱

“程丙本”;(7) 上海圖書館藏《紅樓夢》殘本,于右任舊藏,以下簡稱“滬本”。目前所見程高本《紅樓夢》序敍和正文,均爲墨印之本,未見朱印、藍印及墨釘本等校樣本,均可認定爲批量印刷的版本。

一、程高本《紅樓夢》卷首序敍版本考證

程高本《紅樓夢》卷首有程偉元序、高鶚敍,均爲雕版印刷。經筆者目鑒所見諸本程高本《紅樓夢》,除有些存本程偉元序、高鶚敍缺失或有殘損外,發現其中存在着版本不同的問題,這些問題在以往的研究中未見述及,顯然是有疏漏,以致其中包含的諸多版本信息被忽略。

1. 程偉元序的版本鑒定

程高本《紅樓夢》卷首有程偉元序(以下簡稱“程序”)。筆者認爲,“程序”的版本存在一個尚未被注意的問題,即究竟只有一個版本,還是有幾個版本? 這個問題以往未見專門研究和論證,故存有重大問題疏漏。據筆者目鑒的現存程高本《紅樓夢》,包括“文獻本”、“嘉德本”、“俞藏本”、“中國本”、“倉石本”、“程丙本”、“滬本”,令人詫異地發現,程偉元序文竟然存有三個不同的版本:

第一種版本:“文獻本”(圖 1)、“嘉德本”、“中國本”、“滬本”

第二種版本:“倉石本”(圖 2)

第三種版本:“程丙本”(圖 3)

通過觀察,“嘉德本”、“中國本”、“滬本”與“文獻本”爲同一塊雕版印刷。唯“倉石本”與“文獻本”風格、字體等極爲相近,顯然有版本翻刻的傳承關係,也就是鑒定版本過程中常説的“有所本”。但可以肯定的是,“倉石本”和“文獻本”不是同一塊雕版印刷出來的,就是説,肯定不是一個版本。而臺灣“程丙本”的程偉元序首頁,無論板框、字體、行數等與“文獻本”、“倉石本”均相去

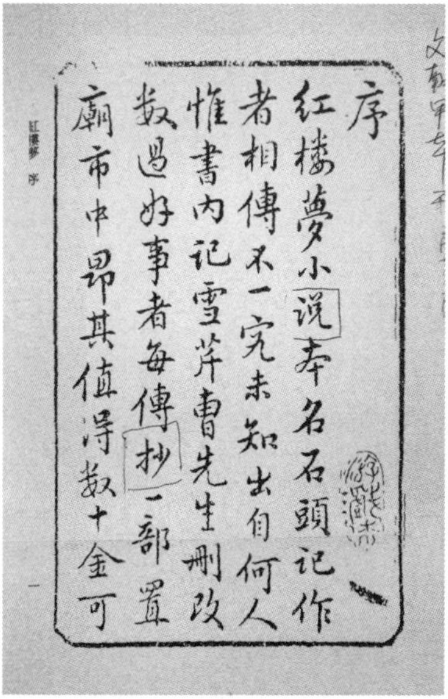

序
红楼夢小说本名石頭记作
者相傳不一究未知出自何人
惟書内记雪芹曹先生删改
数過好事者每傳抄一部置
廟市中昂其值得数十金可

圖 1 “文獻本”程序

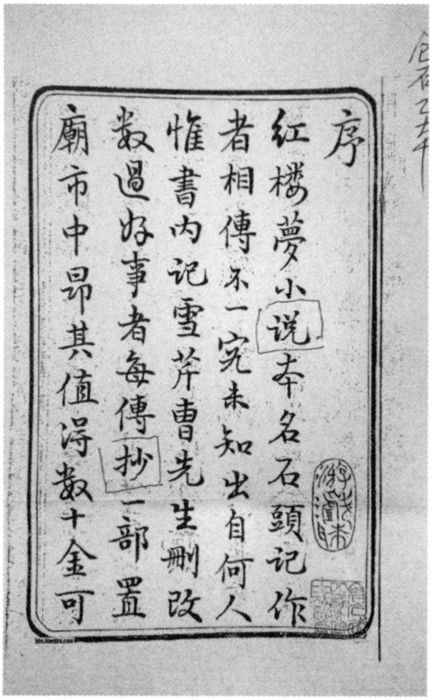

序
红楼夢小说本名石頭记作
者相傳不一究未知出自何人
惟書内记雪芹曹先生删改
数過好事者每傳抄一部置
廟市中昂其值得数十金可

圖 2 “仓石本”程序

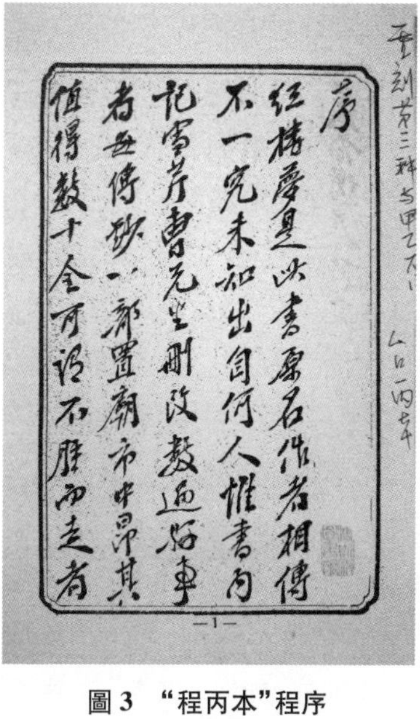

序
红楼夢是此書原名作者相傳
不一究未知出自何人惟書内
記雪芹曹先生刪改數過好事
者每傳抄一部置廟市中昂其
值得數十金可謂不脛而走者
—1—

圖 3 “程丙本”程序

甚遠,一望即知爲一獨立的雕版印刷結果,甚至文字内容也存在重大差異,與"文獻本"和"倉石本"基本上没有版本傳承關係,顯然有杜撰嫌疑。因此筆者將重點考察"倉石本"與"文獻本"之間的差異,舉例如下:

"程序"第一葉上,第一行"説"字,第四行"抄"字;

"程序"第一葉下,第一行"目"字,第二行"卷"字,第五行"豈"字和"無"字;

"程序"第二葉上,第三行"慣"字,第四行"見"字;

"程序"第二葉下,第三行"因"字。

所列各字,版刻文字的字形和筆劃均有明顯差異,最爲明顯的就是連筆和不連筆的區别,其他細微差異者不勝枚舉。

從雕版印刷的基本鑒定技巧來判斷,"文獻本"和"倉石本"的"程序",必有一爲翻刻本。究竟孰爲翻刻本可立判,"文獻本"是乾隆五十六年的"程甲本"系列,而"倉石本"是標著的是乾隆五十七年的"程乙本"系列,已有先後之分。另外筆者已經通過對程高本《紅樓夢目録》的研究考訂(參見拙著《程高本〈紅樓夢目録〉版本考訂》,國家圖書館《文津學志》第九輯),"文獻本"爲乾隆五十六年本,爲最初的印本,而"倉石本"爲配補本,不能構成一個獨立的版本。從時間上不可能出現"程甲本"翻刻"程乙本"之"程序"的情況。因此從邏輯上來斷定,"倉石本"的"程序"必是翻版。通過觀察和統計,"倉石本"的"程序"是個例,未見相同的印本存在。至於臺灣"程丙本"内的"程序"首頁,與"文獻本"和"倉石本"相去甚遠,也屬於個例,未見相同版本。由此可見"文獻本"之外的"程序"都有問題,只不過"倉石本"是據原本翻刻,極爲相像,而"程丙本"則純屬臆造。

由此得出結論,程高本《紅樓夢》程偉元序,目前所見有三個版本,其中"文獻本"、"嘉德本"、"中國本"、"滬本"相同,爲一版本;日本"倉石本"程偉元序,與"文獻本"等極爲相像,但確非同一版本；臺灣“程丙本”的“程序”首頁，與前兩種完全不同，屬於一個獨立的版本。

2. 高鶚敍的版本鑒定

程高本《紅樓夢》卷首程偉元序之後，有高鶚敍（以下簡稱“高敍”）。筆者認爲，其中“高敍”的版本，與程偉元序一樣，也存在相同的問題，即現存究竟有幾個版本，這個問題以往也未見專門的研究和論證。據筆者對現存程高本《紅樓夢》的考察發現，高鶚敍文存有兩個不同的版本。

第一種版本：“文獻本”（圖 4）、“嘉德本”、“中國本”、“滬本”、“程丙本”

第二種版本：“倉石本”（圖 5）

“倉石本”與“文獻本”的“高敍”風格、字體等極爲相近，顯然有版本傳承關係。但可以肯定的是，“倉石本”和“文獻本”不是同

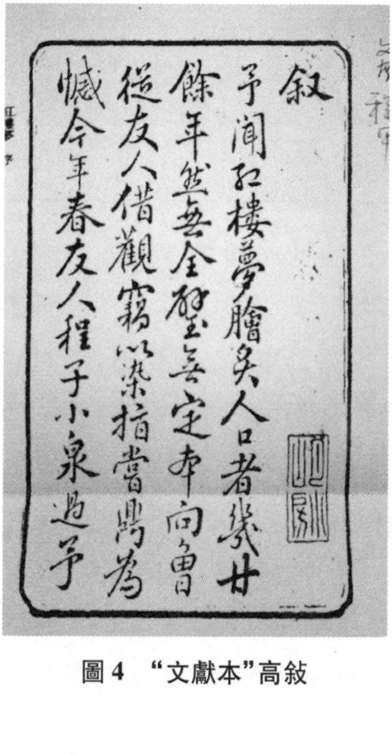
敍
予聞紅樓夢膾炙人口者幾廿
餘年然無全璧無定本向曾
從友人借觀竊以染指嘗鼎爲
憾今年春友人程子小泉過予

圖 4　“文獻本”高敍

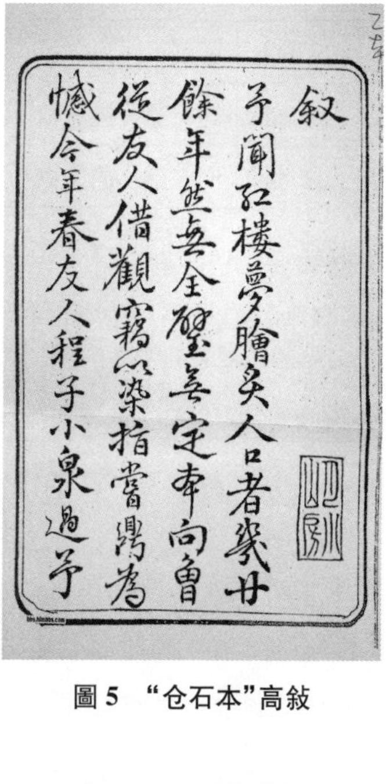
敍
予聞紅樓夢膾炙人口者幾廿
餘年然無全璧無定本向曾
從友人借觀竊以染指嘗鼎爲
憾今年春友人程子小泉過予

圖 5　“仓石本”高敍

一塊雕版印刷品,其中的差異舉例如下:

"高敍"第一葉上,第一行"廿"字;

"高敍"第二葉上,第一行"奴"字,"見"字,第二行"者"字第四行"至"字,第五行"敍"字;

"高敍"第二葉下,印鑒中"墅"字。

以上舉例各字,版刻文字的字形和筆劃均有明顯差異,與上述"程式"問題大致相似,其他細微差異者不再贅舉。

從雕版印刷的基本鑒定技巧來判斷,"文獻本"和"倉石本"的"高敍",斷非同一雕版,與前述"程序"的大體情形一致,"倉石本"的"高敍"是"文獻本"的翻刻。

3. 關於程高序敍版本的綜合分析

依據上述"程序"和"高敍"的差異考證,兹將各本情形異同情形列表如下:

版本	文獻本	中國本	俞藏本	嘉德本	倉石本	程丙本	滬本
程序	初刻	同文獻	同文獻	同文獻	翻刻	第一葉翻刻	同文獻
高敍	初刻	同文獻	同文獻	同文獻	翻刻	同文獻	同文獻

結論是,現存程高本"程序"和"高敍"版本有三個版本。第一,程高本《紅樓夢》的"程序"和"高敍","文獻本"、"嘉德本"、"中國本"、"滬本",以及"俞藏本""嘉德本"完全相同,爲同一雕版印刷版本。"文獻本"爲乾隆五十六年甲本,"中國本"爲乾隆五十七年乙本,"滬本"當屬年代不明的最後印本,用同一套雕版印製,説明"程序"和"高敍"的雕版保存和使用良好,萃文書屋完全没有重新再重雕一塊印版的必要。换言之,萃文書屋程高本《紅樓夢》的"程序"和"高敍",從始至終只有一套雕版。"程序"和"高敍"只有一個版本。從這個意義上來説,"滬本"毫無疑問屬於萃

文書屋的程高本系列。第二,“倉石本”的“程序”和“高敍”雖與“文獻本”字體風格等極爲相近,但確非同一版本,必爲後人翻刻,已經屬於僞造的贗品範疇。第三,“程丙本”的“程序”首頁,純屬後人僞刻。第四,從“倉石本”的“程式”和“高敍”後人翻刻,以及“程丙本”臆造“程序”首頁,可知這兩部程高本《紅樓夢》均屬殘本,或有殘損。翻刻和臆造的目的很明顯,就是爲了冒充“程序”和“高敍”與正文無缺的程高本《紅樓夢》全本。從這裏也看到了,後人爲射利,竟然花費如此功夫,翻刻或臆造程高本《紅樓夢》的“程序”和“高敍”。

二、程高本正文版本考證

衆所周知,程偉元、高鶚依萃文書屋首次將《紅樓夢》小説正文部分以活字排版印刷出版,對此世無争議。然而確認其版本需要依據傳統的鑒别活字排版印刷的方法和標準。這些方法和標準應當包括以下幾個基本要點,只要其中有一項不相類者,即可認定爲不同的版本。筆者認爲,以往的《紅樓夢》版本研究存在一些局限問題,即多爲從内容的校勘學角度來研究版本,即從内容文字修改的異同來校對鑒定版本,並非從傳統的版本學角度來研究。從版本學的角度來看,即使文字内容相同,也並非一定是版本相同。正因如此,以往的程高本《紅樓夢》版本研究,存在着一些重大問題,以致其中包含的諸多版本信息被混淆,觀點也莫衷一是。筆者在此依據傳統的版本學鑒定要素,再考察程高本《紅樓夢》的正文版本。

1. 考訂程高本正文版本的基本方法和依據

第一,版式。同一版本至少應當版式相同,包括行款,每半葉的行數和字數;邊框,是四周單邊或雙邊;書口及魚尾等。版式有别,必是不同版本。考察所見的程高本《紅樓夢》正文版式,“文獻本”與“中國本”相同,同類者“嘉德本”、“倉石本”、“程丙本”,不類者上海圖書館藏“滬本”。一般説來,同一書坊的重排本,由於古時書坊多係家族性經營,在排版方式和形式上有一定的習慣,重新排印的版本的版式雷同。萃文書屋程高本《紅樓夢》正文部分“文獻本”與“中國本”版框均爲四周雙邊,版式相同。但是“滬本”的版式與“文獻本”、“中國本”有别,版框爲四周單邊,顯然不同。這裏定有一些問題尚未解開。版式相同不一定是同一版本,猶今天的盜版,雖與原本版式相同,但不可視爲同一版本。而版式不同,必非同一版本。由此可以斷定“滬本”是繼乾隆五十六年、五十七年之後的一次重新排版的印刷本。

第二,校勘。校勘是鑒定版本的基本要素之一。程高本《紅樓夢》的正文校勘,乃前代學者的功夫所在,成就斐然。文字内容不同定非同一版本,但應該明確這不是確定版本的唯一標準。據筆者所察“文獻本”與“中國本”文字相差甚多,定非同一版本;“滬本”與“中國本”文字内容完全相同,但版本不同。

第三,異體字。這是中國古代用字的特殊現象,也是鑒定活字本版本的常規内容和依據之一。古時刻工和排字工對於異體字無具體規範,因此雕刻和排版過程中隨意使用,這就爲鑒定活字本的版本留下了可以比較的依據。程高本《紅樓夢》正文中,就有大量的異體字使用。比如使用最多的“回”字,異體字“囬”,以及多見的“來”、“来”,“窗”、“牕”、“窻”,“総”、“緫”、“揔”、“摠”,“略”、“畧”等。各本之間,但凡有這種異體字的文字出入,即可認定其版本不同。據筆者觀察,“文獻本”、“中國本”、“滬本”正文這類異體字差異,每一回都大量存在。如第七回第一葉第一行,“文獻本”(“嘉德本”同)作“來囘”;“中國本”(“倉石本”、“程丙本”同)作“來囬”;“滬本”作“來囬”,(圖6、7、8、9)可以確定這是三個不同的排印版本。而“嘉德本”、“倉石本”、臺灣“程丙本”各回的異

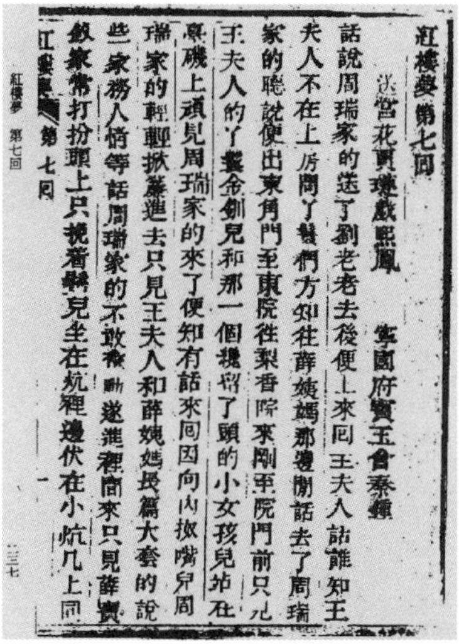
紅樓夢第七回
送宮花賈璉戲熙鳳　寧國府寶玉會秦鍾
話說周瑞家的送了劉老老去後便上來回王夫人誰知王
夫人不在上房問了鬟們方知往薛姨媽那邊閒話去了周瑞
家的聽說便出東角門至東院往梨香院來剛至院門前只見
王夫人的丫鬟金釧兒和那一個纔留了頭的小女孩兒站在
臺磯上頑見周瑞家的來了便知有話來回因向內掀嘴兒周
瑞家的輕輕掀簾進去只見王夫人和薛姨媽長篇大套的說
些家務人情等話周瑞家的不敢驚動遂進裡間來只見薛寶
釵家常打扮頭上只挽着鬏兒坐在炕裡邊伏在小炕几上同
紅樓夢　第七回

圖 6　“文獻本”

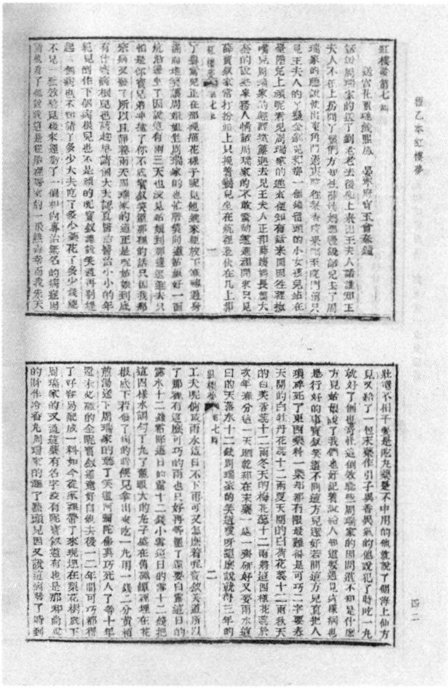

圖 7　“中國本”

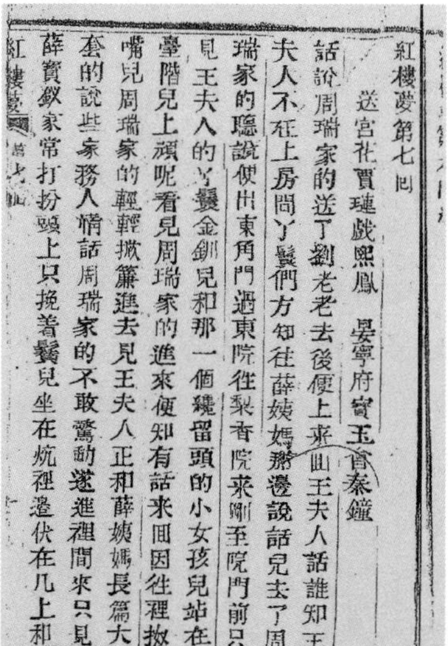
紅樓夢第七回
送宮花賈璉戲熙鳳　宴寧府寶玉會秦鐘
話說周瑞家的送了劉老老去後便上來回王夫人話誰知王
夫人不在上房問丫鬟們方知往薛姨媽那邊說話兒去了周
瑞家的聽說便出東角門過東院往梨香院來剛至院門前只
見王夫人的丫鬟金釧兒和那一個纔留頭的小女孩兒站在
臺階兒上頑呢看見周瑞家的進來便知有話來回因往裡掀
嘴兒周瑞家的輕輕撳簾進去見王夫人正和薛姨媽長篇大
套的說些家務人情話周瑞家的不敢驚動遂進裡間來只見
薛寶釵家常打扮頭上只挽着鬏兒坐在炕裡邊伏在几上和

圖 8　“仓石本”

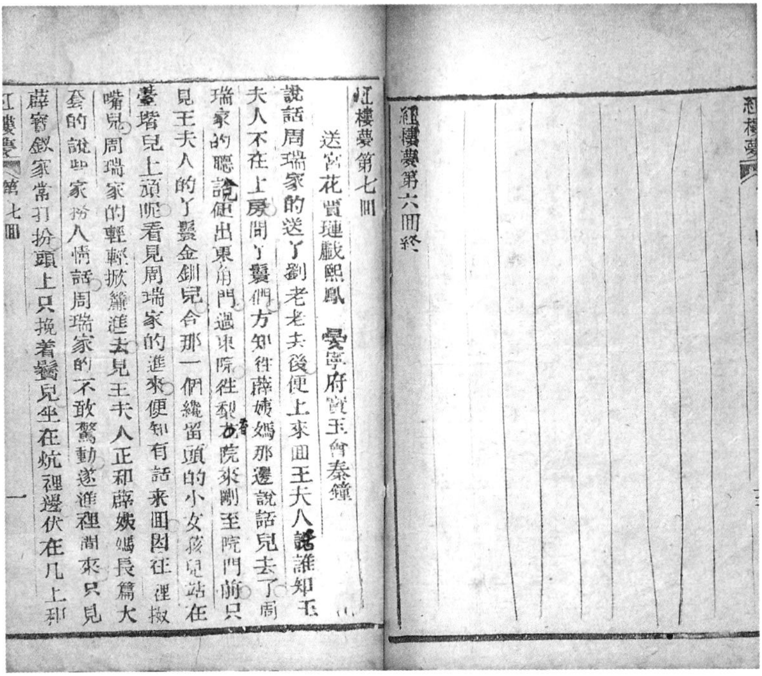
紅樓夢第七回
送宮花賈璉戲熙鳳　宴寧府寶玉會秦鐘
說話周瑞家的送了劉老老去後便上來回王夫人誰知王
夫人不在上房問丫鬟們方知往薛姨媽那邊說話兒去了周
瑞家的聽說便出東角門過東院往梨香院來剛至院門前只
見王夫人的丫鬟金釧兒合那一個纔留頭的小女孩兒站在
臺階兒上頑呢看見周瑞家的進來便知有話來回因往裡擻
嘴兒周瑞家的輕輕掀簾進去見王夫人正和薛姨媽長篇大
套的說些家務人情話周瑞家的不敢驚動遂進裡間來只見
薛寶釵家常打扮頭上只挽着鬈兒坐在炕裡邊伏在几上和
紅樓夢第七回　一

紅樓夢第六冊終

圖 9 “沪本”

體字,或與“文獻本”相同,或與“中國本”相同,這就爲確定其配補的版本留下了線索,據此可以瞭解其配補狀況。

第四,通假字。這也是中國古代用字的特殊現象。通假之意,就是通用和借代,以讀音相同或相近的字代替本字。這種文字通假的現象在文字使用標準要求不高的古代小説中常見,程高本《紅樓夢》正文也不逾此例,如使用頻率極高的“着”與“著”、“坐”與“座”等字。通過比較觀察,“文獻本”、“中國本”和“滬本”各回均有差異,而“嘉德本”、“倉石本”、“程丙本”各回的通假字,或與“文獻本”相同,或與“中國本”相同。與異體字的使用問題大致相同,也是確定版本的重要依據。

第五,字型大小、字體和字形。古人製作木活字,手工炮製,誤差在所難免。即使是同一個字的字型,其字型大小也都存在着較大差異,有時這種差異非常明顯。同因,古人製作的活字字體也有差異,諸如偏旁的大小,即使同一個字也會有所差異;又或因字形不正,刻得歪歪扭扭。使用這些字形、字型大小、字體不同的活字印刷,爲鑒定古代活字印刷版本提供了難得的依據。據筆者觀察比較的結果,"文獻本"、"中國本"和"滬本"各回均有差異,其中"文獻本"和"中國本"這些問題比較明顯。而"滬本"字體大小比較均勻,字體和字形亦較爲勻稱端正,與前兩者比較,顯然是使用了另一套木活字。舉例來説第七回標題,"倉石本"(同"中國本")"晏寧國"的"晏"字,刻印較爲規整,而"滬本"的"晏"字刻印得極爲怪異(參見配圖)。此外"嘉德本"、"倉石本"、"程丙本"正文各回的字型大小、字體和字形,或有與"文獻本"相同者,或與"中國本"相同者。與異體字、通假字的使用問題大致相同,也是確定版本的重要依據。

2. 程高本《紅樓夢》正文異同

依據上述五個鑒定活字本的版本要素,來鑒定程高本《紅樓夢》的版本。目鑒所見程高本《紅樓夢》正文,包括版式、校勘、異體字、通假字、字型大小、字體和字形各要素,可以確認目鑒各本的異同。玆將各存本的異同狀況列表如下:

據筆者所察,除上述各回的配補之外,還有一些個别葉的"程甲本"和"程乙本"的參配情形,這是極爲特殊的情況,整體上不改變各回的版本。由此可以將程高本《紅樓夢》歸納爲三個獨立排版的系統,"文獻本"、"中國本"和"滬本"。其餘各本均非獨立的排印本。

3. 程高本《紅樓夢》正文考證分析

依據上述所見程高本《紅樓夢》正文卷帙異同統計,對於考證其版本、分析個中原委具有重要的啓發作用。分析結果大致有五。

文獻本	嘉德本	中國本	倉石本	程丙本	滬　本	備　　註
第一回	同“文獻本”	重排(以下一百二十回全部重排)	同“中國本”	同“中國本”	再重排(以下一百二十回全部重排)	
第二回	同“文獻本”		同“中國本”	同“中國本”		
第三回	同“文獻本”		同“中國本”	同“中國本”		
第四回	同“文獻本”		同“中國本”	同“中國本”		
第五回	同“文獻本”		同“中國本”	同“中國本”		
第六回	同“文獻本”		同“中國本”	同“中國本”		
第七回	同“文獻本”		同“中國本”	同“中國本”		
第八回	同“文獻本”		同“中國本”	同“中國本”		
第九回	同“文獻本”		？同“中國本”	同“中國本”		“倉石本”第一葉同“文獻本”,餘同“中國本”
第十回	同“文獻本”		同“中國本”	同“中國本”		
第十一回	同“文獻本”		同“中國本”	同“中國本”		
第十二回	同“文獻本”		同“中國本”	同“中國本”		
第十三回	同“文獻本”		同“中國本”	同“中國本”		
第十四回	同“文獻本”		同“中國本”	同“中國本”		

續表

文獻本	嘉德本	中國本	倉石本	程丙本	滬　本	備　　註
第十五回	同"文獻本"	重排(以下一百二十回全部重排)	同"中國本"	同"中國本"	缺	
第十六回	同"文獻本"		同"中國本"	同"中國本"		
第十七回	同"文獻本"		同"中國本"	同"中國本"		
第十八回	同"文獻本"		同"中國本"	同"中國本"		
第十九回	同"文獻本"		同"中國本"	同"中國本"		
第二十回	同"文獻本"		同"中國本"	同"中國本"	缺	
第廿一回	同"文獻本"		同"文獻本"	同"中國本"		
第廿二回	同"文獻本"		同"文獻本"	同"中國本"		
第廿三回	同"文獻本"		同"文獻本"	同"中國本"		
第廿四回	同"文獻本"		同"文獻本"	同"中國本"		
第廿五回	同"文獻本"		同"文獻本"	同"中國本"		
第廿六回	同"文獻本"		同"文獻本"	同"中國本"		
第廿七回	同"文獻本"		同"文獻本"	同"中國本"		
第廿八回	同"文獻本"		同"文獻本"	同"中國本"		

續表

文獻本	嘉德本	中國本	倉石本	程丙本	滬　本	備　　註
第廿九回	同“文獻本”	重排(以下一百二十回全部重排)	同“文獻本”	同“中國本”		
第三十回	同“文獻本”		同“文獻本”	同“中國本”		
第卅一回	同“文獻本”		同“中國本”	同“中國本”		“倉石本”第一葉同“文獻本”,餘同“中國本”
第卅二回	同“文獻本”		同“中國本”	同“中國本”		
第卅三回	同“文獻本”		同“中國本”	同“中國本”		
第卅四回	同“文獻本”		同“中國本”	同“中國本”		
第卅五回	同“文獻本”		同“中國本”	同“中國本”		
第卅六回	同“文獻本”		同“中國本”	同“中國本”		
第卅七回	同“文獻本”		同“文獻本”	同“中國本”		
第卅八回	同“文獻本”		同“文獻本”	同“中國本”		
第卅九回	同“文獻本”		同“文獻本”	同“中國本”		
第四十回	同“文獻本”		同“文獻本”	同“中國本”		
第四十一回	同“文獻本”		同“文獻本”	同“中國本”		

續表

文獻本	嘉德本	中國本	倉石本	程丙本	滬　本	備　　註
第四十二回	同"文獻本"	重排(以下一百二十回全部重排)	同"文獻本"	同"中國本"		
第四十三回	同"文獻本"		同"文獻本"	同"中國本"		
第四十四回	同"文獻本"		同"文獻本"	同"中國本"		
第四十五回	同"文獻本"		同"文獻本"	同"中國本"		
第四十六回	同"文獻本"		同"文獻本"	同"中國本"		
第四十七回	同"文獻本"		同"文獻本"	同"中國本"		
第四十八回	同"文獻本"		同"文獻本"	同"中國本"		
第四十九回	同"文獻本"		同"中國本"	同"中國本"		
第五十回	同"中國本"		同"文獻本"	同"中國本"		
第五十一回	? 同"中國本"		同"中國本"	同"中國本"		第一葉同"文獻本"
第五十二回	同"文獻本"		同"中國本"	同"中國本"		
第五十三回	同"文獻本"		同"中國本"	同"中國本"		
第五十四回	同"文獻本"		同"中國本"	同"中國本"		
第五十五回	同"文獻本"		同"中國本"	同"中國本"		

續表

文獻本	嘉德本	中國本	倉石本	程丙本	滬　本	備　註
第五十六回	同"中國本"	重排(以下一百二十回全部重排)	同"中國本"	同"中國本"		
第五十七回	同"中國本"		同"中國本"	同"中國本"		
第五十八回	同"中國本"		同"中國本"	同"中國本"		
第五十九回	同"中國本"		同"中國本"	同"中國本"		
第六十回	同"中國本"		同"中國本"	同"中國本"		
第六十一回	同"中國本"		同"文獻本"	同"中國本"		
第六十二回	同"中國本"		同"文獻本"	同"中國本"		
第六十三回	同"中國本"		同"文獻本"	同"中國本"		
第六十四回	同"中國本"		同"文獻本"	同"中國本"		
第六十五回	同"中國本"		同"文獻本"	同"中國本"		
第六十六回	同"中國本"		同"文獻本"	同"中國本"		
第六十七回	同"中國本"		同"文獻本"	同"文獻本"		
第六十八回	同"中國本"		同"文獻本"	同"文獻本"		
第六十九回	同"中國本"		同"文獻本"	同"文獻本"		

續表

文獻本	嘉德本	中國本	倉石本	程丙本	滬　本	備　　註
第七十回	同"中國本"	重排(以下一百二十回全部重排)	同"文獻本"	同"文獻本"		
第七十一回	同"中國本"		同"文獻本"	同"文獻本"		
第七十二回	同"文獻本"		同"文獻本"	同"文獻本"		
第七十三回	同"文獻本"		同"文獻本"	同"文獻本"		
第七十四回	同"文獻本"		同"文獻本"	同"中國本"		
第七十五回	同"文獻本"		同"文獻本"	同"中國本"		
第七十六回	同"文獻本"		同"文獻本"	同"文獻本"		
第七十七回	同"文獻本"		同"文獻本"	同"文獻本"		
第七十八回	同"文獻本"		同"文獻本"	同"文獻本"		
第七十九回	同"文獻本"		同"文獻本"	同"文獻本"		
第八十回	同"文獻本"		同"文獻本"	同"文獻本"		
第八十一回	同"文獻本"		同"文獻本"	同"文獻本"		
第八十二回	同"文獻本"		同"文獻本"	同"文獻本"		
第八十三回	同"文獻本"		同"文獻本"	同"文獻本"		

續表

文獻本	嘉德本	中國本	倉石本	程丙本	滬　本	備　註
第八十四回	同“文獻本”	重排(以下一百二十回全部重排)	同“文獻本”	同“文獻本”		
第八十五回	同“文獻本”		同“文獻本”	同“文獻本”		
第八十六回	同“文獻本”		同“文獻本”	同“文獻本”		
第八十七回	同“文獻本”		同“文獻本”	同“文獻本”		
第八十八回	同“文獻本”		同“文獻本”	同“文獻本”		
第八十九回	同“文獻本”		同“文獻本”	同“文獻本”		
第九十回	同“文獻本”		同“文獻本”	同“文獻本”		
第九十一回	同“文獻本”		同“中國本”	同“文獻本”		
第九十二回	同“文獻本”		同“中國本”	同“文獻本”		
第九十三回	同“文獻本”		同“中國本”	同“文獻本”		
第九十四回	同“中國本”		同“中國本”	同“文獻本”		
第九十五回	同“中國本”		同“中國本”	同“文獻本”		
第九十六回	同“中國本”		同“中國本”	同“文獻本”		
第九十七回	同“中國本”		同“中國本”	同“文獻本”		

續表

文獻本	嘉德本	中國本	倉石本	程丙本	滬　本	備　註
第九十八回	同“中國本”	重排(以下一百二十回全部重排)	同“中國本”	同“文獻本”		
第九十九回	同“中國本”		同“中國本”	同“文獻本”		
第一百回	同“中國本”		同“文獻本”	同“文獻本”		
第一百一回	同“文獻本”		同“文獻本”	同“文獻本”	缺	
第一百二回	同“文獻本”		同“文獻本”	同“文獻本”		
第一百三回	同“文獻本”		同“文獻本”	同“文獻本”		
第一百四回	同“文獻本”		同“文獻本”	同“文獻本”		
第一百五回	同“文獻本”		同“文獻本”	同“文獻本”	缺	
第一百六回	同“文獻本”		同“文獻本”	同“文獻本”		
第一百七回	同“文獻本”		同“文獻本”	同“文獻本”		
第一百八回	同“文獻本”		同“文獻本”	同“文獻本”		
第一百九回	同“中國本”		同“文獻本”	同“文獻本”		
第一百十回	同“中國本”		同“文獻本”	同“文獻本”		
第一百十一回	同“中國本”		同“文獻本”	同“文獻本”		

續表

文獻本	嘉德本	中國本	倉石本	程丙本	滬　本	備　註
第一百十二回	同"中國本"	重排(以下一百二十回全部重排)	同"文獻本"	同"文獻本"		
第一百十三回	同"中國本"		同"文獻本"	同"文獻本"		
第一百十四回	同"中國本"		同"文獻本"	同"文獻本"		
第一百十五回	同"中國本"		同"文獻本"	同"文獻本"		
第一百十六回	同"中國本"		同"文獻本"	同"文獻本"		
第一百十七回	同"中國本"		同"文獻本"	同"文獻本"		
第一百十八回	同"中國本"		同"文獻本"	同"文獻本"		
第一百十九回	同"文獻本"		同"文獻本"	同"文獻本"		
第一百廿回	同"文獻本"	重排	同"中國本"	同"文獻本"	再重排	

第一,從程高本《紅樓夢》正文異同統計可以歸納出,“中國本”一百二十回雖版式與“文獻本”相同,但校勘文字内容、異體字使用、通假字使用、字型大小、字體和字形多有不相同之處,因此可以確定爲全部重新排印本,也就是所謂的“程乙本”;而“滬本”從文字校勘内容上,基本與“中國本”相同,但是其版式、異體字使用、通假字的使用、字型大小、字體和字形,均與“文獻本”、“中國本”不相同,因此可以確定其爲第三次排本印刷的結果。由此可以確認“文獻本”代表的是程高本第一次排印版本系列,“中國本”代表的是程高本第二次排印版本系列,以及“滬本”代表的第三次排印本版本系列。據目前所知,程高本《紅樓夢》各存本共有此三個排印版本系列。

第二,目下紅學界研究中有學者認爲,還是尊重前人的只有“程甲本”和“程乙本”兩個版本。筆者認爲,從文字内容上來説,“中國本”、“滬本”文字内容的確基本相同,但文字相同只能説内容相同,並不能證明版本相同。這種意見,不是嚴格意義上的版本鑒定結論。從萃文書屋三次排版印刷過程來説,萃文書屋的程高本《紅樓夢》正文的確存在三次排版印刷過程。“文獻本”代表的程高本《紅樓夢》正文,爲乾隆五十六年的第一次排印本。之後有兩個修訂本,即乾隆五十七年的第二次排印本,以“中國本”爲代表;乾隆五十七年以後的第三次排印本,即“滬本”。“中國本”和“滬本”内容均屬乾隆五十七年修訂的系列。文字内容完全相同,但從版本來看,“中國本”與“滬本”屬於不同的排印版本。因此,程高本《紅樓夢》正文存在三個版本應當是事實,不能將“中國本”與“滬本”混爲同一版本。

第三,依據上面的統計表可以斷言,所見與“文獻本”、“中國本”、“滬本”不同的各藏本,均系配補本。從程高本《紅樓夢》正文異同統計,可以歸納出,“嘉德本”共計有“文獻本”卷帙 85 回,有

"中國本"卷帙35回;"倉石本"共計有"文獻本"卷帙73回,有"中國本"卷帙47回;臺灣"程丙本"共計有"文獻本"卷帙52回,有"中國本"卷帙68回。除"滬本"之外,所有的卷帙均系"文獻本"和"中國本"版本,並未見有其他不同的排版印刷版本。從這意義上來説,以往紅學研究中稱其爲"異本",實爲不妥。實際上"異本"不異,不出"文獻本"和"中國本"的版本系列,不外都是以"文獻本"和"中國本"配補而成。

第四,從程高本《紅樓夢》正文異同統計可以歸納出,"嘉德本"從第一回至第四十九回爲"程甲本",且前面的程偉元序、高鶚敍、《目録》等,均與"文獻本"相同,因此可以認定爲是以"文獻本"爲基礎,配以"中國本",成爲一部卷帙完整的一百二十回程高本《紅樓夢》。"倉石本"第一回至第二十回爲"中國本",且前面的《目録》挖版修改過(參見拙著《程高本〈紅樓夢目録〉版本考訂》),以及高鶚《引言》,爲乾隆五十七年排印系列,因此可以認定爲是以"中國本"爲主體,配補"文獻本",成爲一部卷帙完整的一百二十回程高本《紅樓夢》。臺灣"程丙本"第一回至六十六回,爲"中國本",前面的《目録》同樣經過挖改,同爲乾隆五十七年版本系列,因此可以認定臺灣"程丙本"實際也是以"中國本"爲基礎,配以"文獻本"形成的一部卷帙完整的一百二十回程高本《紅樓夢》。因此,"嘉德本"、"倉石本"和臺灣"程丙本"的不同之處,只是配補的卷帙次第和數量不一而已。以往紅學研究中所稱的這類版本爲"混裝本",此説不盡科學,從版本學專門術語來説,應當稱之爲"配補本"較爲妥當。"混裝本"之稱概念不清,無法確切表達"混裝"狀況。

第五,從程高本《紅樓夢》正文異同統計可以歸納,所見均爲"文獻本"和"中國本"相參配補,未見有參配"滬本"者。因此,關於"滬本"的推測,仍是令人莫解。首先是"滬本"使用了一套新的木活字，很是令人費解。對於一個此前名不見經傳的萃文書屋，在時間很短的情況下，重新排版了“中國本”，而且又新刻了一套字型大小大體相同的木活字，這一套活字少説數萬枚，多則十萬餘枚，這不是短時間可以完成的。其次，“滬本”目前所見，未見另有相同版本著録，且諸多配補的藏本中，也未見“滬本”的蹤影，存本如此稀少，排印一次費工費力，而印刷數量應該有一定規模，可現存如此罕見，也令人費解。最後，“滬本”的版式，不同於“文獻本”和“中國本”，爲四周單邊，按照中國古代出版書坊的特性，往往是家族性的，具有一定製版的技術和習慣，而且這種技術和習慣具有傳承性，而“滬本”的版式一改前面的習慣和傳承，也令人難解其因。因此筆者推測，此間萃文書屋必定發生了某種變故，而其中的故事鑒於資料過少，這個問題仍有待新的資料發現和更深入的研究解決。

結　　語

依據傳統版本鑒定方法和常識，目鑒所見各現存程高本《紅樓夢》正文，只有三個程高本《紅樓夢》印刷版本，爲“文獻本”代表的乾隆五十六年第一次排印本、“中國本”代表的乾隆五十七年第二次排印本以及再後的“滬本”第三次排印本。這三個統一於不同時間的版本概念，可以取代現存的“程甲本”、“程乙本”、“程丁本”、“程丙本”之類的説法。因爲“程甲本”和“程乙本”是排印版本的時間概念，而“程丁本”、“程丙本”是發現不同版本的順序概念，這兩個版本稱呼没有排印時間上的順序關係，將這兩種不同概念的説法並論，只能導致邏輯上的混亂。

以往有關程高本《紅樓夢》研究中的所謂“異本”，通過鑒定可以得出“異本”不異的結論。所謂“異本”不外是“文獻本”和“中國本”零散卷帙的配補本而已。由此將以往學界關於程高本《紅樓夢》研究中所稱的"混裝本",可以重新定義爲傳統的版本術語"配補本"。按照這種鑒定和定義,以往所説的"倉石紅樓夢乙本"、"紅樓夢程丙本"等都可以定義爲配補本,準確地可以稱爲"倉石紅樓夢配補本"、"? 藏紅樓夢配補本"以及"嘉德紅樓夢配補本",不外是以"程甲本"爲主,或以"程乙本"爲主,配補的情形不同罷了。

"滬本"從雕版的《目録》、"程序"、"高敍"以及插圖與"文獻本"、"中國本"爲相同版本,證明必是萃文書屋程高本的系列版本,且排印時間晚於"中國本",只是其中的一些問題還尚待研究。

(作者單位:中國嘉德國際拍賣有限公司)

上圖館藏《秦州西廂里張五甲張氏族譜》與張氏家族

□ 高紅霞 靳 菁

一、關於甘肅地區族譜與家族研究

族譜(或宗譜)是記載一個家族的世系和重要人物事蹟的宗族資料,是我國特有的一種重要歷史文獻。近年來,在中國近現代史研究中,家譜在諸多研究領域,顯示出其非常重要甚至是不可替代的文獻價值。據統計,上海圖書館收藏共有約 17 000 種、110 000 餘册中國家譜,是國内外收藏中國家譜(原件)數量最多的單位。[①]其收藏的中國家譜分爲 335 個姓氏,其中張姓族譜共有 953 部。收藏涉及地區涵蓋全國 20 餘個省市,以浙江、湖南、江蘇、安徽省爲多。在如此豐富的藏品中,甘肅省境内家譜藏書僅有 6 部,而天水市家譜被收藏了 1 部,即《秦州西廂里張五甲張氏族譜》(以下簡稱《張譜》),這些對甘肅乃至西北譜牒研究來説都是彌足珍貴的史料。本文之所以選取《張譜》爲考察對象,一方面是因爲其保存完整,體例完備,另一方面天水市地處陝、甘、川三省交界,自古爲商路要地,對該地的家族研究具有重要史學價值。再則,目前甘肅地區的譜牒和家族研究成果相對零散,多是小篇幅論文。蘇建軍《〈牛氏家譜稿略〉的社會文化價值》一文,[②]主要從史料價值、文學價值、民俗學、人口學、編纂範式五個方面肯定了該家譜的價值。謝繼忠、寇克紅、吴浩軍《甘肅民樂發現的清代抄本〈謝氏家譜〉考述——河西地方文獻的搜集、整理與研究之一》,[3]主要考察了該譜的編修、真僞和人物研究以及佛教藝術史價值。易雪梅《甘肅永登連城魯土司家譜考》一文簡要介紹了魯土司家譜的情況,[4]但深入探討不够。此外,王繼光《安多藏區土司家譜輯録研究》,[5]輯録了安多藏區《李氏世襲宗譜》、《魯氏家譜》、《湟南世德祁氏列祖家乘譜》中最有價值的部分,尤其對家族族源、明清王朝對甘青土司的控制、土司家族的内部細節等重大問題作了深入和富有新意的探討。

甘肅地區的家譜大量存在於民間,還没有專門的統計和整理成果。據筆者所知,具有代表性的有《牛氏家譜稿略》、《謝氏家譜》、《永登連城魯土司家譜》、《武威段氏族譜》等,民間人士還有相當豐富的收藏。直到現在諸多大家族仍然保持了修譜的傳統。[6]如果能够對這些史料做一番整理和研究,則會成爲甘肅譜牒和家族史研究的堅實基礎。而且,甘肅境内少數民族衆多,是國家推行民族政策的重要地區之一,很多土司家族都留有族譜,這將是甘肅地區族譜和家族研究的一大特色,有了民族史、邊疆史的研究意義。比如土司政權的内部傳承和運作,中央和少數民族地區的關係等都有重大的參考價值,甚至可以修正某些正史記載的模糊和謬誤之處。

二、《張譜》與張氏家族概況

《張譜》上下兩册,電子文本爲357頁,由近代天水名流張世英於1882年纂修,然後斷續增改,直至傳記寫成後於光緒三十四年(1908)刊於張世英任職的渭南縣署。該譜保存完整,字跡、圖表清晰工整,内容包含序言、例言、世序行輩、世系圖考、世表、世傳、婦傳、族規、宗祠條規、建宗祠記、塋域記址、里老記簿等。沿用普通的清代家譜格式,以男系爲重,婦女爲附,採用蘇式圖譜。無論纂修體例還是理念,都完整保持了清代的制式規範,清晰地反映了張氏家族在天水的變遷發展。

《張譜》對於張氏家族的家族淵源、人丁分支和人口增減有比較清晰的記載。由序言可知,秦州西廂里張五甲張氏家族先世由隴西遷秦州,清初已分四房,按祖墓推測,到張世英一輩已經是第十七世。世序行輩、世系圖考、世表記載了第一世到第二十二世各房的譜系情況,但是第一世至第十世姓名均失考,第十一世到十四世只有張世英所屬的二房姓名可考,第十九世開始各房皆可考。從姓名可考的第十一世開始,記載人口數逐漸增多,第十一世僅記載有第二房 2 人,第十九世已有四房 98 人,而且逐漸開始重視姓名的字輩排行,足可見家族規模的壯大、規整。列入世傳者 22 人(婦女未計),十一世 1 人,十五世 1 人,從十六世起,世傳人物增多,最多爲第十八世,有 7 人,世傳中有 21 人出自二房。所記載人物,或有考取功名者,或有造福鄉里的賢士,或是對家族發展做出重要貢獻者。就可考的內容來看,十六世前後可以看作是該族發展的一個轉折。

張氏家族的家族財富和社會地位,在族譜世傳記載中有較爲精煉的描述,比照天水地方誌記載,⑦當是可信的。其可考的近世以手工業起家,其後者或者擴業,或者入仕,經幾代人努力,逐漸累積至小康。十七世張申"光咸同緒以來,築城、餉軍、賑荒諸大事輸資至累萬"。纂修者張世英也説自己"以仕累萬金"。十八世張登階"先後捐金蓋累萬計"。第十九世張金鑑因爲弟弟長年有目疾,不但四處求醫,還"爲築别墅,園亭池沼,備極幽勝,……建樓其間,相與笑談爲樂"。⑧其在當地家業之豐,可見一斑。到了修建宗祠的 1895 年,該族可以拿出的資金相當可觀:"先是效渠故父印輸銀五百兩,世英輸銀一千二百兩,金鑑故父登階暨登甲、登瀛鈞輸銀一千三百兩,恒價故父登第輸銀五十兩,共銀三千兩有奇。"⑨值得注意的是,這些財力較豐厚的出資人,全部出自張世英所在的二房。

張氏家族的社會關係網絡隨着家族規模的壯大和家產的積累也逐漸龐大起來。首先是該族的婚姻網絡。早期張家的聯姻對象多是平民之家的普通女子,但隨着張家的興旺,聯姻對象的家族地位也慢慢提高。如世傳中記載,十六世張永慶和張永泰、十七世張全均娶當地望族汪氏女子爲妻,張永泰繼配章氏"亦出名門",十七世張旺之妻蒲氏"出名門"。⑩族譜世傳和婦傳的記載中,汪氏、章氏是出現較頻繁的聯姻姓氏,據此判斷張家與汪、章兩個家族,形成了某種穩固的姻緣關係。

張氏家族的人際交往在族譜中反映略少,有若干較爲傑出的成員,比如十七世的張申,他的社會關係僅僅以"交遊廣泛"概括記載。由於張氏家族經營商業者較多,所以交往對象也比較龐雜,但是很明顯張家很重視與讀書士人的交往。如十七世張登階非常樂於資助讀書人,"州人士之官及應春秋試者,每多賴以成行,毫無顧吝。尤敬禮師儒"。⑪還有十七世張印,雖然爲商賈出身,但喜歡結交儒士,其死後隴南名儒"王心如先生表其阡,任士言先生銘其墓"。⑫張家十六世以後走讀書科舉之路的子弟愈多,與儒生士人的交往必然不可避免。

在家風方面,非常突出的一點是,張氏家族有很務實的作風。族譜中處處可以看到張家是把家庭生計放在重要地位的。尤其在世傳部分,記載了多人經商擴展家業的傳奇事蹟,與讀書進仕途者並不相悖。十六世張永慶"棄儒執賈……後業大振"。十七世張申"棄儒而賈",爲人豪邁,"光咸同緒以來,築城、餉軍、賑荒諸大事輸資至累萬……宗祠之建資尤不吝"。⑬在世傳、婦傳的記載中不難看到,能够持家、治家有道,使家業繁榮者,都是值得纂修者稱頌的。在經濟環境較差的西北地區,重視家庭生計,是一種務實的生活態度。

張氏家族另一非常重要的家風爲重視讀書。不過這種心態和行爲,在家族經濟較好的時期才體現得越加明顯。族中很多男子都入私塾受過教育,家族對於科舉仕途之路都有殷殷期盼,雖然成功者少,最終棄儒而賈者多,但也因此很多人有較好的文化基礎。尤其是到了十六世以後家境漸佳,有更多的子弟走上讀書一途。如世傳中記載十六世張永慶"涉獵書史",張榮(張世英之父)"七歲從鄧公學",張立爲太學生,十八世張登瀛"將四十猶從童子試",十九世中張鐘任翰林院待詔,張鏞爲國學生等。十七世的張印可以説是向學的典範,他自己由於家庭原因幼年失學,早早走上經商謀生之路。但他不但喜歡結交儒士,而且一直傾心讀書。世傳載張印"以童年失學爲大憾事,平日杜門習静,舉家事吩咐諸子,晨起盥漱訖則焚香讀書。或史或子,日若干卷爲程。十餘年無稍間"。[14]《張譜》的纂修者張世英更爲佼佼者。

總之,梳理張氏家族延續脈絡,尤其是考察四個分支中的二房,可以勾勒出一個典型的商而優則學、商紳合一的家族。

三、《張譜》的纂修者

修譜在那個時代往往是家族非常嚴肅鄭重的大事,張氏家族在近世人口繁榮、財力優渥、文化程度較好的情況下,産生了編纂家譜的想法。從編纂發起者和纂修者的身份、世傳中賢達人物的描述、家族宗祠修建的資金來源、家族主導宗族事務群體等方面考察,顯然張氏家族中以二房爲代表的有資産、有文化、有官職的人掌握了家譜的話語權,同時他們也是修譜的直接受益人。

張家第十七世孫、屬於二房的張世英是家譜的主要發起者和纂修者。張世英,字育生,生於1844年(道光二十四年),卒於1916年,秦州名士。屬於張氏家族二房,族第十七世孫。少年時便以孝聞名桑梓。1880年(光緒六年)中進士,其後開始了長達三十餘年的從政生涯,清時主要在陝西任職,民國後任甘肅軍政府總務長、税務廳廳長等職。爲官清正,卓有政績,曾被傳旨褒獎五次,號稱"秦之最循良,稱全陝第一清"。[15]而其仕宦生涯中最爲矚目的就是教育政績,每到一任,推行治教合一,首倡辦學。曾經自捐千金,創立"正蒙"、"宗銘"兩大書院,在一府兩州十一縣共辦學1124所。光緒帝曾御筆"辦學爾聖",示昭激勸。1906年,動員族人並自捐俸銀共一萬餘兩,創辦天水敦本學堂。1910年,在天水秦州借推行自治,捐俸銀七千改初級學堂爲高等教育學校——亦渭高等學校,在秦州十四縣興辦各類學校達1 300餘所。並自編課本,淺近通俗,民皆能識。一生捐資辦學創全國之最。[16]張世英本人著述頗豐,著有《夜分學堂課本》、《韻示集》、《鄉飲習》、《二語擇要》、《歸山文牘》、《邠渭偶存》、《癸丑記别》、《明儒學案評節鈔》,主編《武功縣志》、《自述年譜》、《詩詞集》,民國三年《秦州西廂張氏族譜補遺録》,以及本文的核心史料《張譜》。顯然,張世英是該家族走上仕途成員中的佼佼者,他有資格召集族衆,有能力籌措資金,也有足够的學識編纂一部規範、完整的族譜,而且能够很好地表現以他爲代表的要求修譜的家族成員的家庭倫理觀。事實上整個族譜纂修也完全是由張世英主導的。

除張世英外,還有一些協助者也值得注意:"十七世孫世英敬謹纂修;十七世孫申、印、登峰、登奎、效渠、得鈺敬謹校閲;十八世孫登階、登第、登甲、登瀛、效曾、效閔、履和,十九世孫維俊、履亨敬謹採訪;十七世孫世英敬謹續修;十九世孫金鑒、敬壽敬謹續訪;十九世孫紹蕃敬謹校閲;十九世孫鐃敬謹謄録;十九世孫業勤敬謹學録。"[17]

除了張世英之外的這些協助者共 20 人,有 10 人被列入世傳,[18]他們之間關係密切,[19]有 15 人屬於二房,因財力豐厚的人物很多都集中在二房,修建宗祠的三千餘兩銀子全部由二房出資,督工 11 人也全部是張申、張印及其子侄。也就是説,修譜這件家族盛事帶頭和支持的群體正是有財力、有聞人的二房。

族譜中也處處彰顯二房的特權。比如族譜記載的人數,尤其在詳盡的世傳部分,22 人中有 21 人出自二房,而越是與纂修者們熟悉的族人,越被詳細記載。世傳 60 頁中,張世英之父張榮所占篇幅達 11 頁之多,張世英也會對某些熟悉的族人穿插自己的回憶和感慨等。這固然不能簡單地判斷這是纂修者私心作祟,因很多東西已經無法考證,但整個張家的家族記憶幾乎爲二房所獨有,這是不争的事實。譜中明確規定“祠中一切事宜應歸二房永遠輪流經理”,[20]而且規定祠堂公産的集資也由二房負責,這就將二房的領導地位明確化,也更加肯定二房就是《張譜》纂修的主導支族和主要受益人。

四、《張譜》中倫理觀念的貫徹

整部《張譜》在編纂理念上體現出一個典型的縉紳家族尊奉祖先、凝聚族人、重視行輩資歷、彰孝勵賢、詩禮傳家的理念。張世英在序言中首先對家族“不相聞問之失,散亂凋零之況”表示了失望,而文中“聯絡散族,聚祖宗既分之血脈,凝祖宗未澌之精神,融融然遠近親疏之合爲一體,一如高曾祖禰之萃於一堂”,“謀建宗祠爲報本合族”,[21]這些話語無一不體現出凝宗聚族的樸素願望。

在描述族群網絡時,對族人的遠近親疏、輩分等級、男女有異作了嚴格區分。例言中就體現出比較濃重的宗族等級意味。如“譜系英作英之父至高祖皆曰諱,某,其他不諱”,表現出尊崇遠祖的理念。“婦人雖賢,事附夫傳,惟貞烈之婦與女特傳表異”,[22]表現出尊崇男系的特點,世傳中主要記載男性活動,婦女之事附在其中稍帶。世傳有足足 60 頁,而婦傳僅有 8 頁。

其次,在家族成員行爲的價值評判上,體現了强烈的傳統道德觀念,無非是重義輕財、孝賢兩全、恪守本分、自食其力這些價值取向。凡是編入世傳的男子,或者是對本家族有過突出貢獻,或者是性格特立獨行,但無一例外都大量記載了他們做過的符合道德標準的賢事。如十七世張旺、十八世張登甲以孝聞名。如十六世張永慶“謀建義倉,慷慨鄉里”。張永泰“鬻財漢沔間,依以謀食者百餘人”。[23]張榮“性豪爽,不喜積蓄”,以致於死後“戚族友朋臨而出涕者數十人”。還有如前所述,張申、張登階等都有大筆捐金的事蹟。至於張世英本人,雖然他未將自己列入世傳,但更是捐金辦學、造福鄉梓的一代名士。不論這些施行者的主觀願望爲何,纂修者將這些事蹟鄭重寫入族譜世傳,作爲一種模範,爲了讓族人敬仰並效法,是典型的隱惡揚善筆法,體現出纂修者和家族强烈的道德價值取向。

第三,處處樹立家族宗祠崇拜的威嚴感。纂修者不辭勞苦詳細考證了家族墳塋的具體位置,並詳細作圖 37 幅保存在族譜内。甚至不惜筆墨,在 8 頁族規裏事無巨細地規定了各項事務,包括族人生歿、喪喜、收養、繼承、表彰、養老、族人互助、倡行節約等等,以及相應的賞罰規定。違反族規嚴重者,甚至可以稟官處置。也就是説,在官府介入某些事務之前,族内有權先行解決,也反映出它是一個威嚴的社會矛盾自行調節組織。纂修者還詳細記録了祭祀祖先的宗祠條規,包括祭祀時間、參加者、物質準備、資金分攤等,單單説明陳設祭器和跪拜禮儀就用了整整九頁的篇幅。這些記載無不顯示出族權的威嚴和神聖。

此外,爲了凝聚宗族,族譜中還有一些關於族人互助的内容。世傳中記載了若干人物親睦族人的事蹟。族規中也規定:

族中或有家計窮促不能給養子弟，將謀舍爲僧道並出繼他姓者，當由房長報明族長，諭令本人親房撫養。親房力不能爲，再挨遠房，遠房不能，即令族中之家道豐裕者，准作傭童畜養，一有故意推諉之家，即有族長會衆稟官。

鰥寡孤獨貧老廢疾等人，族中遇有其人，尤宜格外體恤。現由族長勸導族人之能幫助者，各發天良，隨時權宜周恤，俟後有公款再議幫助條規。㉔

當然對貧困者的幫助並不是没有原則、没有底線的，如"族中少壯本無殘疾，以游惰失業而致貧窮者，無論親疏，不許幫補"。㉕這也是爲了鼓勵族人保持自力更生、勤勞持家的優良傳統。

總體而言，《張譜》以揚善抑惡的筆法，用多種方式(明目的、定例言、列世傳、定條規、畫墳塋等)不斷灌輸和確定編纂者們所認同的家族倫理，而這也是中國清代族譜通用的一套編纂模式。

五、上圖館藏其餘甘肅家譜與《張譜》的比較

上海圖書館館藏除了《張譜》，還有五部蘭州地區家譜。這裏將這五部家譜進行簡單介紹和分析，並在某些地方和《張譜》做一對比，來看這些史料的解讀價值。

其餘五部家譜涉及四個家族，《金城川朱氏宗譜》和《章氏宗譜》是殘卷，《耿氏家譜》和《金城顔氏家譜》保存完整，還有一部《顔氏族譜》是《金城顔氏家譜》的民國續修鉛印本，僅存卷首一卷。

《金城川朱氏宗譜》殘卷，作者不詳，是光緒二十七年(1901)木活字本，僅存6册，但居然有電子全文1 914頁，是《張譜》的五倍有餘。這些存卷含有世系、行第、列傳、記序，世系記載就有1 186頁，傳記有700餘頁，地方名流輩出，足見家族之龐大。且有宋濂撰寫的題贊、序文，可見該族乃是當地望族。

《章氏宗譜》殘卷不分卷,章瑞等纂修,乾隆二十二年(1757)木活字本,追唐代康州刺史章及爲始祖,十六世章經任蘭州學正,舉家遷蘭州,被奉爲本支始遷祖。該册保存有部分像贊、墓圖和世系。

《耿氏家譜》完整一册不分卷,耿有光等纂修,根據乾隆年間鈔本影印,電子全文 239 頁。始遷祖爲明代耿思定、耿思安、耿思敬兄弟三人,原爲河南歸德府鹿邑縣火燒村人,三兄弟充蘭州衛後所屯軍,舉家遷移。到纂者耿有光已是第十世。該譜爲鈔本,含弁言、後序、凡例、墓表、世系圖、世系表。全篇行文簡單,弁言、後序各自僅有一篇,且都由貢生朱國權撰書,明言"於今有三輩泛無科第一人"。[26]與張家相比,雖然家族記憶比較完整,但耿家文化地位並不高,家族也並不龐大。

相比之下,《金城顔氏家譜》不但保存完整,而且體例完備,内容豐富。該譜共 12 卷,清代顔豫春纂修,光緒十二年(1886)刻本,電子全文 1 169 頁,是《張譜》三倍有餘。含新舊譜序、祠圖、祖像、家訓、家戒、勸語、婚喪祭禮、碑記、祠堂記、傳、祭文、公産、楹聯、系圖。明洪武年間從山東曲阜遷徙至金城皋蘭一帶,奉顔勝爲始遷祖。若將《金城顔氏家譜》與《張譜》相對照,會有許多有趣發現。

在家族記憶和家族規模上,顔家保存了比張家更完整的家族記憶,家族體系更加龐大,字輩講究嚴謹,仕宦衆多。顔家還存留有在曲阜的家族記憶,[27]甚至有族人由甘至魯拜祭先祖。卷六到卷一二是蘭州各房的世系圖,分佈均匀,記載完備。但張家第一世至第十世已經不可考,而且後世可考的也僅以二房爲最。顔氏仕宦輩出,科名迭續,著者顔豫春與其叔叔顔履敬同爲進士,纂修者中從事協修、校對、鑒定工作的盡是舉人、庠生、千總、歲貢生、文童、把總、候選縣官等,世傳中記載的爲官者比比皆是,不乏提督、布政使這樣級别的官員。但張家從仕宦者寥寥數人,科名遠不如顔家爲盛。

在家族社交關係網絡上，顔家比張家更加龐大，且多集中於仕宦人物。《金城顔氏家譜》的 25 篇原序中，近鄉的甘肅同僚、傑出的同族撰寫者居多，而 17 篇新序中，絶大部分由顔豫春在陝西的同僚撰寫，知府、知縣不在少數，也反映出該族交往地域的擴大和交往對象的層次。相比之下，《張譜》所顯示的張家人際交往範圍，更多是在家鄉一帶，交往對象更多的是地方名流，影響範圍較小。

《金城顔氏家譜》的體例更加完備，比《張譜》多出祠圖、祖像、楹聯等内容，而且在家訓、家戒、勸語、婚喪祭禮等涉及倫理規範的内容比《張譜》更加詳盡。顔家的公産齊備，發展成熟。早在康熙年間就置買公田三畝，"以爲我族供應之資"，[28]後來更有擴展。到纂修族譜的時代，顔家的公産已包括祠堂、家塾、東關店房、民地公田等。相比之下，《張譜》中記載的張家公産，才剛剛開始比較正規地組建，資金不甚充裕，並且是圍繞着祠堂建立起一套簡單的制度，如規定"祠中現在出息微末"，但仍然由二房"挨門湊資，彌補歲修"。且規定"二房與他三房後或有輸資祠中之人，當歸各房作本生息"。這些利息都留作祠堂歲修和祭祀，若有餘資，則"當月籌辦有益宗族之事"。[29]在祠堂中也建立起家塾，造福族衆。

由上述各部家譜，尤其是《金城顔氏家譜》和《張譜》的對比中可以看出，這五個甘肅家族的一些差異。《金城川朱氏宗譜》中的朱家和《金城顔氏家譜》、《顔氏族譜》中的顔家，世代綿長，家族龐大，名人衆多，交流廣泛，是有龐大根基的望族。《章氏宗譜》中的章家由於資料原因不能輕斷。《耿氏家譜》中的耿家是一個文化地位並不高、剛有能力修譜的小家族。《張譜》中的張家是一個新興的商紳合一的地方家族，在上述家族中可列爲中等。可見，纂修家譜的行爲在甘肅地區無論望族還是新興的縉紳家族都有爲之。

雖然品質、規模參差不齊,但大大小小的家族都有這樣一種自覺性。不過這是否爲甘肅地區宗族社會的常態,只有出現更加豐富的史料才能有進一步的結論。

所以,甘肅地區的譜牒和家族研究,既有研究材料,也有研究特色,更有研究意義。而能否對這些數量龐大的家譜進行比較完善的整理,利用這些家譜進行對比分析,再結合其他地方史料如地方志、人物傳記、筆記、口述資料、田野調查記録等建構出甘肅乃至西北地區宗族社會的常態,並勾勒出這種常態内部的差異,且與其他地區,尤其是極重視譜牒編纂的江南、閩、粤地區進行比較,歸納出地域特色,應該是接下來甘肅譜牒研究應該努力的大方向。從這個角度講,西北地區譜牒的綜合性研究仍然大有可爲,而且對於區域史、宗族史、社會史、移民史、邊疆史等研究都具有重要意義。

---

① 據上海圖書館官方網站統計,網址: http: //search.library.sh.cn/jiapu/。

② 蘇建軍:《〈牛氏家譜稿略〉的社會文化價值》,《衛生職業教育》2012 年 2 月。

③ 謝繼忠、寇克紅、吴浩軍:《甘肅民樂發現的清代抄本〈謝氏家譜〉考述——河西地方文獻的搜集、整理與研究之一》,《邊疆經濟與文化》2013 年 2 月。

④ 易雪梅:《甘肅永登連城魯土司家譜考》,《檔案》2002 年 8 月。

⑤ 王繼光:《安多藏區土司家譜輯録研究》,民族出版社 2000 年版。

⑥ 據筆者目前所知,如天水市秦安縣的大姓侯、巨、高、蔡等不但保留有傳統古老的族譜,而且還在當代繼續進行修譜活動。隴西的大族汪氏,隴南、隴東地區人有名望的家族也都有大量族譜保留。

⑦ 天水市地方志編纂委員會編:《天水市志》,方志出版社 2004 年版,第 2698—2699 頁。

⑧ 張世英:《秦州西廂里張五甲張氏族譜 · 世傳》,1908 年渭南縣署刊本,上海圖書館藏。

⑨ 張世英:《秦州西廂里張五甲張氏族譜 · 創修家神廟碑記》。

⑩ 張世英:《秦州西廂里張五甲張氏族譜 · 世傳》。

⑪ 同上。

⑫ 王心如,甘南名儒。任其昌,字士言,清末隴上名儒,曾創辦隴南書院並任山長。

⑬ 張世英:《秦州西廂里張五甲張氏族譜 · 世傳》。

⑭ 天水市地方志編纂委員會編:《天水市志》,第 2698—2699 頁。

⑮ 莊以綏纂:《天水縣志》第十二卷,1939 年鉛印版,第 4 頁,中國國家圖書館藏。

⑯ 張世英個人事迹皆見於莊以綏纂修《天水縣志》第十二卷。

⑰ 張世英:《秦州西廂里張五甲張氏族譜·例言》。

⑱ 這十人是:申、印、登階、登第、登甲、登瀛、登奎、履亨、效渠、金鑒。

⑲ 屬於二房長支的申和印是兄弟,印之子有效渠、效曾、效閔,申之子登第(兼祧),他們的侄子有登奎、登瀛、登階、登甲、登峰,登瀛之子爲鐃,登峰之子爲金鑒,金鑒之子爲業勤。屬於二房次支是張世英及其侄孫紹蕃。

⑳ 張世英:《秦州西廂里張五甲張氏族譜·宗祠條規》。

㉑ 張世英:《秦州西廂里張五甲張氏族譜·序言》。

㉒ 張世英:《秦州西廂里張五甲張氏族譜·例言》。

㉓ 張世英:《秦州西廂里張五甲張氏族譜·世傳》。

㉔ 張世英:《秦州西廂里張五甲張氏族譜·族中平時條規》。

㉕ 同上。

㉖ 耿有光等:《耿氏家譜·後序》,據乾隆年間鈔本影印,上海圖書館藏。

㉗ 如族人顏敏,康熙年間任陝西布政使,撰寫《曲阜顏氏家譜舊序》保存在《金城顏氏家譜》中,曲阜宗子翰林院五經博士顏振吉爲《金城顏氏家譜》作序,説明兩地族人之間一直保持明晰的家族記憶。

㉘ 顏豫春:《金城顏氏家譜》卷五《重修家塾記》,上海圖書館藏。

㉙ 張世英:《秦州西廂里張五甲張氏族譜·宗祠條規》。

參考書目:

1. 張世英纂修:《秦州西廂里張五甲張氏族譜》,1908 年渭南縣署刊本,上海圖書館藏

2. 顏豫春纂修:《金城顏氏家譜》,光緒十二年(1886)刻本,上海圖書館藏

3.《金城川朱氏宗譜》殘卷,光緒二十七年(1901)木活字本,上海圖書館藏

4. 章瑞等纂修:《章氏宗譜》,乾隆二十二年(1757)木活字本,上海圖書館藏

5. 耿有光等纂修:《耿氏家譜》,根據乾隆年間鈔本影印,上海圖書館藏

6. 顏永禎等纂修:《顏氏族譜》殘卷,民國二十二年(1933)甘肅部院鉛印本,上海圖書館藏

7. 莊以綏纂:《天水縣志》,1939 年鉛印版,中國國家圖書館藏

8. 天水市地方志編纂委員會纂:《天水市志》,方志出版社 2004 年版

9. 章學誠著,葉瑛校注:《文史通義校注》,中華書局 2004 年版

10. 馮爾康:《中國宗族制度與譜牒編纂》,天津古籍出版社 2011 年版

11. 馮爾康:《18 世紀以來中國家族的現代轉向》,上海人民出版社 2005 年版

12. 錢杭:《宗族的傳統構建與現代轉型》,上海人民出版社 2011 年版

13. 程小瀾主編:《家譜與中國文化——浙江家譜研討會論文集》,浙江人民出版社 2005 年版

14. 王鶴鳴:《中國家譜通論》,上海古籍出版社 2011 年版

15. 上海圖書館編:《中國家譜論叢》,上海古籍出版社 2010 年版

16. 王繼光:《安多藏區土司家譜輯録研究》,民族出版社 2000 年版

(作者單位:上海師範大學)

翻譯、編譯還是原創?

——圍繞《上海——冒險家的樂園》的是是非非

□ 祝淳翔

十里洋場舊上海,於二十世紀三十年代中後期躋身世界第五大城市。這個華洋雜處、紙醉金迷的大都市,外表光鮮,内裏卻藏污納垢,被旅行作家約翰·根室(John Gunther,1901—1970)蔑稱爲“中國顔面上的政治潰瘍”,是斯諾口中的“亞洲所多瑪與蛾摩拉”。不過這些綽號流傳不廣,都無法與“冒險家樂園”相比肩,後者沿用至今,早已成爲舊上海的代名詞。那膾炙人口的綽號,緣自1937年愛狄密勒著、阿雪譯《上海——冒險家的樂園》一書,該書通過一個諢名“智多星”、化名史東萊爵士的自白,揭露混跡於上海的世界各地形形色色的冒險家們,以愛情、友誼、宗教、信義等爲名,行罔顧法律、盜取不義之財之實。

圍繞此書,有着重重謎團。例如譯者阿雪是誰,就不易知曉。翻閲“筆名大王”陳玉堂《中國近現代人物名號大辭典》,亦無從索解。近得友人相贈倪墨炎先生的新書《現代文壇隨拾》(上海書店出版社2013年版),其中收有短文《〈上海——冒險家的樂園〉的幾種版本》,才算有了大致的瞭解。倪文寫於1982年,正值《冒險家的樂園》由上海文化出版社重出新版之際。倪先生説,此書是基於真實材料的報告文學,於1937年春夏之交同時出版英文版和漢譯本,中文版由包玉珂編譯。由於該書指名道姓,切中時弊,竟"使中外反動派大爲震恐。他們立即查禁此書"。倪文還介紹多種盜印本,並指出正版書的版本異同:如1937年初版時有弁言、序和獻詞,1956年上海文化出版社改新版,文字略作修改,删去了獻詞,並增新版前言(按:應爲"新一版前記"),首次公布了編譯經過。1982年版則又删除了弁言和前記。(如仔細比勘,1956年新版將原有第一章調整爲楔子,並恢復了初譯本爲避免糾紛而隱掉的名號,諸如愛斯爵士即沙遜,L調查團即李頓調查團,CK和尚即照空之類;調整了個别陳舊的譯法,使行文更平順等等)

多年後,倪墨炎另撰《一位正直的知識分子——記翻譯家包玉珂》(《文匯報》1991年12月4日)除提供更多包氏生平事蹟,還首次披露文革前的出書檔案中關於《樂園》版權糾紛處理的案卷(具體來説是1957—1959年),並認定是一樁冤案。説有一個北京的V先生,是當年的經手人,他據某記者的未刊文章,寫了"包玉珂盜竊版權"的揭發材料,寄到上海。V揭發説包並非編譯者,而是翻譯者:"原著者把英譯稿交給我,委託我找人譯成中文,並接洽出版。""包玉珂的中譯稿交給我後,由我加以修改和潤飾,交生活書店出版。"至於稿費,已按翻譯費從優給付。——V先生又是誰?

正當翻譯抑或編譯的争議僵持不下之際,哪知一波未平,一波又起。1992年老作家秦瘦鷗撰文《想起了〈上海——冒險家的樂園〉》(《書海知音》1992年),發出了第三種聲音。秦老説1956年他加入上海文化出版社,在積稿中發現《樂園》的修改本和包玉珂的來信。"讀了他的信才知道當時他是上海師範學院中文系的教授,而且應該説是《上海——冒險家的樂園》的真正的作者","限於環境他不得不隱過了自己的真名實姓,而假借一個外國人的名字作爲原著者,同時以筆名阿雪作爲譯者"。至於筆名阿雪,秦先生聽上師大幾位教授談及，包玉珂用了夫人大名中的一個字。

真的如此麼？我們知道，非常之事，應有非常之證據。可支持秦老觀點的關鍵證據，即包玉珂來信，未曾附文公布，這無論如何終究是一樁憾事。

即便沒有出示證據，但秦瘦鷗的見解，還是得到了一些人的認可。文史作家費在山首先認定其真，並發文於 1997 年 3 月 1 日《文匯讀書週報》。費氏爲表慎重，曾寫信請教秦老，得其回信稱“如認爲需要的話，盡可隨意加以摘引，我決無異義”。另外，包玉珂祖籍菱湖，此地舊屬吴興，今歸南潯。今人編著《南潯人與上海》（浙江攝影出版社 2005 年版）時，也提到了包玉珂。編者亦引費在山及秦瘦鷗之文，斷定該書的真正作者即包玉珂。

那麼在 1956 年上海文化版“新一版前記”裏，包玉珂本人究竟是如何表述的呢？審讀之下，儘管措辭含糊不清，可包從没説自己是作者：“有一天，商務編譯所的主持人韋慤先生問我，某領事館職員有這樣一部材料，可願意抽出一些時間來，把它譯寫成中文？”“我少年氣盛，當時也不加思考，就一口答應了下來。”“把原材料略加整理後，就憑着自己的一知半解，半譯半寫，弄出了這本三不像的東西：説它是譯文，但與原材料有很多徑庭之處；説它是創作，可是大部分不是自出機杼；材料是現成的，而看法卻是另加的。此外對於印行的英文本，我也只幫了一點兒最小的小忙，根本説不上什麼。”至於筆名阿雪，包先生説原來署作珂雪，珂是自己，雪則來自一位朋友的名字，“寓有留念的性質”。這需要留念的朋友，是其夫人？

原來，V 先生即韋慤，1932 年起任商務印書館編審部主任，上海解放初期任副市長兼文管會副主任。1957 年，韋慤任教育部副部長，並兼領文字改革，忙於設計中文拼音方案。

綜合上述敍述，整件事已形同謎案。照韋慤説，中文版經包玉珂翻譯後,經韋本人親手修飾加工。倪墨炎及包玉珂的公開説法,中文版由包編譯。而如按秦瘦鷗(基於包玉珂私信),中文版和英文版都由包一人包辦。

回過頭再説倪墨炎。費在山的文章,引起了倪氏的注意,於是又著《包玉珂是〈上海——冒險家樂園〉的編譯者》(《文匯讀書週報》1997 年 5 月 3 日),駁斥稱:"所謂《上海——冒險家的樂園》的原作者和翻譯者都是包玉珂一人的神奇故事,是秦瘦鷗發揮小説家的專長——憑想像虛構的。"這很有點因人廢言的味道。而倪氏反駁的依據,竟只是死摳秦老行文中的措辭"應該説",便認定是秦一己之見,理由不免偏頗。此外倪並以學生身份替包打包票,説包爲人誠懇,不可能公開説一套,私底下又説另一套,似乎又在作道德評判。然而倪似乎不記得自己曾在 1991 年《文匯報》文章中説過:"這部書,由一位外國人提供材料,由愛狄密勒用英文整理、編寫而成。包先生對愛狄密勒的編寫工作幫了些忙。……書出版後,那位提供材料的某國人和愛狄密勒趕快離開上海,從此下落不明。"這説法隱約源於包的"新一版前記",它告訴讀者,愛狄密勒也不是原著者,不過是英文版的整理者,而包先生則利用相同的材料,編譯了中文版,同時對英文版的編寫工作也幫過忙。假如包確有隱情,將自己的幫忙故意壓縮,則他自稱是作者,不也就有着充分的理由麼?

當筆者甫一讀到秦老的觀點,驚詫之餘是將信將疑的,爲了探究是否可能,遂將目標系於該書英文版。從網上不難搜到一位網名"銅版畫愛好者"(真名:劉揚)的博文,其中有英文原版《樂園》書影若干,扉頁顯示著者名:G. E. Miller,明確標明是假名(pseudonym),紐約 Orsay 出版社 1937 年出版。注意到書裏貼着一枚紙簽,上寫"ABC NEWS COMPANY,391 SZECHUEN ROAD SHANGHAI",不難查核即四川路 391 號華華雜誌公司,是一家原版圖書代售公司,和同類的大華雜誌公司、中美圖書公司、別發書店齊名。看來雖事隔多年,但秦老記憶中,英文版"上海舊租界内的英商別發書店和美商中美圖書公司都有出售",倒是很符合史實的。

那麼,如何證實或證否包玉珂有没有能力創作此書呢? 爲了弄清真相,或許可以運用文本分析法。原著第59頁有一句"I' ll have to look for Diogenes and borrow his lantern",化用了一則著名的典故,即古希臘哲學家第歐根尼每天白天打着燈籠在街上"尋找誠實的人"。作爲一個西方人,熟悉西典不成問題,而如換成中國人來寫,似乎勉爲其難。但包先生在聖約翰大學"打下較紮實的基礎",又屆而立,處於年富力强時,誰能斷言他一定無法"先用英語寫成《*Shanghai*, *The Paradise of Adventurers*》,混爲外國人的著作"(秦瘦鷗語)呢? 想來,内證並不過硬。如無鐵證,此事也許只能不了了之。

慶幸的是,筆者最近讀到英國學者畢可思《帝國造就了我》(浙江大學出版社2012年版),此書中譯本雖説錯誤不少,但原著確是研究上海租界員警史的重要學術成果。書裏述及1937年5月,上海新聞界紛紛議論《上海——冒險家的樂園》"作者莫里西奥·福里斯科是墨西哥的名譽領事",他宣稱自己的書旨在"終結,或至少減少形形色色的外國冒險家系統地從事的那些窮兇極惡的冒險活動"。這句揭破真相的文字,其參考文獻爲: NARA SMP D3307,即美國國家檔案館藏上海公共租界工部局巡捕房檔案。SMP情報收集能力之"厲害",從董樂山所撰《冒險家和尚並不風流》已可領略一二。而上海圖書館所購"GALE珍稀原始典藏"資料庫,便收有SMP檔案,筆者進一步檢索,又查到1937年7月21日檔案D7956。綜合上述兩份檔案及所附英文剪報,終於有機會還原當年那場喧囂一時而今卻歸於沉寂的風波的先後細節,簡直如戲劇般曲折而又充滿張力。

5 月 20 日,有人匿名以寫給 SMP 公開信的名義在《大美晚報》(*Shanghai Evening Post and Mercury*)發文,稱《樂園》曝光了上海很多骯髒内幕,提請有關方面注意。行政效率驚人的 SMP 立即開展調查,21 日的報告先確定 G.E.Miller 其人查無資料,然後從多個本地消息來源,鎖定 Miller 即是早年揭發上海販賣白奴事件的英文《上海民視週刊》(*Shanghai Spectator*)記者 A.W.Beaumont。緣此誤會,一些報紙和報告便附於 D3307 博蒙特訴奇里金誹謗案(Beaumont against Chilikin)。

5 月 24 日,《大美晚報》揭破 G.E.Miller 爲墨西哥駐滬榮譽領事 Mauricio Fresco,指出 1936 年 12 月 10 日墨西哥城報紙《至上報週四副刊》(*Jueves de Excelsior*)已預先洩露這位元通曉七種語言的外交官將於紐約出版其大著《冒險家的樂園》。24 日當天,弗氏在匯中飯店(Palace Hotel,今和平飯店南樓)接受《晚報》記者採訪。當記者問及因何以密勒爲名、英文版何時抵達、英文版出版時間,弗氏均答以"無可奉告"。當天的《晚報》還留出版面,刊登弗氏相片,可惜過於模糊,否則倒可讓今之讀者一窺這充滿正義感的外交官的風貌。值得一提的是,這次採訪,SMP 第二天亦作有簡短記録,報告人最後老實地記道:弗氏否認其爲該書作者。

不過情勢很快急轉直下。6 月 2 日《大陸報》(*The China Press*)報導説,被揭破真實身份的弗氏受到了威脅,已然辭職,並於上週六(5 月 29 日)搭乘 Aramis 號輪船由歐洲轉赴紐約。臨走之際,爲表明心跡,他特地留下一封《致中國人民公開信》(*Open Letter to the Chinese People*)。(按:6 月 9 日《字林西報》亦報導,5 月 31 日,在墨西哥外交部的建議下,該國駐華使館接受駐滬榮譽領事 Fresco 的辭呈,同時委派 Norwood F. Allman 接任)

6 月 3 日,《大美晚報》指出《樂園》大致提出了六項指控(記者的措辭爲: lurid statements,聳人聽聞的聲明),包括國聯李頓調查團黑幕、日本陰謀發動滿洲事變、幾乎任何國家的護照都能在上海買到、差會勢力參與滬上賭博活動等等。報導還説,4 月 21 日,英文版清樣即寄發中國政府高官,其中一份特別清樣,被以航空信形式寄給蔣介石(... a special set of proofs of the English edition was sent to Chiang Kai Shek, by airmail on the first westward flight of the China Clipper on April 21)。

——指控中首當其衝者,查 1937 年 6 月 8 日《蔡元培日記》,蔡先生的第一手觀感可以印證:“閱《上海——冒險家的樂園》竟,即墨西哥駐滬領事弗萊斯科所著也,摘發寓滬外僑作奸犯科之事,並對於李頓調查團亦所嘲罵,可謂不畏强禦矣。”(《蔡元培年譜》中華書局 1980 年版)

6 月 4 日,《大陸報》稱該書中文版成了暢銷書,三周時間銷出了三千本。書商對一周内銷出一千本書大表意料,並稱此書定將刷新暢銷紀録。

6 月 5 日《大陸報》的紐約記者否認了弗氏失蹤的誤傳,並稱紐約書商擔心 5 月 6 日出版的這本英文書已使弗氏面臨不測或造成極大傷害云云。

6 月 26 日《大陸報》報導南京路别發書店(Kelly & Walsh)六至七周前向紐約出版商電報預訂的第一筆 100 册英文版《樂園》,已抵滬並快速售罄。更大的訂單有望陸續到來。

7 月 2 日,《大美晚報》報導此書已於 6 月 19 日紐約《文學文摘》(*Literary Digest*)“外國評論”欄目作了突出呈現: 書中摘出的花絮文字足足占了一頁半篇幅,並配以上海地圖和騎馬的錫克官員照片。(見下圖)《晚報》據此刊發編輯評論,譴責弗氏此書聳人聽聞、驚心動魄(hair-raising),並説連同其所收匿名恐嚇信,都起到了不俗的宣傳效果。編輯並提議和藹的廣告商 Carl Crow 坐下

Foreign Comment

SHANGHAI: THE DICE ARE LOADED

In "Paradise of Adventurers," Crooked Games Go Scot-Free

During breathing-spaces between enacting approximately 25,000 laws for one of the globe's largest subdivisions, the American Congress, since it met in 1789, has voted other legislation for one of its smallest subdivisions, the District of Columbia.

In that respect, the last intention in Congressional minds was legislating for any one but the 394,000 Americans within sight of the top of the Capitol's dome.

Astounded would they be to know that 7,442 miles away, in China, five Filipinos who haven't been nearer Washington than

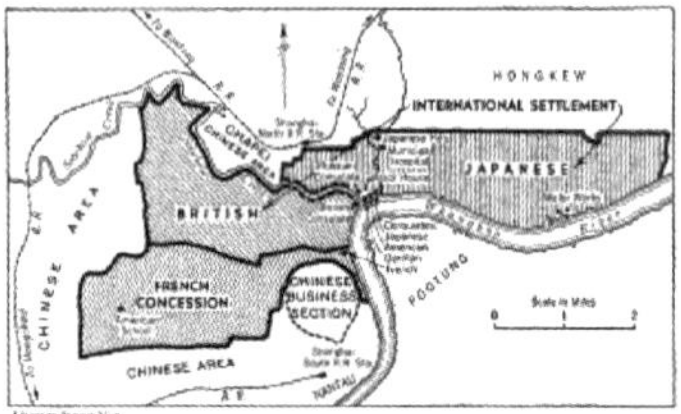

Literary Digest Map

Shanghai is divided into three parts, all of which are inhabited by racketeers as well as respected traders

Manila are in jail under the code of the District for shooting dice in a house in Range Road, Shanghai.

The key to this minor mystery is extraterritoriality. The Filipinos are American citizens. American citizens in Shanghai have the right to be tried in an American consular court, under American law. But since there is no Federal law regarding dice-shooting; and since forty-eight sets of State laws and innumerable municipal ordinances of American cities scarcely are applicable, the code of the District of Columbia, seat of the American Government, holds.

Reason—Powerful nations whose "interests" took their nationals to "backward" lands practised extraterritoriality by insisting on the exemption of their nationals from local law long before extraterritoriality was incorporated into treaties.

To an American, Caleb Cushing, once Commissioner to China, goes the credit for first reducing the system to official black and white. After an American shot a Chinese in 1844, he wrote:

"By the law of nations as practised in Europe and America, every foreigner who may happen to reside or sojourn in any country of Christendom is subject to the . . . law of that country; and is amenable to the jurisdiction of its magistrates.

"In the intercourse between Christian States, on the one hand, and Mohammedan, on the other, a different principle is assumed, namely the exemption of the Christian foreigner from the jurisdiction of the local authorities . . . his subjection to the jurisdiction . . . of his own Government.

"In my opinion the rule which obtained . . . in Mohammedan countries . . . is to be applied to China. . . . Accordingly, I shall refuse . . . the surrender of the party who killed Hsu A-man."

Acceptance—Thirty-two years later, the Chinese Government acknowledged the principle, which has ramified until Shanghai has what probably is the kinkiest, most complex, most conflicting legal chaos in the world.

Without extraterritoriality, Occidental business could not survive in China; with it has grown up, side by side with legitimate business, a fantastic system of racketeering buttressed upon what was meant to be mere protection from undue hostility to the unwelcome, but theoretically well-meaning, foreigner.

Shanghai, in 1937, is a city of three disparate parts:

1. Greater Shanghai—governed, outside the foreign concessions, by a Chinese mayor appointed by the Central Government at Nanking.

2. The French Concession—governed directly by the French Consul-General.

3. The International Settlement (British, Japanese, American)—governed by a council elected by its taxpayers. Here, tho the Chinese population passes a million and the foreigners number only 17,000, foreigners have nine seats, the Chinese five. International police, including turbaned Sikhs from India, are on duty.

Sights—Tourists at the Shanghai Club guzzle at the longest bar in the world. They admire the Bund with its handsome Occidental hotels, clubs, banks, consulates, business and public buildings. At night, the glittering lights of Nanking Road remind them of an Occidental Broadway. Of the incredible maze of narrow alleys in which are packed most of the city's 1,700,000 Chinese they catch only glimpses. And of the legal tangle they know nothing.

In "Shanghai, Paradise of Adventurers" a writer described as a consul-general still on active service describes this unique municipality as:

"A city where the law is lax and full of loopholes, a city where the enforcement of the law is further handicapped by conflicting, incompatible interests . . . the never-ending problem of multiple races, the sacred safeguarding of national prestige, the animosity and jealousy among the various concessionaires. Anything like real law enforcement is undreamed of."

In the rare cases in which a foreigner sues a Chinese in a native court, the Chinese judge "never misses an opportunity to turn the tables against a foreigner."

But the foreigner in difficulties can demand trial in the courts of his own nation; but "his own nation," and with it his court, can be anything he wants it to be.

Dodge—For the unscrupulous can buy among some consulates, through intermediaries of whom the consuls know nothing, one or several of many nationalities

India's sturdy Sikhs stand guard over Shanghai's International Settlement

9

來,寫寫上海這個他工作和生活多年的城市。(按:克勞是著名的遠東觀察家,此後不久撰著《我爲中國人説話》,揭露日本的侵華史,國内1938年即有宗姬譯本)

7月15日,上海俄僑《考畢克報》主編奇里金(Chilikin)向工部局電話申請在其報紙連載俄文版《冒險家的樂園》,經17日的質詢,後於21日撤回申請。

11月10日《大陸報》有評論文章,評論者A.O.YANG引用了弗氏《致中國人民公開信》，並概述《樂園》一書内容。該文觀點持平，標題意爲：不同讀者讀這書反響各異，完全取決於他們各自的民族榮譽是否被踐踏。

通覽上述報導，此書出版後似乎並未如倪文所説立即遭禁，反倒成了暢銷書。復經進一步查核，此事除在外僑界引發軒然大波之外，國内媒體也有跟進。例如上海《大公報》摘譯了弗氏的臨别公開信，爲使今日的讀者體會其苦心孤詣，特抄録如次：

我在中國很久最愛中國；中國也最值得使我留戀。這次被迫離開中國，使我萬分的感傷。但是我覺得無愧於心的，就是對於我最愛的中國，已經盡了我的責任。

我所著的《上海——冒險家的樂園》本來用的是假名，後來有個英文晚報把這件事揭破，並且還寫了很長的文章，一方面用來攻擊我個人，一方面還想藉此引起各方當局的注意，以阻礙這本書在上海的銷售。其實，我這本書並未攻擊任何人，書裏的内容，全是上海的事實。如果有人——當然是外國人——認爲與他有關，那是他自己如此，並非我有意和他爲難。在這本書裏，我對一般外國人説明中國人在智慧與道德上，雖然不致比他們高，至少是和他們站在平等的水平線上；並且希望一般在中國的外國冒險者，不要再實行他們那些下流的活動。

我所以離開中國，是希望不要因爲這件事而影響到本國政府的外交；同時我也要保衛我自己，因爲一個外國人如果替中國人説話，他在其他外國人眼光裏是有罪的。

（引自《中國失卻了一位良友：〈上海——冒險家的樂園〉所引起的反響》，《讀書與出版》1937 年第 27 期）

上述期刊文章，還引上海《晶報》報導，披露弗氏原稿用英法等各國文字寫成，託各國出版商同時印行。無論如何，倪墨炎所認知的提供材料的人和愛狄密勒是兩個人,並不確切。

關於假名愛狄密勒,倪墨炎("愛·狄密勒")和秦瘦鷗("Adi Miller")的敍述均存有誤解。實際上,翻遍原著,裏面從没有出現過什麼 Adi Miller,從 G.E.Miller 也照理推不出愛狄密勒。筆者利用谷歌搜索到《新加坡自由西報》(*Singapore Free Press & Mercantile Advertiser*)1937 年 8 月 9 日的報導,引紐約 Orsay 出版社編輯 Cornell 之口,説英文版出版時間爲 6 月 1 日(按:這與此前 5 月 6 日的出版時間相悖,也許 6 月 1 日是指公開的大規模印刷,而非之前的内部預定少量印刷),並稱前一年 11 月,弗已前去接洽,彼時書稿還只完成了一半。而利用谷歌圖書館,亦搜到 1936—1937 年《中國基督教年鑒》(*The China Christian year book*,國家圖書館出版社 2012 年推出影印本),第 424 頁赫然有 Eddy Miller 字様。也許存在以中文版倒推的可能性,但也提醒我提出如下猜測:當時的未完成稿裏,也許經常出現的是 Eddy,非正式出版時的 G.E. Miller,而包玉珂便是從這個未完成稿開始他的中譯工作的(即前記所謂"材料")。我至少能提交一處證據,即 1956 年新版也收有初版的序,文末署明寫稿時間:1936 年 11 月。如果真的這樣,那麼很多事情就能講得通了。1937 年 3 月生活書店初譯本的版權頁裏,阿雪是"翻譯者";包的中譯與後來修訂後成書的版本差異如此之大,竟被認爲是編譯本,也部分得到了解釋。至於説包玉珂在英文版出版過程中"幫了很小的一些忙"究竟何所指,因包本人没有透露一絲細節,那真的不是區區所能猜得出的。聯繫到包玉珂在《前記》中曾説:"後來在商務印書館三樓的會客室裏,與那位先生見了一面。可是荒唐得很,連他的台甫仙鄉,都没有請教。"包連對方的名字和國籍都不甚了然,想來真不太可能是什麼大忙。也許,包平時説話不够謹慎,導致表述與事實略有偏差,其所謂創作,即是編譯中文版之意?

隨着抗日戰爭的爆發,弗氏的後續事蹟逐漸淡出媒體視野。以後他回到墨西哥,1950 年出版《西班牙共和國移民:墨西哥的一次勝利》(*La Emigración Republicana Española: una victoria de México*),1962 年又有《一個好奇的世界》(*Un Mundo Curioso*)面世。

"上海老克拉"孫樹棻在其代表作《上海的豪門恩怨》中言道:"上世紀四十年代上海曾出版了一本暢銷小説,名《冒險家的樂園》。作者署名珂雪。"又説:"主人公便是個外號'蹺腳沙遜'的外國人,説他只在破皮箱裝了一件襯衫便乘船來上海,靠着巧取豪奪成爲巨富的。"也許哈同、馬勒是白手起家的,但沙遜生來就不是什麼窮光蛋,只是《樂園》何嘗有過如孫先生所説的表述呢?反倒是揭露沙遜祖上的財富"十有九分是從對中國的鴉片貿易中掙來的"。以上誤記説明,儘管此書聲名遠播,相信很多人對其内容仍然並不諳熟。

包玉珂在倪墨炎就讀上海師院時,教授古典文學。當翻閲《冒險家的樂園》中文版,誠如版權糾紛時審稿人翻譯家湯永寬所言"中文造詣高,譯文亦雅馴遒勁"。隨手拈出這段描寫上海白俄"文藝復興"餐館裏的没落貴族:

> 這些秃頭赤脚的貴族把他們的心神浸没在過去的回憶中,以消磨這可怕的現在。聖彼德堡的大邸高車,華服盛飾;迅如雷電的革命,血與鐵的爭鬥;與死爲鄰的逃難;一切歸爲烏有的結局;流浪的生涯:開展在每一個人的心眼前,而引起他的無限的悲哀。他們歌頌過去,贊美過去,憧憬過去;同時也靠着過去以贏取他們的麵包,青魚與燒酒。

令人讀來頗覺文字典雅脱俗,饒富詩意。同時,中譯初版的序爲葉聖陶名著《文章例話》(附録)收納,更爲其譯筆的高品質作了背書。不過,湯先生同時指出,包譯本很有"大處落墨"之嫌,"增删部分至少百分之三十”。筆者也發現,舊版的序,曾有“知其不可爲而爲之是真正的冒險:諸葛亮的恢復漢室,文天祥的志延宋社”句,後爲新版所删。筆者願意相信此是包之手筆。如體察時代背景,與其説這是譯者背叛原著的一例,毋寧説時局的不堪已令譯者憤懣,從而羼入個人感情。此外,1956年改版時,將原來的敍述者“智多星”(原文:El Sabido)改譯成了“狗頭軍師”,又難免迎合了彼時的主流意識形態。凡此種種,都不甚忠實於原著,嚴謹的讀者恐難以認同。如今,這樣一部大膽揭露時局弊端的紀實文學經典,又有什麼理由不擇一高明者,重新譯出更可靠的譯本呢?

(作者單位:上海圖書館)

圖書在版編目(CIP)數據

歷史文獻. 第20輯 / 上海圖書館歷史文獻研究所編. —上海: 上海古籍出版社, 2017.11
ISBN 978-7-5325-8515-1

Ⅰ.①歷… Ⅱ.①上… Ⅲ.①中國歷史—文集 Ⅳ.①K207-53

中國版本圖書館CIP數據核字(2017)第158479號

責任編輯　張襌琛

歷 史 文 獻
第二十輯
上海圖書館歷史文獻研究所　編
上海古籍出版社　出版發行
(上海瑞金二路272號　郵政編碼200020)
(1) 網址: www.guji.com.cn
(2) E-mail: gujil@guji.com.cn
(3) 易文網網址: www.ewen.co
啓東市人民印刷有限公司印刷
開本850×1168　1/32　印張16.875　插頁4　字數408,000
2017年11月第1版　2017年11月第1次印刷
ISBN 978-7-5325-8515-1

K·2348　定價: 74.00元
如有質量問題,請與承印公司聯繫